教育部新编初中语文教材指定阅读书系

名／师／导／读

我是猫

[日] 夏目漱石 ◎ 著 胡小春 秦上 ◎ 译
熊江平 康国军 ◎ 导读

长江出版传媒 | 崇文书局

目　录

目 录

一

我是只猫，是只连名字都没有的猫。

我甚至记不得我是从哪里来到这个世界上的。在我印象里，我好像出生在某个黑洞洞、湿乎乎的地方，哦，对了，我还记得当时喵喵地哭叫来着。打那儿开始，我头一遭见到了“人”。后来我听说，学生是“人”中特别凶狠残暴的一类，常有学生把我们猫抓来煮了吃肉。但那时我还小，不懂事，就压根没把这茬事儿和“可怕”二字联系起来，只是有时候被学生哥从手中高高抛起时，心里会感到些许不踏实。后来学生哥把我捧在手上，我稍稍回了回神儿，才得以看清他原来是这般模样。那是我头一次见到他，也是第一回看见“人”。当时的那般奇妙感觉我还记忆犹新。依我理解，但凡脸都应该是长着毛的，可眼前这张脸却是油光锃亮，活脱个小茶壶。之后我也遇见过不少猫，可却从未曾见过有哪张脸长得像这张一般奇怪。而且，这脸的正中间还隆起着座小山，时不时还有烟雾从山洞中喷涌而出，哎呀，着实给我呛得不轻。现在我才明白，那原来是人在抽烟呀。

方才我还在他掌心上刚舒舒服服地趴上一阵，可紧接着就是一阵天旋地转，我都不知道是自己在转，还是学生哥在转，只是感觉头晕极了，心想“这下子可完了”。随着“咚”的一声，我的眼前又冒出金星来。我能记住的就这么些了，至于后来又发生了什么，我又经历了什么，如今可真是回想不起来了。

等我再次回过神来，我的猫兄猫弟也都不在身边了，就连对我来说最重要的妈妈也不见了身影。仔细一看，我待的地方也不是原先的地方了，这儿真敞亮，亮到我都睁不囫囵眼。“这究竟是怎么回事儿？”我一边嘟囔一边爬了几步，但身上疼得要命。闹了半天，我是让人给从原来的草窝中揪了出来，又被一把丢进了这堆矮竹丛里去了。

我可是费了吃奶的劲儿才从这堆矮竹丛里爬了出来。定睛一看，对面是片大池塘。我赶紧走了几步，一屁股坐在了池塘边上，脑袋里开始想接下来该如何是好，但一时竟也想不出什么好点子来。我想呀，要是我哭哭鼻子的话，学生哥没准儿能来瞧瞧我。我就“喵、喵、喵”地叫了几声，但却没有一个人来。不多大功夫，池塘这儿就嗖嗖地刮起风来，天色也渐渐暗了，一阵饥饿感又瞬间从胃中涌出，饿得我想哭叫都哭叫不得。无奈，我只好决定先去找个能填饱肚子的地方。悄悄摸摸地，我绕到了池塘的右侧，但身子终究疼得厉害，让我有些吃不消。我咬牙忍着痛，终于爬到了一个好像有户人家的地方。当时我心里想，只要是能爬进去，就能活下去。于是，我顺着篱笆下面的一个破洞口溜进了这小院。要说缘分这东西，果真不可思议，倘若篱笆上要是没有这破洞口的话，指不定我就在路边活活饿死了。有道是“前世有缘”，时至今日这篱笆上的破洞口已成了我幽会隔壁三毛妹妹[①]的交通要道了。回头再看这个宅院，我虽然进来了，可接下来怎么办我还是一头雾水。没一会儿天色就暗了下来，饥寒交迫之时又偏逢下起雨来。眼下正有处亮着灯火的地方，看起来温暖惬意，迫于无奈我只得向那边走去。

现在回想起来，当时的我应该已经进到了这户人家的房子里头了，也就是在这个地方，我又见到了除了学生哥儿的另外的人。

首先碰见的就是家里的女仆人“阿三”，她可是比学生哥儿凶上不知多少倍，第一次见我，二话不说就给我提了起来扔到了大门外头。我当时眼睛一闭，心想小命不保了。但我实在忍受不住这天寒地冻的滋味，趁阿三没留神，我便悄悄摸摸地爬进了厨房。哎，没多大工夫我又被扔了出来。我就这么爬进去，被丢出来，再爬进去，又被丢出来，前前后后反复了四五遍。那个时候我对阿三真是厌烦至极，好在前几天我偷了她的秋刀鱼，才算报了我的仇，解了我的气。当阿三最后一次要扔我的时候，主人出来问她为什么这么吵。

阿三就这么提着我，说：“这个小东西，一直往咱家厨房钻，太烦人了。”

只见主人一边捋着鼻下两撮黑毛，一边瞧着我的脸说：“就把它留下吧。”

自此，我算是终于进了屋。看样子，主人应该是个话不多的人。阿三又不情愿地给我扔进了厨房。于是乎，这里就成了我的家。

① 三毛妹妹：文中主人隔壁住家的一只母猫。

平时，我和主人见面的次数不算多，听说他是个教书先生，每天从学校回来后就钻进书房，很少见他出来。家里人自然也都认为他好学上进，就连他自己也总装个刻苦念书的样儿。实则不然，我曾悄悄溜进书房瞧了瞧，可真看不出哪里勤奋好学。他总是在书房里睡大觉，甚至口水都流到面前读了一半的书上。主人的肠胃不好，皮肤泛黄，也没什么弹性，可偏偏他又是个大胃口，每顿又吃得很多。吃撑了就吃消食片，再去看书，没读两三页就睡过去，口水流了一书，这也都是家常便饭了。虽说我是只猫，但也颇具头脑，我时常思考，“教书先生这个行当真是舒服，我若生来为人，肯定只愿当教师。倘若说睡大觉也算是工作的话，身为一只猫也能胜任。”即便如此，每每有朋友造访，主人就叫苦不迭，说做教师辛苦什么的。

我初到这个家落户的时候，除了主人以外，基本没人喜欢我。不管我走到哪儿，家里的其他人总给我一脚蹬走，更别说搭理我了。在这个家里我就是这么没有地位，就连名字都没人给我取上一个。没办法，我只好多待在主人身边。每当主人早晨看报纸的时候我必定要趴在他的膝盖上，当他午休的时候，我就转移到他的后背上去。并不是我对主人情有独钟，实在是因为家中上下再没人愿意搭理我了。后来我的经验也丰富了起来，早晨的时候我就卧在饭桶上面，到了晚上又跑到暖炉旁就寝，赶上天好的中午时分就直接睡在走廊里了。家里有两个小孩子，大一点的五岁，小一点的三岁，我最喜欢钻进她们的被窝和她们一起睡。每次我都要在她们中间挤来挤去，为的就是找一小片“栖身之地”。倘若哪天不走运，碰醒了一个孩子的话，那我可就遭了殃。特别是那个小一点儿的孩子，她的脾气最不好，哪怕是在夜深人静的晚上也要放声大嚎“猫来了！猫来了！”孩子这么一叫唤，胃不好的主人必定会被闹醒，忙里忙慌地从隔壁跑来，勘察情况。哎，前不久就因为这事儿，我的屁股还挨了主人一尺子呢。

经过我和这些人类的长期接触和仔细观察后，我敢说，他们都是些任性专横的家伙，特别是那两个曾经和我同眠共枕的小家伙，更是蛮横不讲理。俩人高兴的时候就把我给拎起来，时而给我脑袋上套个袋子，时而又给我高高抛起，甚至还把我塞进过灶台里。但凡我稍微抵抗一下，他们就全家总动员似的对我穷追不舍，施加暴力。前几天，我不过是在床席上磨了磨爪子，女主人就对我一通发火，打那之后我就丧失了进客厅的权利了。天气寒冷，即便我在厨房的地板上冻得直打哆嗦，他们也仍置我于不顾。

我十分敬佩住在对面的那只白猫大姐[①]，每次碰见她，她都会告诉我“人类是世界上最冷酷无情的”。前不久她刚刚生下四只白如碧玉的小猫，三天后就被那家的学生给全丢进了水塘里。说到这儿，她脸上流下了泪水，又说：“为了保障我们猫族的亲子之爱，为了能让我们过上幸福的家庭生活，我们必须要向人类宣战，把他们彻底消灭！”我也觉得她的话句句在理。后来，隔壁的“三毛”也曾愤慨地对我说过：“人类心里一点没有归属权的概念。”在我们猫族当中，不管是沙丁鱼头还是鲻鱼的鱼肠儿，按理说谁先找到了谁就能吃，倘若对方不遵守这个规矩，再诉诸武力也不晚。可人类全然不

① 白猫大姐：文中主人隔壁另一住家中的母猫。

顾这些，咱们找到的好吃的，全都被他们仗着力气大给夺了去。白毛大姐住在一个军人家中，三毛家的主人是位琴师。我主人是个老师，这方面的待遇还是要好过她们二位，日子得过且过我便心满意足。人类呀，早晚也会走下坡路。我就是抱着这样心态等待“猫的天下”的到来。

既然扯到了“任性”，我家主人还曾因任性栽了个大跟头。我家主人和别人比是比上不足，比下有余，什么事都喜欢插上一手，给《杜鹃》投自己写的俳句[1]，给《明星》写“新体诗”等，写的英语文章更是错误百出。有段时间他还醉心于射箭，后来又学写歌谣，再不然就是吱吱地拉小提琴。总之，行行有他，但行行又不精。不过也别小瞧他，虽说肠胃不好，但做事劲头却十足。之前因为他曾在厕所里练习歌谣，还被街坊四邻起了个绰号，叫“茅房先生”。可他却毫不在意，依旧是反复唱着“吾乃平家将[2]是也”。每次人们一听见这歌声，就大笑出来，说：“快看呀，平家将又来了！”也不知道主人怎么想的，在我入住后一个多月，也就是他发工资的那天，我见他拎着个大包神色匆忙地赶回家。“这买的都是什么呀？”我心里正犯嘀咕呢，“好家伙，原来买的是水彩画笔、毛笔和华特曼[3]牌的画纸。”看来他这是打定主意要从歌谣和俳句中转行出来了。果不其然，打第二天开始，他一改在书房睡觉的毛病，一心一意地画起画来。哎，你再看他画的那些东西，根本看不出究竟是什么。我想就

---

① 俳句：日本的一种短诗。

② 平家将：平忠盛（1096-1153），一位日本武将。

③ 华特曼：英国的一种水彩画用具品牌。

连他自己都闹不明白画的是什么，大概他也自知水平不够吧。有天，他的一位搞美术研究的朋友来做客，我听到了这么一番对话：

“我怎么都画不好呀，看了别的画觉得没什么了不起的，可自己拿起画笔来才知道这绝非易事。”主人感慨道，这倒也是他为人真诚的体现。

再瞧他这位戴着金丝眼镜的朋友望着主人说：“万事开头难，别的咱们且不说，单说你就这么把自己关在屋里，光靠空想自然是画不出来的。以前意大利的绘画大家安德里亚·特尔·萨尔德不是说过‘欲成画者，必先以自然万物为对象，空中的星辰，地上的露华，上有飞禽，下有走兽，池中金鱼，枯树寒鸦，大自然本身就是一副巨大生动的画卷’，你要是真想画出那样的作品来，我建议你不妨先从写生开始。”

听罢，主人回答道：“他曾几何时说过这话，我竟一点也不知道。所言极是！”主人对朋友好生钦佩，而金丝眼镜后面的眼睛里却流露出一丝嘲弄的笑意。

次日，我又照例来到走廊里想美美地睡过午后时光。谁曾想，主人居然从书房里走了出来，在我身后一阵折腾。我倒要看看他在干什么，抬起眼皮瞧了一眼。哎哟，看来主人是听取了安德里亚的意见。见他这副模样，我差点笑出声来，想必是受到了朋友的揶揄，正拿我当对象开始写生呢。其实我已经睡饱了，本想伸个懒腰，但难得主人如此认真专注于作画，我就一忍再忍没敢动身。再瞧瞧我自己，身为一介猫咪，不仅谈不上仪表出众，且论身段、毛色和脸型，还是和其他猫有一定差距。但您瞧，就算我长得再怎么不争气，也不至于沦落成画纸上的那般模样。且说这最明显的毛色，我的毛色和波斯猫的很近似，浅灰色中泛着点儿黄，而且有着一身黑漆似的斑纹。就外在而言，我想不论谁看了都不会有偏差。但再看主人的大作，却给我涂成了彩色，既不是黄色，也不像黑色，更不是灰色，还不是褐色，说不上是什么颜色，我想这就是所谓的“混合色”吧。

最说不过去的是画中的猫居然没有眼睛。想想这毕竟画的是我熟睡时的样子，倒也情有可原。但是这连个像眼睛的地方都没有，闹不清楚这是个瞎猫还是个睡猫。依我看，再怎么去模仿安德里亚，就凭这种画技肯定也出不了什么名堂来。但我还是打心底佩服主人这种认真的精神。我其实本想就这么尽量一动不动地待着，但很早开始我就憋着尿，全身的肌肉紧绷着，让我难受极了。万不得已，真是对不起他了，两腿向前一蹬，把头向下一沉，来了个大号的哈欠。反正我想已经打乱了他的构思，老老实实待下去也没什么用了，于是就跑到了房后去方便方便。

这时且听见主人带着失望和怒火吼道：“这混账！”主人有个习惯，每每骂人的时候，定要把“混账”带在嘴边。除了这一句，他也不知道还有什么骂人的话了。主人一点也不体谅我憋尿憋了这么久，还一个劲儿地骂我，我心里真不好受。要在平时我跑到他的后背上，他给我点颜色看看，骂我一两句我还能接受，可如今我半点儿错失都没有，却还要忍受此番辱骂实在是说不过去。说来说去，还不是因为人类觉得自己的力量大，倘若没有比人类还强大的动物出现，将人类惩治一番，真不知道他们还能嚣张到何种地步。

如果说人类妄自尊大到此番地步的话，还尚能容忍。但实际上，我听过许许多多人类干出的缺德事，远比这些要凄惨的多得多。

在我家的房子后面有片三十平方米见方的小茶园，虽不大，但却可谓是个舒适清爽的向阳之地。每每孩子们吵嚷得太厉害，搅得我睡不成觉时，或者是一个人无所事事，情绪低落时，我都愿意来这个小茶园，来养养浩然之气。这都已成为我的惯例。

我记得那年十月的小阳春天里，日暖风和，下午两点来钟，我吃完午餐又美美睡上一觉后，决定活动活动身子骨，就溜达着到了茶园里。我在经过的每一根茶树根上都闻了闻，到院子西侧的杉树篱笆院墙时，看见了一只大黑猫，这家伙正压在枯丛上呼呼大睡呢。我慢慢向他走去，他似乎对我有所察觉但又满不在乎，依旧鼾声震天，沉浸在梦中。我真是对他的胆量感到佩服，擅闯别家院子里还能睡得安闲自得。好一只纯种的黑猫，午后的阳光洒在他身上，透明的光线照在他的皮肤上，柔软的皮毛上好像燃起了一团看不见的火焰。再看块头真是魁梧，足足大我一倍，可谓猫中王者。出于欣赏和好奇，我竟然忘乎所以地就这么站在他的面前，仔仔细细地瞧着他。小阳春天里的风静悄悄，把篱笆头上的两三片枯枫叶吹了起来，不大功夫就飘落在枯菊上了。只见猫王突然把眼睛睁得浑圆，我至今还记得那双闪闪发光的眼睛，比人们珍爱的琥珀石还要漂亮。猫王一动不动，把双眸深处尖锐的目光一下子都集中在了我的小脑门儿上来了。

“你是个什么玩意儿？！”身为猫中王者说出这番粗俗话语确实不雅，但在那声音背后却深藏着一股足以力克猛犬般的力量。

我顿时慌了神，心想要是不接他的话，定是凶多吉少。我只得故作冷静，平淡地回答道，“我是只猫，还没名字。”但老实说，当时我心都已经提到了嗓子眼儿了。

听罢，猫王带着非常轻蔑的腔调说：“啥？你说你是猫？我可真是失望啊，那你究竟在哪儿住？”他说这话的时候简直是目中无猫。

我说：“我就在这户老师家里住。”

“想必也就是这么回事，看你那瘦样儿。”毕竟人家是猫王，总趾高气扬。从言谈举止来看，他应该不是个良家出身。再瞧瞧他那一身肥膘，倒像是天天过着大鱼大肉、悠然富足的生活。

聊到这儿，我也跟着问了一嘴，“说来说去，你到底是谁呀？”

“我可是车夫家的黑哥。”他高傲自满地回答道。原来面前这只黑猫就是车夫家的黑哥，脾气之凶可是无猫不知无猫不晓。正因他住在车夫家，才空有力气而少教养，周边也很少有猫同他往来。久而久之，大家都对他敬而远之。听他自报家门，我真替他害臊，更有点开始瞧不起他了。为了一试他究竟有多么愚蠢无知，我同他展开了这样一段对话：

“黑哥，你说这车夫和老师，到底谁更厉害？”

“那还用说，肯定是车夫厉害喽。你看看你家主人，瘦的就剩张皮和骨头架子了。”

“大概因为你是住在车夫家，能好吃好喝大鱼大肉，才能如此健硕吧？”

“瞎说，我黑哥不管走到谁的地界儿上，都不会在一口吃的上面为难发愁。倒是你，没事儿别老在这茶园里瞎溜达，何不跟上你黑哥走走？不消一个月，保证你肥嘟嘟、圆滚滚，叫人认不出来。”

“这事儿往后还有劳黑哥了。但是依我看呀，住在老师家里可比住在车夫那宽敞多了呀。”

“蠢东西，那房子再大，能填饱你的肚子吗？”

看来我的话像是惹恼了他，只见他呼扇着两个寒竹一般尖尖的耳朵，一摇一摆地走了。打那开始，我和黑哥就成了朋友。

后来我经常碰见黑哥，每次会面他定会大吹大擂，真不愧是车夫家的猫。上面我说的“人类干出的缺德事”，实际上也都是黑哥告诉我的。

有天，我和黑哥照旧躺在暖和的茶园里头谈天说地，没曾想他又把以前吹过的牛皮拿出来显摆了一通儿，然后又开始责问我，“你小子至今抓过多少只老鼠？”

我自认为在学识方面要高过黑哥，但我更自知在胆气上，在黑哥面前根本不是个个儿。这点自知之明我还是有的，叫黑哥这么一问，还竟真不知该怎么接他的茬儿。没办法，实话实说呗，我随口答道，“老实说，黑哥，我是真的一直很想抓个老鼠，但一直没能落实。”

只见黑哥抖擞着鼻子尖前的长长胡须，冲我哈哈一笑。实际上呀，黑哥就喜欢自己吹牛，头脑还不怎么灵光，只要在黑哥逞威风吹牛皮的时候，低个头、点个赞，哼哼哈哈附和他几声，黑哥也就不过是个好驯服的猫。自打和黑哥成了朋友，我就摸清了他的套路，就像遇到刚才那般情况，我自不必去逞强给自己找说辞，越逞强就越麻烦，赔本儿的买卖我可不干。倒不如在他逞威风的时候点头哈腰，这就是我的对策。

我的脑袋就是聪明，于是乎我就用句温柔话问黑哥，“小的实在佩服黑哥，想必黑哥定是逮住过不少老鼠。”

果不其然，就见黑哥得意满满地回答道，“不多不多！就那么四五十只吧！”他又补充道，“就算来个一百两百号老鼠，单凭你黑哥也搞得定。但是呀，黄鼠狼可就难对付喽，之前和黄鼠狼打过一次架，我可是半点儿好处都没捞着。”

“啊！到底是怎么回事？”我顺着黑哥的话接了下去。

只瞧黑哥眼珠子瞪得浑圆，“这不是上年年关将近，赶上家里的大扫除，我家主子搬了袋子石灰，准备放到仓库里，谁知他刚抬脚，竟窜出一只老大的黄鼠狼来，看样子是受了惊。”

“后来呢？”

“你看这黄鼠狼，个头没比耗子大多少，我估计这畜生是跑不掉了，就追赶了上去，给它辇到了臭水沟里去了。”

“呦呵！你可真行！”我大声喝道。

“没曾想，怎么着，正追到紧要关头，这畜生竟然放了个臭屁，你说恶心人不？那个味儿呀，可别提了。自那以后，瞧见黄鼠狼，这心里头就直恶心。”黑哥一番情景再现，仿佛又闻到了当年那气味似的，赶紧用爪子在面前扇了又扇。

听了黑哥一番讲解，我反觉得他怪可怜的，就想给他加油打气来着，说，“但是呀黑哥，这个老鼠呢，一旦被你给盯上，就基本没活路了吧，想必老哥是个捕鼠达人，总能抓到老鼠才能有现在这般好体格。”

本想着说句奉承话讨黑哥欢心，没曾想黑哥竟然长叹口气，说："老弟有所不知，不管我再怎么费心费力地抓老鼠，都会被这不讲理的人类给抢去了功劳，把我抓到的老鼠都送到警察局去了。送去一只老鼠就能获五分钱的奖励，我家主人已经靠我赚走了一块五角钱，但从来没给我口像样的吃的。说到底这人就是些个衣着体面的强盗而已。"别看黑哥不学无术一副粗人模样，这般深刻的大道理都能体会得来。提起此事黑哥就怒气满面，背上的毛都立了起来。眼见黑哥怒气正盛，我想还是走为上策，附和了几句就回家去了。自打听了黑哥的故事，我暗下决心不去抓耗子了，也不去当黑哥的"小弟"，更没跟他四处寻找除了耗子以外的佳肴美味。与其出门大吃大喝，倒不如在家肚皮朝天呼呼大睡。大概是在教师家住久了，我这只猫也染上了点先生习气，说不定哪天，闹胃病也就跑到我身上来了。

说到教师，方才想起我家主人。在他十二月一号的日记中写了这段话，看来他最近已经意识到了自己在水彩画上是没什么出路了。

> 今天在聚会上我第一次遇见了某某人。大家都传他放浪不羁，今日一见果然颇有此番风度。他这种品性的人很讨女人喜欢，与其说他是主动放荡，倒不如说他是不得已而放荡。听人说，他的爱人是个艺妓，令我好生羡慕。说他放荡成性的那些个人，恐怕都是自己没本事去风流而已。这些人呀，明明不是风流的那块材料，却偏偏要闯闯风流道。这不就跟我画水彩画一个样，肯定没戏。可即便如此

他们仍总以风流公子自居。如果这也说得通的话，那但凡只要去酒馆喝喝酒、逛逛花柳巷就称得上是风流公子的话，我也能说自己是个水彩画家了。水彩画还是就此放弃了吧，做个什么都不明白的普通人可远比那些以“风流”自居的人强得多。

此番言论我难以认同，就单看主人身为一介教书先生，却羡慕人家娶了个艺妓老婆，更不应该。不过呀，他倒是很有自知之明，对自己的水彩画认识得非常到位。纵然主人能够有此自我认识，但他那自负的毛病却总也改不掉。瞧见没，他在十二月四号的日记上又说了：

我昨晚做了个梦，总觉得自己的水彩画画得拙劣，就把画扔在了一旁。可不知是谁竟把画好一番装裱，给放到了个不错的画框里，挂在了屋里的横梁上。这样一看，还真有点佳作的意思，可给我高兴坏了。我就在那画前不停地欣赏。直到天亮我也醒了，眼前却又是那副拙劣的画，就如同刚出来的太阳一样明显。不好依旧是不好。

看来主人即便到了梦中也割舍不下他那水彩画呀。我家这主人呀，别说当个水彩画家了，就是他之前说的“风流公子”他也当不上。

就在主人梦到水彩画的第二天，那位“金丝眼镜”在许久不见后又前来造访了。他刚坐下就开口问道，“近来画画得怎么样啦？”

“听你的建议，最近刻苦写生呢。”主人平静地回答，“的确，通过这几天的写生我好像注意到了先前忽视了的一些形体呀，色彩方面的细微变化。哎，这不禁让我想起西洋画正是因为自古强调写生，才能有今天的发展。就好比安德里亚说的那样。”主人一番感慨地说。

再看那位“金丝眼镜”，居然挠着头笑道：“老兄！那都是骗你的！瞎编的！”

“啥？！什么是编的？”看来主人还没意识到自己上了当。

“真没想到，你居然都给听信了，就是你钦佩的安德里亚呀。”紧接着就是一阵大笑，“金丝眼镜”得意至极。我在廊檐下给这段对话可是听了个仔仔细细，不定主人今天又会在日记本里写上些什么话呢。看来“金丝眼镜”是把信口开河愚弄别人当作是自己的乐趣了。他根本没把“安德里亚”这事儿会给主人带去何种伤害放心上。

得意之余，他还说道：“哎，常常是几句玩笑话就被人信以为真，这反倒能激发出滑稽的美感来，诚有意思了。就前不久，我对学生们说，尼古拉斯·贝尔尼克曾对基鹏说，千万别用法语写他的毕生大作《法国革命史》，一定得用英文出版。反倒是有个记性好的学生，在一个日本文学的演讲上面原封不动地把我说的重复了一遍，当时听众也有百十来号人，大家竟然都听得兴致勃勃。”

紧接着“眼镜”还说：“更逗的是，前一阵子，我参加了个文学论坛，有人讲哈里森[①]的历史小说《塞奥伐诺》时，我就点评道，

① 哈里森（1831-1923）：英国作家。

‘这部作品就是历史小说中的白眉，特别是写道女主角临走的那段，着实阴森可怕。’我这样一说，前排的一位貌似无所不知的老师立马接话，‘哎呀，是啊，那一段写得确实精彩。’顿时我就明白了，那位老师跟我一样，都没读过这部小说。”

身患神经性胃炎的主人瞬间瞪大双眼，“你此般信口开河，倘若对方看过这书，你如何收场？”听主人的意思，骗人倒是其次，要是被人拆穿了就尴尬了。

“金丝眼镜”接着说：“不要紧，这种情况的哈，换另外一部书来圆场，说两本书搞糊涂了，东拉西扯上一通，就过去了。”说罢他就笑了起来。别瞧这位搞美术的“金丝眼镜”徒有外表，内心和车夫家的黑哥可谓别无二致。

主人抽着“日出”烟，烟圈儿一个个升起，脸上的表情似乎在说“我可没你那么大胆子”。再瞧“眼镜”的表情，好像是在回答一句，“所以说你画画这条路根本走通。”

接着他还说：“玩笑归玩笑，画画可绝非易事，传说以前达·芬奇[①]让弟子画过教堂墙壁上的水渍。讲真的，只要是在上厕所的时候认真观察墙上的水渍，准能画出些个绝妙的作品，你不妨也留点儿心，定能成器。”

“又骗人呢吧？”

“千真万确，这么精辟的话，达·芬奇可肯定说过。”

主人答道：“精辟，真精辟。”主人大概是已经对他的话投降了，

---

① 达·芬奇（1452-1519）：文艺复兴时期意大利著名的画家、雕塑家及建筑家。

但至今我也未曾见过主人在厕所里画画。

再说车夫家的黑哥，后来不知怎么就瘸了腿。一身油光锃亮的毛也褪了色，越掉越少。以前我还总夸黑哥那双眸子跟琥珀石一般通透明亮，现如今也全是眼屎。很明显，黑哥不再是以前的意气风发，身子也垮了下来。和黑哥在茶园最后见面的那次，我问他近况如何，黑哥告诉我，“黄鼠狼的臭屁和鱼铺老板的大扁担我是再也不想领教了。”

且看曾经点缀在绿松林间的二三片红枫叶，现在也如梦初醒一般，凋落了不见踪迹。厕所洗手池旁的红白色山茶花也已经凋零不见了。两丈来长的廊檐虽南北朝向，无奈冬日的阳光转眼间就向西斜去。寒风来袭的日子越来越多，走廊里的午休时光也要告一段落了。

现在主人每天都去学校，回来之后还是照旧钻进书房。每每有人来访，他就一个劲儿地抱怨说：“教师干够了，干够教师了。”好在水彩画已经不画了，胃药似乎没用，也停了。孩子们还是老样子，天天去幼儿园，回家就唱唱歌、玩玩球，时不时还抓起我的尾巴让我“倒立”。

我也没发福，虽总吃不到大鱼大肉，不过倒也因此有个健康的身子。而且也没瘸，这样的日子对我来说刚刚好。我也没有抓老鼠的打算，但是家的仆人“阿三”对我还是那个德行，到现在也没人给我取个名字。我暗下决心，就一辈子住在这老师家了，就当个没名儿的猫，凑合过日子吧。

二

新年伊始，我些许有了点儿名气，身为一介猫咪，也算是有了些值得骄傲的地方，心里高兴得很。

元旦这天，一大早儿主人就收到了封彩色明信片。想必是那位多年之交的画家朋友给寄来的贺年卡。这卡片是用彩笔画的，上面涂着红，下半边儿涂着深绿，正当中还蹲着个动物。主人照例在书房中瞧着这张贺卡，横瞧瞧，竖瞧瞧，嘴里蹦出来了一句："嗯，颜色还挺不错。"

他品鉴了好一阵子了，本以为鉴赏到此结束了，可谁曾想他又横过来倒过去地欣赏了起来。只见他时而转过身去看，时而又像让人给看手相一样，把胳膊伸得老长远远地看，时而又面向窗户把贺卡放在鼻子尖儿前仔细看。哎呀，主人你还是快别看了吧，我坐在你的膝盖上，摇摇晃晃的实在太危险了。

不一会儿，主人的动作缓和了些许，我又听到他嘴里哼了句，"这到底画的是个什么呀？"看来主人是真喜欢这贺卡上面的颜色，但就是不明白究竟画得是个什么东西。我心里想，这么不大点儿的贺卡就这么难看明白吗？于是我自然地抬起了昏昏欲睡的眼皮，低头看了一眼贺卡，心想，没错儿，这画的不就是我吗？

主人常常以“安德里亚·特尔·萨而德”自居，贺卡上画像的作者虽不及这么有名，但总归也是个画画行家，内容和色彩都非常讲究，明眼人应该一看便知这图上画的就是只猫，就是我呀。哎，可怜主人连这点儿都看不明白，还要翻来覆去地看，人类还真有人类的可怜之处，我甚至想直接告诉他，画里画的就是我。即便认不出那是我，好歹也要让他明白那是只猫呀。说来说去，人们到底是不懂我们猫圈儿的语言，没有上天的这般恩宠，看不明白也罢，权当遗憾了。

讲到这儿，我得和大家说道说道，人类啊，身上都有个坏习惯，动不动对就用“猫、猫、猫”来称呼我们。他们可能觉得这无伤大雅，但在我们看来此般口吻中却充满了轻蔑与不屑，非常不好。之前还有说法说，牛和马产生于人类的残渣，而猫又来自于牛马的粪便。对教师这样的，从来不会觉得自己无知而又态度傲慢的人来说，如此认为倒情有可原。

但就我们来说，简直是一派胡言。在你们的眼睛里，我们猫都长得一个样，猫和猫没什么区别，似乎每只都缺乏自己的特点。但若你要到我们猫圈儿中瞧一瞧，就会发现，我们的社会也是相当复杂的。你就说这眼神儿、鼻子的形状、毛色、走路的姿态等，都有自己的特点。有的猫胡须较为松弛，有的猫是耳朵尖尖耸起，还有的猫是尾巴总是耷拉着，各有各的特色。长得好看不好看、讨人喜欢还是遭人嫌弃、聪明还是愚笨，总之一句话，没有重样儿的。

你瞅瞅，纵然我们猫圈儿中的个体差异如此之大，但因人类的视线总是朝上，眼里只有天空，别说了解我们的性格了，就连对我们相貌上的差异都是有眼难辨，实在可悲。俗话说得好，“物以类聚，人以群分”，卖饼的了解卖饼的，猫了解猫，看来猫圈儿的事情也只有我们自己才能明白。不论人类社会怎么发展进步，就这件事情来看人类还是欠点儿什么。再看我家主人，本就是个同情心不强的人，谈何让他能理解“互相了解才是爱的基础”这般大道理呢？他就像个性情乖张的牡蛎，成天蜷缩在书房里，从没往外面探过头瞧一瞧，但偏偏摆出个颇有卓识远见的架子，实在令人捧腹。实际上呀，他那都是装的。这不嘛，主人正对着我的画像说：“今年恰好是日本和俄国开战的第二年，画上的准是只熊。”

我看他简直是一派胡言。

就在我趴在主人膝盖想事情时，家里的女仆又送来了第二封彩色贺年卡。我看了一眼，这张上画的是一排四五只外国猫咪，神态各异，有手里握笔的，有翻看书本的，有发奋学习的，有起身离座的，桌边这只还在跳着外国舞。贺卡上用日本常见的墨汁写着“吾辈猫也”四个字儿，右边还有首俳谐“读读书，跳跳舞，猫的春天真舒服”。这张贺卡来自主人以前的一个门生。我想这幅画的内容大家一看便知，但我这位反应迟缓的主人似乎又没弄明白，歪着头纳着闷，嘴里还嘀咕了句：“奇了怪了，莫不成今年是猫年？”

看起来，主人对我的知名度是一点儿不知呀。

紧接着，仆人又拿来了第三张明信片，上面没有画面，只写了一行“恭贺新春”，旁边还有一行“转带贵府中猫好”。内容写的是清清楚楚了，反应迟缓的主人也似乎看懂了，转过头来就是对我“哼”的一声，然后又瞧了我一眼。那眼光似乎与平日略有不同，仿佛是对我有了几分敬畏之意。以前主人都不被他人放在眼里，这次真的是托了我的福气才能如此抛头露脸。如此解释，他那眼神中的敬畏之情也就说得过去了。

恰在这时，门上挂着的铜铃叮叮当当地响了起来，来客人了。既然是家里来了客人，家中的女仆自然要前去迎接。除非是鱼肉铺的梅老板来，否则我绝不亲自上门迎客，照旧安稳趴在主人膝盖上便是。看主人的脸色，仿佛债主上门讨债一般，显得难看且不安。主人似乎很不喜欢接待前来贺年的客人，总免不了和他们喝酒。诸位瞧，主人就是这么偏怪，既然不喜欢应酬干脆出门去躲一躲就好了，可他却偏不，也没有这份勇气，真是个牡蛎性格。没多大工夫，仆人说来的是寒月先生。寒月也是主人先前的门生，现如今已是大学毕业，好像混得比我家主人还好。不知为何他经常来家里，每次来都说女人怎么怎么喜欢他呀，好像又不怎么喜欢他，或者人生充满意义但又无聊呀之类的话，实在费解，说够了才肯离去。再看我这位牡蛎主人，还时不时地接上几句话，更是滑稽。

眼前的这位客人一边拨弄着大衣上的衣带，一边说着让人摸不着头脑的话，“真的是好久不见了，去年实在是太忙了，有好几次我都想来，可一直也没机会来这片。”

主人一脸认真，一边扯着文有花纹的黑棉服的袖口，一边问：“那你平时都去哪片儿活动？”主人这件袍子里装的都是棉花，就是袖子太短了，穿在里面的粗布衣衫的袖子都跑出来了半寸。

“哈哈哈，总之没往这片儿来。”寒月笑道。

我仔细一瞧，这寒月先生怎么门牙少了一颗呢？主人也发现了，问道，“怎么回事？牙齿呢？”

“别提了，前一段在别的地方吃了点蘑菇。”寒月说。

“啊？你说吃了些什么？”主人说。

“就吃了点蘑菇，蘑菇而已，当时我用牙咬了一口蘑菇头，门牙就报销了一颗。”寒月说。

“你可真行，吃个蘑菇牙齿就断了，成老头了。这番经历倒是能写成个俳句，但恋爱可就谈不成了呀。”主人边说，边用手掌在我的脑袋上轻拍了几下。

没想到，寒月还对我赞赏有加。“呵，这不就是那只猫嘛，可胖了不少，你瞧这块头，和车夫家的黑猫可有一比。”

“是啊，近来可没少长肉。”主人得意地说着，又拍了拍我的头。还真别说，这被人夸奖的感觉还真不错，就是脑瓜受不了，被拍得生疼。

说着说着寒月又把话题扯了回来，说，“前天晚上我们还办了场小音乐会。”

“哪儿？”

“至于在哪您就甭打听了，总之就是三把小提琴，再配上钢琴，挺有趣儿的。虽说演奏水平不高，但也还勉强听得过去。拉琴的是两个女的，我坐在中间，那感觉是越拉越有劲儿。”

“啊？这两个女人是什么来头？”主人满脸羡慕地问道。别看主人平时一副枯木寒岩的面庞，倒还真不是个女色不近的人。之前我见他读了一本，书中有个人物几乎对所有女人都抱有情感。文中还有言讽刺道，“凡从街上走过的女人，他十有八九都要动情。”主人读罢竟激动地说：“果然是真理。”看来主人也是个思凡的人，但为什么还要过牡蛎一般的生活呢？这对我这一介猫咪就是个难解之题了。

听有的人说是因为他曾失恋过，也有人说是他的胃病，还有人说是主人穷又懦弱，等等。且不管哪种猜测正确，反正跟明治史上的人物扯不上干系，都无关紧要。可是他满脸羡慕地朝寒月打听那两个女性一事可千真万确。从表情来看寒月饶有兴致，用筷子从拼盘里夹了片鱼糕，用门牙扯下半块来，津津有味地咀嚼着。我是害怕他那牙齿又得崩断了，不过这次看样子应该没什么大碍了。

之后寒月淡淡地说：“她们二人可都是大家闺秀，您自然不会认识。”

主人回答中把“噢——”拖得老长老长，似乎是已经觉得没必要再补充“原来这样呀”，然后就陷入了沉思。

大概寒月觉得聊得差不多了，就说：“今日天气甚好，您要不忙，我陪您上街去走走？眼下旅顺已经被打了下来，街上可热闹得不得了。”

再看主人那表情，仿佛在说：“旅顺打下来没打下来我可不关心，要紧的是还是打听打听两位姑娘的事情呀。”主人又沉思片刻，说：“那就走吧！”照旧，主人穿上了那件纹有家徽的黑棉袍，又披上了个棉坎肩。据说这衣服是他兄长临走前留给他的。虽说这结城产的丝绸结实，可再怎么结实也终究架不住长此以往地穿。衣服上不少地方都磨得很薄，透过阳光甚至看得见里面打补丁时留下的针脚。平日主人在着装方面并没有岁末年初之分，更没便装和礼服之别。倘若出门，便是甩起袖子，抬腿便走。不知是他没有衣服可换，还是有衣服却懒得换，总之我看不出和失恋能有什么关系来。

真是不好意思，俩人前脚刚走，盘中的鱼糕就进了我的肚子。这些日子，我觉得我已不再是普通的猫。我觉得我已经有资格去和桃山如燕[①]笔下的猫，乃至是葛雷[②]笔下那只偷吃金鱼的猫相提并论了。再看车夫家的黑哥，我现在是根本瞧不上眼。纵然我把盘中鱼糕一扫而光，也不会有人对我指指点点，更何况，这种趁人不备偷吃东西的习惯还真不是我们猫族独创的。就好比家里的女仆阿三就常趁着女主人不在家时，一而再再而三地偷吃家里的点心。当然不光是阿三,一向被女主人吹捧的受过良好教育的孩子们现在也大有这种“偷吃”的势头。

四五天前，两位小主人清早醒来了，主人夫妻俩还在睡梦中。她俩就脸对脸地坐到了餐桌旁。几乎每天早晨她俩都要吃点儿主人的面包，再配上些许白糖。说来也巧，那天糖罐子正好就在桌上放着，更巧的是勺子也在旁边。今天不同往日，主人还在睡觉，没人给她俩分糖吃，大一点儿的姐姐就用勺子盛了勺糖放到了自己的小碟儿里。于是乎，小的也比葫芦画瓢，用勺子给自己的碟子里添了一勺，甚至比姐姐盛的还多。这时候姐姐又盛了一勺，小的也不示弱，跟着也是一大勺。后来姐姐甚至把手伸进了糖罐，一旁的妹妹

---

① 桃山如燕：日本明治初年的艺人。

② 葛雷（1716–1771）：英国诗人。

更是攥着勺子毫不示弱。不一会儿，二位面前的碟子里都起来了座小小的糖山，糖罐倒是空空如也了。

就在这时，女主人睡眼惺忪地从卧室走了出来，两个孩子赶紧把盛出来的糖又倒回了罐子里。看来人类从利己主义中引申出来的所谓公平观念，似乎比我们猫圈的要好上一些，但论智慧可远比不上我们，倘若在糖没变成小山之前就它们送进肚子岂不更妙。可这也没辙，谁叫她们听不懂我的话呢。于是乎，我也只得一动不动地趴在饭桶上默默欣赏这出闹剧。

主人和寒月先生自打出门去，到了晚上很晚的时候才回来，更不知道他俩究竟去了哪里，主人第二天早起吃饭的时候已经是九点来钟了。我还是老样子趴在饭桶上面，抬眼一看，主人竟一声不吭地吃起了年糕来，一块块地送进口中。年糕虽小，但也不能吃这么多，他前后吃了得有六七块，最后剩了一块在碗里，说了声“饱了”，便放下了筷子。这要是别人谁把饭菜剩下了他可绝对不答应。这倒好，瞧着自己碗里剩下泡在酱汁中的残羹，竟不以为然，还摆出了副一家之长的得意劲儿来。

妻子从柜子里取出了些胃药放在桌上。主人见状就说：“这药没用，不吃了。”

“都说这药对淀粉食物有好处，赶紧吃了吧。”妻子劝道。

眼看着主人那股倔劲又上来了：“什么淀粉不淀粉的，这玩意儿都没用，我不吃！”

“你呀，没点儿毅力。”妻子嘀咕道。

“不是我没毅力，是这药压根儿没用。”

“前阵子说管用的不也是你吗？”

“时而有效，时而没效！”俩人就这么抬起杠来。

妻子又说：“你总这样吃两天停两天的，再好的药也不管用，胃病和别的病不一样，要耐心处理。”说着，她又回头看了看手捧茶盘的阿三。

阿三立马会意，连忙帮衬，“这话太对了，若不再多吃几天看看，怎么晓得这是良药还是坏药呢。”

“别说了，说了不吃就是不吃，你们女人懂个什么？”

妻子又说：“不管怎么说我们也是女人。”说着就把胃药推给了主人，想让他赶紧喝下去。

主人却一言不发地站了起来，径直向书房走去，留下妻子和阿三面面相觑。这样的情况下，我要是跟着主人跑进书房，跑到他的膝盖上，肯定要吃苦头。于是，我就顺着院内的小路悄无声息地爬上了书房的房檐。从门缝里这么一瞧，他居然正在看爱比克泰德[①]的书呢！要是能像平日一样读得明白的话，可就真算他厉害了。但没几分钟他就把书狠狠地朝桌上一摔。早料到你会这样，我心里暗想。再定睛一看，他又翻出了日记本来，写了这么段话：

今日和寒月去了根津、上野、池端、神田等地散步。在池端的一家酒馆门前，见得几个艺妓身穿绣着彩花边的春装，在门口玩毽子球[②]。衣着虽美，但面容实在丑得没边

① 爱比克泰德（55-135）：希腊哲学家。

② 毽子球：一种运动游戏，两人用木板面对面击打毽子的运动，类似羽毛球。

儿，颇似我家的丑猫。

嫌弃人家长得不好看就算了，还偏偏要用我当例子。别看我是只猫，要是也能去理发店捯饬一番，也不见得比别人差。没想到人类竟是如此自负，真让我伤透脑筋。紧接着下面又写道：

拐过宝丹药店的拐角，迎面又见一位艺妓。只见她身材高挑，双肩颇瘦，模样很是俊俏。上身穿着浅紫色的衣服，整齐又显得典雅。“小源哥，昨天晚上是我太忙了，所以就……”，谈笑间露出洁白的牙齿，但声音却如乌鸦一般沙哑，使她姿色大减，更让我懒得回头看看“小源哥”长什么模样。我自甩开双手，向大道走去，但不知寒月为何看起来却有点魂不守舍。

人心是世界上最让我捉摸不透的东西。也不知此刻主人的心情如何，是愤怒还是兴奋，还是希望能从古代哲人那里寻得一丝慰藉呢？我不得而知。或者他是在嘲讽人间？还是急着去涉足尘世？抑或者对此大发雷霆，还是已经对此不在乎，我都无法理解。我们猫对这类问题的处理就相对简单得多，饿了就吃，困了便睡，生气就发火，难受就哭个昏天黑地。别的且不说，就单说日记我们都不会去记它，日记就是个没用的玩意儿。但像主人这样表里不一的人，我认为还是有必要写写日记的，只有这样才能以自己无法向社会公开真实的样子，在暗处中发泄一通。至于我们猫，吃喝拉撒才是我们的真实生活写照，我们也自然不用处心积虑去掩盖自己的真面目。有时间写日记，倒不如躺在廊檐下舒舒服服地睡一大觉。紧接着日记又写道：

在神田的一家饭店吃晚饭时，喝了两三杯许久没喝到的“正宗牌[1]”酒，结果第二天胃口特别好，看来对我们这些胃病患者而言，喝点酒才是良策上方。胃药我肯定是不再吃了，谁劝我都不行，说破天也是没用的东西。

主人在日记里一个劲儿地说胃药不是，好像在跟自己吵架一样。看来今天早晨那顿气是撒到了这里来了。我猜恐怕这就是人类记日记的最终目的吧。

下来日记中又写道：

前些日子听人说不吃早饭对胃病有些帮助。我倒也跟着试了试。后来除了肚子饿得咕咕乱叫，并无收效。然后还有人劝我别吃咸菜，说胃病的根源都来自咸菜，只要不吃咸菜，胃病自然不会再来。于是打那之后我又禁食了一周的咸菜，可胃病还是老样子，于是就又吃了起来。后来我又请教了别人，说唯有腹部按摩可以治疗胃病，但普通的按摩法肯定不行，须用皆川派的古法，按摩一到两次，

① 正宗牌：日本酒的一种品牌。

一般的胃病都能解决得了。据说安井息轩[①]非常喜欢这种按摩疗法，甚至连坂本龙马[②]这样的豪杰也常常接受此种理疗。于是我立马去了上根岸[③]求人一试。但我又听说只有按摩骨头关节才有作用，若不把五脏六腑翻腾个底朝天也没什么效果。那次按摩真是难受极了，让我浑身无力，都瘫了下去，像是得了昏睡病。所以按摩其实也就那么一次，再也不敢体验了。之前A君对我说，有胃病千万别吃固体食物。有段时间我整日喝牛奶，肚子里总是哗啦啦地响，活像闹了水灾，整夜难以入眠。B君告诉我，呼吸时要用小腹，一来能锻炼内脏，二来可以健全胃功能。有时候我还能记得这番话，还能聚精会神地用小腹呼吸上一阵子，可没多大工夫又被我给抛到脑后。要是心里总惦记着这事，我又难以专下心来去看书，文章更是写不了。美学家迷亭见我这般模样，还调侃我说我又不是要临产的“孕夫”，做哪门子小腹呼吸呢？还是算了吧。于是，此法也被我搁置一边。后来，C君又跟我说，荞麦面对胃病也很有帮助。听罢我又一碗碗地吃起了荞麦面来，但却总是拉肚子，看来这条路也走不通。直到昨天晚上和寒月在外面喝下的三杯“正宗牌”酒，还挺奏效，往后我就每天贪上它两三杯得了！

---

① 安井息轩（1799–1876）：江户末期的学者。

② 坂本龙马（1836–1867）：日本著名的武士。

③ 上根岸：东京市内的一处地名。

在我看呀，主人这决定也恒久不下去。他做的决定就像猫翻眼珠子一样，瞬息万变。不管他干什么，都没恒心。而且你看他在日记里这么关心自己的胃病，可生活中却还嘴硬逞强，真是可笑。前些天他的一位学友前来拜访，说道从人们身上的种种疾病都源自祖辈和自己的罪孽。看样子好像他研究了不少，说得头头是道，有理有据。可怜主人对此说法于力于心都毫无辩驳之力。实际上他也正为胃病而苦恼，但为了面子他还是想尽了办法进行辩解。

他说："观点确实很新颖，但你要知道卡莱尔[1]也患有胃病呀。"这回答简直是风马牛不相及，但意思好像说，我有胃病我光荣。

那位学友紧接着回答道："虽然卡莱尔有胃病，但得过胃病的人，未必都能成为卡莱尔呀。"这回答竟噎得主人哑口无言。

别看我主人爱面子，实际上他也想胃病能好起来，所以才会在日记里写道"每日贪上三两杯"的滑稽之言。看来，他今天早晨能吃这么多年糕，想必同昨天与寒月先生开怀畅饮不无关系。想到年糕，我也跟着馋了起来。

我在吃上从不挑剔，一来是我没有车夫家黑哥那样远征胡同口鱼肉铺的胆气，也没有新开路二弦琴老师家的三毛姑娘那般奢气。像孩子们吃掉下来的面包屑、糕点馅儿等都是我的盘中餐。我以前稍微尝过两三片腌萝卜，咸菜可不怎么可口。说来也是，只要是看起来觉得能吃的，我大都品尝过一二。我这个住在教师家里的猫，自然也没有这个不吃、那个不吃的娇惯性格。

① 卡莱尔（1795-1881）：苏格兰的一位作家和史学家。

听主人说，有个名叫巴尔扎克的法国作家，是个极其讲究的人。不过人家可不是在饮食上讲究，而作为一介小说家，在做文章上讲究的比较多。据说，巴尔扎克有天想为自己小说中的人物取个名字，想来想去都没想出个合适的名字。恰好这时候他的一位朋友来找他玩，两人就一同散步去了。但当时他的这位朋友并不知情，以为出来就是散散步，而巴尔扎克却一直在费尽苦心地寻找个合适的名字。两人走在街上，巴尔扎克就不停地朝店铺的招牌张望，但一直也没找到合适的名字。他就一个劲儿地领着朋友走，朋友也就这么稀里糊涂地跟他转。就这样，俩人一天逛遍了整个巴黎。就在回家的路上，巴尔扎克偶然间看到一家裁缝店的招牌上写着“马卡斯”，他竟拍手叫道，“就是你呀，就是你了！好个‘马卡斯’，要是在前面再加一个大写字母‘Z’的话，就更好了。对，就是‘Z·马卡斯’真是个好名字。假如说让我自己编个名字，即便我自己觉得取得好，也会有造作之情在其中。”看他已经完全沉浸在自己的欣喜之中，竟全完忘记了身边还有个疲惫的朋友。

光给小说中的人物取个名字，他就能逛遍整个巴黎，在我看来真是有点太“讲究”了。不过能到如此地步也并非是坏事，可我这牡蛎主人就没有这般觉悟了。依我看，只要是能吃的就行，管它是什么呢。能塞进肚子就赶紧吃。想到这，我又想起早晨主人吃剩的那块年糕可能还在厨房里，于是我就移步去了厨房。

到了厨房，我发现早晨见过的那小块儿年糕还粘在碗底，颜色和早晨也还一模一样。实话说，迄今为止我还真没吃过年糕这东西，感觉应该挺不错，但看上去又觉得怪吓人的。于是乎我伸出前爪，弄掉了上面的菜叶。我发现爪子上黏上了层年糕皮，黏黏糊糊。闻了一下，还散发出把饭从饭桶中盛出来时候的香味。我环视四周，不知是撞了大运还是倒了大霉，眼下一个人都没有。阿三不论是岁末还是新春总在外面玩毽子球，孩子们在屋里唱着歌，“小兔小兔，你说什么？”

若是想吃就只能趁现在，过了这个村可就没这个店。虽然我是个猫，但我却突然悟出了个道理来，千载难逢的好机会能让所有动物都甘冒风险，去做些不敢为的事情来。老实说我真不是非常想吃那年糕。我越瞧年糕，越觉得它古怪，更不想吃了。如果这时阿三突然推开了厨房门，或者耳边传来孩子们靠近的脚步声的话，我都会毫不犹豫地放弃年糕，而且一整年里我都不会再想年糕的事了。但偏就没有一个人来，不管我怎么踌躇犹豫就是不见人来。这时心底出来了一阵催促我快点动嘴的声音。我一边盯着碗口，心里一边嘀咕万一有人来了呢？到了最后也没人来，看来这年糕是非吃不可了。我就把全身的重量都压向了碗底，一口咬住了那年糕，感觉足足咬进去了一寸多。可按理说，我使了这么大的劲，也该咬断了，但这次不同，在我以为已经咬断并准备将牙齿拔出时，却死活拔不出来。于是想着就再咬它一口，但是牙齿根本动弹不得。当我发现这个年糕就是个怪兽时，已为时已晚。当时我仿佛陷入了沼泽地，越是动弹就陷地越深，越使劲咬牙齿就越一动不动。我确实咬住了个什么东西，但就算咬住了，我也对它无可奈何。美学家迷亭曾说我家主人是个不爽快的人，此番描述倒也贴切。

这年糕就跟我家主人一样，也是个难缠的主儿。我就这么使劲地咬啊咬，感觉就是像用十除以三一样，永远也没个头儿。就在犯愁的时候，我忽然又意识到了一条真理，那就是所有的动物都能对吉凶祸福产生自己的预感。不知觉间我已经发现了两条真理，但牙却还牢牢地粘在年糕上面，疼得要命，感觉牙都快被粘掉了。我想要不赶快给它咬断的话，一会儿阿三可就回来了，孩子们的歌声好像也停了下来，她俩一准会往厨房来的。那个时候我心里烦躁极了，赶忙甩了几下尾巴，却仍不奏效。我又给耳朵竖起来又放下去，来回多次也不管用。想来也是，尾巴和这年糕也没点儿关系，竖耳朵也更是没什么用，于是我就停了下来。

急中生智，我想借前爪之力蹬掉年糕。于是乎我先抬起右爪在嘴巴周围蹭了一阵，但终究没能把年糕弄断。紧接着我又伸出左爪，以嘴巴为圆心使劲地画起圈来。即便是这念咒式的动作，也终没战胜年糕怪物。我忽然意识到，有耐心才能赢，我就用两腿轮流去弄年糕，可年糕还是老样子留在那里。这时我便急了起来，两条前爪齐上阵，谁曾想这一下子我竟用两条后腿站了起来，感觉我好像不再是只猫了。都到了这节骨眼上，管他是猫不是猫，不管怎样，我都要把这年糕怪物给弄掉。我狠命地在脸上抓来抓去，但因用力过猛又常失去重心，几次都险些跌倒。每当快摔倒的时候，我都会用后腿来调整姿势，所以没法总站在一个地方不动。

我在厨房里蹦来跳去，连我自己都对我保持平衡的本领感到不可思议。忽然间，这第三条真理就闯进脑海中，大难当头之际能做出平时做不到的事情，此乃天佑也。感谢老天的提携，就当我在和这年糕怪物殊死搏斗的时候，我听到了有人的脚步声，应该是有人朝我这边走来了。在这关键时刻要是被人看见了可就不得了了。

遗憾的是，老天终究没保佑我太久，家里的孩子发现了我，高喊了声："快瞧呀，这猫偷吃了年糕，正在这跳舞呢。"

紧接着阿三也听到呼喊，她扔下毽子球，叫了声"糟了！"就跑进了厨房。

我还看见女主人身穿带有家徽的和服，听见她说："真是个不省心的家伙呀。"

这时候主人也从书房中走来了，说了句"这个混账东西"。

反倒只有小家伙们齐声叫好。然后他们就像约好了似的全都笑了起来。那时的我真的是又生气又难受，脚下的舞蹈还停不下来，真是一点办法都没有了。好不容易笑声有放小并停下来的趋势，谁曾想小姑娘的一句"妈妈、妈妈，这猫真是有意思呀"，又引起了一阵哄笑。

以前我就听过说过人类缺乏同情心的种种传闻，这次终于领教了。终于，老天的庇佑被我用尽，我四脚朝天，并大有要翻白眼的趋势。想必主人见我此番模样，定不忍心看我死去，就命令阿三说让她给年糕拽下来。

但阿三又转头看了看女主人，眼神中仿佛说道："咱们就再看它折腾一会儿吧。"虽然我知道女主人也想看我的"舞姿"，但也终究不忍叫我死去，就没有吱声。

主人又冲阿三说："快给它扯下来，不然就死了。"这时阿三就好像在梦中吃饕餮大餐时忽然被叫醒了一般，不乐意地抓住年糕，使劲地给我扯了下来。就牙齿的情况而言，我的情况和寒月的虽然不同，但我当时也很担心阿三会给我的几颗门牙扯掉。倒也不是疼不疼的问题，且说她这狠命地一扯，谁都受不了。至此，我体会到了第四条真理，所有的安乐必定源自痛苦。等我缓过神睁大眼睛再一看，家里人都已经到里面的屋子里去了。

丢人丢到了这个份儿上，我往后还有什么颜面面对阿三呢？为了调整一下心情，我从厨房跑到了后院，决定去拜访一下住在临街二弦琴老师家的三毛姑娘。三毛姑娘可是这一带出了名的漂亮。虽说我是一介猫咪，但感情这东西我其实也是略懂一二。每每主人阴沉个脸情绪不好，或者遭到阿三的一顿痛斥后，我总要去拜访三毛姑娘，找我这位异性朋友吐露心声。一阵谈天说地下来，我的心情也不觉得舒畅起来，把什么委屈呀，苦闷呀都抛到了九霄云外，好像重获新生一般。看来异性的作用真是无穷大。现在我正透过杉树篱笆的缝隙看她在不在家。原来她正带着过年用的新项圈端坐在廊檐下面呢。

打背后看，那后背丰盈有度，美得无以言表，曲线也美极了。只见她将尾巴微微卷起，两腿端坐，仿佛在冥想着什么。再一细看耳朵时不时还微微晃动几下，简直美到家了。特别是当她沐浴在阳光下的时候，体态端庄，那一身胜似鹅毛般的光滑皮毛，在阳光的辉映下仿佛给人感觉在轻轻颤抖一般。我这一阵偷瞄竟入了迷，好大工夫才回过神来。

我低声叫了叫她，“三毛妹妹、三毛妹妹”，叫着叫着我顺势抬起了前爪招呼她。

三毛看见了我，回应道：“哎呀，是先生您呀。”说着就从廊檐上走了下来。挂在她脖间红项圈上的那颗小铃铛随着她的挪动，叮当作响，十分清脆。我心中暗暗赞叹道，这还没到过年呢，可就给领带串上了脖儿了，真响亮。

在我想的时候，三毛妹妹就已经绕到了我的身边，“新年好呀，先生”，谈吐间就把尾巴向左边摇晃了下。在我们猫圈儿中，彼此行见面礼的时候，都是先把尾巴竖起来然后再朝着左边转上一圈。在我家这一片儿里，只有三毛姑娘尊我敬我，称我“先生”。前面我说自己是个没名儿的猫，能这样被三毛姑娘称呼我自然心里美滋滋的，所以她一叫我，我都一个劲儿“是、是”地回答她。

“是、是，你也新年好呀。今天妆画得不错，好看极了。”我说道。

她边听我说话，边给我展示她那新铃铛，说：“这是年底我家师傅给我买的，还可以吧？”

“是啊，这声音可是动听极了，打今儿以前我都没见过这么漂亮的铃铛呢还！”

“哎呀，您真会说，咱们大家不都挂着铃铛呢吗？”说着，她又晃了几下铃铛说道，“好听吧，我喜欢这铃铛着呢。”

我回想了一下在家的遭遇，又为了向三毛妹妹暗示一番羡慕之意，说：“这么说，你家师傅可是相当疼你呀。”

“是呀，老师傅待我就像待孩子一样。”三毛天真地笑着答道。虽然我们都是猫咪，但猫咪其实也会笑。人类总以为除了自己以外的动物都不会笑，真是大错特错，我们猫往往会给鼻子拱成三角形，来以此震动喉咙，发出的声音就是我们的笑声，人类自然没办法体察得到。我接着又问她，“那你们家主人是做什么工作的呀？”

“什么？您说‘主人？’这问法真奇怪。她是个教二弦琴的师傅。”

“嗯，这一点我倒是知道，我想问的是她是个什么身份呢？我想在过去应该是个身份挺高的人吧。”就在三毛姑娘想要接我的话的时候，耳边忽然想起了一阵弹唱声。

等郎呀，我是等着你的那棵可爱的小松树……

这是纸窗里师傅弹奏二弦琴中的句唱词。“您听，这声音多美妙。”她得意地说。

“好听是不假，可这究竟唱的是什么呀？我还真没太听明白。”

“您说刚才那句吗？好像就是那个什么来着……我家师傅已经六十又二了，但身体结实得很。”

我只好应一声，“嗯。”如此回答多少有点木讷，但我真是一时想不出更好的回答了。

“听说老师傅以前出身还不错。”三毛妹妹接着说，“以前听她总这么说。”

“那她原来是做什么工作的呀？”

“据说她是天璋院[1]女道士的秘书官的妹妹的婆母的侄子家的姑娘。”

---

① 天璋院：德川三代将军家定之妻，家定死后，出家为尼，号“天璋院”。

“什么？什么？”

“我说就是那个天璋院秘书的妹妹嫁到婆家去的……”

“这样子呀，不对呀，等一下，天璋院的妹妹的秘书的……”

“不对不对，是天璋院的秘书的妹妹……”

“好，好，这次明白了，是天璋院的……”

“是呀！”

“秘书的……”

“对对对！”

“嫁到了哪哪哪，对吧？”

“不是啦，是妹妹嫁到了……”

“对对，是我给搞错了，是妹妹嫁到了哪哪哪对吧。”

“是婆婆的侄儿的女儿呀！”

“呵，原来是婆婆的侄儿的女儿呀！”

“对啦，这回整明白了吧？”

“明白什么呀！太乱了简直，你就简单点说得了，老师傅是天璋院的什么人吧！”

“笨死你了！我刚不说了吗，是天璋院女道士的秘书官的妹妹的婆母的侄子家的姑娘。”

“是是，这我都明白，不过是……”

“你都明白还问什么？”

“也是啊。”我只得无奈地缴械投降，有时候我们还真得没理也要硬说出个带三分理儿的谎话来。

谈话间，屏障后面的二弦琴声就停了下来，紧接着是一阵来自老师傅的呼唤声，“三毛，三毛，吃饭了。”

三毛妹妹笑着对我说：“老师傅唤我回去了，我该回去啦，以后再来玩。”

伴随着一阵清脆悦耳的铜铃声，她跑回了院子中去。

但没跑出多远又拐了回来，担心地朝我问道，“看先生您今天脸色可不大好，发生了什么事情了？”

我肯定没法开口和她讲因为偷吃年糕在屋里上蹿下跳的事情，就说，“也没什么，就是点儿难受的事情啦。实话说，我就是想来跟你聊聊天，和你说上几句心情就好啦。”

“这样呀，那好，先生多保重，我先回去啦！”话语间似乎还有点对我的依依不舍之情呢！就这样，我心头因为吃年糕的不快心情也被一扫而光。

回去的时候我还准备从茶园那边走，于是乎就踩着将近融化的雪往回走。刚从建仁寺的断墙走出来，我又碰见了车夫家的黑哥。瞧他正在那枯菊花堆上伸着懒腰打哈欠。近段日子，我再也不会因为碰见黑哥而恐惧害怕了。其实要是跟他搭上腔儿的话更麻烦，所以我准备假装没看见他直接走过去。但以黑哥的脾气，这要是觉得被谁给瞧不起了，那更是不依不饶。

他冲我喊道：“站住！你个连名儿都没有的崽子！最近可神气不少啊。就算吃的是老师家的饭，也不至于这么傲吧。装什么装！”

看来黑哥还不知道我最近已经名声鹊起了，真是个什么都不懂的家伙。得了，就跟他寒暄几句，然后走为上。“哎呀！失敬失敬，恭喜恭喜，原来是黑哥！还是老样子，这么有精神呀！”说罢，我把尾巴竖起来，朝左转上了一圈。可黑哥呢，光竖尾巴也不打圈儿。

“恭喜个啥！别人都是正月恭喜，你这不年不节的给我恭哪门子喜。瞧你那小样儿，给我当点儿心！”

不言而喻，黑哥肯定在这骂我呢，但我也没听明白，就问：“黑哥，这‘小样儿’是个什么样儿？”

“嘿，你这东西，挨了骂还问骂的是什么！得了吧！我看你就是个逆来顺受的二愣子。”

“什么？什么？二愣子？”我本想还想问问这么含蓄的说法是个啥意思，比“小样儿”更难理解，但转念一想还是别问了，问他也说不明白，反更尴尬了。

就在这时，黑哥家的老板娘一阵大喝，“坏了！这谁给我放在架子上的鲑鱼弄走了？肯定又是大黑干的，真烦死人了，等着，回来看我怎么收拾你！”

春日里悠闲的气氛全被这不留情面的喊声给打破了。她这么一闹，可把这太平盛世给变得庸俗不堪。可黑哥脸上写满了不在乎，然后把他那方下巴朝前一撅，好像跟我在说：“随她叫唤去，爱怎么样儿怎么样儿，我不在乎。”

当时正和他聊得欢，还真没瞧见黑哥脚下有条价值两厘三分的鲑鱼。但已经成骨头了，还沾满了泥土。“黑哥，咱这威风可不减当年呀！”我撇开刚才的话题，奉承他了一句。

“什么！？你这混账东西，你黑哥我不过就是吃了个小小的鲑鱼，哪有什么不减当年！瞧不起谁呢！你记住喽，我可是车夫家的黑哥！”说话间把前爪高高举起，在肩头上挠了几下，颇有人类那撸起袖子的架势。

“不敢不敢，黑哥的厉害我可深知。”

“既然知道，为啥还说什么‘不减当年’呢？”他真是咄咄逼人，我要是个人呀，肯定就被他抓着脖子一顿爆揍了。感觉事态不好，我忙向后退了两步，这时他家女主人又在那大喊道：“正好是西川先生呀！来得正好，等会给我们送来一斤牛肉吧！要嫩牛肉！”这一通儿订购牛肉的话又打破了四周的寂静。

听罢，黑哥把四腿伸开冷嘲道，“哼，一年才订一回牛肉，你就喊这么大声。你不就用着这一斤牛肉跟邻里街坊臭显摆呗！真是一身毛病！”

这话我说的也没法接茬，就只好默不作声。

“哼，才一斤牛肉，太少了！算了，等他送来的时候，老子就给肉吃掉！”好像说这肉是为他订购的一样。

于是我就想催他快快回家去，说：“看来这回黑哥能美餐一顿了！真好真好！”

“你这家伙知道个啥？闭嘴，烦死个人了！”话音刚落，黑哥就用后腿扬起一阵碎冰朝我头上甩来，可给我吓了一跳。就在我抖落身上的泥时，黑哥已然翻过了篱笆，瞧不见影儿了。大概是回去为西川的牛肉盯梢去了。

待我回到家中，客厅里的氛围竟不知什么时候变得满园春意，就连我家主人也跟着笑了起来，声音也欢快了些许。我带着好奇心，从半开着的门缝中钻过，走近主人一看，原来是位生面孔的客人。这位客的头发非常整齐，身穿有家徽的棉布外套和小仓产的短褂，好一副书生模样。主人的小暖炉旁放着盒庆春牌的烟盒，旁边还有张名片，写道："推荐越智东风先生——水岛寒月"。这么看来，他叫越智东风，该是寒月先生推荐来的朋友。因为我是半道儿来的，一时间还没弄明白两个人在谈些什么，但听音好像是和前面讲过的那位美学家迷亭有关。

只见这位客斯斯文文地说："迷亭先生说他有个好主意，定要我陪他一同前往。"

"你说什么？他要你陪他一起去西餐厅吃午饭？这主意哪儿好了？"说着，主人给茶碗中添上水，推到了客人面前。

"这个嘛，至于哪里好我也说不上来，但是他这个人总归就是喜欢搞点儿花样。"

"这么说你们是一起去了？"主人边说边拍我的脑袋。当时我已经挪到了他的双膝上去了，拍得我真有点疼。

"去是去了，真是让出乎意料。""准又是些荒唐事吧？他就爱弄这一套。"想必主人是想起来了以前安德里亚的那件事来。

"可不是么，当时他问我想不想尝尝什么新鲜口味。"

主人问："后来都吃了什么呢？"

"他先是看了看菜谱，跟我拉扯各种各样的菜。"

"在点菜之前吗？"

"对。"

"那后来呢？"

"后来呀，他扭过头问服务生为什么里面没有新菜。服务生答说有烤鸭里脊肉和牛排。谁知迷亭说你这儿怎么竟都是些俗气菜。说得服务员一头雾水地走了。”

“你瞧你瞧，他就是这么回事儿。”主人跟着说道。

“后来，迷亭就跟我说，若是在法国或英国，想吃什么都可以。可在日本吃的就是千篇一律，所以我才喜欢上西餐厅。您说说，他真的出过国么？”

主人回答道：“什么？他曾几何时到过海外？倒是也有可能，他一来有钱，二来有时间，想去也是能去的。只恐怕他是把还没发生的事情吹嘘成已经做过了吧！”想必主人对自己的回答还很满意，本想给客人逗笑，结果客人没什么反应，他自己反倒先笑了起来。

客人接着说：“这样啊？我还以为他以前真的出过国呢。听他说得头头是道，讲了什么蜗牛汤、青蛙羹什么的，就好像亲眼看过一样。”

“我估计他也是从别人那里听来的，他本来就是个爱胡诌的人。”

“看来真是这样呀。”客人说着，眼睛却望向瓶子里的水仙花，表情上写满了遗憾。

主人又说：“你看，他说的有意思，是不是就这么回事儿？”

“那还真不是，这就是个引子，好戏还在后头呢。”东风先生见主人这般发问，又接着说，“后来迷亭还跟我说，这蜗牛汤、青蛙羹咱们是没口福了，要不就点个橡面丸子尝尝看？他一个劲儿地问我，我也只能答应下来。”

“他说什么？橡面丸子？这个不错！”

“是呀，这个特别好。只怪迷亭当时说得太真了，我竟然没有反应过来。”看来这东风先生好像是在向主人承认自己的疏漏。

“后来呢？”主人随口一问，也压根儿没把他的歉意放在心上。

“后来呀，他把服务生喊来说要点两份橡面丸子。这服务生问是不是牛肉洋葱丸子。迷亭反倒更加郑重其事说不是牛肉洋葱丸子，就是橡面丸子。当时我也纳闷，到底有这道菜吗？但是看了看迷亭十分镇定的表情，加上他对西方又无所不知，而且我当时还真以为他出过国，最后还帮他说，我们就要点橡面丸子。”

“话说，那服务生怎么说的？”

“服务生呀，想来真好笑，他先想了一下，然后说今天不巧，没有做橡面丸子，要是牛肉洋葱丸子的话，倒是能给您二位上来。然后迷亭遗憾地表示我们大老远地跑来就是想尝尝新鲜，你们再去给想想办法吧。紧接着他拿给服务生两块钱硬币，还说不管怎样你先去和厨师师傅商量一下吧！这服务生才回到厨房去。”

“看来这橡面丸子是吃定了。”

“没多大工夫，服务生回来了，告诉我们来得及做，确定要点的话店里也能做，不过需要多等一阵子。再瞧迷亭更是沉着，说反正新年正月，闲着也是闲着，等会儿无妨，咱们且先尝尝看。说着他从兜里掏出根烟抽了起来。我一看，没辙儿呀，也只好从衣服里拿出《日本报》来读一读。这时候服务生又回去好像商量什么去了。”

“我看呀，真是太费劲了。”主人这架势好像在读战事新闻一般。

“没过一会儿，服务生又跑出来朝我们道歉，说是橡面的原材料最近缺货，到龟屋和横滨的外国食品店买都没有，真是不巧。迷亭瞧了瞧我，说真遗憾，好不容易来一回。我想这时候不吭气也不好，就附和说真是太遗憾了。”

主人回道：“对呀。”可我一点也看不出究竟对在哪了。

“接着服务员还遗憾地告诉我们，等哪天原料齐备了，欢迎再来品尝。可迷亭又问他这原料是什么，对此服务生只是笑笑没有作答。然后他自己说，原料应该是些日本的俳人吧。服务生只能敷衍说应该就是，所以最近跑到横滨也没买到，实在抱歉。”

“哈哈哈！原来有趣是有趣在这里呀！”主人忽然大笑了起来，双膝也随着笑声抖动了起来，差点儿给我晃到地上去。但就表情来看，主人还是一脸不在乎，但他知道了受过安德里亚之类嘲讽的人不只他一个时候，还是非常开心。

“后来我俩走出餐馆了，迷亭得意地问我，这个玩笑怎么样，是否不错。我说真是佩服得五体投地，然后我们就分开了。但午饭的时间给我耽误了，肚子饿得厉害，可难受了。”

“那可真是委屈你了！”主人到了这里才表现出同情之心来。对此我也表示赞同。没多久，两人的谈话就暂停了，想必他们也听见了我喉咙发出来的咕咕声。

这时，东风先生一口把杯中的凉茶喝了个干干净净，郑重地说：“实话和您讲，今日登门拜访实则有事相求。”

“嗯？什么事情？”主人这边也正经八百地回答道。

“我想您应该知道，我比较喜欢文学、美术之类的。”

“这不挺好的呀！”主人也承着他的话说了起来。

“这不前些日子，我们几个朋友聚在一起，搞了个朗诵会，还准备往后每月一次的继续办下去。这头一次聚会已经在上年年底搞过了。”

“那这‘朗读会’是不是就是带着节奏朗读诗歌呢？现在搞得怎

么样了？”

“我们先是从古典诗开始，再到往后还准备朗诵些同人作品。”

“那这古典诗难不成就是白乐天的《琵琶行》？”

“这可没有。”

“莫不是与谢芜村[①]的《春风马堤曲》[②]之类的吗？”

“倒也不是。”

“那都读些什么呀？”“最近一次我们读了近松的情死作。”

“你说近松？可是唱净琉璃的近松吗？”当然世上就这么一个“近松”，只要一提近松，人们便知定是那位戏曲家。主人这明知故问真让我觉得他傻透了。可他自己倒没察觉，还一个劲儿捋我头上的毛。在这世界上，总有人觉得只要女人多看自己一眼就觉得人家对自己有意思。所以说，主人这一点半点的误会也不足为奇，就随他去吧。

东风回了句，“是的。”瞄了一眼主人的脸色，等着他回答。

“你们朗诵是一个人呀？还是分角色的呀？”

“我们是定了角色，大家轮流来朗读。我们起初就想同情剧中人物并发挥人物个性特点，同时也注重手法和动作，力争表现出那个时代的人的特点。不管是大小姐还是小伙计，都要把人物给生动地还原出来。”

“这不就和唱戏没什么区别么？”

“可以这么说，但我们不穿戏服而且没有场地布景。”

---

① 与谢芜村（1716-1783）：江户时代中期的俳谐师、画家。

②《春风马堤曲》：由江户中期的著名俳谐家与谢芜村创作的诗歌。

“恕我直言，能演好吗？”

“这个嘛，就我们首演来看还是挺成功的。”

“也就是前面你说的那场情死作？”

“对，就是船老大把乘客带去妓院街的那一幕。”

“这场戏可不得了呀！”我家主人到底是教师出身，他稍微点了点头，从鼻孔中喷涌而出的“日出烟”略过耳根向面颊后飘去。

“没有没有，没您说得那么厉害，上场的人物也就嫖客、船老大、窑姐儿、女仆、老鸨和总管而已。”说这些名词的东风先生一脸沉稳，反倒主人在听到“窑姐儿”后眉头一皱。

他应该是不懂女仆、老鸨、总管等这些行话，张口便问：“这女仆人是妓馆的女侍人吗？”

“这点我还没仔细探讨，应该是酒馆的女仆人吧。像‘老鸨’应该是妓馆里管事儿的人吧！”这东风先生刚才还说要给人物演得生动真实，还要模仿人物的谈吐举止，但我看他自己对“女仆”“老鸨”都没有个明确的认识。

“说的对，女仆是寄身酒馆的人，老鸨是妓馆的管事，那总管是个什么人呢？还是说是个地名儿？要是个人的话，是男的还是女的？”

“我估计应该是个男的吧。”

“那你说他都管什么事情呢？”

“这，这点我们还没查证过，回头我再细看看吧。”

依我看，照这架势问下去，迟早要出问题。我扫了他俩一眼，没想到主人竟如此严肃认真。他又问：“朗读的人除你之外还有谁呢？”

“什么样的人都有。像法学学士 K 君演窑姐，他留着小胡子，特别是学女人娇气的对白那更叫一个绝。中间还有一场肚子疼时的动作表演呢。”

“朗读时竟然也要模仿肚子疼？”主人担心地问道。

“那当然了，总知表情要到位。”东风回答道，他总是一副文人模样。

“闹肚子那段演得怎么样？”主人这句问得巧。

“这演肚子疼还是头一遭，勉勉强强吧。”他的回答也很妙。

主人接着问道：“那你又扮演了个什么角色？”

“我演船老大。”

“什么？船老大你来演？”看来主人这是话里有话，言外好像在说你要是能演船老大，我就能演这妓馆总管。

然是东风先生却不以为然，平静地说：“万事开头难，还就是因为我来演船老大，才竟闹了个虎头蛇尾的结局。原来呀，我这隔壁住了四五个女学生，也不知她们从哪知道了风声，知道我们有场朗诵会，就趴在窗户外头偷听。我当时是用假嗓子朗读，正到兴头上，心想这回肯定没问题了。后来大概是因为动作幅度太大，本耐着性子偷听的女学生们一下子大笑了出来。她们这一笑让我大吃一惊，也扫了我的兴，台词也被打断了，接也接不上来，只得草草收场。”

刚才还他还说这头场朗诵会是何等成功，不料竟是这般结局，可见要是失败了将是何种场面，真叫人好笑。我在不经意之间又用喉咙发出了呼呼声，主人也更加温柔地抚摸着我的头。因嘲笑别人反而却受到宠爱，还是挺难得的，但是我还是觉得有点不对劲儿。

接下来主人又说："你看这可是大不行啊。"没想到主人竟在新年说这般丧气话。

"所以我们想从这第二次开始，给朗诵会搞得更大点。今日来此也就是为了这件事。我们想请先生加入。"

"哎哟，我可是演不出肚子疼的效果呀！"主人对什么都一副消极之态，他立马回绝了。

"不会的，先生大可不必为此担心，您看，这是我们赞助者的花名册。"说着，东风从紫绸缎的包袱里郑重其事地取出了个小本，说："只消您能在上面签个名，盖个印就行。"然后把小本摊开放在主人眼前。

我抬眼这么一瞧，上面尽是些当今知名的文学博士和文学家等人的名字。主人看罢说："原来是让我当个赞助人呀。我看问题不大，但是有没有什么义务呢？"

您瞧，我家这牡蛎主人竟开始担心起来。"要说义务，并没有什么，只需要您签个字，表示赞助就可以了。"

"那我就入会了。"主人听没有规定义务，一下舒畅了许多。脸上露出了一副既然没责任，造反书我也敢签，更何况那么多名人大家都写上了名字的态势。我家主人先前还不曾有过特殊待遇，这一下让他觉得非常光荣，也难怪他答应地那么利索。

"东风，你稍等一下，我去书房拿印。"话音刚落，我就被咚的一声扔到了地上。主人刚走，东风就快速地拿起盘中的蛋糕，一把塞进口中，嚼个不停。看他那样子好像是噎住了，也让我想起了我早晨偷吃年糕的事儿。主人取印章回来时，蛋糕早就在东风的胃里安顿下了。看样子主人没发现盘中的蛋糕被一扫而光，这要是被他发现了，头一个被怀疑的准又是我。

东风先生走后，主人又回到书房中。往桌上这么一瞧，竟放着一张迷亭先生寄来的信，都不知道什么时候送来的。

信开头写道："值此新年之际，恭贺新禧！"看罢主人肯定在心里想，这么正经的开头语我还是头次见到。迷亭以前来的信几乎没有正经的，差不多开头都是些"其后再无新欢，更无俏丽之人投情送爱，暂度几日，请君勿念"等之类的话。今天这封信虽然平常但更令我感到意外。

信中写道：

> 我本打算登门拜访，但因你我二人心境相差甚大，所以我准备尽可能以积极的方针去迎接这千载难逢的新春。因此每天忙碌不堪，还望兄台海涵。

主人心想，还真实在，就知道你在为新春之际寻欢作乐而忙活。

> 昨天偷得半日闲，本打算带着东风先生品尝一下橡面丸子，但不巧店家不得原料，只能放弃，好生遗憾。

主人又心想，看你还是这么老一套。

明天纸牌比赛，后天有美学学会的新年贺宴，大后天还有为鸟部教授举办的欢迎典礼，这大大大后天还有……

主人想，真是啰唆呀。于是开始跳行往下看。

综上，这一段里不断举办的谣曲会、俳句会、短歌会、新诗会等等，让我四处奔波，每日出席，实在无暇登门，便以此书代为登门之礼。

主人接着嘟囔一句："你爱来不来。"

此次邀您光临寒舍，是久别重逢，期待与您共进晚餐。寒舍虽无美味珍馐，但尚可前来一品"橡面丸子"，现我已经开始准备。

看到这儿，主人似乎有些生气，说，总拿个橡面丸子来当幌子，太过分了。说着又继续往下看。

但是，因为最近制作橡面丸子的原材料短缺，想必准备已是来不及，这次我就特请您品尝"孔雀舌"。

主人说："看你这是两头骗。"说完就饶有兴致地看了下去。

兄台您也知道，孔雀舌的重量还不到小拇指头一半，为满足您的大胃口我得……

主人鄙夷地说：“荒唐。”

所以这次怎么也要抓上二三十只孔雀。但是我也仅仅在动物园和浅草的花园中见过那么几只，真是让我伤透脑筋。

主人非但没有感谢，还在心中怒骂道，真是自讨没趣！

这孔雀舌非常稀少，曾经在罗马鼎盛是风靡一时，极尽奢华之风，此生让我垂涎三尺，还望见谅。

“见谅？简直是胡说八道！”看来主人是真的没了耐心。

一直到十六七世纪里，品孔雀宴可谓遍布欧洲各地，成为不可或缺的美食盛宴。以前莱斯特伯爵[①]于凯尼尔沃思城堡宴请伊丽莎白女皇时，就曾食用过孔雀宴。再如著名画家伦勃朗[②]画的《宴宾图》中，桌上也摆着个开屏的孔雀。

① 莱斯特伯爵（1533-1588）：英格兰女王伊丽莎白一世的宠臣。
② 伦勃朗（1606-1669）：荷兰著名画家。

读罢，主人生气的嘀咕道："有时间解释这孔雀宴的来头，猜你还是没忙到那个份上。"

但是，要是总吃这类美食佳肴的话，早晚也会得上胃病，就像仁兄您一样。

"'仁兄'一词可真多余，真是没必要和我的胃病拿来比较。"

据史学家说，罗马人每天都要吃孔雀宴两到三次，纵然体格健壮的人，早晚也会因消化不良而患病，和您一样。

"又在这跟我比较，真是放肆。"

然后，他们为了既能尽显奢侈也能安全健康，认为在食用大量美味珍馐之后需要保持肠胃的正常，于是想出了个方子来。

读到这，主人的兴致忽然涌上心头，想必他也很想知道这方子是什么。

他们餐后必定要去洗澡，再用一种方法把先前吃的全部吐出来，以把胃打扫干净。一旦胃内被打扫的差不多后，就再次进餐，吃饱后再沐浴，再进行呕吐。如此这般便可既享用美味，又不伤胃，可谓两全之策。

主人脸上露出了羡慕的表情，说："这招真是一举两得。"

现如今已是二十一世纪，交通频繁、宴饮激增，自不言待。眼下正值国家征俄的第二年，我认为胜利国民应当效仿罗马人，学习利用催吐的方法。否则国民恐会有患上胃病的危险，就像仁兄一样，实在令人扼腕。

主人心想，这怎么又提我呢，怪烦人的。

值此之际，我认为像我们这些精通西学的人应该继续钻研古诗传说，寻找那些已经失传已久的良方，来用于我们明治社会，既可以起到未雨绸缪的效果，亦可以报答平时纵情享乐之恩。

"甚好！甚好！"主人点头称赞。

为此，我最近拜读了吉本、蒙森、史密斯等作家的作品，但没找到丝毫线索很是遗憾。但我的性格仁兄也知道，决定了的事绝不半途而废，我坚信不多久就能查明催吐的方法。一旦找到我就马上告诉仁兄，请别担心。另外，上面我说的橡面丸子和孔雀舌这两道美味，也会在找到上面的方法后落实。这不仅对我有利，对仁兄的胃病也大有作用。匆匆提笔，尚有不周之处望海涵。

把信读罢，主人笑着说：“闹了一圈，还是上了他的当。这信写得实在是太逼真，不知不觉就被他牵着鼻子走，还给读完了。大过年的，能开此般玩笑的除了迷亭外，还能有谁？”

打那之后的四五天都非常平顺，白花瓶里的水仙也渐渐枯萎了，只有插在瓶中的绿萼白梅还含苞待放。天天赏花也挺无聊的，于是我抽空去找了三毛妹妹三两次，但都未得见到她。头一次去找她我以为她不在家，但第二次去我才知道她生病了。当时我躲在纸屏风的后面，听见了教二弦琴的老师傅和家里女佣人正在说话，于是我就跑到了洗手池下面的大叶兰后面，听二人的对话。

“三毛吃东西了吗？”老师傅问道。

“打今儿早晨起就什么都没吃，我给放到暖炉旁去烤烤身子。”女佣这么回答道。我心想，这哪是猫呀，比人的待遇都好。

我一边拿她和自己的待遇相比，虽心生羡慕，但转念一想她能受到此般宠爱，也就宽下心来了。

老师傅又说：“这可不行，不吃饭身子哪能受得了。”

女佣答道：“可不是嘛，且说我这样的，主家一天不给饭吃，第二天我定干不成活。”从女佣这口气来看，这个猫儿比起她来地位要更高。不过让我说，说不定三毛在家的地位还真比她高呢。

老师傅说：“给送去看医生了么？”

“送去了已经，当时那个医生还挺有意思的。就我抱着三毛去到了诊所后，他居然问我，是不是我得了感冒，还要给我号脉。我忙说不是我，是我家猫。然后他就让我把三毛放在膝盖上让他看。他就一个劲儿地笑说这猫儿的病他们可看不了，还说不用管它自己也能好。您说这都像话吗？我就赶紧跟他说，看不看不要紧，但是这猫可重要着呢。就赶紧给它抱到怀里这才回来。”

“还真过分。”老师傅这种说话的口吻我确实很少听到。我想如果她不是天璋院的什么人的话，怕是也绝对会用这么文雅的说辞，好生佩服。

接着女主人又说：“听三毛那喉咙总吱吱作响。”

女佣忙说：“是呀，该是得了感冒，喉咙肯定不舒服。”大概因为这女仆是天璋院的什么人家的仆人吧，说话也恭恭敬敬的。

老师傅说：“听说最近是不是有个什么肺病闹得挺厉害？”

“可不，最近还有肺结核、鼠疫这类的新病出现，真是叫人马虎不得。”

老师傅回道：“这些病以前在幕府时候都未曾有过，都不是好东西，你也要当心。”

“可不是嘛！谢谢您关心。”女佣感动地说。

“话说回来，三毛好好地怎么就得上风寒了呢？她也未曾乱跑过。”

“不不，您有所不知，她最近可是认识了个坏家伙。”看她讲话的口气好像在讲国家机密一般，得意得不得了。

“坏家伙？”老师傅好奇地问道。

“是呀，就住咱旁边街那位老师家的，那只脏公猫。”

“你说老师，就是每天一大早就在家里哇哇乱叫的那位老师吗？”

“是他，正是他，每次早晨洗脸都要发出些怪声来，活像个被勒住脖子的大鹅。”

活脱个被勒住脖子的大鹅，这般形容真是绝了。我家主人有个怪毛病，每天早晨起床刷牙的时候，总要用牙刷捅喉咙眼儿，这一捅就会发出种说不上来的怪音儿。他不高兴的时候还要发出些更大的叫声。心情好的时候也会这么叫上一通。总归呀，不管心情好坏，他都要这么用力喊上一番。听女主人说，搬到这块以前他还没这毛病，不知怎么地就染上了这坏习惯，而且迄今为止几乎是日日不差。我们猫自然无法理解他为什么坚持不懈地做这么件事情。但这都是次要的，说我是个脏猫可确实过分了。我竖起耳朵接着往下听。

老师傅又说：“不晓得他那声音会不会是咒语。这在明治维新前，从武士到仆人都有自己相应的做法，从来没见过哪个人有这般洗漱的架势。”

“是呀，谁说不是呢？”这仆人只能糊里糊涂地附和。

“有什么样的主人就有什么样的猫，量这猫也是个野猫，下次若见到直接揍它。”

“当然，一定要收拾它。这次咱家三毛生病全是它害的，这仇肯定要报。”

我就这么蒙上了冤屈，哎，可不敢再往三毛家去了。这次去没见到三毛，只能悻悻而归。

到家了我一瞧，主人正在书房里提笔沉思。若我能将今天听到那些有关他的评论告诉他，他肯定要火冒三丈。还是让他“耳不听心不烦”吧，你瞧，他还在哼哼哈哈地，装着一副诗人模样呢。

但就在时，刚才还在贺年信中称忙得不可开交的迷亭先生居然飘然而至。他朝主人问，“这是在写新体诗吗？有什么作品？让我瞧瞧。”

主人郑重其事地回答道：“我觉这篇文章写得挺有意思，准备给他翻译出来呢。”

迷亭似乎有点摸不着头脑，“文章？谁的？”

“是谁的文章我还真不知道。”

“那看来就是某个无名氏写得吧。其实无名氏的作品中也不乏佳作。可不能瞧不起人家。那么这文章在哪本书上？”

主人又沉稳地回答道：“《第二读本》。”

“《第二读本》？这是个什么呀？”

“我现在正翻译些不错的文章，这文章就是从这里面来的。”

迷亭说：“好啊，原来你想在这关键时刻报孔雀舌宴之仇呀。”

主人捋着胡子说：“我可不像你那样吹牛。”

这时候迷亭又用一种审美大家的架子说：“以前，有人见到山阳先生[①]，问他进来可有佳作。山阳先生立马拿出马夫写给他的催账信来，并说此乃近日佳作。说不定仁兄你的眼光还不错，就劳驾仁兄读一读文章，我来看看到底如何。”

于是乎主人就用一种和尚诵读大灯国师[②]《遗训》般的口吻，读

---

① 山阳先生（1780-1832）：原名赖襄，江户末期著名的史学家。

② 大灯国师（1282-1337）：原名宗峰妙超，镰仓末期的僧人，有“国师”之号。

了起来："巨人，引力。"

"刚才的巨人引力是什么东西？"

"就是这文章的题目呀。"

"好一个怪题，真没闹明白说的是什么。"

"说的就是一个名叫引力的巨人呀。"

"这有点太牵强了吧。也罢，就是个题目而已。接着往下念正文吧，声音还不错，有点意思。"

"那好，下来可别给我乱打岔。"主人又强调了一番，继续读了起来。

"凯特从窗口向外望去，孩子们正在玩扔球游戏，他们把球高高地扔向天空。眼看球越扔越高，没一会儿就又掉了下来。就这么三番两次之后，球还总是掉下来。凯特就问，'球为什么总会掉下来呢？而不是一直往上飞呢？'他母亲回答道，'那是因为有位巨人住在地下呀，是位名叫引力的巨人。他的力量很大，能把所有东西都拉向自己。房屋是他用力给拉到地上的，没他的话屋子就飞走了，小孩儿们也会飞走。你肯定见过叶子凋落吧，就是他在召唤呢。你肯定有时也会把书弄到地上，也是因为巨人的力量。巨人呼唤着它，它也就掉下来了。'"

听罢，迷亭说："就这么点儿？"

"是呀，这写得不挺好的吗？"

"好了好了，我算领教了，果然还是在报'橡面丸子'之仇。"

"报什么仇呀，你看这文章不就是挺好的么？所以我才给他翻译过来。不对么？"主人边说，边死死盯着金丝眼镜后面的那对眼睛。

“了不起，没想到你还有两下子。我心服口服。”

面对迷亭此番自嘲，主人还依旧装糊涂说：“没有别的意思呀，单觉得写得不错才翻译试试看。”

“不错不错，我这次可认输了。”

“真没有别的意思，就是最近水彩画我也不画了，开始转行写写文章。”

“以兄台这个水平，写起文章来肯定比远近无别、黑白不分的水彩画强得多，佩服佩服。”

“承蒙夸奖了，这么一说我就劲头十足了。”看来主人又会错意了。

随着一声“上次多有对不住的地方”，寒月先生也走来了。

“呵，有失远迎呀。刚才我正在听一篇名作，以便能驱散‘橡面丸子’的阴魂。”迷亭就在这无厘头地说着。

“哦？是吗？”寒月也回了句也让人摸不着头脑。

但主人看起来并没那么兴致勃勃，说：“前几天你给我介绍的越智东风先生曾经来过。”

寒月说：“他来过了么？越智东风可是个老实人，但性格有点古怪，本怕给您添麻烦，可他非说要认识您，于是就……”

“这不要紧。”主人回答道。

“他到您家来，没和您说起过和他名字有关的事情吗？”

主人说：“这倒好像还真没有。”

寒月又说：“不应该呀，他有个习惯，无论到哪，总要跟新识之人介绍一番自己的名字。”

“怎么讲？”这个唯恐天下不乱的迷亭插上了一句。

“他就是很害怕别人用汉字读音念他的‘东风’二字。”

迷亭又接话道：“这倒稀奇。”然后从他那金黄色皱纹皮的香烟包中掏出些烟丝来。

寒月又说：“他总是要说，我这个名字不念‘Ochitofu’，而念‘Ochikochi’。”

“呵，有点儿意思。”说着，迷亭深深地吸了一口他那云井牌香烟。

寒月继续说：“这还不是全因他热爱文学嘛。如果给念成‘Kochi，再跟姓连在一起就成了Ochikochi’，就跟‘远近’一个读音了，而且还很押韵，他本人也非常得意于此。所以他总抱怨说，‘要是别人给按汉字的读音来念的话，我这一片苦心不也就付之东流了吗。’”

“还真挺有意思。”说着，迷亭又把烟雾从肺中推向鼻腔。但好像这团烟走到喉咙又被堵上了，只见他攥着烟枪一个劲儿咳嗽。

主人说话了：“这前几天他来的时候，还跟我说在朗读大会上扮演船老大，被一群女同学笑话的事情呢。”

“你看这不挺有意思吗？”迷亭边说边把烟枪往膝盖上磕了磕。我觉得挨着迷亭挺危险的，就赶紧挪了挪窝。

迷亭又说：“是朗诵会吗？前几天请他吃橡面丸子的时候听他说过一句，他还说下次举办的时候必须得请上些知名文人来助阵，当然他也邀请了我。我后来问他还是要弄近松的剧目吗？他说下次要弄个全新的，目前决定选《金色夜叉》[①]。我还问他这回准备扮个什么相，他说演女一号阿宫。你们看，这是不是更有意思了？我决定了，一定要到现场去瞧瞧看，替他拍手叫好。”

寒月听完也怪里怪气地说：“是很有意思呀。”看来这是一箭三雕，一下子报了安德里亚、孔雀舌和橡面丸子之仇。

迷亭还是淡淡地笑道：“反正我这种人也就是个‘榆木脑袋’。”

主人回道：“看你也就是个榆木脑袋。”其实我看出来了，主人压根儿就不知道这个词是啥意思，好在他当了这么多年的老师，知道怎么骗人接话，才能把执教经验灵活运用在社交上。

哪知寒月又跟着问道：“刚才你俩说的‘榆木脑袋’是个什么呀？”

主人却没吱声，站在墙上摆弄着的花盆中的水仙，说道：“这水仙是我去年年底从澡堂回来的时候买上的，如今我给放到花瓶里，你们看这开的时间多长呀。”瞧他硬是把刚才的话题给绕开了。

再看迷亭在一旁如杂耍般转着烟枪，说：“说上年年底，我还真碰见到了个怪事。”

主人长舒一口气，看来“榆木脑袋”这话题已被成功地绕了过去，忙说：“什么事呀？给我们讲讲看。”

迷亭说：“要是没记错的话，应该是年底二十七号那天。东风先生当时告诉我想来我这边跟我讨论点文学艺术上的事情，还想在我家借宿一晚。那天我一大早就恭候他的到来，但左等右等也不见人

①《金色夜叉》：日本明治时期小说家尾崎红叶（1867—1903）的作品。

影儿。午饭过后我就在炉子边儿读起泊利贝恩[1]写的滑稽段子，然后远在静冈的老妈给我来了封信。在老人眼里我终究是个孩子，信中写在天冷时分少出门，洗冷水澡的时候要给炉火点起来，屋里要暖和起来，才能少感冒，对我是千叮咛万嘱咐。

可那毕竟是我母亲，对外人才不会如此上心。母亲从来无论什么都非常在乎我，就连我这‘粗人’也会为之动容。但我平时就这么游手好闲，没个正形，也确实对不起母亲的这封信，所以我下定决心非要写出篇佳作来不可。我得趁着母亲的有生之年，让天下人都知道在日本明治的文坛中有这么一位迷亭先生。

信中还说，你们这类人真是赶上了好时候。自打我国和俄国开战以来，年轻人就饱受辛苦，为国效忠。但你们这类人即便在这年末时分仍能过得跟新年一样无忧无虑。其实呀，我还真没像母亲说的那般四处闲逛。

然后这信上还列举了一些我的小学朋友的名单，但他们都在这场战争战死或负了伤。我看了看这些名字，心里忽然觉得人生失去了意义。母亲最后写道，说她年岁已高，这一顿新年的年夜饭恐怕就是今年最后一顿了。母亲竟写得如此凄凉。我就更担心了，恨不得东风先生能早点过来。没多久终于吃上了晚饭，我想干脆给母亲回封信吧，就写了十二三行。再看母亲的信竟六尺多长，要我写我可写不出来，我最多也就能写个十来行。我那一天都没怎么活动，胃口不好，准备出去走走把信寄了，他要是这时候来的话，我就准

---

① 泊利贝恩（1864–1928）：英国幽默作家。

备让他在家先等等。”

他接着说：“这次我没往富士见町那个邮局去，不知不觉走到了三号大坝那条街去了。正赶上那天天不好，护城河上寒风冽凛，冷得不行。恰好一列火车从神乐坂开来，‘嘟’的一声从坝下开去，平添凄凉之感。恰逢年末、战死、衰老、世事无常等想法一下子冲到了我的脑袋里。以前常听人说人会有上吊而死的念头，你们说会不会就是受到了这种气氛的影响了呢？我这一抬头，朝堤坝上一看，不知不觉竟来到了那棵松树下。”

“松树？哪个松树？”主人插了一句。

“就是那个‘吊脖儿松’。”迷亭缩着脖子说。

“‘吊脖儿松’不应该在鸿台那片儿吗？”寒月也跟着起劲。

“鸿台那个叫‘吊钟松’，三号大坝这条街的叫‘吊脖儿松’，但究竟为什么这么叫，说是自古以来，只要人一来到这树下，就会产生想上吊的念头。堤坝上虽说有好几十棵松树，但每当有人上吊一准就是在这棵树上，而且每年都有那么几个人在这上吊，都只认准这棵树。我仔细一看，这棵树的枝杈已经伸到了马路上，别有一番秀美。可就这么棵光秃秃的树也不好看，最好就是有个人吊在上头。我四下看了看，心里想怎么还不来个人，可不巧就是没人来。我当时就想要不然把我吊上去得了？后来想这么一吊一准儿就没命了。这时候我想起了古时候希腊人在宴席间表演的一种模拟上吊的活动，说的是让一个站在台子上，在这个人把脑袋伸进吊好的绳圈之中后，然后一旁的人就立马把台子踢翻。而把脑袋伸进绳子的那个人需要在台子被踢倒的同时立马解开绳子然后下来。倘若真能这样，我前去一试也无妨。然后我就真的用手拽了拽这松树枝，感觉这树弯曲地恰到好处，尽显美之姿态。我甚至都能想象到我吊在树上的样子是多美，但我转念一想，东风先生要是已经在家等我的话，又实在过意不去，于是我决定先回家见他，然后再来一趟。”

“全剧终？”主人问道。

“有意思啊！”寒月笑着附和道。

“我到家一看，东风还没来，倒是有封明信片，写着今日临时有事，不能如期赴约，日后定登门奉陪。看完明信片我总算放下心来，可以没有顾忌地上吊了。然后我赶忙换上衣服，就往回走，等到了地方这么一看呀。”迷亭卖了个关子，又看了看主人和寒月的脸。

“看到什么了？”主人有点不耐烦了。

“这是要渐入佳境了。”寒月一边拨弄着大褂前的穗子，一边说。

“我到那里这么一看，原来有人已经早先于我吊上去了，可惜就差那么一点点。回想起来我肯定当时被死神附体了。根据詹姆斯①的说法，这是因为潜意识幽冥界和我存在着的现实世界之间的一种因果感应吧，你们说这不奇怪吗？”

主人心想这次又给他忽悠了，但他还是不吭气，一个劲儿地往嘴里塞着甜饼。

寒月小心地把火盆里的灰给推平，低头一个劲儿地笑，然后用一种平淡的语调说：“这事儿确实很怪，难以置信。实际上我最近也经历了件类似的怪事，所以我并不怀疑你说的。”

---

① 詹姆斯（1842-1910）：威廉·詹姆斯，美国心理学家和哲学家。

“这么说，你也曾经想上吊过么？”迷亭说。

“没有没有，我可不是要上吊，倒是时间方面，您说去年年末，我这也是上年年底的事情，看时间几乎一样，真是邪了门了。”

“这下可有意思了。”迷亭说道，然后也吃了口甜饼。

接下来寒月就开始讲述他的离奇故事。

“那天，我的一个住在向岛的朋友在家办了一场年会兼演奏会，我当时也带了把小提琴过去了。到了一看，列席的有十五六位小姐和太太，好不热闹，可谓是近来少有的一大快事。吃罢晚餐，乐器的声音也小了，大家就进入了谈天说地的环节。因为当时比较晚了，我就想先行告退。在我向主人说要走的时候，一位博士的太太走到我身边来，小声地问我是否知道某姑娘患病的事情。我说头几天见还是老样子，看不出有什么生病的征兆。于是我也很吃惊，就问了问具体情况。据说她就是在见到我的那个晚上突然发起了高烧，还胡言乱语。倘若仅此也就罢了，可胡言乱语中还不时能听到我的名字。”

听罢主人什么都没说，迷亭也没吭气，就连“真有意思”之类的附和声都没有，他俩就这么静静地听着。

“然后医生来了，瞧了半天也不知道究竟是什么病，总归就是高烧不退，怕是脑袋烧糊涂了。假如说安眠药不奏效的话，可就危险了。我当时一听心里很不是滋味，就好像做噩梦一般。心情沉重极了。空气也好像凝固了一般，紧紧裹住了我。回家的路上，我满脑子也都是这事，好生难受。哎，苦了那漂亮、活泼又健康某某小姐呀。”

“稍等一下，刚才听你说了两遍这个某某姑娘，不妨把芳名告诉我们吧。你不想知道吗？”迷亭说着，又瞧了主人一眼。但主人也只含糊地应了一声。

“还是别说得好，万一给别人添了麻烦呢？不说了吧就。”寒月说。

“你就非要给搞得这么模糊不清吗？”迷亭说。

“我可没开丝毫玩笑，我句句可都是在认真地讲呀。每每心里想到这样一位姑娘害了这样的病，我这心里就不是滋味儿，感觉身上也失了活力。我只得踉跄着朝‘吾妻桥’边上跑去。我双手抓着桥边的栏杆向桥下望去，竟分不出桥下是涨潮了还是退潮了，只看见黑漆漆的水在不断翻腾。这时候从花川户方向驶来了台人力车，从这桥上飞跑了过去，然后车上的一点灯火也逐渐变小，最后在一个札幌啤酒门面附近消失了。然后我仍旧看着水面，就在这时，我仿佛听见在河面上的某个远远的地方，好像有人在叫我的名字。但是天色都这么晚了，按理说不能有人喊我呀。再往这黑洞洞的水面上一看，也什么都看不到。我心想这肯定是幻觉，就准备回家。可刚没走上三步，我又听见了个微弱的声音在远远地喊着我的名字，于是我又停下脚步，仔细听了起来。没多久我又第三次听见了呼唤声，这次我双手紧抓栏杆，两腿更是抖得厉害。然后我听出来这远方传来的声音仿佛来自河底，分明就是那位小姐的声音呀。我就不自主地回答了句‘我在呢’！大概是我回应的声音太大，余音回荡在水面上，反倒是给我自己吓了一跳。惊吓之余，我又朝四周望了望，什么人呀，狗呀，月亮呀，什么都看不见了，此时此刻我整个人都被卷入到了这茫茫夜色之中，我一心只想赶紧到她呼唤我的地方去。我听她的声音里满是痛苦，仿佛要和我倾诉些什么，就如同在朝我呼救一般，刺透了我的耳朵。然后我赶忙答应了声，‘我这就过去！’就从栏杆上探出半个身子望了望黑不见底的河水。我总觉得那微弱的声音就来自河水下面，于是我心想我就从这儿下去得了。然后我踩上栏杆，心里默想她若再叫我，我就马上跳下去。果然，那可怜的声音又浮了上来，我就纵身一跃跳入了水中，仿佛就跟个小石头掉进去水中一样。”

主人眨巴眨巴眼睛问道：“当真跳下去了吗？”

“我也真没想到会到此地步。”迷亭说着就捏了一下鼻子。

“自打我跳下水后，晕乎了好一阵子都没回过神来。好大一会儿我才发现身上特别冷，但奇怪的是身上竟没沾上一点儿水，也未曾觉得呛了水。我心想这明明都跳了下来，怎么会这样呢？真是不可思议啊！但后来我发现，我本以为跳进了水里，可实际上我不过是跳到了桥中间，反倒觉得有点遗憾。因为我给前后方向给搞错了，所以并没有找到那个声音的来源地。”听到这，寒月先生大笑起来，开始不停地摆弄着他衣服前的挂绳。

“哈哈哈，真的是有意思呀。跟我的奇妙遭遇竟如出一辙。看来这故事也能给詹姆斯教授当材料用了。要是给这件事写成‘人类感应’之类的文章的话，定能轰动文坛。那么接下来呢？小姐的病况如何了？”迷亭刨根问底道。

“前几日我去他们家拜年，她正和家里的女佣人一起在院里打羽毛球呢，看样子已经痊愈了。”

我家主人好一阵子都没吭气，好像在思忖着什么。就在这时他开口说道："离奇的故事我也碰到过。"好一股不服输的劲儿。

"你也有？什么事情呀？"恐怕在迷亭眼里，主人肯定碰不上什么怪事。

"我这件也是去年年底的事情了。"

"哎哟，看来大家都是去年年底经历的呀，实在巧，实在妙。"寒月笑道，他那破洞门牙上还粘着块甜饼，清晰可见。

"莫非也是同一天，同一时？"迷亭反问道。

"那倒不是，我的日子有所不同，大概是二十来号吧。我太太跟我说，今年年末也别给我买什么贺礼了，陪我去看一场摄津大掾[①]的木偶剧吧。我心想去也无妨呀，就问了问她今天演得是哪场。太太看了看报纸，告诉我今天演《鳗谷》。但是我并不喜欢这场，也就没去。到了第二天太太又拿着报纸跟我说，今天要演《堀川》，问我今天这个能否去看。我说《堀川》是个三弦剧，有点闹，没什么内涵，改日再去吧。到了第三天，太太再次拿着报纸找我，说这天演《三十三间堂》，我很想去听听看，不知你意下如何。想看的话，咱们就一起去吧。我就说想去咱们就去吧，不过这场戏可是名剧，人肯定可多，咱们就这么去的话肯定没座子。不妨去之前还是先和茶楼联系一下，提前办一个预定座席的手续为好。要是没走这套手续的话，那还是算了吧。然后妻子狠狠地瞪了我一眼，带着哭腔说，'她一个女人家肯定不懂这套规矩，不过你看隔壁大原的妈

① 摄津大掾：日本明治时期的著名艺人，净琉璃的代表人物。

妈和铃木先生家的君代，他们也没走手续，一样也能听成戏。就算你是个老师，也用不着这般守规矩吧。’我也没辙，只能迁就她，说去就去吧，吃过晚饭坐电车过去。我这么一说，她立马来了精神头儿，说要去的话就四点前过去，别总磨磨蹭蹭的。我很纳闷为什么非要在四点前去呢。太太告诉我不早点去的话占不到座位，就没法看了，还说这是代君告诉她的。我问她是不是过了四点就不行了，她说必须要赶在四点前。紧接着怪事就来了，谈话间竟突然哆嗦了起来。”

“是嫂子么？”寒月问我。

“什么呀，她啥事没有。是我！也不知道怎么回事，感觉就像个撒了气的皮球，身子一软，眼前一黑，动都动不了了。”

“这可是急病啊！”迷亭替主人解释道。

“可不是吗？但是你嫂子这一年才提这么一次要求，无论如何都得让她满意才是。平日里我总是训斥她，她还要操持家计，还要带孩子，我都从来没有说因为她的付出给她过任何回报。恰好今天有时间，兜里还有点儿闲钱，而且你嫂子还这么想去，当然要去了！可谁知道这时候我竟忽然打起哆嗦，两眼发昏，连走到门口换鞋的劲儿都没有，更别提去坐电车了。我想要是能赶紧找来个医生瞧瞧，吃上些药，四点前好转过来应该还来得及。于是我俩一合计，就让人去找甘木医生了。但不巧大夫昨天是夜班，还没从大学回来，告诉我们今天下午两点下班后立刻来我们家给瞧瞧病。后来我想要是现在喝点儿杏仁茶，兴许四点前能好转一些，但是这倒霉的时候干什么都不顺。本来想着你嫂子能有个好表情，我看了她也能心情舒畅些，可谁知她还生气地问我到底还能不能去。我说肯定去，必须去，四点前准能好起来，你就放心，先去洗把脸换换衣服，等我片刻。我虽然嘴上这么说，但是心里却难受极了，哆嗦打得是越来越厉害，眼睛也黑得更厉害了。若是我四点前没能好转，以你嫂子这个脾气不定能做出什么事情来呢。于是乎我当时就跟她讲了一番物极必反的道理，让她提前有个心理准备，这也是我这个做丈夫对妻子应尽的义务呀。所以我赶紧给你嫂子喊到书房来，对她说，‘虽然你是个妇人家，但应该听说过，在嘴唇碰上杯子之前什么都有可能发生，这则英文彦语吧。’你嫂子一听，就火起来了，说，‘我哪懂得这英语，明明知道我不懂英文，还故意来捉弄我。你随便吧，你要是这么喜欢英语，为什么不去找个刚刚毕业的女学生当老婆呢？真是太薄情了。’你嫂子的这番话把我的计划全盘打乱了。我跟大伙说，我说这句英语可没有丝毫恶意，完全是出于对她的一片真情，但你们看她却给意思曲解了，真让我哭笑不得。而且当时我还一直打着哆嗦，眼睛也还昏着，再加上心里急着让她明白刚才给她讲的道理，竟一时忘记了你嫂子不懂英语这档子事，情急之下就说了句英语。现在想来这还真的是全怪我，才闹了这般笑话。我的眼前更加昏暗，哆嗦也越打越厉害了。再看你嫂子，已经去洗澡间脱下了上衣，化了妆，又从衣柜中取出衣服给换好了，颇有一番随时逼我出发的架势。当时我心里着急得不得了，要是甘木大夫早点来就好了。我又看了看表，已经三点了，离四点就剩一个钟头了。这时你嫂子拉开了书房门，说该出发了。这个场合下夸自己老婆可能有点不太合适，但老实说我还从没觉得她能有这么漂亮。当时她把上衣一脱，那用肥皂洗过的皮肤柔软光洁，跟黑绸外套非常相称，大概是因为打了肥皂和想去看摄津大椽的心情，她的脸竟闪出耀眼的光芒。我当时心里就打定今天必须要陪她去了的主意了。就在我点上根烟准备出发时，甘木大夫可算是来了，正合我意。我把病情说了说，大夫就开始检查我的舌头，又开始号脉，再接着敲我的前胸后背，还看了看我的眼皮，最后还摸了摸脑门儿，思忖了一会。我问他是不是有生命危险，大夫说并没有，没什么大碍。你嫂子问，那出趟门不耽误什么吧。甘木想了想又说，你要是还觉得难受我就先给你些开些药吃。我忙说会不会有什么危险。医生说没危险，还让我别太紧张。大夫三点半走了，我赶忙让阿三去买药，阿三就慌里慌张地去把药取了回来。回来时候已经是三点四十五了，离四点就剩十五分钟了。本来觉得好多了，可谁知竟又突然恶心了起来。你嫂子把药给我倒进碗里送过来，本来想一饮而尽，但是肚子又发出阵咕咕声，把碗又给放下，再想喝的时候肚子又叫唤，我就这么折腾了好几次，客厅的大钟都连响了四声。哎呀，都四点了，我可不能再磨蹭了。随着那四声钟响，我把药全给喝了下去。又过了十分钟，后背不凉了，眼睛也敞亮了，甘木大夫不愧是个名医，我感觉好得不得了。原以为要在家待上好一阵子才能给病养好，没想到竟药到病除。”

“那最后嫂子和您去看节目了吗？”迷亭一脸不解地问。

“本来都想去来着，可你嫂子说四点之后就买不上票了，没辙，也就没能去成。要是大夫能早来一刻钟，你嫂子也就不会失望了。可你看就差这十几分钟，真是让人遗憾极了。现在想想，还真是件怪事情呢。”

主人讲完脸上露出一副任务完成的表情，心想这次可算在他们两人面前保住了面子。

这时迷亭假正经地嘀咕了句：“嫂子有个您这个贴心的丈夫，真是幸福极了。”这时候门后传来了女主人的一阵提醒般的咳嗽声。

我就这么老老实实地听完了三个人的故事，没觉得可笑也没觉得可悲。我想人类大概就是为了消磨时间才动动嘴皮子，把本来没什么意思的事情说得可笑，一番逗乐而已，再没啥别的本事了我看。主人那任性和小气的性格我早就知道。不过他平时还真话不多，反倒让我觉得有点捉摸不透，甚至有点害怕他。但听他刚才这么一说，反倒开始有点瞧不起他了。主人为什么就不能静静听他俩吹牛呢？非要说这一通无聊透顶的故事有什么好处？难不成艾比克泰德在某部书中写过这样的要求吗？

总的来说，不管是我家主人还是寒月，抑或是迷亭，都是这太平天下的逸民，明明就像没有用的丝瓜一般随风飘摇，却还要装出一副超然物外的架子。明明都没有跑得出尘世，明明心里都是俗念，竞争之念，满是争强好胜的心理，他们这点小心思在平时的谈笑之中更是显而易见。我家主人要是再这么下去，早晚要和他们平日唾弃的俗胎凡骨沦为一丘之貉。就这点来看，我们当猫的真是可怜他们，但是从他们的言谈举止中又看不出他们是些半吊子，也没有让人生厌，这点倒还是不错的。

听到这里，对这三个人的话题再没了兴趣，我决定去看看隔壁的三毛妹妹，于是跑到了隔壁教琴老师傅家的门口。现在已经是正月初十了，门口元显的门松[1]和稻草绳都已不见了踪影。这天空中没有片朵云彩，和煦的阳光普照四海，这十坪见方的小院比起元旦曙光临门是显得更加生机勃勃。院中没见到一个人，只有廊下放了张垫子，就连纸门也都是紧紧地闭着。我想老师傅大概去洗澡了吧，其实老师傅干吗去了我倒不关心，我在乎的是三毛妹妹，不知她的病好些了没有。院子里静悄悄的，看来不像有人在。我脚上还沾着泥巴，跑到了廊下的垫子上稳稳躺下，好生舒服。躺着太舒服了，我竟然睡了过去，把来找三毛的事情忘了个一干二净。忽然门后传来一阵说话声，是老师傅的声音，看来家里有人在呀。

“真是辛苦你了，做成了吗？”

“我回来晚了，做好了已经。我找到了家丧葬用品店，他们说正巧刚给做成。”

“来快给我看看。可以，做得相当漂亮，这样一来咱家三毛也能走得顺利了。这金漆不会掉吧？”

“掉不了，我当时还特意问了店里，这可比灵牌上用的漆还耐用。然后咱们写的‘猫誉信女[2]’中的‘誉’说是用简化点写更好看，就给笔画稍微改了改。”

“好的，好的，咱们快给它供进佛龛去，把香点上。”

等等，我突然从垫子上站起身来，看着情况不太对劲，“三毛妹妹怎么了？”我心里想。这时候老师傅开始念起，“南无猫誉信女，南无阿弥陀佛，南无阿弥陀佛。”

---

① 门松：日本新年时，装饰在门两侧的小棵松树。

② 猫誉信女：由死者家属向和尚取的法号。

“你也来替她祈祷吧。”女师傅朝女佣说道。

紧接着女佣也念起“南无猫誉信女，南无阿弥陀佛，南无阿弥陀佛”来。我心头一惊，直直地站在垫子上，跟个木头雕刻一般，眼珠子一转不转。

“真是遗憾，开始就是受了点风寒而已。”

“甘木大夫要是给开上些药的话，兴许还有救。”女师傅说。

“怪就怪那个甘木，他太看不起咱家三毛了。”

“咱们也不能怪别人，这都是定数。”女师傅又说。

看来甘木医生也给三毛妹妹瞧过病。

“说来说去，一定还是因为前面那老师家的野猫总不知廉耻地勾引咱家三毛。”老师傅说道。

“肯定是，这家伙就是咱三毛的仇敌。”

听到这我本想辩驳几句，但现在正是我要沉下心去听的时候，所以我就又集中注意力去听，二人的谈话时断时续。

“世上的事情总是这么不随人愿，咱家三毛这样模样俊俏的猫却偏偏夭折，但你看那只丑猫还活得好好的，还在胡乱折腾。”

“这个您说的对，像咱家三毛这样的讨人喜欢的猫，那是提着灯笼也找不到第二位了。”

这女佣不说“只”，反倒说了“位”，可见依她之见，猫和人并无二致。这么一说，她的面庞倒是有几分猫咪的模样。

“要是能的话，我真希望让那只野猫替咱家三毛去死。”老师傅说道。

“要是他家的猫死了的话，那才叫天遂人愿呢！”

要真像她说的天遂人愿，那我可就完蛋了。我到现在没搞明白什么是死亡，毕竟我也没有体验过，更别谈喜欢不喜欢了。但是前些日子，我就想取个暖，结果一个没留神跑进了灭火桶里，可阿三不知道我在里面，直接把盖子给我扣上了。我当时在里面憋着难受极了。想起来我都觉得后怕。后来听隔壁的白姐说，要是我再晚一会儿被发现可就真的完蛋了。倘若要让我代替三毛妹妹去死，我自然没有任何异议，可要被扣上这份儿死罪的话，为谁死都不行。

"不过，咱家三毛虽然是猫，但是您却待她如女儿一般，还给她念了经，取了诫名，想必她也能安心地去了。"

"她确实非常幸运，但美中不足的是咱们这经念得太短了就是。"

"我当时也觉得短，就问了月桂寺的和尚，他说这段经文虽然短但却十分奏效，对一只猫咪来说，足够将她的灵魂送上天了。"

"那要是只野猫呢？"

虽然我一直在说我没有个名字，但是总"野猫、野猫"地喊我，真是过分。

"那野猫可是罪孽深重，不管念什么样的好的经文都超度不了它。"

以致后来我不知道又被喊了多少遍的"野猫"。二人的对话我是再也不想听了，便离开了坐垫，从廊檐下穿了过去。那一瞬间，我觉得浑身上下所有的毛发都竖立起来，直打寒战。打那之后我再也没往二弦琴老师傅家去过。到现如今，我估计老师傅本人正在接受那月桂寺和尚那敷衍的诵经吧。

这段日子，我连走出家门的勇气都没有，总觉得世间毫无意义可言，也渐渐懒了下来，甚至比主人还要懒。再看近来一直把自己关在书房里，听人说是因为失恋，现在想来还有几分道理。

有段时间阿三想要将我赶出家门，原因竟是我到现在都没能抓住过一只老鼠。但主人肯定知道我有不凡之处，我才得以在家里悠然自得地生活着。就这点来说，我非常感谢他，对他那慧眼识珠的能力表示钦佩。可阿三非但看不到我的闪光点，还时不时欺负我，但我也并不生气。因为我知道不多久，左甚五郎[①]就会把我的肖像雕刻在门楼柱子上，日本的斯坦郎[②]也会欣然把我的肖像画在画布上，到时候你们就会知道什么叫有眼不识泰山了。

---

① 左甚五郎（1594-1651）：江户时期著名的木雕雕刻家。

② 斯坦朗（1859-1923）：法国画家。

三

三毛妹妹不在了，我和黑哥又合不来，寂寥的心情顿时涌上心头。还好在人类中间有我的一些朋友，倒是让我不觉得那么孤单寂寞了。近些日子，有人给主人写信，说要让主人把我的照片寄去。进来还有人特地把冈山特产吉备糯米团点名道姓地寄给我。随着人们对我越来越好，我竟渐渐忘了自己本就是只猫，反倒有点要变成人的意思了。早些时候我还想联合我们猫圈儿的同志们去和两条腿的人类一决雌雄，但这想法最近已烟消云散了。而且我还想要是能融入为他们的一员的话，那该是多前途无量呀。

但是，这也并不是说我就瞧不起猫圈儿的同志们，只是因为和人们待久了，因性情相合而求一席栖身之所而已。所以可千万别指责说我是变节、轻浮或者背叛什么的，我自然接受不了。斤斤计较，颠倒是非，随便指责他人的人，多半也都是些顽固执拗没有度量的家伙。既然我已经没了猫的习性，按理说自然应该渐渐忘记三毛妹妹和黑哥，应该站在和人类平等的地位上去评判是他们的言行与思想。但是我家主人还照旧拿我当作一只披毛带皮的普通猫，连个客套话都没有，就明目张胆地把别人送我的糯米团子吃了个精光。看这架势，我估计照片也没被寄出去。

虽说我很不满意，但主人有自己的想法，我也有自己的想法，观点不一样也无可奈何。因为我已经是半个人了，所以就不再过问猫圈儿里的事情了，也就不再多说了，我还是给大家讲讲迷亭、寒月等人的事情，还望大家见谅。

今天是礼拜天，是个绝好的天气。主人慢慢悠悠地走出书房，然后在我身边摆上了笔墨纸后，便趴在了铺席上，嘴里还念念有词。我想这应该是为了写初稿的序章而发出的怪腔调吧。我定睛一看，没多大工夫，主人就用浓墨写下了三个大字，“香一炷”。看来这还是要作首诗呢？还是要写个俳句呢？可对我家主人而言，这“香一炷”的说法实在太过潇洒和风雅。

还没等我回过神，他就又另起一行，写下了一行“早想写篇天然居士的文章来”。然后就戛然而止，再没往后写什么了。又见他歪着个脑袋，手里拿着笔，仿佛在思考一般，然后还舔起笔尖来，不大会儿嘴唇都舔成了黑色的。

这次他在纸上画了两个圆圈，又在圆圈中间点上了两个小点，画得跟眼睛似的。再在俩圆中间画上了个鼻孔张开的鼻子，最后又在下面画上了一长横，应该是个嘴巴。依我看呀，这既不是文章更不是俳句。然后主人又赶紧把画的这张脸涂掉，估计是连他自己都看不下去了吧。

紧接着他又另起一行，估计他肯定认为，只要是能另起一行就能写出个诗、赞或者语录等什么来。不一会儿，他一口气写下了一行白话文来，“天然居士乃探究空间、研读论语、品尝山芋、流大鼻涕之人。”好一篇怪文章。然后他还毫无顾忌地念了起来，还出乎我意料地笑出声来，连喊了几声“真有意思”。转头又是一句，“‘流大鼻涕’这词不好，不用它。”说罢就在这四个字上打上了一杠。按理说划掉不要的话打上一条杠就够了，可他却不，接二连三地往上画平行线。线都整整齐齐的，一共八条，而且都划到了别的行上去了，他也满不在乎。划完了他把笔一扔，似乎没想好接下来写什么，就又开始捋起胡子来。谁知他越捋越使劲，看架势好像要从胡子中捋出篇文章来。

就在这时，女主人从客厅走了过来，一屁股坐到了主人面前，说：“我有事情要和你说。”

“什么事情？”主人的声音就好像闷在水里的铜锣一般，闷里闷气。

看来女主人对此番回答很不满意，又说：“我真有事要和你说。”

主人不耐烦地接道：“倒是告诉我呀。”说着，他把拇指和食指塞进鼻孔，猛地一下拔出来了根鼻毛。

“这个月的钱不够用了。”

“不应该呀，医生那边的费用我都结清了，书店方面的钱我上个月也都付过了，照理说是该有结余的才对。”主人边说边泰然自若地欣赏着刚刚拔下的鼻毛，仿佛在欣赏天下奇观一样。

“可是总吃面包，不吃米饭呀，还总蘸果酱。”

“我是吃了多少果酱？”

“这个月就八瓶了。”

“什么？八瓶？没那么多吧。”

“不光是你，孩子们也跟着吃呀。”

“可再怎么吃不过也就五六块钱的事情。”主人说道。他仍无动于衷，然后把鼻毛一根根地郑重其事地立在稿纸上面。因为有的鼻毛根上还带着点儿肉，立在纸上就跟个针似的，笔直得很。主人似乎是有了项重大发现，格外兴奋，铆足了劲朝它们吹了起来。但是因为粘的太结实，吹来吹去竟一动不动。主人嘟囔道，“真是顽固！”于是乎又使劲地吹了起来。

“不光是果酱，还有许多必须要买的东西呀。”女主人怒气满面地说。

“大概有吧。”说着他又给手伸进鼻孔去，用力地拔起鼻毛来。这些被拔下的鼻毛有黑色的、有红色的，五颜六色之中主人竟然发现有一根白色的。他欣喜若狂，眼睛一动不动地盯着，眼珠子都快要掉出来了。他把这纯白色的鼻毛夹在指头缝里，推到了女主人的眼前。女主人一脸不悦就把他的手推开了。“我这鼻毛中竟然也生出了白发，你倒是看看呀。”本就一脸严肃的女主人也被他逗乐了，看来经济问题是不用谈了，女主人转身回到了客厅去，主人就开始写他的天然居士了。

用鼻毛赶走了女主人之后，他似乎终于安下心来。他一边思考一边拔着鼻毛，可就是干着急，笔杆子也一动不动。他自言自语说道：“吃烤红薯呀，也是多余，忍痛割爱吧。”说着，就把这行句子给划掉了。“‘香一炷’也有点唐突，不好不好。”然后又给此三个字删掉了。那纸上可就只剩“天然居士乃探究空间、研读论语、品尝山芋、流大鼻涕之人”这么一句了。大概主人又觉得这句话太过简单，又说道：“真是麻烦，文章不写了就，我写点墓志铭算了。”只见他大笔一挥，在刚刚花了老大劲才写成的稿子上，划了个大大的叉，闹到最后竟落得一字不剩。然后他把稿纸翻了过来，写下了一段不知何意的话：“生于空间，探究于空间，死于空间。空间，空间，天然居士也。”

不知何时，迷亭又翩然而至，他拿别人家就跟自己家一样，招呼不打一声，说来就来，毫不客气。我估计他这个人生来就没带着担心、客气、抱歉、费心等等想法。

还没坐下，他就朝主人问：“这次又是《巨人引力》吗？”

主人也神经兮兮地回答道：“非也，我也不能总写《巨人引力》不是，您看我这不是正在这给天然居士写墓志铭呢吗？”

这迷亭还是老样子，信口胡言道：“兄台所言的这‘天然居士’，莫不成是和‘偶然童子’类似的戒名吧。”

“有‘偶然童子’这个戒名的人吗？”

“不曾有过吧，但我想这名字应该是个戒名。”

然后主人回道：“我也不曾记得谁的戒名叫‘偶然童子’，但按理说你应该认得这个‘天然居士’。”

“是吗？他是谁呀？居然给取了个‘天然居士’的名字。”

“天然居士就是曾吕琦呀，大学毕业后念了研究生，研究空间论等课题，最后学习学得过了度，患上了腹膜炎就离世了。你可千万别小瞧他，他可是我的好朋友。”

“没有没有，我可没说他不好，但天然居士这名字是谁给人家取的呢？”

“正是我呀，是我给他取的这个名字。因为之前和尚们给他取得诫名都特俗。”主人还引以为傲，觉得天然居士这个名字非常高雅。

听罢，迷亭笑道：“好呀，那不妨把您写的墓志铭也给我看看吧。”说着，他把主人的稿纸拿了起来，大声地念道：“生于空间，探究于空间，死于空间。空间，空间，天然居士也。嗯，写得不错，和天然居士这个名字非常相配。”

“那当然了！”主人高兴地说道。

迷亭调侃道，“就应该把这墓志铭雕刻在压腌萝卜的石头块上，然后就跟举重用的石墩子一样，随便给扔到哪个寺庙里就更显高雅脱俗了。如此一来，天然居士也定能释然啦。”

“我也是这么打定主意的。”主人一脸平静地回答道，接着又说，“不好意思，我临时出门一趟，您先在家逗逗猫打发时间吧。”还没等迷亭回答，主人就飘然而去了。

还真没想到主人会让我来招呼迷亭，我肯定也不能再对他抱个爱理不理的态度了，于是就“喵喵”叫了几声来表示友好，紧接着又跑到了他的膝头。“呦呵，最近可真胖了不少。”边说就提溜起我后脖子的皮，给我悬到了半空中。又说：“后腿上净是肉，都耷拉下来了，能抓到老鼠么？”他朝女主人问道。

“真是开玩笑，根本不会抓老鼠，倒是偷吃年糕的时候跳过一段舞蹈呢。”

万万没想到，女主人竟然揭我的短处。当时我还悬在半空，多少有些不舒服。可迷亭却还没将我放下的意思，说：“可不是嘛，就单看这猫脸就知道它会跳舞，但是嫂子呀，对这个猫可千万大意不得呀，它的长相可不一般，很像以前通俗小说里的猫精鬼怪呢。”迷亭就胡诌着，一直想和女主人搭上话。女主人放下了手头的针线活儿，从客厅走了过来。

“真让您久等了，想必他也该回来了。”女主人给他把茶添上了。

“他这是上哪里去了呀？”

“我还真是不知道呀。他这个人出门走哪算哪，也从不告诉我，我猜八成是去看大夫了。”

“是甘木大夫吗？碰上他这种患者可有甘木受的。”

女主人只回答了声“嗯”，看来也是不知道怎么接他的话。

可迷亭不在乎，接着又问：“近来他怎么样啦？胃病好些了么？”

“他这胃病是好是坏我也不得而知，都不知甘木大夫给他前后瞧过多少次了，就按他那吃果酱的架势，我看痊愈是难了。”看样子女主人是把方才肚子里对丈夫的不满都撒到了迷亭身上。

迷亭说：“他就那么爱吃果酱么，怎么跟个孩子一样。”

“最近可不光是吃果酱了，还可劲儿吃起萝卜泥来，还说萝卜泥能治胃病之类的。”

“这可不得了呀。”迷亭吃惊地说道。

女主人又说：“他看报纸的时候得知了萝卜里有糖化霉一事。”

“原来如此，看来他是想借多吃萝卜泥来弥补贪吃果酱的弊端呀。真是有一套，哈哈哈。”听了女主人的一席话，迷亭竟万分高兴。

“这不，最近还带着家里的孩子们一起吃呢。”

“哦？吃果酱么？”

“什么呀，竟吃萝卜泥了。那天他跟孩子说，‘来呀孩子，爸爸这儿有好吃的给你，快来。’当时我还纳闷怎么突然就喜欢上了孩子了，谁曾想竟是这番荒唐事情，也就前几天，他还给家里老小给抱上了衣橱。”

“他又准备闹什么花样了？”不管是什么事情，迷亭都要打破砂锅问到底。

“哪有什么花样，他不过就想看看女儿从高处蹦下来的样子。但您看，这才一个三四岁的小姑娘，怎么能做出这般野蛮事情来呢？”

“倒也是，他本来就是个心眼不坏，心地善良的人呀。”

“还好他心地善良，这要是再有个坏心眼就麻烦了。”女主人气势汹汹地回答道。

“哎呀，这个您就大可不必担心啦。现在这样的幸福日子其实就很好了。他这个人呀，一来不吃喝嫖赌，二来不讲究穿戴，可是个过老实日子的人呢。”迷亭以一种轻快口吻说道，但这和他的为人却极不相符。

“您可大错特错了，根本不是这回事。”

“莫非他背地里做了什么对不起嫂子你的事情？看来还真是人心隔着个肚皮呀。”

“没那么严重，他总买一些根本不看的书。如果家里有实力，买了也罢，可他每次到丸善书店，一买就是好几大本，到了月底就跟我装糊涂。您看去年年底，我们家就欠了好几个月的书款，很是窘迫。”

“我还以为什么事情呢。书这东西呀，他要是想买就由他去吧。倘若真有来催书款的，跟人家说马上还上，讨账的自然就会回去。”

“虽说是这个理儿，可长此以往也不是个事儿呀。”女主人无奈地说。

“那嫂子您就说明白，削减他的书费，不就结了？”

“哪是这么简单的事情，最近他还跟我说，说我不配当个学者的妻子，说我不懂书本的价值。还为了开导我，给我讲了一个罗马的传说故事。”

一听有故事，迷亭就来了兴致，赶忙问女主人是个什么故事。

“他当时告诉我说，以前在罗马有个叫‘樽金’的皇帝。”

“樽金？这名字可够怪的了。”

“外国人的名字我可不懂，但我记得这应该是第七代皇帝。”

“是吗？第七代皇帝叫樽金，有意思。您接着往下说，这个皇帝后来怎么了？”

女主人紧接着说：“哎呀呀，怎么您也开始笑话我啦，真不好意思。您要是知道这皇帝的事情，不妨给我讲讲，也别给我使坏了。”

迷亭说：“不能不能，我怎能拿您开玩笑呢。我只是对您刚才说的樽金皇帝很感兴趣。如果真的是罗马的第七任皇帝的话，应该是卡昆哲布劳德吧。咱们也别管他是谁了，您接着说，接下来怎么了？”

“说的是有个女人给了皇帝九本书，想让皇帝买下。皇帝问了价格时发现书非常贵，就想让她便宜点。于是这女人就把其中三本扔到了火堆里。”

“哎呀，这真是太可惜了。”

“听说那几本书写的都是些预言之类的东西，相当罕见。”

“呦呵！”

“然后这个皇帝心想你只剩下六本书了，可该给我便宜点了，于是又问了价钱，可那女人仍一分不让，还坚持之前的价钱。皇帝说这太过分了，可谁知那女人又拿出三本书来扔进了火堆里。但是皇帝还是不死心，接着问她剩下的三本买多少钱，但那女人还是分文不让。这九本书先变成了六本，又变成了三本，但价格却丝毫没变，要是皇帝再讲价的话，说不定这剩下的三本也会被她扔进火堆。最后，皇帝终于花了高价把剩下的三本书买了回来。之后我家那口子问我听了这个故事是不是就明白书本的贵重之处了吧。尽管他一个劲儿地问我，可我还是没闹明白这书到底贵在哪儿了。”女主人也发表了自己的一些看法，一个劲儿地催促迷亭尽快回答。一向精明的迷亭也竟一时被问得无话可说了。

这时候迷亭从袖子里掏出个手绢来，开始拿我取乐。“不过呀，嫂子，”迷亭好似突然想起来了点儿什么，大声说，“不就是因为他那样胡乱买书，一个劲儿地往肚子里塞，我们才会称他一声学者。这不前几天，我在读一本学术刊物的时候，还看到过一篇他的文章呢。”

“这是真的么？他都写了点什么？”女主人转过身问道。一提到自己的老公她就如此上心，看来这夫妻毕竟就是夫妻呀。

“也没写什么内容，就三两行而已，就说他写的文章如行云流水一般。”

“只有这一点么？”女主人微微笑道。

“还有什么端倪初现，无影无踪，久久驻足流连。”听罢，女主人收起笑容又摆出疑惑的表情说，“这是在夸奖他么？”声音里有一点不自信。

而迷亭却不以为然地说：“可以说是夸奖呢吧。”说着又拿手绢来我眼前晃悠。

接着女主人又说：“我知道书本都是你们过日子的本钱，但我家那口子就是有点太偏执了。”

迷亭心想她这是换了个方法对付我来了，就怪里怪气地说：“偏执倒是有那么一些，毕竟我们搞学问的人都是这样子。”他这么说还真是两边都没得罪。

接着女主人又说：“就说这前几天，他刚从学校回来，就说要到别处去一趟，说换衣服太麻烦了，就不换了，最后连外套都没脱，坐在桌子旁吃上了饭。他当时把饭菜都放在了烤火架上，我就抱着个碗在一旁看着他吃，真是可笑极了。”

“听这意思，有点像现代版的‘查验首级’呢。但是这不正是我老兄的为人特点嘛。总之呢，他就不是一个俗人。”这个迷亭硬是往好了夸。

“我们做女人的，也不懂什么是俗和不俗，可再怎么讲，他也太不像话了。”

“但再怎么样也要比沦落俗套要好呀。”

女主人似乎对他的回答有点不满，问道：“那我就请教一下，你们天天总说俗套，究竟什么才是俗套呢？”女主人竟然问起定义来了。

“这个嘛，俗套，你突然让我说我也说不好呀。”

“既然含糊不清的话，那就算是沦落俗套也不要紧吧。”她用女人特有的逻辑朝迷亭逼问。

“可不是含糊不清呀，而是泾渭分明，难就难在解释上面。”

“我想你们是不是把自己讨厌的或者不喜欢的都说成是俗套了。”看来女主人已在不知不觉间道破了天机。

事已至此，迷亭也只能强行解释一番了，说道：“嫂子，所谓俗套就是指这么一类人，一种是说一些二八二九的少女，成天郁郁寡欢沉浸在相似之中，另一种是说在晴朗的天气中一定会携酒游走于墨堤之上的人。”

显然女主人没听懂迷亭究竟在说什么，糊里糊涂地回问了一句：“真有这种人吗？说得这么乱，我真有点蒙。”看来女主人要放弃追问了。

迷亭又说：“换个比方说，就好比把潘登尼斯上尉的脑袋安在马琴[①]身上，再用整个欧洲的空气泡上两年，就差不多了。”

女主人又说：“如果是这样的话，可就真的是俗套了。”

迷亭先笑而不语，接着又说：“其实也没这么麻烦，只要把中学生和白木屋百货店加起来，再除以个二，就能做出一个‘俗套’出来。”

看女主人歪着脑袋的样子，我就知道她又没听懂，还问：“真是

---

① 马琴：泷泽马琴（1767-1848），又名曲亭马琴，日本著名小说家，著有《南总里见八犬传》。

这样吗？”

“你还在呀？”不知什么时候主人可回来了，坐到了迷亭身旁。

“什么叫我还在呀，您瞧您这话说的，不是您走的时候告诉我说临时出门一趟，马上就回，让我在此等候吗？”

女主人回头跟迷亭说：“他就这样，你还不了解他吗？”

接着迷亭对主人说：“方才您出去的那会儿，嫂子可是告诉我了一些您的奇闻逸事呀。”

“哎呀，这个女人多嘴真是麻烦，她要是能跟在家这胖猫一样，一言不发那该多好。”主人边说边挠了挠我的脑袋。

“我可听说你给孩子们吃萝卜泥的事儿了。”

“哈哈！”主人笑道，“你可别小瞧孩子们，自从给她俩吃了萝卜泥，只要你一问她俩哪儿辣呀，她俩一转就把舌头给吐出来，多有意思。”

“你这太残忍了，就像逼迫小狗练功一样。话说，寒月也该来了吧。”

“寒月也要来？”主人吃惊地问道。

“来，我给他寄了一张明信片，邀他下午一点来您家。”

“我说你这个人也真是，也不问问主家是否方便就自作主张，叫他来家里干什么？”

“您可误会了，这并非是我邀请他来的，而是他主动要求来的。他说他不久要在物理学会上做场发表，想着提前练一练，让我把把关。我说正好也叫老兄也一起听听，这才把他邀请来您家。您平时也不忙，他这个人也还说得过去，叫来听听不挺好！”迷亭一个劲儿地自说自话。

“物理方面的演讲我可不懂！”主人似乎是对迷亭的专断有点生气了。

“不过内容可就不是像磁化玻璃管那般枯燥无味，一看题目《关于吊脖子的理学》，超凡脱俗，值得一听！”

“毕竟你可是有过上吊想法的人，你听听更好，我就算了。”

“看个歌舞伎都能打寒战的人，我看也别听了。”迷亭耍着贫嘴说。女主人在一旁呵呵笑着，回头瞧了瞧我家主人，就到隔壁房间去了。主人一声不吭，一个劲儿地摸着我的脑袋。只有这时候的抚摸才充满了温情。

七八分钟后，寒月如期而至。大概因为晚上有演讲活动，穿的也是格外讲究，一套漂亮的西装，加上洁白无瑕的高领衬衫，使他的男性魅力又加了两成，然后从容不迫地说：“不好意思，我来晚了。”

迷亭看了看主人说：“让他快些开始吧，都等半天了。老兄你还等得及吗？”

主人默默点了点头。

可是寒月倒还不慌不忙，说：“容我先喝杯水吧。”

“哎呀，看来是要认真了呀，怕不是接下来该让我们给你鼓掌了吧。”迷亭起哄说。

只见寒月从口袋里掏出稿子来，从容不迫地说：“咱们这次是演练，不合适的地方还望多多指正。”然后他就开始了自己的表演。

“对犯人施以绞刑的这种方法主要是在盎格鲁萨克民族中使用的

一种方法。要是再往前推到古代时期，上吊就是一种自杀方式。犹太人的习惯是用石块来投击犯人。我查了《旧约全书》，吊脖子的原本意思是尸体给吊起来让食肉的飞禽走兽前来食用。根据希罗多德[①]的说法，犹太人在离开埃及前，就很忌讳在夜间曝尸。而据说埃及人会将斩首后的犯人钉在十字架上，在夜间曝尸。而波斯人呢……"

"寒月老弟，你讲的可离上吊越来越远了呀，路线对吗？"迷亭插了句嘴。

"正题马上就到，二位少安毋躁。波斯人在处刑犯人的时候也用磔刑，但至于说是给活人直接钉在十字架上，还是把死了的犯人钉上去就不得而知了。"

主人打了个哈欠，大概是觉得无聊了吧，便插了句话说："这种事情知道不知道都无所谓。"

"我下来还有很多事情想讲，我猜二位可能会厌烦的吧。"

迷亭又在这鸡蛋里面挑骨头，说："与其说可能会厌烦，倒不如说肯定会厌烦。"

主人对此则没什么意见，说："他爱怎么说就让他怎么说吧。"

"那么闲言碎语不要讲，且听我细细道来。"

"'听我道来'，这个可是说书先生的话呀，做演讲的话还是用一些郑重的表述为好。"迷亭又在这打岔说。

"我说迷亭老弟，你是在听人演讲，还是在这打趣呢？寒月，别理他，你接着讲。"主人想尽快回到正题上来。

---

① 希罗多德（前 484- 前 425）：古希腊作家。

可迷亭还是满不在乎，又信口开河道："勃然怒，慢慢讲，似摇曳柳枝。"

听迷亭胡说八道，寒月自己也笑了。"言归正传，据我调查，绞刑被正式当作是一种刑罚，还要追溯到《奥德赛》[①]第二十二卷，也就是忒勒马克斯[②]绞死珀涅萝珀[③]的十二宫女那个桥段。本来我还打算用希腊语诵读原文，但恐有卖弄炫耀之嫌疑，还是算了。只要参阅四百六十五行到四百七十二行的内容便可知悉。"

"对呀，希腊文朗诵还是省了吧，要不人家会以为故意炫耀，炫耀自己的希腊语水平是何等高超，您说是么，老兄？"

"这一点我也赞成，还是免去那些华而不实的炫耀，说得简单文雅即可。"不知何时主人竟替迷亭打了圆场，我看是他俩都不懂那段希腊文吧。

"好，那今晚演讲我就把这段给删掉，请听我继续道来。不对，是请听我继续演讲。如果从当今来看绞刑的话，不外乎就两种执行方式。第一种是在忒勒马克斯在尤麦俄斯[④]和费洛蒂奥斯[⑤]的协助下，将绳子的一端系在柱子上，再在绳子中间结成很多圆圈，然后把宫女们的脖子放进去，最后再使劲拉动绳子的另一端，人就都给吊起来了。"

---

①《奥德赛》：古希腊史诗，相传为荷马所作。

② 忒勒马克斯：希腊神话中奥德修斯和珀涅萝珀的儿子。

③ 珀涅萝珀：奥德修斯的妻子。

④ 尤麦俄斯：奥德修斯的一名仆人。

⑤ 费洛蒂奥斯：奥德修斯的另一位仆人。

“听您这么一说，吊宫女倒有点像西方洗衣店晒衣服的架势。”

“对对，正是如此，再看这第二种方法。先也是和之前的一样，把绳子的一头儿捆在柱子上，另一端从房梁上垂下来。再把这些从上垂下的绳子系成圈，套在宫女们的脖子上面，待所有人套好后，只需一声喝令，踢掉她们脚下的墩子即可。”

迷亭又插起话来说：“这就好比酒馆门口那垂下来的小彩灯吧。”

“至于您说的小彩灯，因为我也没见过，所以不好回答。但如果真的有这种装饰彩灯的话，我想也应该八九不离十。言归正传，我想论证的是这第一种方法究竟是否能在力学的角度上成立。”

“呵！有意思！”迷亭附和了声。

“不错！有趣！”主人也跟着说道。

“先假设这些被吊起来的女人之间的距离相当，再假设相邻的拴着宫女头的绳子都是水平的。将 a1、a2……a6 看作是绳子和地面之间的夹角，将 T1、T2……T6 看作是绳子上承受的力。假定 T7 = X 为绳子最低部分承受的力，如此说来，W 就应该是宫女的重量了。这么解释不知二位明白吗？”

主人和迷亭，你看看我，我看看你，然后说：“嗯，大概是明白了。”只不过，这个“大概”应该是他俩按照自己的理解程度说出来的，想必也是因人而异。

寒月接着讲道，“根据多角形的平均性理论，可以得出以下二十个方程式来。比如，T1cosa1 = T2cosa2。再如，T2cosa2 = T3cosa3，等等。”

“这样的方程式可太多了。”主人一点儿也不客气地说。

寒月似乎还有点不舍得，说道："其实这些方程式才是我演讲的精髓。"

"那就按你的想法继续往下说吧。"迷亭也有点不知所措。

寒月又说："要是方程式的部分完全省略掉了的话，好不容易搞出来的力学研究也就付之一炬了。"

哪知主人竟满不在意地说："不用想太多，尽管省略掉一些便是。"

寒月说："虽说不能删掉，但恭敬不如从命了，我删了便是。"

他刚一说完，迷亭竟然不合时宜地鼓起掌来，说："非常好，非常好。"

"下面我要讲的事情就要转移到英国了。在史诗作品《贝奥武甫》[①]中曾出现过'绞刑架'一词，可见绞刑架就已经出现在那个时代了。根据布莱克斯通[②]的观点，被处以绞刑之人，如果因绳子的缘故没有被绞死的话，按照规定要再受一次刑罚。可怪就怪在，《农夫皮克斯》[③]中却说，即便是凶恶之人也不应前后受到两次刑罚。至于说两个说法孰对孰错，我也不得而知。但史上确实有过一次犯人经绞刑后没有死掉的情况，在1786年人们曾绞死过一个名叫菲兹哲拉洛德的凶徒。但谁知在头一次绞刑时绳子居然断了，然后第二次又因为绳子太长没死成，后来又折腾了第三次，据说还是在周围众人的帮助下才把他给处死了。"

---

①《贝奥武甫》：完成于公元八世纪左右，是欧洲文学中的英雄史诗。

② 布莱克斯通（1723–1780）：英国法学家、法官。

③《农夫皮克斯》：英国诗人威廉·格兰伦所著的长诗。

“不得了！”越到这种时候，迷亭就越兴奋。

就连主人也跟着兴奋了起来，说了句：“真是个要死不死的家伙。”

“有意思的还在后头呢。这个人一旦吊上了脖子，身高也会被拽长一寸多。这个可是经医生测量过的，错不了。”

“这个法子倒是不错呀，我说老兄，你要不也去试一试，吊上一吊，还能变高一寸，不也就达到正常人的水平啦？”迷亭斜眼瞧了一眼主人说。

谁曾想主人还真信了，说：“我要是也这么拉长一寸的话，还能喘气儿吗？”

“肯定不行呀。虽然吊脖可以增加身高，但这样一来你的脊椎骨也就坏了。”

“那还是算了吧。”主人这才死了心。

演讲的内容还很长，本该继续进行有关吊脖子的生理作用方面的论述，但因为迷亭总时不时地打断，再加上主人毫无遮掩地打趣，寒月也就没往下讲，回家去了。以至于说寒月当晚到底采取了何种态势、何种辩姿都是后话，我也都无从知晓。

接下来一连三两天都相安无事，非常平静。忽然一天下午两点多钟，迷亭又跟个闲游童子一样飘然而至。他刚一坐下就朝主人说：“越智东风的高轮事件你可曾听说过吗？”瞧他那神色好像跟来汇报攻克旅顺的新闻一般。

主人照旧是苦瓜脸，说了句“我还不知道，最近也没碰见他”。

“我今天放下手里的忙事，专程来向您汇报东风老弟的荒唐事呢。”

“你呀，净说些有的没的，一点儿不正经。”

“哎，别说什么不正经，我就是爱开玩笑罢了，这两个词讲错了可就事关我的名誉了。”

我看我家主人就是个天然居士转世，对此毫无感觉，说道：“说你什么都一样。”

“听说也就前不久，东风老弟去了高轮的泉岳寺了。按理说那么冷的天，哪儿也不去多好。光说这个季节，去的话岂不是让人误以为是个头次来东京的乡下人了吗？”

“这是人家东风的自由呀，你管他干什么。”

“也是，我也没权利管人家，且不说权力了。那个寺庙里有个叫作‘义士遗物保管会’可曾有过耳闻？”

“嗯，这个嘛……”

“难不成不知道？那您去过那儿没有？”

“我可没去过。”

“去都没去过？我还真没想到，难怪你一直给东风说情呢。想不到你这个东京人连那儿都没去过，多丢人。”

“就算我不知道我也还是个老师吗？”主人越来越像天然居士了。

“说不过你，咱们聊东风老弟的事情。当时他也跑进这个展览会里面去凑热闹了，正巧来了一对德国夫妇，好像还用日语跟东风问了点什么。但是东风这个人你知道，总不免要卖弄一番德语，跟着就说上了几句德文，谁曾想说得竟然还不错。但后来一想，问题也就出在这儿了。”

“后来呢？”看来主人终于上了钩。

“后来那德国人瞧见了大高源吾[①]的漆金印盒，问能不能开价卖给他。当时东风的回答可叫一个妙。他说，在日本都是清廉君子，自然买卖不得。他这几句德语说得还挺利索，老外心想好不容易碰见了个好翻译，就开始不停地发问。”

“都问了些什么？”

“难就难在这里了，他要是当时听明白了，也不会下不来台。那老外说得非常快，一问就是一堆问题，东风哪听得明白他问了点儿什么呀。偶尔间还能听懂个一点儿半点儿，但人家好像问的是鹰嘴钩和铁锤头的事情，东风也没学过这两个词，更不知道如何翻译，可不就面临窘境了。”

“这还真是为难他了。”看样子主人是回想起自己的教师经历，对此深表理解。

“后来，好些路过的人也都凑了上来，将东风和老外围了起来，看起了热闹来。东风当时那个脸通红，彻底没招儿了。”

“再往下呢？”主人问道。

“听说东风最后真下不来台，忙用日语的‘沙扬娜拉[②]’（さようなら）跟人说了声再见，便想慌忙离开。后来我还问他，这个发音是你们家乡的说法吗？他告诉我，这个不是他们老家的话，因为考虑到对方是个外国人，他就给语调调整了一番。东风老弟在这困窘

① 大高源吾（1672-1903）：江户时期的武士。

② 沙扬娜拉：日语“さようなら”，表“再见”之意。

之时也不忘调整一番，可敬可敬。”

“关于他是怎么说再见的咱们先且不说，老外接下来怎么样了呢？”

“听说那老外当时大吃一惊，一脸不知所措的样子。”

“听来听去这故事也并不好笑，倒是你专程跑过来跟我说这个事情反而显得更有意思。”说着，主人给烟灰弹进了炉子里。

紧接着，门外有个女人说了声，“冒昧打扰了。”让主人和迷亭俩都感到意想不到，家中竟然来了女客人。他俩你瞧瞧我，我瞧瞧你，默不作声。

家中来了女性客人可实属罕见，我抬眼一瞧，这个发出尖锐声音的女人，正拖着她那双边和服走了过来，看样子年龄大概四十出头，秃秃的前额只有一些向上梳起的头发，跟个水坝一样，高高地向上撅起，长度竟有脸的一半长。再看她那眼睛，好似个挖开了的斜坡，眼角的倾斜度更像是个被劈开的山道，和脸一比，就好像巨鲸身上的一条细线。更有她那大大的鼻子，就好像从谁那儿偷来的鼻子给安到了自己身上一样。她的鼻子就好像是把神社中的石灯笼给挪到了个不到十平方米的小院里一般，大得出奇，毫无协调感可言。况且这鼻子还是个鹰钩鼻，本来都是向上抬起的势头，可到了鼻尖的地方忽然又塌了下来，朝下坠着，好像在窥视上嘴唇一般。正是因为这样一个特点鲜明的大鼻子，以至于她讲话的时候，仿佛看不出是她的嘴在动，更像是鼻子在说话。为了向这样一个伟大的鼻子表示敬意，我给她取了个外号，叫鼻婶儿。

鼻婶儿打量了一下房间，说：“好一个气派的宅子呀。”

主人在一旁默不作声地抽着烟，心里肯定在想她简直就是胡说八道。

迷亭却对着天花板来了一句，“老兄，天花板上的花纹是漏雨漏的呀，还是木板本身的图案呀？好不精美！”这话的意思其实就是在催促主人回话。

“肯定是下雨，水漏进来形成的。”主人回了一句。

然后迷亭还煞有介事地说：“真好！”

看鼻婶儿的表情，我猜她肯定在怒骂他俩是不懂交谈的家伙。这一时除我之外，三人鼎坐却默不作声。

鼻婶儿重开话题，说道：“今日登门拜访实则有事相求。”

主人也只冷冷地回了一声“哦”。

鼻婶儿又接着说：“实际上我家住的并不远，就在对面街角。”

“可是那栋带着仓库的小洋楼吗？我记得那门牌上写的可是‘金田’呀。”看样子主人似乎是知道金田的洋楼和仓库的事情，但是对眼下这位金田太太却依旧毫无敬意。

“老实说，我家个房子想给租出去，这才特地前来和您商量，因为平日里公司都太忙了。”再看鼻婶儿的眼神这次略带了一些骄傲。

但您再瞧我家主人，却还是没什么改变。他认为作为一个初次见面的女人而言，刚才那般油腔滑调给人感觉非常自大，对此他非常不悦。

鼻婶儿又说：“要说公司呢，我家可不止一个，是有那么两三家，而且我都是公司里的董事，这点我想您应该知道呀。”鼻婶儿肯定心想，我都这么说了，还能不对我尊敬几分？

要说我家主人，倘若对面坐了个博士或者大学教授，立马就尊敬地五体投地，但怪的是，面对这样的实业家似乎看不出什么尊敬来。他心中肯定认为一个中学老师肯定要比实业家更优秀。即使他不这么认为，就凭他那呆板的性格也肯定不会接受实业家或财主的赏赐。所以不管对面坐着的人多有权势，无论多么有钱，他自然也不会趋之若鹜。一句话，学者圈外的事情，他都觉得无所谓，乃至于对实业界，对于哪些人，在哪些领域，做了哪些事情他都一无所知，就算知道，也不会对其有半点尊敬之意。

鼻婶儿肯定连做梦都不会想到，天下竟有如此之奇怪之人和自己生活在同一片阳光之下。按理说，鼻婶儿打过很多社会交道，但凡是说一声自己是金田太太，对方的态度就会立刻转变。以前不论参加什么样的会议，或是和名望多么高的人打交道，只要一提“金田太太”就非常管用，更何况眼前这个天天坐在屋里的老书生呢？按照她的想法，只要一说自己家住街角的那个洋楼，不等她说自己的职务，对方就应该感到吃惊了。

“这个金田，你认识吗？”主人漫不经心地问迷亭了一句。

可迷亭却正经八百地回答道：“认识认识，金田可是我伯父的好友，前几日伯父同他还一起参加了游园会呢。”

“嗯？您的伯父是？”

“我伯父正是牧山男爵。”这时候主人本想插上句话，可迷亭却表现得越发慎重。

鼻婶儿瞧了瞧身穿大岛绸外套和早先进口印度花布衣的迷亭，突然变得尊敬了起来，说道：“失敬失敬，原来您就是牧山先生……

家的谁来着呢？您看我也不知道，真是太不好意思了。以前常听我们家金田念道牧山先生，说先生帮了他不少的忙。”说话间，还鞠了一躬。

“哪里哪里，哈哈，哈哈。”迷亭大笑道。主人却一脸不解，默默地看着这俩人。

“往后家中小女的婚事也还多要牧山先生操心了。”

“哎，是吗？”她这么一说反倒让迷亭有点接不上话来。

“实话说，前来求婚的人太多了，但我家都是有身份的人，小女肯定也要许配给门当户对的人家才是。”

“是的，是的。”迷亭这才宽下心来。

鼻婶儿用高傲的语气对我家主人说：“就是这么件事，才贸然前来拜访。以前我听说有位名叫水岛寒月的人多次来您府上，特向您请教一下他的为人。”

“你问寒月？想干什么？”主人毫不客气地回答道。

“莫不是和您家小姐的婚事有关？您是想打听一下他为人呢？”迷亭一下子就抓住了要点。

“还谈不上把姑娘许给他。”鼻婶儿的这句话竟意外地挫了主人的锐气。“寒月以外，还有很多人上门提亲呢，就算他不行，我们家可一点不愁。”

“既然行不行都无所谓的话，那别打听便是了。”主人这话里还堵上了气。

“那你也不至于藏着掖着吧。”鼻婶儿也摆出一副要吵架的架势来。再看坐着的迷亭，拿着手里那杆子烟枪，左右摇摆着，好像摔跤擂台上裁判手中的扇子似的，心里肯定一个劲儿地喊，打起来吧！打起来吧！

“那寒月先生以前说过要娶你们家小姐吗？”主人这句话可是给了鼻婶儿当头一棒。

“一定要娶的话，也未曾说过。”

“那你们家是猜他会娶吧？”看来主人明白了，跟这种人说话一定不能客气。

“现在还没发展到那个地步，但是我想寒月本人也应该不会不高兴吧。”在这关键时刻鼻婶儿还是用力稳住了阵势。

“那你说，寒月喜欢上你家小姐，此事当真？”主人挺了挺胸，颇有一副让对方速速就范的架势。

“可以说八九不离十吧。”显然主人的这次攻击并未奏效。

当了半天裁判员的迷亭可一直看得非常起劲，但鼻婶儿的这番话也勾起了他的兴致，他把烟枪放下，把身子往前挪了挪说：“寒月是否给您家小姐写过情书？好家伙，岁末年关，又知道了一件新鲜事，又多了个聊天的话题。”迷亭边说边乐。

“情书可没有，可有比写情书更厉害的事情呢。你们都没听说过吗？”鼻婶儿好一阵冷嘲热讽，还催促问：“你们可曾知道吗？”

主人也一脸糊涂瞧瞧迷亭。迷亭也转过头来跟主人说：“我不知道。但是我想老兄应该有所耳闻吧。”迷亭反倒谦虚了起来。

“我觉得你们二位应该都知道才对。”鼻婶儿得意扬扬地说道。

“什么？”俩人都吃了一惊。

“您二位要是都不记得了，我就来提几句吧。上年年底的时候，在向岛阿部先生家不是有场小音乐会吗？那场音乐会我记得寒月先生也去了。他那天晚上回家路上，是不是在‘吾妻桥’上遭遇了点什么事？为了不给寒月添麻烦，至于具体什么事情我也不便细说。总归有这么个事情，就够啦，您两位怎么看呢？”鼻婶儿这么一边儿说着，一边儿把带着钻戒的手平放到了膝盖上面。此刻她显得非常高傲，伟大的鼻子则更加出彩。瞧她那架势，丝毫没把迷亭和主人放在眼里。

迷亭这个平时左右逢源的人，在此刻也受到了强烈的冲击，竟变得恍惚落魄起来，就更别提我家主人了，活像刚刚得了疟疾一样，呆坐着一动不动。但当这种惊恐的表情过后，他俩又恢复了本来的表情，然后又仿佛一阵滑稽涌上心头，俩人竟不约而同地大笑了起来，这又让鼻婶儿摸不着头脑。想必鼻婶儿也知道这大笑非常失礼。

迷亭说：“原来那就是您家的小姐呀，可真是有意思极了。您说得没错儿。我说老兄，寒月可确确实实爱上了她家小姐，咱俩也别藏着掖着了，老实说了得了吧我看。”对此主人只用鼻子哼了一声。

鼻婶儿也得意地说：“看来我是瞒不过了，看样子你们都已经知道了嘛。”

“事已至此，我看不把寒月的恋爱状况交代出来也是不行啦。说一说，就权当参考了。老兄，这是在你家，别总哼哼哈哈，秘密藏是藏不住的，总归会在某时某地被暴露出来。要说也奇怪，金田太太，您又是怎么知道这事的呢？我俩也很吃惊。”迷亭就在这自言自语说了一通。

鼻婶儿一脸自信地说："没有十足把握的事情，我可绝不会乱说。"

"您可真是太厉害了，那么到底是谁告诉您的呢？"

"就是住在咱们后头的那个车夫家的老婆呀。"

主人忽然把眼睛瞪圆，说："可是家里有只大黑猫的车夫家？"

"是呀，为了了解寒月的事情，我可没少花钱呢。这不寒月每次来你们这，我就让车夫老婆在事后都告诉我他都在这说了些什么。"

"您可真厉害！"主人高声说道。

"可别误会，您在家干什么或者说了点儿什么，我一点儿兴趣都没有，我关心的只是寒月先生。"

"我不管你对谁的事情感兴趣，反正呀，那车夫家的女主人是人见人烦。"主人竟不自觉地发起火来。

"不光是她，我还从新街那位二弦琴师傅那儿知道了不少事情呢。"

"是关于寒月的事吗？"

"这可就不仅仅是他的事情了。"鼻婶儿越说越唬人，觉得这次我家主人就该害怕了。

可谁知我家主人竟然骂起来："不就是个臭教琴的，天天瞎摆谱，真以为自己是个人物了，混账东西！"

"可恕我直言，那师傅可是个女人呀，这么说合适吗？"她越这么说，就越觉得她这次登门造访就是来吵架斗气的。迷亭到底还是迷亭，还在津津有味地听着他俩争吵，就好像铁拐李看斗鸡一样，跟自己一点儿关系没有。

这时主人仿佛发现了跟她这么你一句我一句的，似乎自己不占优势，就暂时沉默了下来。思来想去之后主人说："方才您说是寒月主动追求你家小姐的，但和我知道的似乎有点出入嘞，迷亭，你说呢？"主人这是在向迷亭求救呀。

"是呀，按照当时传的，最早应该是您家小姐患上了病，在梦话中说过什么吧。"

"根本不可能。"她矢口否认道。

"但这确实是那位博士的夫人亲口说的呀。"

"那是我当时安排好的，就为了探一探寒月的真实想法。"

"那位夫人也愿意这么做吗？"

"答应倒是答应我了，可也不能让人家白干呀，前前后后也送了她不少东西呢。"

"这么说你是铁了心了要把寒月的事情问个底朝天了？"看来迷亭也有点不高兴了，他这次的语气可真是一反常态。然后又朝主人说："我说老兄，咱们也别管是谁的事情了，尽管告诉她也没什么大碍，只要是事实我们都会讲出来的。你就一个一个地按顺序提问便是。"

鼻婶儿这才心满意足，开始提问了起来，但她一改刚才那毫不客气的语气，说话间也忽然变得谦逊了起来。"我听说寒月先生是个理学士，那他到底是研究什么专业的呢？"

主人一本正经地说："他在研究生院研究的可是地球的磁力。"

可不巧的是鼻婶儿对这个可是半点儿不知，虽然附和了一声，但显然她还很不明白，接着又问："可研究这个能当上博士吗？"

“您的意思是，小姐是必须要嫁给个博士吗？”主人听罢很不高兴，就这么回敬了一句。

“那是当然，要是找个普通的学士的话，岂不是要多少有多少？”鼻婶儿淡定地回答道。

主人摆出了个难看的表情，朝着迷亭那边看了看。

迷亭又说：“至于能否成为博士，我们可没法保证。”就连迷亭的脸色也有些不快了。

“最近寒月又在研究地球的哪个方面了呢？”

“也就三两天前，他还刚在物理学会上做了一场关于‘吊脖子’的力学方面的演讲呢。”主人满不在乎地说。

“这可真是的，还研究上吊，他可真是个奇怪人。你们说，研究上吊的话，是不是肯定当不上博士了。”

“这可没准儿，他要是自己上吊了就完了，但是研究上吊方面的力学呢，倒还是有点希望。”

“真是这样吗？”鼻婶儿一边说，一边瞧着主人的表情，但可惜她对这方面是一窍不通，不知道何为理学，所以总在担心。但说归说，她要是朝主人请教这样的基础知识可不就是打了自己这“金田太太”的脸，所以也只能靠察言观色来一探虚实，谁曾想主人的表情竟然越来越难以捉摸了。

“除了刚才的以外，他难道就没研究点什么接地气的东西吗？”

“当然有啦，前不久他还写了篇论文，叫作《论橡实的坚硬度及对天体运行的影响》。”

“研究橡实也是大学里的必修科目吗？”

“这您可就问错人了，我非这行出身，不好说。但你看寒月既然研究这东西，那就肯定有价值。”迷亭也在假装正经地在鼻婶儿身上取乐。

想必鼻婶儿也知道在学术方面的对话中自己不占优势，索性就放弃了，又重开了个话题，“下来我还想问点别的事情，听说过年的时候，他因为吃香菇硌断了两颗门牙，竟有此事？”

看来这话题可正中迷亭的下怀，他说道：“可不是吗。这不断牙齿的地方还沾着年糕呢。”

“这也太不得体了吧，他为什么不拿牙签整一整呢？”

“哈哈，下次见面我可要提醒他一下。”主人笑道。

“您二位说，不也就吃个香菇，就能把牙弄断，这牙未免也太稀松了吧。”

“还真不结实，对吧，迷亭老弟。”

“是呀是呀，真不结实，但看上去还挺可爱的。有意思的是他也一直不去补牙，现在那年糕还赖在那没走呢，真是奇观。”

“那他是没钱补牙呢？还是就喜欢这样呢？”

迷亭回答道：“这个您大可放心，他也没说一直让牙空着。”开来迷亭那爱开玩笑的劲头又上来了。

鼻婶儿又问道：“不知您家有没有他的一些笔墨作品，我很想读读看。”

“当然有，明信片就很多，等下您看看。”说罢，主人就去书房中取来了三四十张明信片。

“看不了这么多，其实三两张就可以了。”

迷亭接话说：“那我给您挑上三两张不错的吧。”

“这张我看就不错，您瞧瞧。”

“不错不错，还有画面，快让我看看。”谁知刚瞧上一眼，就说：“画的不是个山狸嘛，画些什么不好偏要画这东西。但总归还能让人认出来是个山狸，还是有两下子。”她竟然还转变了一下态度。

“请您再看看旁边的配文。”主人笑道。

鼻婶儿读起字来颇有女佣读报纸的腔调，“除夕夜，山狸来办游园会，载歌又载舞，今夜无人上山扰，开心，快乐！”

“您二位看这写得像话吗。”鼻婶儿看来很不开心。

“那您再瞧瞧这个仙女，您满意吗？”说着，迷亭又找出一张来，上面画了个身穿羽衣的仙女，正在演奏琵琶的模样。

“这个仙女的鼻子倒是小了一些。”鼻婶儿说道。

“还可以吧。来，咱们不看鼻子，看上面的字。”

画面旁边提了这么几句，“从前有位天文学家，这天他按往常一样登上高台观察天象。忽然天边闪现出一位仙女，她美丽还演奏着未曾耳闻的动听乐曲。这位天文学家竟然听得忘了神，以至于忘记了寒冷。第二天早晨，人们发现了这个天文学家的尸体，上面还盖了一层白霜。有一位爱说谎的老大爷还说这是个真实的故事。”

“全然看不明白。没意思，就他这水平当理学博士够资格吗？这还不如我看上一段‘文艺俱乐部’有意思呢。”寒月就这么被数落了一番。

然后迷亭又找出了三张明信片，说笑道：“您看这几张又如何？”有一张是铅印的，是一个帆船，且前两张一样，下面也有一行乱字，“昨夜码头旁，二八俏姑娘，言身无亲信，哭得恰似孤岛上的鸟儿，言爹娘乘船不幸亡在浪花上。”

“写得不错，真是个感人的故事，是个值得传唱的故事。”

“值得传唱吗？”迷亭问她道。

“是啊，这故事可以用三弦琴去弹唱了。”

“用三弦伴奏当然再好不过了。您再给看看这几张如何呢？”说话间，迷亭又递上去了几张明信片。

“罢了罢了！方才看过几张已经够了，我也有所了解了，他也不是那种会胡来的人。”鼻婶儿竟自己下了结论。

到这儿，鼻婶儿好像是结束了今天的审查活动，还大着胆子说，“今天冒昧而来实在打扰，还请二位对今天的事情一定要向他保密。”由此看来，鼻婶儿的方针是不放过寒月的一点一滴，而有关自己的事情也一点一滴都不向寒月透露。

“成。”主人和迷亭都淡淡地应了一声。

鼻婶儿站起身来，郑重地说了一句：“过些天我再给您二位带些礼物来。”然后两人给她送了出门。

回来以后俩人不约而同地说道：“这到底是个什么玩意儿！”

在里屋的女主人听他俩这么一吆喝，也哈哈大笑了起来。

迷亭还趁机喊道，“我说嫂子，您瞧这不就是个活着的‘低俗’吗？都俗到这个份儿上了，您也别憋着了，该笑咱就大声笑吧！”

然后主人说：“我最看不上的就是她那张破脸了。”这话里明显带着怨气。

“可不是吗。一个大鼻子霸占在正当中，还神气呢。”

主人又补了句："可还是个鹰钩鼻呢。"

迷亭又笑道："这鹰钩鼻还是个小细腰呢，鹰钩鼻配小蛮腰，真稀罕！"

主人似乎还在生气，又说："那长相绝对克夫！"

迷亭更是怪里怪气，说了句："可不嘛，瞧那张脸就是在 20 世纪里没卖出去，到了这个世纪又赶上了滞销呗。"

主人的妻子毕竟也是个女人，说："小心你俩话说太过，叫车夫家老婆告了密。"

"告密就告密，对她来说不是坏事。"

"你俩就这么在背后对人长相评头论足，可有点过分了。谁都不愿意有个那样的鼻子嘛，更何况人家一个女人，你俩说得太尖刻了。"我是看出来了，她在为鼻婶儿辩护的同时，也在悄悄地维护着自己的长相。

"尖刻什么？那种人连个女人都不配当，就是个蠢货。你说是不是，迷亭老弟？"

"兴许有点蠢，但她也没那么简单，咱俩不也被戏耍了好一阵儿吗？"

"你说她究竟把教师这个行当看成什么啦？"

迷亭回答道："我估计就和咱后头车夫的地位差不多吧。你要想让这号人尊你敬你，非当博士不可。自己当不上博士，只能说自己没出息了。"迷亭边说，边望了望后面的女主人。

"还当博士呢，看他也没这个实力。"现在好了，女主人都瞧不上主人了。

“可别小瞧人，保不齐哪天我就当上了博士了呢。你看看人家苏格拉底[①]，九十四岁才写作好作品来。再看索福克洛斯[②]，百岁之时才有了震惊天下的佳作，西摩尼德斯[③]也是八十四岁时才写出一首好诗，至于我嘛……”

“你真是过糊涂了吧，哪个有胃病的人能活那么久？”看来妻子已经给他的寿命下了判决了。

“这是给你脸了，你去问问甘木医生看看！我被那个女人笑话，还不是因为你天天让我穿着皱巴巴的黑棉袄和破长袍，打明天起，我要穿得和我迷亭老弟一样光鲜！去，给我拿衣裳来！”

“还让我给你拿出来，咱家哪有那么好的衣服呀。人金田夫人是听了迷亭伯父的名字后，才对他客客气气的，我看和穿什么衣裳没关系。”她巧妙地把责任推脱掉了。

提起了迷亭的伯父，主人好像突然想到了什么似的，朝迷亭问道：“你什么时候多了个伯父，从未曾听你说过呀！这个伯父确有其人吗？”

“嗯，我那个伯父可是老顽固了。倒不是他性格不好，而是他从20世纪一直活到了现在。”迷亭说着，又看了看主人夫妇俩。

“哈哈哈，你怎么还开玩笑，那他现在住在哪里呢？”主人妻子说。

“他在静冈住，但过的日子可不简单，就连现在脑袋上还梳着个

---

① 苏格拉底（前469-前399）：古希腊著名的思想家、哲学家、教育家。

② 索福克洛斯（前496-前406）：古希腊剧作家，古希腊三大悲剧诗人之一。

③ 西摩尼德斯（前556-前468）：古希腊著名抒情诗诗人。

顶髻[①]呢。有时候我说让他带上个帽子，人家还说自己活了这么大岁数，都没觉得天冷过。我说天冷时候让他多睡些时辰，人家给我说每天睡上四个小时就足矣，睡多了也是浪费。所以他经常是天没亮就起床了。人家还说了，之所以每天只睡四个钟头是常年锻炼所致。而且还说了自己年轻的时候总贪睡，最近才达到了随心所欲的境界，为此他还很是高兴。可实际上呀，这都六七十岁的人了，每天睡不着也是正常，跟锻炼不锻炼完全没关系。可老爷子偏偏要说这都是他坚持锻炼的结果。还有呀，他每次出门上街都要带把铁扇子。"

"带铁扇子作甚？"主人问。

但迷亭却把脸转向女主人，说道，"那谁知道呢？可总是铁扇不离手，估计是拿来当拐杖吧。但前一段却出了件荒唐事。"

"嗯？"女主人轻声附和了一句。

"今年开春的时候老爷子给我来了封信，让我给他寄去礼帽一顶和礼服一套。我当时莫名其妙，就回信问他原因。他说就是自己要穿，说二十三号在静冈有场祝捷大会，要求我在那之前给他备好。老爷子给我说帽子买个差不多大的就行，但西装一定要去大丸和服店按预估尺寸定做。"

"最近这个大丸和服店也开始做西装了吗？"主人问道。

"哪里哪里，您是和白木西装店给搞糊涂了。"

"那你按他估计的尺寸做的衣服，能合适吗？"

"这老爷子还真就是老爷子。"

---

① 顶髻：日本相扑力士头上的发髻。

“怎么讲？”

“我也没辙，只能按他要求给做了一套寄去。”

“你也是真敢办这事。那后来呢，合身么？”

“怎么说，还算是凑合吧。后来当地的报纸上报道说牧山先生居然出乎意料地穿了身礼服，照例还拿着他那把铁扇子。”

“看来这铁扇子是离不开手呀。”

“谁说不是呢。我们还准备等老爷子百年之后，让铁扇陪着他去那边呢。”

“但是总归帽子和西装还算合身，这不挺好的嘛。”

“这您可就以为错了。我开始也以为这事儿就这么过去了。可没多久我收到了一个小包裹，本以为是别人给寄来的礼物，但打开一看竟然是顶礼帽。里面还有封信，信上说这顶礼帽尺寸偏大，烦劳我去改小一点，所用费用日后汇给我。”

“真是一根筋。”想必主人也发现了这世界上竟有人比他还死脑筋，居然骄傲了起来，然后又问，“后来呢？”

“我也没什么办法，只能让我自己给戴上了。”

“就是那一顶帽子吧。”主人笑道。

“是那位老先生的吗？”女主人也跟着好奇地问。

“谁？”迷亭说，“就是您那位总拿着铁扇的伯父呀。”

“哪里哪里，他可是位汉学家，打小在学堂里就喜欢研究朱子理学这类东西。即便是到了现在的电灯时代，人家还照旧顶着一个发髻呢。我们都拿他没办法。”迷亭边说边摸着自己的下巴。

主人接着说：“我怎么记得你跟大鼻子说的是‘牧山男爵’呢？”

女主人也说："是呀，我在里屋也听到了。"女主人也对此表示赞同。

"我说过吗？啊哈哈哈。"迷亭忽然大笑了起来，"那都是我胡诌的呀，我要真有个这样的伯父，不早就混上局长了。"迷亭这话说得倒是很实在。

"我就说不对劲儿嘛。"主人这话里可是喜忧参半。

但女主人却对此十分佩服，说："你这个谎话说的，真是以假乱真，真会吹牛！"

"比起我来，那女人可更技高一筹。"

"我看哪您也毫不示弱呀。"

"但是嫂子您看，我说个大话不过就是单纯吹吹牛，那女人说大话可句句阴险，不怀好意，恶劣至极。一定要把这种必有用心的吹牛和我这种单纯的说大话区分开来。"

主人把眼皮子耷拉下来，说："鬼才知道呢！"

女主人也笑道："我看两个就没什么区别。"

且说我，我可一次都没去过对过儿那条街，也不知道在街角的金田家是何等气派。今天我还说头一次听说这档子事情。主人以前在家也从没说过什么实业家，所以备受主人宠爱的我对此一无所知倒也不意外。不过鼻婶儿的这次造访却让我领教了人家说话的厉害，也让我开始对她们家的殷实和权势浮想联翩，甚至都开始想她家小姐是何等美貌。这么一来，虽然我是只猫，可也不能再继续无忧无虑地在廊檐下呼呼大睡了。反倒觉得寒月还挺可怜的，鼻婶儿把博士太太、车夫老婆、天璋院的那位二弦琴师傅都给收买了，就连那本不应为人所知的寒月少了两颗门牙的事情也被查了个一清二楚，再看寒月也光知道傻呵呵地担心他那外衣上的带子，即便你说他是个刚刚毕业的理学学士，可未免也太窝囊了。

可话说回来，要是没点儿能耐，可是奈何不了那位大鼻子女人。我家主人应该会对此事默不作声，因为他自己就没什么钱。再看迷亭虽然不为钱发愁，但以他的性格谁也不会帮寒月什么忙。真是可怜了我们这位研究上吊理力学的寒月先生了，这个时候要是我不上去帮上一把忙，不去潜入敌营一探究竟的话，真是太不仗义了。虽说我是个猫，但总归是住在位学者家里，这位学者呢，在看不懂艾比克泰德的书后就会气得拿书摔桌子。所以我和周边的那些蠢猫笨猫肯定不能相提并论。我之所以愿意这么做，倒不是说寒月待我多好，也不是脑瓜一热的轻率举动，而是因为我的一腔浩然之气。往大了说，这正是我追求公正和中庸之道的具体表现呀！我想既然对方可以不经事主同意就把“吾妻桥”的事情乱讲，也可以把探子安插在别人房下，然后四处炫耀，更可以利用车夫、马夫、地痞、落魄先生、佣人、产婆、妖婆等人而给国家栋梁之材找麻烦，那么我身为一只猫，心头也不免生出一计来。

今天虽天气不错，但冰雪消融，道路泥泞难走，但是为了维护心中的正义，这点儿难处又有何妨。脚下沾点泥，在走廊里弄出串梅花脚印来，我家阿三姐擦擦便是，于我而言根本没事。明天我是等不及了，现在就出发！于是我跑到了厨房，准备出门前去一探究竟。且慢，我身为一介猫咪，不仅进化到了顶点，论智商也不在初中三年级学生水平之下，但唯一不好的就是我们猫的这个喉咙的结构，永远也说不出个人话来。所以，就算我顺利地钻进了金田家里，排查清楚了他家的情况，我也没办法告诉寒月、主人或者迷亭。这感觉就像是钻石被埋在了土里，永不能在阳光下闪闪发亮，那么我好不容易侦查到的情报不也就作废了么？想到这些，我又犹豫了起来，最后在厨房转了好久，最终还是放弃了。

要说这有了想法之后再中途放弃，就好比渴望暴雨降下，但最终却下到了别人的领土之上，叫人好生遗憾。假设我们这边不占理，那就另当别论了。可是要说为了正义和人道主义，就算牺牲我也要一往无前，毕竟这才是男儿的胆气。但我身为一只猫，受苦受累，弄脏了自己的手脚也没什么大碍。也正因为我是个猫，才没法用我的三寸不烂之舌去和主人呀、寒月呀、迷亭等人交换想法。但还是出于这个原因，我才更容易潜伏到别人家去。有了他人不具备的本领，这本身就非常值得高兴。我只能只身前往才能一探金田家的情况，纵然没法告诉别人，也比谁都不了情实情要好得多。即便没法告诉他们，但是他们只要明白这事有人去打听了，我也就心满意足。到这儿我越想越开心，于是就踏上了侦查的道路。

我来到这对面街口一瞧，不出所料果然有一栋小洋楼盘踞在街角，跟个地主似的。想必这家主人也和他家房子一样，都是一副傲慢的嘴脸。我溜进大门，观察了一下这个建筑，除了让人觉得有点压抑，和别的二层小楼没什么却色，平淡无奇。我想迷亭先生说的“庸俗”指的就是这个吧。我穿过正门后朝右边走了走，又绕过花园后来到了厨房门口。这厨房可真是气派，比我家的要大上十好几倍呢。再看餐具更是码放地整整齐齐，一尘不染。前些日子我记得

《日本新闻》上报道过大隈重信[①]的厨房，我觉得比起报纸上的是有过之而无不及。我心想，“这才是厨房界的典范呀。”我接着往里走，忽然瞧见车夫的老婆站在一块两坪见方的水泥地上，正在和做饭的女仆人还有车夫正在叽叽咕咕地说些什么。“好险！”我赶忙躲到了水缸后头。

我听做饭的这个女仆人说：“听说那个老师，连咱家老爷的名字都没听说过？”

“怎么可能不知道，咱们这一片儿有谁不知道金田老爷的洋楼，说自己不知道，多半都是装的！”听声音这应该是车夫说的。

“那倒也不一定，那个老师可怪了，我猜他除了书本上的东西别的什么都不知道。但凡他要是听说过咱家老爷的名字多少都会害怕些，可你看他一点不知道，估计他连自己家孩子多大了都没个数。”

车夫又说：“你跟他提金田家他可一点儿也不害怕，没事儿，咱们大家伙合来整他一下怎么样？”

他老婆说：“行啊。你看他们说话也顶难听，还说什么咱们家太太鼻子太大，长相不好什么的。也不照镜子看看自己是个什么狐狸模样。你看他虽然长得不咋样，可人家自己心里却觉得还不错哩。”

女仆又说：“可不光是他那张脸，你看他腰里别着条毛巾去澡堂那个劲儿，可傲着呢！感觉自己跟个人物似的。”看来我家主人在她眼里也不是什么好东西。

车夫说：“咱们大家一起去他家门口说他坏话，怎么样？”

---

① 大隈重信（1835-1924）：日本明治时期的政治家、财政改革家。

他老婆说："这样一来，他肯定投降。"

车夫又说："但是刚才太太不也告诉我们只要闹出些动静来，让他没法看书，让他生气恼火就行，可不敢让他瞧见咱们。"

"这个我知道。"他老婆说，而且她还表示愿意承担三分之一的骂架任务。

看来我家主人要吃这三个人的苦头了，于是我悄悄摸摸地绕过了这三个家伙，跑到里屋去了。

我们猫这四条腿呀，可谓是若有若无，不论走到哪儿去都不曾发出过笨重的声响来，就好比在空中舞蹈、腾云驾雾，又好比水中击磬、洞中弹琴一般，仿佛是尝尽了人间的醍醐妙味而又能做到冷暖自知。我全然没把这平庸的洋楼、标准的厨房放在眼里，也没把车夫夫妇、煮饭女佣、小姐、鼻婶儿夫妇等人置于眼中。我想上哪儿去就上哪儿去，把知道的听上一个遍后，吐吐舌头，摇摇尾巴，抹上一把胡须，来去自如。我深谙此道，可谓是日本国内的名手，有时候我自己都怀疑自己是不是继承了小说里猫妖的血统。

以前我听说这个蛤蟆的脑袋上都有颗夜明珠，我估计我的尾巴上也藏着个祖传神药，使我能够忘却天地神佛、恋爱生死等。我能悄无声息地在金田家的宅子里游走自如，感觉比那金刚力士踩碎一块凉粉还容易。想到这儿，我也不由得对自己的力量感到钦佩。我能有今天也全是托我这个尾巴的福气，于是我把头一低，开始朝拜这尾巴大仙，以求好运。

于是我把头稍稍低下，准备给尾巴大仙拜上三拜，但好像有点儿不对劲，每次我想转身瞧瞧尾巴，尾巴也跟着身子跑了过去。我扭过头想去追它，奈何它总以恒定的距离跑在我前头。我估计这尾巴大仙肯定是收纳了天地间灵气的三寸宝物，单凭我肯定奈何不了。于是我就不停地追赶自己的尾巴，足足追了七圈儿半，筋疲力尽，方才作罢。到最后我眼前都冒起了金星，天旋地转，更不知身处何处了。就在这关键时刻，我赶忙定住脚步，竖起耳朵仔细听来，只听鼻婶儿用往常那种尖尖的声音说："哼，区区一个穷教书的，傲什么傲！"

"真是个傲家伙，非得给他点儿颜色瞧瞧不行！咱们可有老乡在学校呢。"说话的正是金田本人。

"都有谁在？"

"有咱们的津木兵助和福地细螺在，让他们先去教训教训他。"

至于金田的老家在哪我一概不知，只是对这些人的奇奇怪怪的名字感到有些吃惊而已。然后金田继续说道，"那个人是教英语的吗？"

"是吧，听车夫家老婆说，好像教英语的什么什么课来着。"

"混蛋，就知道不是个什么正经的老师。""混蛋"一词能出自这样的富豪之口，也是让我大开眼界。

"前些天我碰到了兵助，他说学校来了个怪老师，说有学生请教他'番茶'用英语怎么说，他居然还一本正经地教给学生说叫作，'Savage tea'，这事儿都在学校成笑柄了。他还说就是有这样的老师才搅得学校不得安宁。我想他说的应该就是那家伙了。"鼻婶儿说道。

"准是他，一看他那脸就知道狗嘴吐不出象牙，还留着胡子。"

“真是个混账东西。”

难不成有胡子就成了混账东西？那我们猫圈儿可就没一只好猫了。

“还有那个不知道叫迷亭还是酩酊的人，也狂得不行，还说自己的伯父是牧山男爵，看他那样儿怎么可能有个男爵伯父！”

“你也好不到哪儿去！这种人说的话你都信了。”

“怎么还说起我来？你可过分了。”鼻婶儿心中也愤愤不平。

但怪就怪在，说了这么半天，寒月的事情他们只字未提。莫不成在我潜入这儿之前他们已经对寒月盖棺定论了？抑或是寒月根本就没及格，连谈资都当不上呢？这一点让我很是担心，但也没办法，我稍微待了一会，然后听见走廊旁边的客厅里想起了一阵铃声，我赶忙往那边跑去，生怕再错过什么。

到了一瞧，我听见一个女的正在大声地说着些什么，那声音和鼻婶儿像极了，我猜这就是他家的千金小姐了，也就是迷得寒月投河未遂的那位了。但可惜眼前这扇纸门的阻碍，使我没法一睹小姐的容貌，好生可惜，所以我也不知道她那脸上是不是也有个大鼻子。但是听她讲话的口吻盛气凌人，应该不是那种普普通通的蒜头鼻。我只听得她不停地在说话，而对方的声音却非常小，我猜这就是人们所说的“打电话”吧。

“是大和茶馆吗？明天我要去看戏，给我留下三号座席。”

“听明白了没有？”

“什么？没听清楚？我说给我留三号座。”

“怎么留不成？”

“我就是要三号座，你有什么好笑的！”

“你究竟是哪位？”

“是长吉？你长吉懂个啥！去喊老板娘来接电话！”

“什么？你说你都能办好？你知道我是谁吗？我可是金田家的小姐！”

“别每次都是承蒙关照，感谢感谢的，我可听腻了。”

“你是不是脑子有问题！别笑了！”

“能不能按我说的去办？”

“你要是再跟我胡说八道，我可就挂电话了！”

“你别不吭声啊，你倒是接着给我说呀！”

后来大概是电话那头的长吉给挂了，金田小姐这边好像也发起火来，气得她把电话拍的当当作响，可给她脚下的哈巴狗吓了一跳，狗也跟着吠了起来。我心想这可马虎不得，赶紧跳下走廊，钻到了地板下头。

就在这个节骨眼上，走廊上传来了一阵脚步声，越来越近。紧接着就是拉开房门的声音。我想，这会是谁呢？仔细一听，原来是家里侍女的声音，她说：“小姐，老爷和太太叫您过去一趟。”

“我才不管呢！”看来她是吃了碗闭门羹。

“老爷和太太说，有事情唤您过去。”

“别烦我，说了我不管。”紧接着就是第二碗闭门羹。

侍女也灵机一动，想让小姐消消气，就说：“听说是因为‘寒月’的事情才找您的呀。”

“我不管什么寒月还是冷月还是什么的，你看他那个蠢模样。”

看来第三碗闭门羹留给寒月了。

然后小姐忽然对侍女说："你什么时候把头发扎起来了？"

"就今天。"侍女松了口气，简单地回答了一句。

"你个做下人的，狂什么？"小姐立马变了脸，送上了第四碗闭门羹。

"还有，怎么今天还换上新衬衣领了？"

"是呀小姐，这不是以前您送给我的，太好看了，以前没舍得戴，就一直在箱子里放着。正巧以前那个脏了，我就给换上了。"

"我几时送过你这样的东西了？"

"就是这个正月里，您去白木屋商店买的，那个茶叶绿色的，上面还带着角斗力士的图案呢。当时您说这个太素，就给了我。就是那个衬衣领儿呀。"

"哼，你戴上还挺合适的，真是气死我了。"

"哪里哪里。"

"我可没夸你，太可恨了。"

"嗯？"

"既然戴上了还挺合适，怎么当时不拒绝就给收下了呢？"

"这个……"

"你戴上都能这么好看，我戴应该也不差吧。"

"小姐您戴上的话肯定好看呀。"

"你看你既然知道我戴着好看，为什么还毫不拒绝地就给收下了呢？还这么光明正大地戴着，你说气人不气人。"她就这么接二连三地为难家里的仆人。

就当我仔细听下来会怎么发展的时候，只听对面客厅传了金田的高声呼唤："富子！富子！"

无奈她只能应了句"在这儿呢"，然后走出了房间。再看那条哈巴狗，比我个头稍大一点，眼睛和嘴巴都簇到了脸中间，紧紧地跟在她的后面。我还是悄悄摸摸地，绕过厨房回到了街上，急忙往家里赶。总的来说，我这次的探险活动可谓取得十二分的成功。

我从那漂亮宅子回到家里这脏地方来，顿时有种从阳光明媚的山顶跌入黑洞洞的洞穴中的感觉。在此探险活动中，因为我有任务在身，所以也没留心人家屋里的装饰如何，拉门上造型如何如何，但转眼一看我家这十分低级的宅子，我又不由得想起那栋"庸俗"的大房子来。我想，恐怕这实业家就是比老师要厉害得多吧。不知为何我竟然冒出了这奇怪的想法来，于是照旧问了一下尾巴大仙。然后尾巴尖告诉我，"你想的一点儿不错！"

等我回到客厅时候，我意外地发现迷亭居然还没走，火盆里剩下了好多吸过的烟头，摆得跟个马蜂窝一样。迷亭盘着腿坐着，好像正在说着什么，不知几时寒月也来了。主人头枕胳膊，望着天花板上漏雨的那块，家里依旧一副万民安逸的景象。

"我说寒月，之前说胡话念叨你名字的那位女子，以前你不说，现在可以给我讲讲了吧。"迷亭说。

"要是只跟我有关系但说无妨，但是这事关他人，说了可不大好。"

"还是不肯说吗？"

"对呀，我和某某博士夫人可是有言在先。"

“约的可是绝对不能说？”

“当然了。”寒月说着，照旧摆弄着自己腰间的紫色衣带，但这颜色确是商店里都罕见的颜色。看来主人对刚才的金田事件毫不在意，继续躺在那儿说，“你这个颜色可够老土的呀。”

“可不是嘛，这带子毕竟可不是日俄战争时代里的东西了，要是不配个武士头盔、穿上个葵记纹章的后开缝战袍的话，可绝不成体统。据说当年织田信长[1]入赘当女婿时，脑袋上梳了个圆筒般的发型，系的就是这个带子。”迷亭一开口，必定得说个没完。

“实话说，这条带子是我爷爷当时远征长州的时候用过的。”寒月煞有介事地说。

“那你给它捐赠到博物馆去得了。”迷亭说，“你一个做过上吊力学演讲的人，一个堂堂的理学学士，鼎鼎大名的水岛寒月，居然还一副早就过时的武士扮相，是不是有点不合时宜。”

“听您的话，我给扔掉也未尝不可，但实际上说我穿戴合适的人也大有人在呢。”寒月回答道。

这时候，躺着的主人翻了翻身，说：“谁说你穿着好看？真是不懂行。”

“那可是位大家都不认识的人呀。”寒月说。

“我们认识不认识没关系，你就说是谁吧？”主人又说。

“就是曾经的一位姑娘。”寒月又答。

这是迷亭冷不丁地插了句嘴，说：“哎呀，你也是真有意思。不

① 织田信长（1532-1582）：日本战国时期名将、政治家。

妨我就来猜猜看是谁好吧。怕是当时从水里喊你名字的那个女人吧。依我看你就穿着这身行头，再往河里去找一找得了。”

“哈哈，她已经不在河底叫我啦，而是从西北方的某个清净地叫我呢。”

迷亭又说：“我怎么看不出哪清静了？那大鼻子可吓人了。”

忽然寒月脸上的表情一变，“谁！？”

迷亭开口说：“刚才街口那个女人来过家里了，可让我俩大吃一惊，你说是么，老兄？”

主人一边躺着一边喝茶，说了声：“是呀。”

“您刚才说的‘大鼻子’是谁呀？”寒月问。

“就是你深爱着那位姑娘的老母亲呀。”迷亭说。

“什么？”

“刚才金田家的女主人，来我这儿打听你的事情了。”主人一脸严肃地解释。

我在一旁偷偷瞄着寒月的脸色，看他到底惊是喜还是害怕。但你看他还跟个没事儿人一样，照旧一脸淡定地说：“我就知道肯定是让我去娶他们家姑娘吧。”他这边说边搓起衣带来。

“这你可大错特错了，她家女主人可是有一个非常了不起的鼻子呢。”

哪知迷亭话刚说一半，主人却打岔说：“不瞒各位，我最近还给那个‘大鼻子’创作了一首俳句呢。”主人这么一说却引来里屋的女主人一阵大笑。

迷亭说：“瞧把你闲的，做好了么？”

“刚构思好了一点点，这头一句是，‘脸上大鼻子’。”

“下一句呢？”

“神酒鼻前供。”

迷亭笑道，“有点儿意思了！不妨下一句接一个，‘双洞深幽幽’，怎么样？”

寒月也跟着凑热闹说：“再来个‘不知洞中可有毛？’如何如何？”

就在他们在屋里一派胡言之际，墙外面的马路上传来了一阵吵吵嚷嚷的声音，大概有四五个人左右，“陶瓷脸的老狐狸！”

主人和迷亭听罢都非常吃惊，忙透过篱笆向外望去，紧接着又是一阵笑声，几个人也跑远了。

迷亭一脸不解地问主人，“什么是陶瓷脸的老狐狸？”

主人说：“我哪晓得。”

寒月也说：“亏他们想得出来。”

这时迷亭好像突然想到了什么似的，用一种演讲的口吻说：“下面就让我从美学的角度来给这种大鼻子做一番评论，有望二位听听呀。”

主人对着突如其来的演说有些意外，什么也没说，而寒月则小声应和道：“愿闻其详。”

“据我多方调查，虽没弄清鼻子的来源，但是却发现了几个问题，这头一个问题就是，既然鼻子是个实用性的器官，按理说有两个鼻孔就足够了，根本没必要跟个小山一样耸立在脸上，但实际情况是，你们看这鼻子在我们脸上不是越来越高了吗？”迷亭边说，边揪起自己的鼻子来打比方。

主人却并不买账，说："没看出来哪儿高了。"

"哎呀，但我这至少没有向下凹陷吧。倘若您二位要将我的鼻子看成是对并排的孔的话，可就大错特错了。依我之拙见，鼻子之所以能耸立起来，全是依靠常常拧鼻涕的这个小动作。长此以往，鼻子方能耸立于面庞之上。"

"到底还真是个拙见。"主人横插一句。

"咱们都知道，拧鼻涕时一定要捏紧鼻子，然后这被捏住的地方就会受到刺激，再根据进化论的理论来看，经常被刺激的部分就会比别的地方要发达，表皮也会变得坚固，肌肉也会变得强壮起来，最后定型成为骨头。"

寒月问道："我没弄明白，这本是肌肉，怎么就能一下子变成骨头呢？"他一个理学学士，对此感到疑惑也不足为奇。

可迷亭却丝毫不理会，接着高谈阔论："这点嘛，您有疑问也不奇怪。但事实归事实，您瞧这骨头不就在鼻子里吗？虽然鼻梁骨在这儿，但鼻涕它该流还是流，鼻涕一流就要拧鼻涕。所以鼻子两边就越来越薄，鼻子也就变得挺拔了起来。这般变化就像水滴石穿一般，又如罗汉脑门天然发光一般，还如香臭日久难辨一样，这鼻梁就不知不觉地坚挺了起来。"

主人又说："那你这鼻子不还是肉乎乎的吗？"

"就演说者本人的鼻子而言，为了回避自我辩护的嫌疑，在这儿就不谈了。现在我就和大家聊聊这金田家大小姐的鼻子，那可是个相当发达，相当伟大的鼻子，可谓天下一绝。"迷亭说。

“可不是吗！”寒月赶忙附和道。

“但凡事物一旦走向极端的话，虽然还是那么的伟大壮观，但是多少也会让人难以接近。她的鼻子虽然挺拔雄伟，但更略显陡峭。像古人中的苏格拉底、格尔德斯密斯[①]，抑或是萨克雷[②]的鼻子，他们的鼻子就结构上看虽然也存在一些缺点，但也正因为缺点的存在才显得格外有趣。所以说，鼻子不论多么高贵，只要有其特点就好，大概就是这个理儿。俗话说得好，‘弃名而求实’，从审美的角度来看，我迷亭的鼻子还是挺标准的。”

听罢，主人和寒月都笑了起来，就连迷亭自己也跟着乐了起来，又说：“闲话说到这儿，且续上刚才的话题。”

“先生您这语气太像个说书先生了，还是别这么说了，挺俗气的。”看来寒月也在见缝插针似的报仇。

“既然老弟这么说，我就另起炉灶啦。我现在就讲讲这个鼻子和脸的搭配问题。要是别的不谈，单看鼻子的话，隔壁那位大婶儿确实有着一个与众不同的鼻子，倘若要上鞍马山[③]开个博览会也能拿上个头奖来。但这鼻子若要和眼睛、嘴巴等部位放在一起的话，就显得有点突兀了。你就说恺撒[④]大帝的鼻子就很了不起，倘若用剪刀给他的鼻子噔噔噔噔给剪下来的话，放在咱家猫的脑门儿上，大家想想会成什么样？就像俗话说，‘猫脑门儿’配上一个英雄恺撒那样

---

① 格尔德斯密斯（1730-1774）：英国诗人、剧作家、小说家。

② 萨克雷（1881-1863）：英国小说家。

③ 鞍马山：在日本传说中，鞍马山上住着一种长着长鼻子的怪物。

④ 恺撒（前 100- 前 44）：罗马共和国末期的军事家、政治家。

的鼻子，感觉不就像把一尊奈良的大佛给安在围棋盘上一样，真是有失协调的比例，审美方面也差得多了。那位大婶儿的鼻子和恺撒大帝的鼻子可谓难分伯仲，雄姿英发，但各位看她那配套条件如何呢？那张脸长得比这猫还要丑，而且在她的胖脸上还有个像抽羊角风般的八字眉，还有高高斜吊着的眯眯眼儿，不然怎么能说光有脸没有鼻呢？各位，是这个理吧。”

忽然房子后面传来一声：“还在这儿说鼻子呢！真是冥顽不灵！”

“这个可是车夫老婆的声音！”主人赶紧告诉迷亭，可迷亭跟没听见似的，继续说道，“万万没想到在阴暗的角落里还躲着个异性的旁听者，这对演说家来说该是最高的荣誉了。一声曼妙的附和给咱们枯燥的演讲平添了几分韵味，真是好福气。我还是尽可能讲得通俗一点，一定要对得起前来旁听的美女佳人。下面我要讲的内容要涉及一些力学方面的知识，各位小姐若有不懂之处，还望多多包涵！”

寒月一听到“力学”这个字眼，扑哧笑了出来。

迷亭继续说：“我想说的是，诸位看这个脸和鼻子终究是不和谐的，因为它们违背蔡京[①]的黄金分割比例。下面要将用严谨的力学公式为各位演算一下，假定H代表鼻子的高度，a代表鼻子与脸平面的夹角，W代表了鼻子的重量，可以吧，诸位听得明白吧？”

主人应到：“明白你个头！”

---

① 蔡京（1810–1876）：德国数学家。

“寒月老弟明白吗？”

“也没太明白呀。”

“这可不应该呀。你说老兄他不懂就算了，你可是个理学学士呀。这个公式可是我演讲的核心，倘若跳过的话，先前讲的也就没有意义了。算了，跳过就跳过吧，咱们直接上结论。”

主人惊讶地反问：“竟然还有结论？”

“肯定有结论呀。要是演说缺少了结论，就好比吃西餐没上水果一样。您二位细细听，我就说结论了。要是参考一下菲尔邵[1]、威斯曼[2]的学说，我们就得说这鼻子的形状是先天遗传的，同时也得承认与之相伴随的心理状态。从某种角度来说，我们必须承认两者的关系。对于这样一个有着和身份明显不相称的鼻子的人而言，她生下来的孩子的鼻子肯定也有所不同。但是你看，咱们寒月年轻，可能没还意识到金田小姐的鼻子的不对劲儿，可这种遗传的潜伏期却非常长，说不定哪一天，兴许赶上了气候突变，鼻子也就过了潜伏期，很有可能转瞬之间就变得和她妈妈的一模一样。所以，你俩的这桩婚事我并不赞成，这都是出于安全方面的考虑。就这一点，我想老兄应该也赞成我吧，我估计你家的猫也跟我想到一块儿了。这不它还‘喵喵’地叫了几声嘛。”

但寒月却并没有显出急着回答的样子，反倒说：“既然您二位有此高见，我放弃婚事也行，但要是对家小姐因为这事再一病不起的话，我可就担待不起了。”

---

① 菲尔邵（1821-1902）：德国医生、政治家。

② 威斯曼（1821-1902）：英国外科医生。

迷亭大笑道："你这可是桃花劫呀！"

主人却一本正经地说："根本不会，那种人家的姑娘，准不是个好鸟。你看那大鼻子头一次来我家，就给了我个下马威，狂得不轻！"他越说越生气。

就在这时，门外的篱笆下传来三四个人的嘲笑声，"真是个狂妄自大的榆木脑袋呀！"还听得另一个人说，"这人肯定是想住大房子想疯了。"还有一个人也说，"真可怜，你也就只能在家逞逞威风罢了！"

主人朝着门外大声喊道："真吵！别在我家墙外闹腾！"

"哈哈！野蛮人！野蛮的家伙！就你英语讲得好！"

主人气得火冒三丈，抓起了拐杖就跑到了门口。迷亭却在一旁拍手起哄，"好啊！好啊！跟他们干！跟他们干！"寒月依旧拨弄着礼服上的衣带，在一边笑嘻嘻的。我为了追主人去，赶忙从篱笆的豁口上跑到街上。到胡同上一瞧，主人就好像鬼怪上身一样，扶着拐杖呆站在那里。

街上空荡荡的，一个人也没有。

四

我又照例溜进了金田家的宅子里。

为什么要说是照例呢？说的就是我来了不止一次两次了。这有了第一次就会有第二次，有了第二次就会有第三次。其实好奇心并非人类才有，虽然我是只猫，但是希望各位读者也能理解，我其实也有好奇这类的心理。这点我们和人类一样，但凡干过三次以上的事情，都喜欢用“照例”一词，这种行为也会变成生活上的不可或缺。可能有的人会问，问我为什么又往金田家跑。那我也要反问大家一下，为什么人能把从嘴里吸进去的烟从鼻子里喷出来呢？依我看这烟雾既不能治病调理，也不能填饱肚子，那人为什么还毫无忌惮地吐来吞去呢？你要说抽烟是别人的习惯，那往金田家去也是我个人的习惯，各位看透别说透，我去他们家其实就是和人过过烟瘾一样罢了。

要说“溜进”这个词，好像有点儿语病，说起来感觉跟做小偷或者跟个奸夫似的，怪不好听。这次我潜去金田的宅子，自然不是受到了他家的邀请，也绝非是去偷鲣鱼干，更不是去和那鼻子眼睛堆成一团的哈巴狗聊天。那是去当侦探吗？我可有自己的任务。我以为，在当今世界上只有两种职业最为下贱，一种是放高利贷，一种就是侦探了。正是为了寒月我才秉着猫咪不曾有的侠义之心，到过金田府上偷听过一回，但打那之后我可从来没有干过什么对不起良心的事儿了。那有人就该问，既然问心无愧，怎么还要用“溜进”这样见不得光的词呢？

就这一点而言，我还是有些话要说的。起初，依我之见，所谓太空就是为了笼罩世间万物，而大地则是为了承载万物。不管再怎么不通情达理，这点道理总归还是要明白的。但是人们在太空和大地的形成过程中又付出了多少功劳呢？可谓是一点儿功劳都没有，总不能把不是自己创造的东西给占为己有吧。个别人据为己有也就罢了，要再搞个禁止外人进出就说不过去了。个别人总要在这广阔大地上建起围墙，圈起边界，把这片土地给据为己有。此种行为就好比以绳分天，还声称这部分的天空是自己所有。要是土地也能给他们分成块来，按多少钱一坪卖的话，那我们呼吸的空气岂不也能被分割出售了？但实际上我们不能出售空气，也不能把天空据为己有，那你看把土地据为己有不是也不合规矩吗？我向来保持着这种看法，所以我觉得去哪儿都没有问题，但也仅限于我想去的地方。只要我想去，管它是东西南北，闲庭信步悠然前往便是。像对金田这号人更是不用客气，但我们猫也有可悲之处，毕竟在力量上敌不过人类。这个世界仍旧是个“强权便公理”的世界，不管我多么在理，总归没法伸张正义。倘若我跟黑哥一样，硬去坚持自己的想法，不免也会挨上鱼肉铺老板的一棒槌。纵然“理”在自己的手里，可

“权力”却在别人的手心里，要么乖乖放弃，老老实实地听别人差遣，要么就瞒天过海暗中维护自己的“理”。在我看来，我肯定会选择后者。因为怕挨打，我就得悄悄地溜进人家，但我也有权力进去他家，出于这两个原因，我就这么悄悄溜进了金田的宅院里去了。

我虽然不是个职业侦探，但随着去他们家的次数增加，他家的情况我都尽收眼底。好多事都不是我要刻意去看的，但也都看到了，虽然没有打探的本意，我还是给记住了。比方，鼻婶儿每次洗脸的时候都会仔仔细细地擦拭鼻子；他家的富子小姐总贪嘴阿部川年糕[①]；至于金田，他和他老婆的长相就差远了，他本人是个扁平鼻子。不但是鼻子平，正面脸都是平的，我甚至怀疑是不是他儿时和别的顽劣孩子打架，被人抓住了脖子狠狠地按到了墙上，给脸压了个扁平，一直扁平到现在。他的脸极其平坦，让人看了毫不害怕，更没什么表情上的变化。不管他如何生气动怒，依旧这么张脸。这位金田老板有个习惯，吃生鱼片的时候总爱拍自己的秃头。他不仅有个扁平的脸，个子也非常小，因此不管什么时候脑袋上总少不了一顶高帽，脚下也不离一双高木屐。就连车夫也觉得这点非常好笑，还给寄宿在家里的学生讲过，学生还夸他洞察力过人。

我知道的事儿，可说都说不完。

这段日子里，我都是先穿过小院，绕过假山看到纸门关着且确认没什么动静之后，才大摇大摆地跑到走廊上。如果这时候忽然有点什么动静，抑或我以为会被人发现行踪的时候，我就会从池塘东

---

① 阿部川年糕：日本静冈县安倍川地区的特产，一种糕点。

面绕过去，然后悄悄地躲在卫生间旁边。但实际上我也没做什么坏事，按理说没有东躲西藏的道理，但人就是种不讲理的动物，倘若狭路相逢我也只能自认倒霉。假如世人都跟熊坂长范[①]似的话，就算德行再高的正人君子也会跟我这态度一样。金田本人是个实业家，我自然不怕他会像熊本一样，抡起个三尺五寸长的大刀来。据我所知，他这个人有个毛病，就是目中无人。既然他不把人当人，自然也不会拿我当只猫。所以，我虽为一介猫咪，但是在他这大宅子里可也绝对不能大意。其实我自己还很喜欢冒险，这也是我经常出入金田家的一个重要原因。至于这里面的玄机，等我有机会把猫咪的脑袋认认真真地解剖一番后，再向各位汇报。

我不知今天的情况会是怎样。我还是老样子趴在假山前面的草坪上，脑袋贴在地上朝前张望着。面前是个三十多平方米左右的客厅，现在正值三月，阳光正好，房门也都大开着。我瞧见金田两口子正在和一位来客谈话。哎呀，糟糕，鼻婶儿那大鼻子正朝着我呢。她那恼火的目光穿过池塘，直接盯在我的小脑门儿上，让鼻婶儿这么盯着还真是头一回。而金田则是侧身坐着，面朝来客，我只能瞧见他的半扇脸，那半扇可看不见。但是我始终没看到金田的鼻子在哪儿，只能看见他那花白的胡子。于是我轻而易举地得出了个结论，那就是在胡须上面肯定有俩窟窿眼儿。此刻我不尽浮想联翩，“春风扫过这样一个面庞，肯定不费吹灰之力。”主客三人之间，唯有这位来宾的长相最为平常，所以我也就不重点介绍了。说到平常倒也不

---

① 熊坂长范：传说中日本平安末期的盗贼。

是什么坏事，但这脸平常至极，到了“如入平凡之堂，进入庸俗之室内”的境界了，竟让我对他心生怜悯。可这么一个长相平平，生于明治的家伙究竟是什么来头？照例我要是不跑到廊檐下听上一番，自当没法知晓。

“然后，我太太还专门去他们家了解了一下那人的情况。”金田说话还是那么粗，但粗归粗，却不凶。他的言谈就跟他的长相一样，平庸极了。

“很好呀，他曾是水岛的老师，很好，这个主意不错，很好。”这个满口“很好”的就是他家的客人。

“可是到现在也没问出点儿什么来。”金田说。

“哎呀，你要是问他们家主人肯定问不出个一二三来，以前我和他是室友，他就是这么个人，黏黏糊糊的。是不是让您吃苦头啦？”客人瞧着鼻婶儿说。

“别提苦头了，长这么大到现在我还没在谁家受过这般委屈呢！”看来鼻婶儿还生着气呢。

“他说了什么过分的话吗？他就是个性格固执的人，这十年来每天都专讲英语课，你就知道他有多大本事了。”客人附和着鼻婶儿说道，但语气非常得当。

“是呀，这可过分极了，我老婆问他点儿什么，都吃了闭门羹。”

“岂有此理，有点学问就骄傲，再加上他没什么钱，就更加不服气了。真没想到还竟有如此厚脸皮的人，自己没本事不说，还对有钱人生气发火，感觉这自家的钱被对方给骗去了一般，真是不可理喻，哈哈哈。”客人说着，露出了开心的样子。

“确实不可理喻，怪就怪他们没见过世面，妄自尊大，所以我就想着找人去捉弄他一下。”金田说。

“也是，给他们点教训也好，也让他自己清醒清醒。”这客人明明不知道教训的方法，却还顺着说了起来。

“但是，我的铃木老弟，你不知道那人得有多么执拗，在学校他居然不理福地和津田了。本以为他能老实些，可谁曾想还拿着拐杖追赶我舍下的学生。都三十好几的人了，没有一点廉耻心，什么都不管不顾，真不正常！”

“哎？他怎么会这么做呢？”对于这点，这位精于世故的客人也有点儿糊涂了。

鼻婶儿说：“还不是几个人在路过他家门口的时候嚷嚷了几句，谁曾想那人竟然拿着拐杖、光着脚丫就追了出来。即便是我们家学生说了点儿什么不好的，可孩子毕竟是孩子呀，你再瞧他，满脸胡子，还是个老师呢！”

“这倒也是，好赖他也是个老师呀。”客人说道。

“是个教师！”金田补充强调道。

看来这主宾三人已经达成了一致观念，那就是身为老师，就应该默不作声地，跟个木头雕像似的接受一切羞辱。

鼻婶儿又说：“可不是嘛，还有个叫迷亭的人，也是个胡说八道的主儿，这样的怪人我可是头一次见。”

“哎呀，您还碰见迷亭了？看来他还是老样子，喜欢胡说八道。夫人您是在他家碰见的迷亭吗？这号人还是敬而远之为好。他也是我学生时代的一个朋友，总喜欢戏弄别人，为此我没少和他吵架呢。”

“谁碰上这种人肯定都会窝火。偶尔说个谎话，吹个牛倒也无伤大雅。比如碰上那种磨不开面子或者忙于应酬的事情，谁都会说几句违心话。但是他这个人就是把本没必要撒谎的事情给胡说上一番，真不知道他到底怎么想的，天天说大话一点儿不脸红！”鼻婶儿似乎还是一肚子气。

“这可叫您给说对了，他吹牛还真就是为了寻欢作乐，我们拿他都没招。”客人说。

“铃木老弟，你看，我认认真真诚诚恳恳地去打听一些有关寒月的事儿，结果什么也没问着，您说气人不气人。这人都应该讲点儿人情才对，我去人家家里问事情，肯定不能给我装糊涂吧。后来我还让车夫给人家送去一箱啤酒，可人家却给拒绝了，说不需要这东西。车夫还劝他收下，谁知人家竟说自己天天吃的是果酱，才不喝这种酸苦东西。完了连句谢谢都没说，关门就进屋去了。您说这气人不气人。”鼻婶儿说道。

“这可真是有点儿过分了。”客人似乎也真觉得这次过分了。

“说来说去，本来我们想自己整一整这个糊涂老师，可没想闹出点儿麻烦来，所以给你叫来了。”金田边说边吃生鱼片，照旧还拍着自己的光头。老实说，我因为离得远，还真没看清他拍头了没有，但是这个拍光头的声音我已经烂熟于心了，就跟小尼姑能分辨出敲木鱼的声音一样。别看我离得远，只要声音清晰，我就能立马辨别出来，那一准儿是金田在敲脑瓜子。

“只要是我能做的事情，您尽管开口便是。我这次能调回东京上班还多亏您了。”这客人毫不含糊地就答应了下来。听这话的意思，这位客人也受过金田的帮助，事情发展地可越来越有意思了。我今天来这儿纯粹是因为天气好，可没想到收获了意外信息，就好比新春时节去庙里上香拜佛，偶遇方丈拿来小饼子招待我一样，心里美极了。我就继续在竖起耳朵听，这所托之事究竟为何事。

“那家主人真是个怪人，不知为何竟然告诉寒月别让他娶我家女儿，还说鼻子的事情。我说老婆，他们当时这么说的吧。”

“岂止呀，还直接说天下就没有蠢蛋会娶我们家女儿，就直接告诉寒月千万别娶。”鼻婶儿说。

“太过分了。他竟然说过如此粗俗的话！”金田说。

“那我倒是不知道，但这是车夫家老婆跟我讲的。”鼻婶儿说。

“铃木老弟，你看看这些事情，是不是很棘手。”金田又说。

“确实太不像话了，这事儿还不是平常的事儿，按理说外人是没必要插嘴的，他应该明白这道理才是呀。”客人回答道。

“咱们且不说你和他是室友，更重要的是你俩以前是好朋友，我这才想请你去找他一趟，跟他解释一下里面的情况。我估计他可能在生气，但乱发脾气可不好，只要他能老实点，我也不会不给他台阶下，可别再出像前几次这样的事情了。但是他要是依旧我行我素，也就别怪我不客气了，到时候吃亏的是谁，他应该心里有数。”

“这点您说的在理，他那种不走脑子的抵抗行径只能给自己找罪受，暂且让我先去和他聊聊看吧。”客人回道。

“而且呢，我家女儿实际上很受欢迎，提亲的人很多，不一定非得嫁给他寒月不可。不过经过我多方打听呢，这个寒月在学习上和为人上还都不错，你去了呀也可以点拨他一下，就说要是能发愤图强近期考上个博士的话，娶上我家女儿还是大有可能。”金田说。

“我要是这么跟他一说呀，他准会受到鼓励而认真学习。甚好甚好。”

“还有一件奇怪事，我怎么也想不出来竟是水岛所为。水岛总喊他家那怪主人叫老师，好像什么事都要听他的一样。可实际上我家这姑娘不一定非得嫁给他，再怎么阻碍我觉得也都没有必要。”金田说。

“这可就是寒月的不幸了呀。”鼻婶儿也跟着说。

“虽说我和寒月没有什么交集，但是他要是能成为您家的女婿可谓是三生有幸，想必他本人心里有应该有数。”客人说。

“明明寒月就想娶我家女儿，可偏偏就是他和迷亭在中间捣鬼。”鼻婶儿说。

“这可真说不过去了，哪像个读书人干的事情呢？待我见到他以后，好好跟他讲一讲。”客人又说。

“那就有劳你了。其实呢，他家主人肯定熟悉水岛的情况，可没想到几天前太太去问竟然落得如此结果，什么也没问到。这回你去的话还多留心留心他的人品呀，学问方面的情况。”

“这个您放心，今天是周六，我一会就去他们家，我估计他也该回来了。对了，他最近住在哪儿您知道吗？”

鼻婶儿说：“我知道，就咱们这条街往右拐，走上个一百多米再左拐一下，能看到有户人家的黑墙快塌了，那就是他家。”

“如此看来，非常近呀，这就省事了，等我回去的时候顺便拐上一趟。我估计看着门牌也能找到。”客人说。

“他家的门牌时而有时而没的，我估计他家的门牌是用大米粒给沾上去的，一下雨就给冲掉了，等天好了又给粘上去，所以按门牌可不好找。他也奇怪，钉个木牌子多省事。”鼻婶儿说。

“真是意想不到，没关系，我就看谁家的黑墙面要倒了，应该就能找得到。”客人说。

“那倒也是，在这条街上可没有谁家比他家还脏得了，非常好找。如果这样还找不到的话，我建议你看看谁家房子上长着草，长草那家就没错了。”鼻婶儿又说。

“哈哈，这个特点真是别具一格。”客人笑道。

我想我得赶在铃木造访我家之前回去，反正也听了这么多消息了，差不多可以了。于是我顺着墙边绕过茅房，然后从假山后头绕上了街，赶紧跑回那个房顶长草的屋子，然后若无其事地晃悠到前厅的走廊里来。

我见主人正趴在一条白色的毛毯上，在走廊上舒舒服服地享受阳光呢。阳光非常公平，无论是对我们这房顶长草的破房子，还是对金田家的豪华宅院，都给晒得暖和又敞亮。但叫人扫兴的是，那条毛毯可丝毫没有点春意盎然的意思。虽然那条白毯子出厂的时候是个白毯子，到了商店出售的时候也是白毯子，主人买它的时候还是白毯子，但再白也架不住十二三年的时光，现在可不是白毯子了，已经进入了深灰色的变色阶段。至于它能否通过灰色阶段进入黑色阶段，我就不得而知了。由于常年磨损，横竖线都已经看不清楚了，再称之为毛毯可谓是名不副实，充其量就是个毯子，“白”字去掉也没关系。但我家主人可能认为，既然一年也是用，两年也是能用，五年十年用起来也没什么问题，用上一辈子也没什么大碍，凑合能过。接着刚才说，他趴在这张有年头的毯子上干什么呢？实际上也没干什么，就是用两个胳膊拄着下巴，右手指间夹着一根香烟，呆呆地趴着。我猜他那满是头屑的脑袋里肯定在想宇宙的奥秘，但就从外观上看，谁都猜不出他在想些什么。

他手中的烟越烧越短，一寸多长的烟灰棍都掉到毯子上了，他也丝毫不在意，反倒继续凝望着香烟烟雾飞散的地方。烟雾伴随春风时高时低，形成了一个个流动着的烟圈，一个接一个地掉在女主人刚刚洗过的头发上。我都给忘了，现在给大家讲讲我家女主人的事情。

眼下，主人的对面就是女主人的屁股。想必您会说这真是不成体统，但非要解释的话也说得过去。主人就这么满不在意地托着脑袋，瞧着妻子的臀部。再看我家女主人也毫不在意地把庄重的屁股对着主人的脸坐了下来。都已经这样了，哪还有规矩可言呢？眼前这俩人结婚不到一年，就已经超然物外了，两人丝毫不在乎繁杂的礼节和规矩。谁知道拿屁股对着主人的她究竟在想些什么。在这样的好天气里，女主人用海藻和生鸡蛋把自己一尺多长如青云一般的黑发洗了个干干净净，然后把梳好的头发给披到了后背，然后一声不吭地缝着小孩儿的坎肩。她并非专门为了缝衣服才来院里面的，而是为了给头发吹干才带着坐垫和针线出来的，继而又毕恭毕敬拿屁股对着他。说不定是他故意把脸对准了女主人的屁股呢。

刚才说过的那团烟雾正在女主人蓬松的头发间飘忽不定，主人正在一丝不苟地打量着这飘忽不定的烟雾。但是烟雾可不是定在那一成不变的，按其性质来说，它会不断上升。所以说主人要想盯上这种烟雾和头发交织在一起的壮观景象，就必须移动自己的视线。只见主人先从腰部看起，然后慢慢把目光往她的后背上移动，一直看到了她的肩膀和脖子，目光最后定在了她的头顶。忽然，主人大吃一惊，这位曾发誓愿和自己白头到老的女人的头顶上，竟然有一个圆且大的秃点。在温暖阳光的反射下，这秃点正在发光发亮。主人也万万没想到自己能够以这种不经意的方式发现了这个问题。我看见主人的眼中流露出了惶恐和惊讶，即便阳光强烈，但他仍是瞪大了眼睛紧紧盯住不放。

当主人发现这个秃点时，脑海里肯定先想到了家里那个祖传的灯盏，那灯盏不知道在佛龛前摆了多少个年头了。他家都信奉真宗[①]，特别是在这个佛龛上没少花钱。我还记得小时候他家的仓库里供着一个贴金的佛龛，佛龛里常有一盏黄铜制的灯盏。这灯盏不分昼夜，里面总燃着点点灯光，特别到了晚上就更加显眼。想必这点在他脑海里肯定印象深刻。眼下，妻子头上这个秃点竟然唤起了他的此番回忆。但这份联想连一分钟都没持续得上，他转念间又想起观音堂的鸽子来。鸽子和老婆头上的秃点看似无关，可却让主人联想了好一番时间。这也是主人儿时的事情了。他那时每每去浅草寺，总要买点豆子去喂鸽子，一碗小豆子大概两文钱。而这碗是由红色黏土制成的。这个小碗，不论是颜色还是大小，都和眼前妻子头上

① 真宗：日本佛教派别之一。

的秃点相似极了。

“哎呀，真是像极了！”主人深深地感慨了一句。

“你说什么？”女主人头也没回就反问道。

“还问我说什么？你可知道你脑袋顶上有块秃点吗？”

“我当然知道啦。”女主人边回答边忙着手里的针线活，一点儿不在乎自己的不足之处，倒也是个模范老婆。

“那这个秃点是你嫁过来的时候就有呢，还是结婚之后才有的呢？”他虽然嘴上不在乎，但心里想什么我可知道，他准想妻子这要是嫁过来之前就有的话，那自己肯定是上当了。

“什么时候有的我可不记得了。这也没什么事情嘛，爱怎么怎么样就是了。”女主人回答地倒也爽快。

“还无所谓？那难道不是你的头吗？”主人这话里稍微带了点怒气。

“可不就因为是我自己的脑袋，我才觉得没所谓的呀。”她也是虽然嘴上不在乎，但还是伸出手去摸了摸，“不得了，什么时候可都变这么大一块儿了呀。”

看来她也意识到，对于自己的年龄而言，这块秃点确实显得有些大了。

“我们女人只要梳头做发髻，必定会给那块头发吊起来，没谁不秃的。”她为自己稍微辩解了一下。

“依我看呀，按照这个速度，用不了四十岁你就该变成秃子了。这肯定是个病，搞不好还会传染呢！依我看咱们趁早请甘木大夫来瞧瞧看。”主人边说边摸着自己的脑门儿。

“真是鸡蛋里面挑骨头，前些天说自己鼻毛变白的不也是你吗？谢顶要是传染的话，你那个白鼻毛也会传染。”她生气地说。

“但是鼻孔里面毕竟看不见呀，无伤大雅，可你这脑袋顶上，尤其像你还这么年轻，谢顶成了这般模样，一点儿不好看，残疾一样。”

“你说我残疾？残疾了还要娶我？明明是你当时追求我才娶的我，现在又说我是残疾。”

“那时候我可不知道呀！直到今天我不都被蒙在鼓里吗？怎么当时结婚的时候你没给我看看你那脑瓜顶儿呢？”

“你真是胡搅蛮缠！没听说过谁家结婚要检查新娘子的脑瓜顶儿的！”

“你说你有点儿谢顶也就算了，身材也不高挑，怎么就看上你了呢？”

“我身材不好你不一眼就看出来了么？当时你不也知道我身材不好，不也是给我娶回家来了么？”

“我当时是不嫌弃呀，本以为你还能往上蹿蹿，这才给你娶回家。”

“你可真是太过分了，我都二十岁了，哪还有长高的空间？”说罢女主人将手中的坎肩放下，转过头来瞧着他。看她的架势就是在等着主人如何作答，不依不饶。

“虽然你那时候二十多岁，再长长也不是没可能呀。本以为娶过门后你多吃点有营养的，还能再窜窜。”主人说这话时虽然一本正经，但是理由却让人摸不着头脑。

就在此时，家里的电铃忽然响了起来，紧接着传来一句："家里有人吗？"

看样子铃木应该是顺着房顶上的杂草找到我家来了。

听到家里来了人，妻子这才把方才的争吵放在了一旁，慌忙坎肩和针线收了起来，走进了里屋。主人也把灰毯子收到了书房里。没多大工夫，阿三拿来了一张名片，主人接过名片一看大吃一惊，忙让阿三给来宾请进来。谁知他刚说完就拿着名片进了厕所。至于他为什么要绑架着铃木先生的名片去厕所，我也不得而知。反正这名片上的人挺倒霉，进了臭厕所去了。

阿三把一片花布头放在了壁橱前头，然后引着客人坐下便退下去了。然后铃木站在客厅里，朝着四周望了望，壁橱旁边挂了个赝品字画"花开万国春"，再旁边还有个京都产的廉价瓷花瓶，瓶内稀稀落落几株樱花。看罢这些，他又往仆人摆放的垫子上有意无意地看了一眼，呵，什么时候一个猫正大模大样地蹲在上头。这我就不明说了，这猫便是在下我了。我猜铃木看见我在垫子上心里肯定不平衡，他定以为这垫子是为他准备的，可没曾想却叫一个怪里怪气的小动物给霸占上了。假如说我家这个垫子没人坐上去，就这么任凭春风吹拂，我想铃木肯定略显谦虚，肯定会在坚硬的席子上将就一下。但他肯定想这迟早都是给我准备的垫子，怎么叫这家伙给霸占了呢？要是被人给霸占了也还说得过去，但没想到座上的却是只猫，这肯定就让他更不高兴了。看来他的心理平衡又被打破了一次。然后再看这个猫，一脸骄横，毫无愧疚之意，桀骜不驯地坐在本没权利坐的垫子上面。看来我这傲气的态度让他生了第三次气。反正铃木已经生气了，他大可一把给我从发垫子面给拽下来，但他却对此无动于衷。

他堂堂一个大人，为何不对我动手呢？莫不成让我的猫威给吓住了？依我看呀，他这是在维护自己的面子，使自己有一个自重的姿态。假如真要给我来硬的话，三岁的小毛孩都能给我折腾上好一番。但你要看面子的话，眼前这位铃木藤十郎虽然是金田的走狗，可你瞧对我这个坐镇方垫上的猫爷爷不也是一点儿办法没有吗？尽管咱家客厅里这会儿没人，但是一个人来和我一只猫抢座位，说出去多丢人呀。毕竟你要和一只猫分出个你黑我白来，可就失尽了男子汉大丈夫的气概，会叫人笑话的。他也是为了保全这张脸面，只能站在那眼巴巴地受委屈了，但是我能感受到，他肯定更加憎恨我了。他时不时往我这瞧上一瞧，哭丧个脸。但我却觉得他这副表情很有意思，好几次差点笑出来，但我都给忍住了，摆出一副无所谓的脸。

就在我和铃木表演哑谜的这会儿功夫里，主人已经穿得利利索索地从厕所走了出来，只说了声“哎呀”，就坐了下来。他手里的那张名片也不见了踪影，看来铃木藤十郎的名片已经在厕所里被打成了无期徒刑了。

我心正想，“名片算是倒了大霉了。”哪知主人竟然一把抓住我的脖子，说：“这个混账！就给我扔到走廊上了。”

“稀客稀客，快请坐。什么时候回东京的？”主人邀请他的这位好朋友坐上垫子来。可谁知这铃木居然把垫子反过来坐了。

“近来实在太忙，没顾上和您打声招呼，前不久我已经调回到东京总部上班了。”

“不错嘛！毕竟咱俩也好久没见了，自从你那次去乡下以后，这还是头一次见面吧！”

“可不是嘛！一晃十几年过去了。其实这期间我也曾来过东京几回，但因为有事情，一直没和您说，可千万别怪我呀。毕竟我们在公司上班的和您可大不一样，平时太忙了。”

“十几年没见，你可真是大变样了。”主人细细打量着眼前的铃木。再看铃木的扮相可是精致极了，头发分得干净利索，一身英国产的斜纹西装，领带也漂亮极了，胸前还有块闪闪发光的金表链子，完全看不出和我家主人是一路人。

“我现在呀，胸前没块表可不行。”说话间，铃木就去摸摸金链子，来吸引主人的目光。

主人也毫不含糊地直接问道：“你那可是纯金的？”

“哪里哪里，就是个 18K 的。”铃木笑道，“看样子你也老了不少，有孩子了吧，一个吗？”

“不是呀。”

“那就是俩？”

“也不是。”

“还不是呀？那就三个了吧。”

“嗯，有三个了，说不定往后还会有呢。”

“看你还是一点儿没变呐。说起话来还是爱开玩笑，家里老大今年几岁了？是不是已经挺大的了？”

“这个嘛，到底几岁我也没记住，不是六岁就是七岁。”

“哈哈，你这个老师当的，我要是也从教就好了。”

“那可不一定，说不定你当个三两天就不耐烦了。”

“此话怎讲？我看呀，当老师是个高尚、踏实而且有空闲时间的差事，还可以朝着自己的喜好发展，一举多得嘛！可话说回来，干实业也不错，但我这样的可还差得远呢。当实业家得当上面的实业家，若跟我一样在下面的话，也得要到处跑看人脸色，再就是参加一些没意思的宴请，可没劲儿了。”

“打咱学生那阵儿开始我就不喜欢搞实业的，一个个都钻到了钱眼里，老话说得好，不就是些下九流的人嘛。”主人当着这位实业家的面儿含沙射影了起来。

“这个嘛，也不能这么说，虽然我们这行当是低下了些，但是您要是没有个和钱殉情的决心的话，也做不了这一行。方才我才和一位实业家聊天，他说钱是个难缠的家伙。他还说在挣钱的道路上要做到‘三不要’，即不要理，不要情，不要害臊。您看这总结多到位呀。”铃木得意扬扬地说。

“哪个蠢蛋说的这种话？”

“那人可一点儿不蠢呀，聪明着呢，而且在我们这行里还小有名气呢，他就住你家附近呀，难道一点儿耳闻都没有吗？”

“说的可是金田？就那个家伙呀，我当谁呢！”主人一脸不屑地说。

“您可生气了呀？也别太当真了，他那也就是打个比方，心不狠就赚不到大钱，要人人都跟你这么较真儿的话，可就乱套了。”

“把那个‘三不要战术’当成笑话倒也能说得过去，但是他家那个女人，啊，那个大鼻子，她是个什么东西！你要去过他家的话肯定瞧见她了吧！”

“老兄说的莫不是他家女主人？她可是个通情达理的人呀。”

“我说的是鼻子呀，那个大大的鼻子！这不前一阵子我为她的大鼻子写了首俳句呢！”

“什么什么？俳句？这是个什么东西？”

“俳句你都不知道吗？看来你真是落后时代了。”

“像我这样天天忙于工作的人，怎么可能懂文学呢？况且我以前就不懂这方面的东西呀。”

“你可曾知道查理曼[①]大帝的鼻子是什么样儿吗？”

“哈哈，你可真是闲的了，我怎么可能知道呢？”

“那威灵顿[②]的部下给他起了个‘鼻子’的外号，你该知道吧。”

“老兄你这是怎么了？怎么注意力全在鼻子上了呢？管他的鼻子是尖的还是圆的？有什么关系吗？”

“当然有关系了，那你知道帕斯卡[③]吗？”

“怎么又来问我了，弄得和参加考试一样。这个帕斯卡又怎么啦？”

“这个帕斯卡以前有句话说得好。”

“哪句？”

“他以前说过，如果科罗巴特女王的鼻子能稍短一点的话，就会

---

① 查理曼（742-814）：法兰克王国的国王。

② 威灵顿（1769-1852）：英国将领和军事家。

③ 帕斯卡（1623-1662）：法国数学家、哲学家。

给世界带来翻天覆地的变化。”

“真有此事？！”

“可不是嘛，所以像你那样随随便便不重视鼻子可不行。”

“所言极是，往后我就重视起来。闲话不说了，今天来是带着事情的。我听说你以前是那个水岛、水岛什么来着的老师，名字我一时忘记了，听说他总来你家。”

“可是水岛寒月？”

“对对，是他，正是寒月，今天来就是想了解了解他的为人。”

“肯定是结婚的事儿吧。”

“八九不离十吧，实际上我今天去过金田家了。”

“嗯，前不久那大鼻子还自己来了呢。”

“没错，金田太太也是这么说的。她当时虚心来向老兄请教，正巧迷亭也在，但是问来问去也没个结果，还被云里雾里戏耍了一番。”

“怪就怪她有那么个大鼻子。”

“可人家太太并没怪罪你呀。她说上次因为迷亭在场，她不好意思细细打听，有点儿遗憾。所以这才又托我来仔细问问。以前我也没帮别人跑过这种差事，但我想男女双方要都愿意的话，咱们顺水推舟，不也挺好吗？所以我才来的。”

主人冷冷地回答道：“那可叫你费心了。”但主人听到了“男女双方”这个说辞的时候，不知为何，心中居然出现了一丝松动，感觉就像是在闷热的夏夜里，一阵凉风忽然钻进了衣袖。我家主人一直是个不会奉承且无聊执拗的人，但他还真算不上是冷酷无情的文明产物，这点我们不难从他遇事容易上火生气中看出。上一次他和鼻婶儿吵架只是因为没瞧上她那大鼻子，但对他家女儿并没什么恶意。再说他不喜欢金田，也是因为他实业家的这个职业，但实际上金田夫妇和他家女儿并没有什么直接关系，所以他对他家女儿是自然没有恩怨。寒月又是他的一个可爱的弟子，假若铃木说的是真的，他二人情投意合的话，在中间捣鬼作怪肯定不是君子的德行。他一直认为自己是个君子，要改变自己的态度，当务之急是弄清楚他们二人的感情状况。

“咱们抛开金田呀，大鼻子呀，都暂且不说，人家姑娘真就想嫁给我们寒月吗？姑娘是怎么想的呢？”主人问。

“这点呀，看样子应该是挺想嫁给寒月的。”铃木回答地非常暧昧含糊。本来嘛，他的任务就是来了解了解寒月的情况，然后回去交差便是，毕竟他还真不知道金田家小姐是怎么想的。纵然铃木八面玲珑，到这儿也开始有些紧张了。

“这个‘看样子’可说得太含糊了啊。”主人总是要打破砂锅问到底。

“不对不对，我这话说得不合适。人家小姐在这方面确实有意思，的的确确。金田夫人曾经告诉过我，说她经常说寒月的坏话呢。”

“是她？”

“对，是她。”

“岂有此理，还说寒月的不是，这不就看出来，人家姑娘对寒月没有意思嘛。”

“这就对啦！大千世界无奇不有，有的人对意中人，越是喜欢就骂得越厉害。”

“世上竟真有这番蠢蛋？”主人对于这样需要洞察人情细微之处的地方还是一窍不通。

“还别说，这种蠢蛋真是要多少有多少，你能怎么办？就先说金田太太的理解，她总听女儿说寒月的不是，说他是个糊涂蛋，所以她认为这就是女儿喜欢寒月的表现。”

看样子主人对这个说法感到非常吃惊，不由得睁大了眼睛，沉默了起来，就跟个地摊算卦的先生一样，直勾勾地看着铃木。

铃木见状估计觉得主人这样子肯定要把事情搞砸，就赶紧把话题往他能理解的方向上转移。铃木说：“老兄，你仔细想想看，人家家里有钱，姑娘长得挺好，肯定不愁嫁。咱们寒月也都挺的，且不说身份如何，就单看家里没钱这一点，就有些配不上人家。但人家金田夫妇却很上心，专门让我来了解情况，这不足以看出人家的心意吗？”

铃木的一番巧妙的解释似乎说服了主人，让主人的心安了下来。但是铃木心里清楚，要是还在这种地方纠缠的话，肯定还要再被主人问住，所以他决定尽可能地把话往前赶，早一点完成任务才是上策。

“其实和我刚才说的一样，人家并不在乎钱财多少，在乎的是男方的一个资格，换句话说是头衔而已。只要能当上博士，女儿就可以嫁给他了。但这倒不是说人家必须要个博士，这点你可别误会。前几天金田太太在的时候，都是因为迷亭乱搅和，净说些胡话了。不过这也不怪你，人家太太还夸老兄你通情达理呢，怪就怪迷亭了。

而且，假如寒月真的当上了博士，女方在社会上也能挂上点光。老兄看怎么样呢？所以水岛最近有没有提出博士论文获得博士学问的机会呢？其实金田对什么博士呀，学士呀都不在乎，但社会就是这样子，需要考虑的因素太多了。”

铃木这么一番解释下来，看来对方要求一个博士学位也不无道理。既然说得过去，那按照铃木的意思照做便是了。这下主人的生杀大权就一下子落在铃木手里了。没办法，我家主人就是这么一个单纯耿直的人。

“那就等下次寒月来了，我来劝他快写一篇博士论文吧。但是，咱们事前还得问清楚，人家寒月到底有没有要娶金田小姐的意思呀。”

“这事也要问个一清二楚呀？你要态度这么生硬可不行，依我看咱们在聊天闲扯中悄悄地试探试探他的想法吧还是。”

“怎么个试探法？”

“哎，说试探也不太合适，咱们在谈话中自然而然就会弄明白。”

“这你能问明白，我就怕我问不清楚呀。”

“不清楚也没关系，只要别跟迷亭一样瞎打岔就行了。总打断别人的谈话肯定不好。这个事情吧，即便咱们不劝人家，只要当事人愿意就行。下次寒月来，别总跟着打岔。当然我说的是迷亭，迷亭要是接上了话，那就全完咯。”铃木对主人的这一番背地里的坏话可是没有接茬。

说曹操曹操到，迷亭照旧又从后门飘然而至。

“哎呀呀，来的这位可是稀客呀。像我这样经常来串门的，这家主人都对我爱答不理的，看来你们家我得十年来一次才行。你看，今天这点心都比平时的高级多了。”迷亭边说边吃起桌上的点心来。主人笑呵呵的，但我看铃木好像有点尴尬，只有迷亭一个劲儿地往嘴里塞东西。刚才这一刻的情形被藏在房檐上的我看了个一清二楚，就跟看哑剧一般。禅家的无言问答讲究的是以心传意，而这一幕哑剧恰好也是这么一种无言间的以心传意，虽然时间短，但精彩至极。

“我还以为你在外面都销声匿迹了呢，什么时候回来的？这个人呀，还是活得久一点儿的好，说不定哪天就能撞上大运呢。”迷亭对铃木说话就跟和主人说话一样，丝毫不客气。尽管他们以前都是一起吃饭的朋友，但毕竟十年没见了，难免会有些距离，但是在迷亭身上可一点儿看不出距离感来。迷亭这是真厉害呢？还是真糊涂呢？让我说我也说不清楚。

“瞧你说的，我可不是你说的那个样子啊。”铃木回答地非常中庸，但总觉得好像少点底气，这不，他正一个劲儿地摸他的金表链呢。

“你可曾坐过电车？”主人突然朝铃木奇怪地问道。

“感觉我今天来这儿净受到大家的嘲笑了。虽然我常年在外，但也不至于沦落那般田地，都别小看我，我手里还有六十股‘市电’股票呢。”铃木说。

“确实没法小瞧你呀。这样的股票我手里有八百八十块半股呢。只不过几乎都叫虫子给我啃完了，只剩下半股了现在。你要是早些回东京来，我还能趁它们没被虫咬坏前送给你一些，可惜了。”迷亭说。

“你这嘴可是一点没变，损人之气不减当年。你要手里真有不少股票的话，可是赚大发了，这股年年上涨呢。”铃木说。

“那是当然，即便我只有半股，若要等上个一千年，也能盖起三座仓库了。从这一点来看，咱俩都是头脑反应极快的当代才子，可咱们这位房东老兄就不行啦，一提股票想到的就是萝卜呀什么的。”迷亭说完，瞧了一眼主人，然后又拿起了一块点心。主人似乎被迷亭传染了食欲，也把手伸向了点心。在现在这个世界上呀，只要有人在某方面采取积极行动，就总会有人加以效仿。

主人说：“股票什么的没关系，我多想曾吕琦坐一坐电车呀，一次就好。”说罢，他低头看了看自己在点心上留下的牙印。

铃木说：“一说起曾吕琦，我还真为他感到遗憾，头脑非常灵光，怎么就去世了呢，太可惜了。”

迷亭接过话茬，赶紧说：“他头脑好是好，但就是在做饭方面可不怎么样，以前每次到他值班做饭的时候，我就只能跑到外头吃碗荞麦面来凑合凑合。”

铃木说：“可不是嘛，他还总把饭做糊，要不就夹生，我也受不了。而且不做菜，总弄些生豆腐来，那么凉，根本叫人吃不下。”看来铃木也从十几年前的记忆里找到了些什么。

“咱们老兄和他当时关系不挺好的吗？晚上俩人总是出去喝小豆汤，不才落下了病根，今天变成了慢性胃病，多遭罪呀。可老实说，你喝的小豆汤可比人家喝的多得多，按理说你应该先走一步呀！”迷亭说。

“哪有这样的逻辑！我喝点小豆汤算什么？你还说你当时爱锻炼，没事儿总带着竹棍到后面的墓地去敲打石碑，不也叫和尚给捉住了，还被批评了一通？”主人也不服气地揭起了迷亭的短处。

“哈哈，真有此事。我记得和尚好像告诉我说敲打石碑会影响死者的休息。不过我那都是小打小闹，咱们这位铃木将军可是赤膊上阵，和石碑角力，硬生生掀翻了大小三座石碑呢。”迷亭说。

“当时可是给和尚惹生气了，非让我给石碑扶起来不可，我说我回去找些帮手来，和尚不依，说只能由我自己扶起来，否则就违背了佛祖的旨意。”铃木说。

“那时候你的扮相可难看极了，穿了件粗布衣，腿上系了块遮羞布，在雨后的泥坑里呼呼地直用劲儿。”迷亭说。

“可气的是你非但不帮我，还装模作样地给我画起了图来。我这个人平时不爱发脾气，但那时我心想你可真是太过分了。到现在我还记得那时候你对我说的话，你自己还记得不？”铃木说。

“这十几年的事情了谁还能记得？但是我可记得那个石碑上刻的字呢。‘归泉院殿黄鹤大居士永安五年辰正月’，那个石碑非常古朴，正经是个在美学原理指导下修建的顶拱石碑，搬家的时候我都想给它弄走了！”迷亭又在炫耀他那让人摸不着头脑的美学了。

“这事儿就甭提了，我问的是你当时说过的话呀。你当时可满不在乎地说，‘我准备专门研究美学，对天地万物间有趣的事情都要用素描的方法记录下来，以供日后参考，对我这类忠学问的人来说，同情呀，怜悯呀，我都不放在眼里。’看你说得那般轻松，我当时也觉得你就是个不近人情的人，就用沾着泥巴的手给你的素描本撕了个稀巴烂。”铃木说。

“本来嘛，我的绘画前途一片光明，叫你那次一折腾，就彻底一蹶不振了。是你断送了我的绘画才华，当时我还挺恨你的呢。”迷亭说。

“别瞎说了，我恨你才对呢。”铃木又说。

“看来迷亭从小时候就喜欢吹牛了呀。”主人吃完了点心，又回到了二人的对谈中来。

“迷亭这个人呀，但凡是约定好了的事情，一概不会履行。而且你一说他，他非但不认错，反倒找各种理由来搪塞。当时恰逢寺院里紫薇盛开，迷亭就说要在紫薇凋落前写出一本和美学理论有关的书。是我当时就跟他说这根本不可能。迷亭还犟嘴，说别让我以貌取人，还说自己是个意志坚强的人。于是乎我俩当时还为此打了个赌。记得赌的是去神田的西餐厅吃饭吧。虽然我断定这家伙即便是打赌也写不出什么东西来，但心里还是不免有点儿犯嘀咕，毕竟我真没钱请他吃饭。但是迷亭却丝毫没有提笔写书的意思，眼看七天、二十天都过去了，他还是没什么进展，最后这紫薇一朵朵都随风而逝，他还是只字未写，我心想这顿饭我是吃定了，就催他快履行诺言，可谁知人家都没把这当回事。”

“这次又找了些什么借口出来？”铃木插了一句。

“他脸皮可厚实着呢，还跟我说，‘我虽然没有别的本事，但是我下决心的毅力可不在老兄之下，所以这饭我不请。’”主人说。

“真竟一页纸都没写吗？态度还如此强硬？”迷亭自己也跟着问。

“可不是嘛！你当时就这么说的，说‘我在下决心的方面不输任何人，但我的记忆力却和别人差了一大截’。当我想写美学理论的时候，我的意向非常强烈，但这种意向在我告知你要写的第二天就灰飞烟灭了。所以说，在紫薇凋零前的这一百天里，我没写出来东西，全怪自己的记性不好。而不是我决心方面的问题。既然和决心没关，这顿饭自然不该由我买单。’你当时就是这么胡搅蛮缠的。”主人说。

“不错，确实有些迷亭的特色，还真有意思。”不知为何铃木忽然对话题来了兴致，说话的语气也和迷亭来之前有了一百八十度地转变。我想这就是聪明人的处世之道吧。

“哪里就有意思了？”主人好像有点发火。

“真是抱歉了，为了弥补我以前欠下的债，我现在不正在大花钱财来为老兄寻找孔雀舌吗？你也别生气了，耐心等等，我定能找到。对了，提到写书，我可是给你带来了个特大新闻呐！”迷亭说。

“你呀你，每次都说有新闻，鬼才信你呢！”主人说。

“今天这个新闻可是货真价实，一点儿不掺水，不骗人。你可知道，咱们的寒月老弟已经开始写博士论文了呀。寒月天天吹自己经纶满腹，为何要大费周折去写博士论文呢？依我看呀，他就是还惦记人家小姐呢！你说好笑不好笑。你可一定要给那个大鼻子说一声，说不定人家还正在做橡面博士的黄粱大梦呢。”

铃木一听见寒月的名字，就赶紧用下巴尖儿朝主人点一点，那意思仿佛在说你可千万别接话出声呀。但是你看我家主人，压根儿没明白这意思。肯定是刚才铃木跟他说了这番话，他才会对金田小姐产生同情心。但忽然听见迷亭又说“大鼻子”什么的，就又想起了那天吵架的事情来，才觉得那“大鼻子”又可气又可笑。但寒月开始写博士论文总归是件好事，所以这次迷亭还真没瞎说，确实是条罕见的新闻。说是趣闻也不为过，而且这消息非常振奋人心。主人肯定心想，你俩人成亲不成亲倒无所谓，但是寒月考上博士才是好事。他觉得自己就是块雕刻不出来的破木头，任凭扔在佛雕店里也无人问津，至于被白蚁蛀空，都不足惜。而此刻寒月则更像一个精雕细琢的雕塑，而且越早涂上金箔越早问世越好。

于是乎，主人就给铃木的叮嘱抛到脑后，热情地问："他的论文当真已经动笔了么？"

"你这个人就是多疑，虽然我也没闹清楚他写橡子树还是吊脖力学，可不管怎么说，寒月此举定能让那个大鼻子吃上一惊。"迷亭说。

每每迷亭毫不客气地喊着"鼻子""鼻子"什么的，我都能看到铃木脸上表现出的不自然。但迷亭却丝毫没有察觉到这点，跟没事儿人一样。

"打那之后呀，我也研究研究了鼻子，而且我最近在《项狄传》[1]一书中发现了些有关鼻子方面的记载。如果金田太太的鼻子被这本书的作者瞧见的话，准能成为有趣的素材，只可惜他不得见呀。她这鼻子绝对有留名青史的实力，但却遭此怀才不遇之命，实属遗憾。要不等她下次再来的时候，咱们就依照美学方面的理论参考，给她做一副素描画像如何？"迷亭依旧在那胡说。

"但是我可听说那个姑娘真想嫁给寒月呀。"主人说着就把铃木刚才说的话原封不动地复述了一遍。纵然铃木不断给他摆表情、使眼色，主人就跟像是个绝缘体一样、一点儿都领会不到。

①《项狄传》：英国幽默小说家斯特恩（1713-1768）所著的小说。

“长见识了，真没想到那种人家的女儿也会恋爱，轰轰烈烈的爱情肯定算不上，充其量就是个鼻子大小吧。”迷亭说。

“鼻子大小就鼻子大小呗，只要寒月愿意让她过门就行啦。”主人说。

“怎么又成让过门就行了呢？前些天你不还反对这门婚事吗？怎么现在认怂了？”

“我怎么会认怂呢？我可没怂，只不过是……”主人说。

“只不过什么？对呀，我说铃木，你好歹也是实业家中的一员，虽然居于下游，但也帮我们参考一下吧。你说金田那人，想把一个跟他一般的女儿嫁到我们才盖天下的寒月这儿，就好比给匹好马安上了个破马鞍呢？根本就不匹配嘛！你看我们几个做朋友的，总不能眼睁睁地看着不管吧。就这点来说，纵然你身为实业家，应该能理解吧。”迷亭说。

“你呀，还是老样子，跟以前一样能说会道。这点真是值得肯定，这股劲儿能保持十年之久，我真是佩服。”铃木想把话题岔开，好快点儿糊弄过去。

“你要是当真夸我的话，我也就再稍微抖搂一点儿我的学识。在古时候呀，希腊人特别重视体育，特别看重竞技体育，并想尽些办法来重赏。但怪的是，迄今为止并没有对学者有何种学识方面的奖励记录，迄今为止这都是一个谜团。”

“还真是怪怪的。”铃木只管附和。

“就在前两天，我在研究美学的时候，偶然间竟然解开了这个谜团。当这多年的难题迎刃而解时，我觉得茅塞顿开，舒心极了。”迷亭说。

因为迷亭说得实在是太夸张了，精于附和之术的铃木也败下阵来。主人意识到不久就会出现一场辩论，于是就低下头去，拿着象牙筷子敲起盘子来。迷亭则还在兴头上，又接着胡诌起来。

“你们知道将这矛盾现象说清楚，将这一千年谜团解开的人是谁吗？那就是有着人类文化史上第一学者之称的一位希腊哲学家、逍遥派的鼻祖亚里士多德。先别敲碟子了，你先听我说完。他曾说过希腊人在竞技比赛中获得的战利品远重要于表演。所以奖品就成了鼓励并表彰人们的手段。但在学识方面呢？如果要奖励那些有学识的人的话，就必须给他们一些比学识价值更高的东西。但是在咱们的世界上，有什么东西比学识更宝贵呢？答案肯定是没有。假如随便颁发一些劣质的奖品，就更是对学识的侮辱。当时人们准备用高如奥林匹克山的金银，或用整个克利萨斯[①]的财富来奖赏学识过人之人，但后来他们思来想去，又觉得不合适，于是就决定干脆什么也不奖赏了。这点你俩应该明白吧，就是说纵有金山银山，腰缠万贯都没法与知识相匹配。只要这个你们想清楚了，咱们现在的事情也就清晰多了。金田算个什么东西，不就是个见钱眼开的家伙吗？我觉得说他就是个会说话的钞票都不为过。这样人家的女儿估计也就是个会说话的支票罢了。但再看我们寒月，当年可是以第一名的身份毕业于高等学府，而且毕了业仍继续钻研，不一直还穿着那件挂着征战过长州挂穗的礼服，日复一日地研究橡实的稳定性问题吗？

① 克利萨斯：吕底亚的最后一任国王。

此外他还不满足于自己，最近还准备写篇论文来反驳开尔文[①]的论说呢。虽然他也在吾妻桥上迷糊过，演过投河的闹剧，但这都是血气方刚的青年们常有的冲动，绝不影响他的学者风范。用我迷亭一贯的话来说，寒月就是个移动图书馆，是个用知识打造的二十八厘米的炮弹，只待时机成熟，这枚炮弹就会在学术界炸开花，各位就请好吧，一准儿会爆炸的。”感觉迷亭说到这里，已经没剩几个所谓“迷亭一贯的话”了，多少让人觉得虎头蛇尾。

然后他接着说：“但是那种活动的支票，就算是手上握有千千万万张，早晚也是灰飞烟灭，依我看，寒月就不能找那样的女人，俩人一点儿都不搭，所以我投反对票。俩人若结婚，就好比是足智多谋的大象跟个贪婪的小猪在一起了一样。你说是不是，老兄？”纵然迷亭讲了这么多，主人还是一声不吭地敲着盘子，再看铃木可有点儿泄了气了。

铃木说：“不至于这样吧？”刚才迷亭没来的时候，铃木可给主人说了不少他的坏话，这时候要再说点儿什么不合适的话，就凭主人的冒失劲儿，还不得给他全抖出来。还是好自为之吧，绕开点迷亭，顺利完成任务才是上策。铃木可是个明白人，他以为当今世界应该减少不必要的抵抗，那些没有意义的争论则是封建时代的残余，且人生的奋斗目标不在口舌而在实践之上。凡事只要能够按照自己的意愿一步步开展下去，人生目的也就能如愿以偿。自打毕业之后，铃木就是用这种观点取得成功的，依靠这种理念戴上了金表，得到

① 开尔文（1824–1907）：英国物理学家。

了金田夫妇的委托，成功说服了我家主人，就在这一切都要大功告成之时，却偏偏杀进来了迷亭。这迷亭也不按常理出牌，似乎有着超乎常人的心理，这让铃木对场面感到有些手足无措。这种乐天精神的发明者是明治时期的一位绅士，践行者则是铃木藤十郎，而现在因信仰感到为难的更是铃木藤十郎了。

然后迷亭接过话茬，说："那你可太不了解情况了，所以才会说出这样含糊不清的话来。你不用自恃清高，假如那天大鼻子来的时候你也在场，纵然你崇拜实业家，肯定也会看不下去。我说老兄，上次你不也和那人过过招吗？"

"我怎么听说人家对你的印象更差呢？"主人说。

"哈哈，是吗？你还真是自信呀。难怪都被学生嘲笑是个'粗人'了，还好意思再在学校进进出出。虽然我比常人都倔，但是要论厚脸皮我可真是自愧不如！佩服！"迷亭说。

"师生之间吵闹几句有何不可？以前法国的圣伯夫[①]可是位独行独立的评论家，他在巴黎讲课的时候很不受学生欢迎，为了防止学生攻击自己，每每外出都要身藏一把匕首。还有这个布伦爱蒂[②]，他在巴黎大学攻击左拉[③]的小说时不也……"主人说。

"说来说去你也不是个大学老师呀，说破大天也就是个中学教英语的。你用了那么多大文学家大评论家来给你辩解，就跟个小鱼小虾拿大鲸鱼来自喻，多好笑啊。"迷亭说。

---

① 圣伯夫（1804-1869）：法国文学评论家和诗人。

② 布伦爱蒂（1849-1906）：法国评论家。

③ 左拉（1840-1902）：法国作家。

“住口，圣伯夫也好，我也好，总归都是一样的学者。”主人说。

“你这见解可了不得了。但是你要也带个匕首上街那该多危险呀。人家大学老师需要用匕首，你一个高中教英语的带个小刀就行了。但是小刀什么的也毕竟危险的很，我看你还是到集会上买个小孩儿用的气枪，穿戴在身上也很可爱，还讨人喜欢。你看对吗？铃木？”迷亭说。铃木看这些人聊天的内容已经离金田越来越远，可算长舒一口气。

“你还是老样子，和十年前没什么变化，今日来同学相见，心里一下开阔了许多。平时跟我们工作上的人聊天谈话都得小心翼翼，丝毫不敢马虎，说什么都要仔仔细细，总提心吊胆，特别不好受。但是刚才我们聊得你看多自在呀。还是和以前的老同学们聊天心情才能放轻松。今天也没想到会碰上迷亭，也很高兴。对了，下来我还有点儿事情，就先告辞了。”铃木说。

“那我也走啦。我还要到日本桥附近参加活动呢，走，铃木，咱们一起。”迷亭说。

“那太好了，也难得，咱俩就去溜达溜达。”铃木说。

说罢，二人携手出门而去。

五

如若将一天中二十四小时中所有的事情，都事无巨细地记录下来并加以阅读的话，我想怎么也要再花上个二十四小时。我一直在提倡写一点“写生文[①]”，但我也不得不承认这些事情我们猫辈可做不出来。正因为此，虽然我觉得主人每天都有着很多值得记录的奇言怪行，但我却没有能力，无奈也少了份耐心去记录下来并向各位读者汇报，实在遗憾。即便非常不甘心，可也是没有办法的事情了。自打铃木和迷亭离开之后，家中就好像寒夜里疾风骤停，粉雪纷至，安静极了。主人照旧回到了书房里去，家里的孩子们则在小屋里共枕而眠。在一扇九尺宽的屏障那边是个坐北朝南的房间，女主人正在房间里给还不满三岁的棉子喂奶。樱花时节里，云雾天较少，不一会儿太阳就西沉下去。眼下安静得连街上行人走路时，木屐的声音都听得一清二楚。临近的住家里传出了笛声，不时地敲击着我的

① 写生文：用写生画的手法来对大自然和人生进行如实描述，由正冈子规（1867-1902）提出。

耳膜。想必屋外已经是夜色苍茫了。今天晚餐我只喝了点儿稀粥，又吃了点儿扇贝肉，吃饱喝足，自然要去休息休息。

我以前曾听说，这世上有人喜欢写一些关于猫咪谈对象的俳句和和歌，大都诙谐幽默，让人发笑。我还听说，猫都喜欢在初春时节的晚上，在街道狂跑狂叫，吵得人夜不能眠。但我至今都未曾有过此种体验，说来说去，爱情才是天地间的活力。上至天神丘比特，下至田间地头蚯蚓、蝼蚁，世间万物无不为此神魂颠倒，此乃万物的规律也。所以，我们猫辈也常会为此而感到朦朦胧胧的兴奋，也就会产生许多招致麻烦的风流念想。回首往事，我对隔壁的三毛妹妹也曾流露过此般情感。“三不要”策略的创始人金田家的那位爱吃年糕的富子小姐，不也曾有过爱慕寒月的传闻吗？同理，满天下的猫，不管公猫还是母猫，都会有春宵一刻想法，也都会因此而苦恼不堪。但无奈这般情欲再怎么攻击我，我都没有半点儿心思。且说眼下，我只想好好休息一下，这么困倦哪还有心思谈情说爱。于是我慢慢地朝着孩子们那边挪动，准备舒舒服服地睡上一觉。

睡了一阵儿，我睁眼忽然一看，不知什么时候，主人从书房回到了卧室里，更不知何时竟然已经钻进了女主人旁的被窝里。按照他的习惯，他每次临睡觉前都要拿上几本外语书，但躺下之后从来没有说完完整整地读上几页，时而给放在枕边，看都不看一眼。既然他连看都不看，大可不必从书房给拿过来呀。不过这就是主人特立独行的地方，纵然被妻子万般嬉笑，让他别带书来，可他就是听不进去。到了晚上再不辞辛苦地给书再搬回到书房去。有时他更贪心，一带就是三四本书，前几天甚至还把《韦氏大辞典》弄到了卧室。我估计主人这不是习惯，更像是种病，就像有些阔家子弟，睡前不听一遍龙文堂茶壶的松涛声就无法入眠一样，主人要是不在枕边放几本书的话，估计也睡不着。由此观之，对我家主人而言，书已经不再是供人阅读的东西，而是助人睡眠的器具，称之为被印刷出来的安眠药也不为过。

我正在想主人今晚会拿来本什么书呢。这么一瞧，在主人胡子上放着一本半开着的小红书，几乎就要把他的嘴堵上了。他的左手还夹在书里，看来已经读了五六行了，真是罕见呀。在书的旁边是他的那块镍金怀表，闪着寒光，和初春时节的夜晚一点儿也不相称。

女主人正在酣睡，头都快从枕头上掉下来了，刚才吃奶的孩子也被她推开了一尺多远。在我眼里，没有什么表情比张着嘴睡觉的样子更难看了。我们猫就不会干出这样的丢人事。本来，嘴巴就是发声器官，鼻子是换气器官。但北方人特别懒，很少开口，都用鼻子说话，说起话来也是吱吱呜呜的。但若把鼻孔关起来，用嘴巴来代替鼻子呼吸比前者更不成体统。别的不说，要是从天花板上掉下来个老鼠屎，可多危险。

孩子们睡得怎么样呢？ 她俩的睡姿可是和主人两口子比起来是有过之而无不及。老大敦子伸着右手，直放在妹妹的耳朵上，似乎在宣布自己的权威。妹妹澄子也毫不示弱，把一只脚放在了姐姐的肚皮上，一脸傲慢仰天而睡。虽然两个人的睡姿都较刚才发生了九十度的旋转，但有趣的是两人竟相安无事，仍保持这个姿势，沉沉地睡着。

春日的烟火和平日里的大不相同。在这天真烂漫而又缺少风韵的夜里，幽幽的火光似乎正在告诫人们要珍惜当下的这个良宵。我闹不清现在已经几点了，于是就朝室内环视了一圈，四周静悄悄，只有钟表滴滴答答的声音、女主人的呼噜声，和睡在远处女仆的磨牙声。我家的这个用人，的的确确睡觉磨牙，可她偏不承认，还总犟嘴说自己从不磨牙，连句日后就改呀、知道错了呀，什么都不说，就是不认账。也没办法，这睡梦中的事情，本人肯定记不得。不过即便她本人记不得，可磨牙这回事儿却实实在在地发生了。所以问题就出在这，当今世上总有一些人，一面做坏事，一面却称自己是个正人君子。既然她自己觉得自己没错，也就不必追究了，可他人因此遭遇的麻烦却不会减少。依我看，那些绅士淑女什么的都和我家用人是一路货色。

夜已深。

忽然，我听见厨房的窗户上响了两声。不对吧，按理说这个时候怎会有客来访？八成又是老鼠，反正我已经决定不捉老鼠了，就任它们折腾吧。忽然，又是砰砰两声。我觉得这应该不是老鼠了，就算是老鼠，也是个警觉性极高的老鼠。主人家的老鼠很有特点，就跟学校里的学生一样，不管白天黑夜都在捣乱作怪上挖空了心思，似乎有一个共同的使命，就是搅得我那可怜主人睡不成觉。但老鼠蹿窗台可不会这么客气，我断定这绝对不是老鼠。前些天有个老鼠进了卧室，在主人的鼻子上咬了一口，然后大摇大摆地就走了，这样的老鼠绝不会如此小心。

肯定不是老鼠，就当我在思考的时候，忽然我听到了窗户被打开的声音，紧接着就是家里纸门被拉开的声音，这更加印证了我的想法，绝对不是老鼠！而是个人！这般深更半夜中，有一个人竟然不打招呼就破门而入，光临我家，不是迷亭或者铃木，莫不是此前早有耳闻的梁上君子？既然也是位君子，我就更迫不及待去一睹尊荣了。这位梁上君子正毫无顾忌地迈着他的泥脚走进了厨房里。一步，两步，当他走第三步的时候，可能是绊在了地窖盖子上，咕咚一声，划破了寂静的夜。听到这一声，我后背上的毛也都立了起来，就像被一把刷子倒着梳了一遍。然后，脚步声没有了。再看女主人，还是张着大嘴不断呼吸。主人的拇指还在红书里夹着，看样子还在梦境之中。不一会儿，厨房里传来了划火柴的声音。别看这位是君子身份，却没有我这一双夜眼，想必摸不清状况，也需要划个火柴看看路。

这时候我就蹲在原地想，这位君子究竟是通过厨房往餐厅去呢？还是往左边走，通过门厅去到书房呢？后来这位君子打开了拉门，脚步声朝着门厅，听声音他要去书房。不一会儿我就听不见动静了。

我这才回过神来，意识到要赶紧把主人夫妇俩叫起来。但是怎么叫呢？一时间我还真没想出好点子来。我脑袋里就像是有个大水车在呼呼呼地转着，一片空白。我先是想，给被子角叼起来抖一抖，但试了三两次却不奏效。然后我想用我的凉鼻子去蹭蹭主人的脸，可刚到跟前，还在睡梦中的他朝我的鼻尖就是一胳膊，疼死我了，那可是我们猫身上最致命的地方了。最后没办法，我想还是叫几声来喊醒他们吧。可谁知我这喉咙就像是被什么东西卡住了一样，一点儿声都发不出来。我又费了好大劲才勉强叫出几声，可主人还是没醒，我反倒又听见那位君子的脚步声了。脚步声越来越近，我心想果然还是来了，没办法了。于是我就赶紧躲进了拉门和箱子之前的缝隙里，静观其变。

这位君子的脚步声到了卧室前戛然而止，我屏住呼吸，全神贯注地看着他接下来要干什么。事后我想，要是我捉老鼠时也有这股子劲头，还不是一抓一个准。那时我屏气凝神，精力都放到了双眼上，感觉灵魂一下子就能从眼中飞出一般。倒是真该谢谢这位君子，让我茅塞顿开。就在这时，我发现拉门上第三个窗户纸的正中间像是被雨水打湿一般，开始变了颜色。然后窗纸变得越来越薄，颜色越来越深。忽然，窗纸破了，一根红舌头伸了进来。没多久舌头就回去了，紧接着一个亮得吓人的东西出现在破洞后面，分明是个眼睛。说也奇怪，我觉得他那眼睛根本没往屋里别的地方看，似乎在直勾勾地盯着箱子旁边的我。尽管盯着我的时间不长，也就一分钟左右，但那恐惧感足足能让我少活十年。我也忍受不下去了，正准备从箱子后面跳走的时候，卧室的拉门被轻轻打开了，期待多时的这位君子，终于出现在了我的眼前。

按照叙事的顺序而言，我本应该先向各位介绍这位梁上君子，抑或称之为不速之客，但在介绍之前我还是先向各位讲一下我自己的想法，还请各位思忖一番。在古代，神都被认为是全智全能的，基督教中的神更是如此，即便到了20世纪的今天，仍旧是一副全智全能的模样。但在凡夫俗子的眼中，全智全能也可能会变成为无智无能。这明显就是一个似是而非的说法。但古往今来，能够道破这一说法奥妙的，恐怕就只有我这只猫了。一想到这儿，我的虚荣心也就升腾了起来。这可不是王婆卖瓜，自卖自夸，毕竟我也是只挺了不起的猫。现在，我就要给各位讲一讲为什么不能小瞧我们猫的诸项理由，好让高傲的人类明白其中的道理。

据说天地间的万物都是由上帝创造的。所以说，人其实也是由上帝创造而来的。这些内容都是《圣经》里明明白白写着的。就人类本身而言，经过千年间的观察，人类一方面对自己身体的玄妙感到不可思议，一方面也更加笃信神的全智全能。换句话说，当今世界上到处都是人，但却没有哪两个长得一模一样。虽然每个人都有着一样的五官，且五官大小也都相差无几。可以说，这些人都是源自同样的材料，但却形成了各不相同的面貌。要说也真是厉害，只用那么简单的原料，就能设计出如此千差万别的面孔来，我就非常佩服造物主的能力。假如造物主没有这般丰富而独特的想象力，就不会有如此丰富多样的变化。且说一位画家，竭尽一生去探求不同的面孔，了不起也就能画成二三十张面孔，而上帝却将如此繁重的工作包揽下来，怎能不叫人钦佩赞叹呢？毕竟这也是天地间根本没法目睹的本领，人类对其崇拜也不无道理。

诚然，从人类的角度而言，崇敬上帝也自有其中的道理，但要从我们猫的角度来看，我们却说这恰恰反映出了上帝无能的一面。其实我们也不是否定上帝一点儿本领都没有，只是觉得，上帝的本领远远没有人类的大。虽然上帝造出了这么多的面孔，但是没人知道上帝在造的时候是胸有成竹呢？还是在造的过程中本想把张三李四王五都造成一个样子，但却因为中间失败，才闹了个如此乱七八糟的结局呢？所以说，因人而异的面孔可能是造物主创造成功的象征，也可以是创造失败的写照。那么我们也既可以认为上帝是全能的，也可以认为上帝是无能的。但是，人类自身也存在着缺憾，比如人的两个眼睛都在同一平面上，无法同时将左右两边的情况收入眼底，所以他们看到的东西全都很片面。假如换个角度来看，如此显而易见的事实本就在人们的生活中夜以继日，层出不穷地出现着，但当事人却不分是非，害怕于神明的威严，才弄不清具体情况。

假如说在制造过程中，追求变化是件难事的话，那么要造出许多一模一样的东西来也是难上加难。这就好比要求拉斐尔画出两张分毫不差的圣母像，抑或要求他画出两张完全没有相似之处的麦芽来，对他来说都是不小的挑战。依我看，让他画出两幅完全一样的画反倒更加困难。同样，你若要求空海大师在纸上署上一个和昨天笔法分毫不差的名字来，会比要求他换个写法签名更加困难。目前人类所使用的民族语言无一不是模仿主义下的产物，都是代代相传而来。当一个人从母亲或乳母那里，或者其他人那里学习实用的语言时，他能做的只是单纯地重复着所听到的话，然后尽力去模仿。但是经过模仿而来的语言，经过十年二十年之后，其发音都会产生些许变化，这也说明人类身上缺少真正的模仿力，可见，要做到真正的模仿该是何等困难。

总而言之，造物主在创造人的时候，如果能把他们都做成一个模样，不刻意区分张三或者李四，才说明造物主是全能的。但时至今日，各种各样的面孔横行于世面，出现的变化更让人目不暇接，这不恰恰说明了造物主的无能吗？

话说回来，我都忘了自己为何要做此长篇大论。不过健忘是人类常有的毛病，我们猫偶尔犯犯病也不足为奇。总之，就在我看见那位君子打开拉门，突然出现在门口的时候，长篇大论一番的心思就涌上心头。至于您问为什么，那我就重新调整一下思路，这么说吧，说具体的原因如下所示。

我平时在造物主造人的问题上究竟是全能还是无能呢？我一直拿不定主意。但当我看到了那位突然出现在面前的梁上君子的脸庞时，我一下就想明白了。眼前这个人倒没有什么特别，只是这人和我们的美男子水岛寒月竟然长得一模一样。当然我不是有多期望小偷之中有个知己，因为平日里我也听说过一些小偷的粗野行径，所以脑海中对这类人有一个大概的印象，那就是但凡小偷都应该有两个铜钱大小的小眼睛和一顶光头。但今天我亲眼看到的却和之前想的大不一样。所以说，想象这个事情也绝非是能胡来的。眼前这位梁上君子长得非常俊秀，身材细而高，肤色稍黑，眉毛也很修长，约莫有个二十六七岁，简直就是水岛寒月。你们看，造物主居然能造出两张一模一样的脸庞来，我可再也不敢说他无能了。老实说，我甚至一度怀疑是不是寒月吃错了药，夜里跑到我家来装神弄鬼，但我仔细一看眼前这人和寒月相比，鼻子下面少了一排小胡子，这让我怀疑此人又不是寒月了。寒月可是位由造物主精心制造出来的一位仪表不凡的美男子，足以迷倒迷亭口中的那位“移动的支票”富子姑娘。可就眼前这位君子的面容来说，我估计对富子的吸引力也是相差无几。如果说富子姑娘只中意寒月的嘴巴和眼睛，若看到这位君子却不以同样的热度而倾心，就实在是说不过去。至于说公平与否暂且不提，反正肯定不合逻辑。我相信像富子小姐那样的聪慧女子，在这种事情上肯定有自己的主意，用不着别人来帮忙指点。假如让这位梁上君子代替寒月去见富子小姐的话，对方肯定也会献出全部的爱，两人一准儿会过上好生活。即便寒月的婚事被迷亭等人破坏，但只要这位君子尚在，富子一样能过上美满的生活。对未来发展趋势的预测就到此为止，富子小姐的事情我也不再操心了。而这位君子存于世间也是富子获得幸福的不可或缺的一大条件。

再看这位梁上君子，他的胳膊肘下似乎夹着个什么东西。仔细一瞧，不正是主人扔在书房的那块旧毛毯嘛。这位君子上身穿着格子布面的长褂，腰上系了个衣带，衣服下面露出了两条雪白的腿。眼下，他正抬起一只腿朝床边挪动。我家主人的手还在小红书里夹着，他似乎做了个梦，忽然间大喊了一声，“寒月呀！”这可给他吓了一跳，吓得腋下的毛毯都掉了，慌乱之余他赶紧收回了那只腿。再看我家的纸拉门上，只留下了两条细长的黑腿影在瑟瑟发抖。随后主人哼哼哈哈地哼了几声，把红书给推到了一边，然后又伸手挠了挠另外一只露在外面的胳膊，就跟癣病犯了一样，使劲挠了几下。再就没了动静，主人的脑袋从枕头上溜了下来，又睡着了。

看样子，那声“寒月”应该是句梦话。梁上君子在走廊上停了一会儿，瞧了瞧屋里的情况，发现主人夫妇俩都在熟睡，又往前迈了一步。这次主人没再喊“寒月”，于是他又把另一只腿带了进来。在我家卧室的一盏青灯的照射下，君子的身影被分成了两个，影子从顶上一直遮过我的头顶，然后半面墙壁都是他的影。我扭头一瞧，他的影子在墙高度的一半多点的位置来回晃动。虽然看脸他长得还不错，但看影子却像个大头妖怪。我见他看了看主人夫妇正在熟睡的脸，不知为何他脸上竟浮出一丝笑容。就连他笑的方式，都和寒月如出一辙，更让我大吃一惊。

在女主人枕头旁边有一个用钉子钉好的一尺五寸长的木箱，摆放的非常端止。箱子装的是些山药，是出生在肥前国唐津地区的多多良三平前些日子给带回来的，都是些土特产。把山药放在枕头边本已非常罕见，但她以前还曾把做饭用的白糖放到针线盒里。她在什么东西该放在哪儿的问题上一窍不通。在她看来，别说是山药了，就是给咸菜疙瘩放到卧室里也不是什么稀奇事。但您瞧这位梁上君可不了解我家女主人这个习惯，既然如此端正地摆在床头，里面装的肯定都是些值钱东西。只见他端起箱子，在手上晃了晃，觉得挺沉的。看来这重量非常符合他的心思。眼看着他就要把山药偷走了，而且还是位面容姣好的君子所为，我就很想笑。但是也不能大声笑出来，为了避免危险，我只能强忍着。

且看这位君子麻利地用毛毯把山药箱子包裹了起来，然后他四下瞧了瞧，看样子是在找个绳子来进行捆扎。说来也巧，主人睡前脱下的那根衣带就在旁边放着。于是他就用衣带把箱子结结实实地捆好了，背到了肩上。然后他又把小孩子的两件棉背心给塞进了主人的裤子里，弄得裤子圆滚滚的，就跟蛇吞下了青蛙一般，或者说是大蛇临盆更加合适。总而言之，样子怪极了。紧接着，他又给主人的裤子一圈圈地绕在脖子上。我正琢磨他还要拿走点什么的时候，只见他又把主人的大衣当作口袋一样摊开，把女主人和服上的装饰用的衣带、布面和腰带等拧成一根绳，给这大包袱捆了个结结实实，挎在了一胳膊上。他又四下张望了张望，看看还有什么可以带走的，却发现主人头边还有一盒朝日牌香烟。他抓来就丢进了口袋。接着他掏出其中一支，就着灯火给点着了，美滋滋地吸上了一口。从他口中吞吐出来的烟雾，在玻璃灯罩上萦绕着，久久没有散去。这位君子的脚步声也越来越远，最终消失在门廊的尽头。再看主人夫妇俩，还在梦中！这些人呐，真是马虎大意。

说来说去，我还是觉得休息最重要，讲了这么多，可给我累坏了，于是我也就安然睡去。当我再次醒来的时候，眼前已经是一片晴朗的天空了，耳边传来了主人夫妇和警察的对话。

“看来，小偷应该是从这里溜进卧室去的吧。您二位难道一点感觉都没有么？就一直睡着？”警察说。

“可不是嘛。”主人显得有点儿不好意思了。

“被盗的时间呢？”警察问的这句似乎根本没法接话。如果我们知道案发时间的话，被盗也就无从谈起了。但是我家这糊涂主人两口子，还对这个问题展开了一番讨论。

“对呀？几点出的事情呢？”主人说。

“对呀，几点来着？”女主人也绞尽脑汁在回忆。她还真以为只要想想就能得出答案来了呀。

“你昨天晚上几点睡的？”她说。

“你睡了之后我就睡了。”主人说

“是呀，我是在你前头就睡去了。”她说。

“咱俩几点醒的？”主人说。

“早晨七点半左右。”她说。

“这么说，小贼是几点来的呢？”主人说。

“估计是半夜里来的吧。”她说。

“废话，我当然知道是半夜，我问的是几点呀。”主人说。

“你问这么仔细的时间，我不得好好想想呀。”看来她还在细细思考之中。其实警察这么问也只是流于形式，他觉得这夫妻二人随便说个时间，简单回答一下就行了，哪曾想这二人回答地如此不着边际。

“被盗的时间还没闹清楚？”警察有点儿不耐烦地说。

“是呀！”主人还是用那套老强调回答着。

警察脸上没有一点笑意，又说：“那就麻烦您自己写一份失窃申报书吧。上面要写‘明治三十八年某年某月，晚上关门就寝之后，家中来了小偷，打开窗户进入室内，偷走了什么什么东西。以上属实，特此申诉。’这可是一份申诉，不是报告信，姓名单位什么的就不用写了。”

“丢失的物品都要一一写明吗？”主人说。

“对。就像是衣服几件，价值多少，就按照这样的格式向上呈报就行了。我就不进去了，总归东西都已经丢了不是。”这警察说得满不在乎，然后就走了。

主人把笔墨等拿到了屋中，又把妻子喊了过来，吵吵着说：“赶紧把申诉书给写好。你快点把丢的东西一件件地告诉我，快点！”

“你真是烦人呀，催什么催，这么催我，我都不想说了。”女主人只把衣带缠在了腰间，也没给系上，就坐了下来。

“瞧你那身扮相，真是没点儿样子，连个衣带也不给系上，你看你像不像个在外闯荡的小姐！”主人说。

“你说我打扮不好呀？那你再给我买一条就是。小姐也好，什么都好，我的衣带叫小偷拿走了，我有什么办法。”她说。

“这家伙连衣带都给偷走了？真是过分啊。也好，咱们就从衣带开始算起，衣带，衣带，都是哪些个衣带呢？”主人说。

“我可没有那么多衣带，不见的就是我那条黑色缎子的，里面带点绸子的那条。”她说。

“那就是‘黑缎加绸的双面腰带，一条’，写好啦。一条值多少钱？”主人说。

“六块多钱吧。”她说。

“可真不得了，原来这么贵呀！我看下次再买你就买那一块五一条的就行！”主人说。

“哪有那么便宜的衣带呀。你真是个小心眼，你的老婆都穿得这么素了，你也不管，就顾着自己穿好戴好。”她说。

“算啦！算啦！看看家里还丢了什么？”主人说。

“还有一个绸缎褂子，是以前河野家大姐送的礼物，虽说是缎子，可不能和今天的相提并论。”她说。

“好啦！哪有时间听你说这些。这个值几钱？”主人说。

“十五块。”她说。

“外套就十五块了，真是和你一点儿不相称！”主人说。

“跟你有什么关系！又不是你给我买的。”她说。

“还有什么？”主人说。

“黑布的袜子也丢了一对。”她说。

“可是你的？”主人问。

“是你的呀！值个两毛五。”她说。

“下一个？”

“一箱山药。”她说。

“怎么连山药都给偷去了。他是想煮着吃？还是想榨成汁呀。”主人说。

“我哪知道，你自己问小偷本人去。”她说。

“这个值多少钱？”主人说。

“山药多少钱我哪晓得。”她说。

“那咱就写十二块五吧。”主人说。

“真是胡闹。虽说那山药是从唐津那边带来的，可天下哪有十二块五这么贵的山药呀。”她说。

“不知道价钱不是你告诉的吗？”主人说。

“我是不知道呀，但咱们写十二块五是不是有点儿过分了。”她说。

“你先说不知道价钱，接着又跟我说写十二块五太过分，真是一点儿逻辑都没有。我看你呀，就是一个欧坦丁巴莱欧卡斯罗。”主人说。

“这是什么意思？”她说。

“什么意思你别管啦。我的衣服是不是一件都没丢？”主人说。

“你的衣服丢没丢，我可不管，你先告诉我那个‘欧坦丁巴莱欧卡斯罗’是什么意思。”她说。

“没什么意思啦！”主人说。

“赶紧给我说说。你呀，就是欺负我不懂英语，肯定是用英语骂我呢。”她说。

“别说那些没用的了，快点接着统计。早一点把申请书交上去，不见的东西也能早一点儿被找到。”主人说。

“就算你现在给申请书送上去，丢了的东西也不会立马回来。你还是赶紧告诉我，那个单词是什么意思。”她说。

“你们女人呀，都是烦人精。跟你说了什么意思也没用。”主人说。

“好了，丢的东西我看就这么多。”她说。

“你真是蛮横不讲理呀。随你便，我也不往下写了。”主人说。

“好。那丢了多少件我也不跟你说了。本来申请书就是你自己要写的，与我何干。”她说。

“好！”主人还是老样子，忽然一下站了起来，径直走进了书房。女主人则去了客厅，坐在了针线盒前面的椅子上。接下来的二十分钟里，两人一句话都没说，就在那里生着闷气，眼睛直直地盯着拉门。

恰在此时，大门开了。进来的是赠送山药的多多良三平先生。只见他精神抖擞地走了进来。多多良三平原来是我家主人的一个门生，现如今已经从政法大学毕业，供职于某公司的矿产部门。他也是个实业家的好苗子，仅次于铃木藤十郎。三平因为以前和主人的关系不错，经常来恩师家拜访。若赶上周六周日，他在我们家一待就是一整天，和我们家的关系可是相当不错。

“太太，今天天气可不错呀。”三平来到女主人面前，用唐津口音说道。只见他一身西装，说话间就坐了下来。

“哎呀，原来是你来了呀。”女主人说。

“老师今天在家吗？”三平问。

“在家呢。在书房里呢。”她说。

“我说太太，像老师那样总刻苦钻研可对身体不好呀。难得一个好周末不是？”三平说。

“我跟他说也无济于事，你直接去找他吧。”她说。

“那倒是。我看今天孩子们是不是不在家呀？”三平说着就环顾了一下屋子。哪知话音刚落，两个大孩子就都跑了出来。

“多多良叔叔，您今天带寿司[①]来了吗？”看来老大姑娘还惦记着他上一次给的承诺，刚一见到三平就追问了起来。

三平一边挠着头，一边解释说：“你倒是记得很清楚呀。真不好意思，我今天忘记了，下次一准儿给你带来。”

“那可不行。”老大姑娘说。

然后老二姑娘也跟着说：“可不行。”到了这里，女主人脸上刚才的怨气才消去了些，渐渐地露出了笑容。

“寿司没能带来，不过前些天我不是带了些山药吗？孩子们都吃了没有？”三平问道。“莫不是还没吃呢吧？快让你们的妈妈给煮一煮，我们关西的山药可和东京的大有区别，好吃得很。”看来三平很为家里的特产而骄傲。

“多谢你啦。多谢你之前给我们带的山药。”女主人说。

“吃起来怎么样？我当时特地做了个小木箱，给山药塞得结结实

---

① 寿司：日式食物，即饭团。

实，生怕它们断了。山药的长度可都满意吧。”三平说。

“好是好，但是昨天夜里家里遭了贼，山药被偷走了。”女主人说。

“被贼偷去了？这混账东西。怎么会有人偷山药呢？”

“妈妈，昨天晚上来了小偷吗？”大女儿问道。

“嗯。”女主人轻声地说。

“那小偷来了，来了的时候，是什么样的脸呀？”小女儿也问道。

对于女儿这奇怪的问题，女主人显然一时不知如何作答，就说，“进门时候是张吓人的脸。”

“吓人的脸？是不是就和三平叔叔一样呀。”大女儿又问。

“瞎说什么，真是没礼貌！”女主人说。

“哈哈哈，我长得真有那么吓人吗？”三平边说边挠着头。三平的脑袋后面有块一寸见方的秃疮，大概是一个月前才有的。虽然也找医生看过，看医生说比较难治愈。第一个发现这块秃疮的是家里的大女儿。

“你看，三平叔叔的脑袋上有一块和妈妈的一样，闪着光呢。”大女儿说。

“不是叫你俩闭嘴吗？”女主人说。

“妈妈，昨天晚上那个小偷，脑袋也会发光吗？”小女儿问。

女主人和三平都被两个孩子给逗得前仰后合。小孩子们太闹人了，大人们都没办法说话了。

“去吧，你们俩去院子里玩去吧，一会儿妈妈给你们做好吃的。”

女主人这才给孩子们赶了出去，然后又一脸认真地问三平，“你头上究竟是怎么回事呀？”

“我是叫虫子给咬了，想好起来比较难。难不成师母您也是？”三平说。

“哪里，我这可不是虫子咬的。女人嘛，发髻往下的地方头发都比较少。”她说。

“只要没头发就说明有细菌呀。”三平说。

“我这可不是细菌呀。”她说。

“师母您就别狡辩了。”三平说。

“不管怎么说，我这可真不是细菌所致。对了，英语里‘秃头’怎么说？”她问。

“叫作‘保尔特’。”三平说。

“不对，是不是还有个更长的说法？”她问。

“那您问问老师不就全清楚啦？”三平答道。

“他什么都不告诉我，我这不才来问你的吗？”她说。

“我知道的就只这个了。那长一点的是怎么说的呢？”三平问。

“叫作，‘欧坦丁巴莱欧卡斯罗’，我猜前面的‘欧坦丁’是‘秃’，而后面的应该就是‘头’了。”她说。

“可能是吧。回头我上老师书房去翻翻《韦氏大辞典》。话说回来，老师也真是奇怪，这么好的天气却在家待着，总这样老师的胃病可总也好不了呀。师母，您还是劝劝他，没事儿去上野看看樱花，不也挺好？”三平说。

“没事的话你陪他去吧。你老师这个人就是听不进我们女人的话。”她说。

“老师这段日子还吃果酱吗？”他问。

“吃呀，一如既往。”她说。

“前些日子，老师跟我抱怨说，说您说他果酱吃得太多了。他说他实际上没吃那么多。依我看，一准儿是师娘带着孩子们也吃了，对不对？”三平说。

“你可真是的。”她说。

“我从您的表情上就看出来，您肯定也吃了。”三平说。

“表情上怎么能看得出来呢？”她问。

“其实看不出来。不过，师母，您当真一点儿没吃吗？”三平说。

“当然多少吃了一些呀。吃一点又不要紧，反正都是我们自家的东西。”她说。

“哈哈，跟我想的一样。但是，说真的，家里遭了小偷可真是意外，就光山药被偷走了吗？”三平问。

“要是只丢了山药倒还好，关键是小偷连我平时穿的衣服也给偷了去。”她说。

“这可真是糟透了，看来咱家又要举债过日子了吧。要不然我看，咱们家还是养个大狗吧，总比喂个猫强。这猫还抓老鼠吗？”三平说。

“老鼠？曾几何时见它抓到过？天天就在家蹭吃蹭喝，白养活它了。”她说。

“哎，那可不行，趁早别养它了。要不您给我也行，我给煮了吃掉。”三平说。

“哎呀，你还敢吃猫肉呢？”她问。

“当然吃过，味道还不错。”三平答道。

“敢吃猫肉，真是厉害。”她说。

其实我早就听说过，在一些不入流的学生里面，确实存在着吃猫肉的野蛮行径，但我万万没有想到，眼前这位平时对我家还相当不错的三平先生也是这种野蛮人。他现在已经不是位学生了，虽然离毕业时间还有一段距离，但毕竟是一个堂堂正正的法学士，而且还供职于六井物产公司，真让我大跌眼镜。

“防人之心不可无”，这句格言的真谛我已经从眼前的这为“寒月二号”——多多良三平身得到了验证。对此，我还深有一条体会，那就是“防人吃猫之心不可无”。活在世上难免要弄明白诸多道理，这虽然不是坏事，却能体会到所处环境一天险过一天，每一天更都是马虎不得。人或者变得更加狡猾，抑或更加阴险，因此身上才渐渐有了表里不如一的防护服，明白道理越多的人就越是如此。倒不如今天我就得变成一道菜，配着锅里的洋葱头一起上西天去了得了。我越想越害怕，一个劲儿地蜷缩在墙角。没一会儿，刚才还和女主人斗气的主人从书房走了出来。听见三平讲话的他又走进了客厅来。

“老师，我听说咱们家失窃了？竟真有此糊涂事情？”三平上来就是当头一棒。

“我看偷东西的是个笨贼。”主人说

“偷东西的笨，被偷的也不聪明呀。”三平说。

“像三平你这样身上没有长物可偷的人才最聪明吧。”女主人非比寻常地帮了主人一把。

“说来说去，我看最说不过去的就是这只猫了。也不知道它怎么想的，家里来了小偷，一点儿动静都没有，干脆把这笨猫给我得了。在家也是白养活它。”三平说。

“倒也可以，你拿它做什么？”主人说。

“当然是煮着吃了呀。”三平说。

主人听到这句话后只是冷冷地一笑，别的什么都没多说。三平也没再说什么要吃我的话，我也算是喘了口气。

主人又开了个话题，说：“咱们就不聊猫了。我的衣服都被偷了，现在冻死我了。”主人这话里满是难过和伤心。感到冷是肯定的，昨天他身上还有两件棉衣，到了今天就只剩下一件褂子和半袖毛衣，加之早晨起来也没有怎么活动，就坐在屋里没动，身体上的血液当然就全送到了胃部，自然不会往四肢去循环。

“老师您看，总当个老师，是不是不合算呀。家里来了个小偷就立马缺衣少穿的，咱们是不是可以换换思路，也去做点实业呢？”三平说。

“你可千万别这么说，你还不知道你老师最讨厌的就是实业家吗？”妻子赶忙插上了话，虽然她心里也非常希望丈夫能当个实业家。

“老师，您从学校毕业多少个年头了？”三平说。

女主人看了一眼主人，替他说道：“九年多了吧。”主人也不吭气，就想给含糊过去。

“您看都已经九年了啊。工资还是老样子，发奋研究也无人问津，这还真是‘郎君独寂寞’呀。”三平硬是把这句中学时候学的诗词给拉长声音背了出来。但女主人好像没明白意思，也就没接茬。

“我虽然不喜欢当老师，但是却讨厌当实业家。”主人说。

“你老师呀，就没有喜欢过什么。”她说。

“我看能让老师不反感的只有师母您啦。”三平的这个玩笑明显有悖于自己的身份。

“她？我更讨厌了！”主人这句回答倒是简单明快。女主人这时把脸转了过去，表现出满不在乎的样子。然后又扭头朝主人报复了一句，“我看你连活着都讨厌吧。”

主人满不在乎地说：“活着我也没觉得哪里高兴了。”这下她是彻底拿主人没辙了。

“老师，您平时要多出门散散步，要不然身体会垮掉。要我说，您还是早日进军实业，不费力气也能挣大钱。”三平说。

“嘴上说得好，可也没见你挣到大钱呀？”她嘲笑三平说。

“我已经有五十多块的存款啦。”三平说。

她又问：“那你现在月薪多少？”

“月薪三十块，其中五块我都定期存到单位里，积少成多，需要用的时候就给拿出来。师母，咱们家买不买点儿外濠线电车的股票吗？不消三四个月，价钱就能翻倍，只要手里有点儿闲钱，都能赚上一大笔。”三平说。

“咱家要是有钱了，也不至于因为被盗一次就如此狼狈。”主人说。

“所以说，实业家有实业家的好。要是老师您当初学习法律，现在在公司或银行上班，也能有个三四百块的月收入。真是可惜了。

对了老师，您认识那位工学士铃木藤十郎吗？”三平说。

“他昨天刚刚来过。”主人说。

“那可太巧了。前阵子我在宴会上碰到了他，我告诉了他以前曾是老师的门生。他跟我说当年他和老师曾在小石川地区的某个寺里一起生活做过饭呢。还让我给老师带个好，说他不久还会来看望老师。”三平说。

“我估计他最近应该是调岗到东京来了。”主人说。

“是的。他以前在九州地区的煤矿工作，最近才调岗回到东京的总部来。他这个人非常世故，和他攀谈起来就好像和老友谈天一样。老师可曾知道他月薪几何？”三平说。

“我可不知道。”主人说。

“月薪都二百五十块了，另外七月十五和年底还有红利，算下来一个月都四五百块了。他那样的人都能月收入四五百元，老师您却还在教英语，过着十年如一日的苦日子，您说您是不是太傻了。”三平说。

“可不就是傻嘛！”主人这样的人已经超脱了一切，但对金钱也有着和常人一样的渴求。或者因为他是真的太穷了，所以更想要钱。三平已经为实业家说了太多好话，已经到了无话可说份儿上，于是又朝女主人问道，“师母，有位名叫水岛寒月的先生可曾来过咱家？”

“有，他经常来呢。”她说。

“是怎样的一个人呀？”三平说。

“感觉挺有学问的。”她说。

“可是个美男子？”三平问。

“长相跟你差不多！”她说。

“真的吗？跟我还差不多。”三平反倒认真了起来。

“你是怎么知道寒月的呢？”主人问。

“前些天有人托我打听打听他的事情，但师母这么一说，我觉得这个人也不过如此。”主人还没跟三平说些什么呢，就先摆出了一副自在寒月之上的架势。

“人家可比你强太多了。”主人说。

“比我强多少呢？”三平不笑也不生气，这是他一如既往的风格。

“他最近能当上博士吗？”三平又问。

“听说是在写博士论文呢。”主人说。

“看来他也聪明不到哪儿去，还写博士论文呢，我原还以为他能是个聪明人呢。”三平说。

“看来还是咱们三平有本事呀。”女主人打趣道。

“我听说他只要有个博士的名号，有人就会把女儿许给他，天下竟真有这样的蠢蛋。他也是，为了娶个女人就要去当博士。当时我就说，与其把女儿嫁给这样的人，还不如嫁给我呢。”三平说。

“你跟谁说的？”主人问。

“就是托我打听的那个人呀。”三平说。

“可是铃木？”主人问。

“才不是他呢。他还没资格来指挥我办这个办那个呢。那人可是有土财主呢。”三平说。

“我看你呀，就是狗仗人势。在咱们家里充大的，你要真见了铃木，就该怂了。”女主人说。

“哈哈，师母所言极是，要不然我可就倒了大霉了。”三平说。

“走吧，咱俩去散散步，多多良。”主人忽然开口了。我估计是因为主人只穿了一层单衣，出去走动走动兴许还能暖和些，所以才一反常态地提出了建议。为人世故的三平自然也没有拒绝。

“那咱们就出发吧。咱们是去上野呢？还是去芋坂吃点儿饭团子呢？您和师母要是没尝过饭团子的话，咱们就一道前往吧。饭团是既软乎又实惠，还能喝上点儿小酒呢。”就在三平东拉西扯的工夫里，主人已经穿戴齐整，往门口走去了。

到这儿我也该休息休息啦。至于说我家主人和三平去公园干吗啦，或者说有没有吃饭团等等，我都没有必要前去一探究竟，也不敢跟上去瞧个究竟，还是在家休息休息为好，我要在家好好享受这老天爷给我们的休息权利。虽然有些人生在世上，却被各种义务而困扰，但休息总归是必不可少的。假如上帝真的说过，“人类的使命在于劳作而非是休息”，那么我肯定要跟上帝回复上一句，“诚然是要为劳动而生，休息好身体也是为了劳动。”再看我家主人，平时工作跟个机器一样，还时不时要牢骚上几句，但即便这样，不也得趁着周末闲暇之余搞点自主休息时间吗？再看我，更是为这个家操碎了心，即便说我只是只猫，休息的时间比主人更长些也无可厚非。但就在刚才，我却在三平口中成了一个只会休息、好吃懒做的家伙，这给我心里留下了不小的阴影。但是这些人往往都被事物的外表所迷惑的俗人，他们一概接受不到除了感官之外的刺激，所以在评价别人的时候也仅仅以表象为标准。这点是最让我头疼的，因为在他们眼里只有光着膀子流着汗才算是劳动。

我以前听说，有个名叫达摩的和尚面壁坐禅，直到两腿都失去了直觉，他也毫不在乎。甚至到了后来，面壁的墙上长出的藤蔓都遮盖住了他的嘴和眼睛，他仍一动不动地参禅。看样子他应该就是睡死在那里了，但实际上人家的脑子在一刻不停地转着，在不停思考着“廓然无圣”等大道理。

我还听说儒家学派也讲究打坐，这可不是让我们找个空屋子，一直坐到两腿发麻，而是要在打坐之中动脑子，只不过看表面的样子非常端庄严肃而已。但是那些天地之间的俗人，往往只看到表象，硬说这些头脑上的巨人是装睡装死的庸人，还加上本不该有的诽谤之声，说他们是饭桶，是无用之人。在我看来，有这种认识的人都是些只见外形而忽略内心的视力缺陷者，刚才的三平先生就是这种人的典型代表，所以，在他眼里我就是个“臭屎粒”也就不足为怪了。可是最让我恼火的是，我家这个通晓古今诗文、明事晓礼的主人，竟然不顾我的感受，还稍微赞同了一下三平，对要煮我吃我的事情不加阻拦，可悲。

但退上一步来说，所谓“大声不如俗耳”“阳春白雪，曲高和寡”这些说法不也是古来就有的吗？硬要让他们抛去形体而看到我高尚的内心，就好比是让秃子梳头发，让金枪鱼办演讲，让电车脱轨，让主人不干教师，让三平不去赚钱，这些都是不可能的。其实我们猫也是社会动物，既然跳不出社会动物的圈儿，所以再怎么自命清高，也不得不在某些地方和社会保持同步。我家的主人夫妇，家里的仆人还有三平等人虽对我的评价不公不正，虽实属遗憾但也无可奈何。假如他们硬是要扒了我的皮，卖给做三弦的师傅，抑或剁了我的肉，成了多多良的腹中餐，可就全完蛋了。

我能降临在这个家里全是因为天命，作为前无古人后无来者的一分子来到这尘世间，我的身体可谓金贵异常。老话说，“千金之子坐不垂堂”，我要是继续自命清高，不仅会危及自己的性命，更违背了天意。且说猛虎入了动物园，就要和园中的猪狗同命运，鸿雁要被农夫捉了去，也要和鸡鸭共存亡了。既然我身边都是些凡夫俗子，我也只好降低要求，做一只庸俗的猫。既然当上了庸猫，捉老鼠就是眼下的当务之急。于是，我又下定决心要去捉拿耗子了。

前不久我听说日本和俄国打上了仗。因为我是个日本猫，偏向日本也是情理之中。我甚至想过，假如有可能的话，我一定要组成个猫的战队，用爪子去抓挠一下那些俄国兵。所以说我有这样的胆识，抓上一两只老鼠根本不在话下。在以前，有人曾向某位禅师咨询人生大彻大悟的方法，禅师告诉他应该像猫瞄着老鼠一样。禅师之所以这么说，全因为猫捕鼠时候那股全神贯注的劲儿。俗话说“女子无才便是德”，却没有个“猫不捉鼠便是德”的名句。这么说，不管我再怎么聪明，也没有不会抓老鼠的道理，更不会有抓不到老鼠的道理。至于说为什么我至今一只耗子都没拿住，全是因为我自己不想去抓呀。

今天又和昨天一样，日渐西沉，转眼已经到了黄昏时分。一阵风吹过，本已飘落的雪花又从厨房的破洞里飞了进来，花瓣飘在水桶里面，在厨房的灯光下显得一片雪白。我暗下决心，一定要在今天晚上建立奇功，让全家人都对我刮目相看。

首先我要巡视一下战场，侦查好地形。虽然今天的战场并不宽阔，只有四张草席铺面那么大。其中有一张草席大小的地方被分成了两半，一边是洗菜的赤水池，一边是泥土地面，专门给菜店小伙计送菜时歇脚的地方。再看我家的灶台，好到和我家的破旧厨房格格不入，气派得很，上面摆放的铜壶也是锃光瓦亮。灶台后有块木板，木板和墙壁间的两尺见方之地就是我放方蛤蜊壳的地方。临进门口的六尺见方的地面上还有个柜子，里面堆满了锅碗瓢盆。柜子几乎是壁橱一边高，紧紧地挨着。壁橱下头还有个捣蒜用的小罐子，倒着放的，里面的小桶底止对着我呢。在墙上挂着有擦板和杵子，旁边还有个灭火器瓶。然后有个吊钩从我家黑乎乎的房梁上直垂下来，下面挂着个大篮子，时不时地在风中摇晃。我刚来的时候还非常纳闷，为什么要挂个篮子在上面。后来我才知道，他们是怕我偷吃，才把吃的都放到上边儿的篮子里去了。从这点我就能看出来，人类的心眼真是坏透了。

接着我就该制定作战计划啦。至于说在何处和老鼠们开战呢？当然就是在老鼠容易出没的地方啦。纵然我占据着有利的地形，但我势单力薄，也只能静静等它们出来。倘若这样，怎能称得上打仗呢？于是我就开始琢磨老鼠都会从哪儿出来。我站在厨房的正当中四下看看，思索着它都在哪儿。那感觉就好像自己跟东乡将军一样。阿三去洗澡了，现在还没回来。孩子们一早也都睡去了。主人自打吃完了饭团回来就在书房，一直没出来。女主人在干吗我却不得而知，八成是在迷糊眼，做梦想山药的事情呢吧。门口时不时会经过人力车，车走之后四周反倒显得更加寂静了。不论是我下的决心，还是厨房里的肃杀气氛，都让我觉得十分悲壮，我越来越觉得自己就是猫圈儿中的东乡将军了。一旦置身于此种境地之中，愉快之情不禁油然而生。

但没多久我发现愉快心情之后，还潜藏着一股担忧之情。虽然我已经铁了心要和老鼠拼个鱼死网破，而且管他来多少老鼠我都不害怕，但要是没弄明白它们从哪儿冒出来，还是觉得不太踏实。经过我的缜密观察，我摸清了老鼠出洞的三条主要线路。其一条就是，地沟里面的老鼠会沿着下水道跑到水井上来，继而跑到灶台后面去。此种情况下我只要藏在灭火瓶的后头，方能阻断它们的退路。其二条就是，有的老鼠会往地沟里面跑，它们会从已经没水的浴盆边上的窟窿里钻过，绕过小池塘，溜进我家厨房。此种情况下，我只要在锅盖上守株待兔，待它们出现，便能乘居高临下之势，把它们一举拿下。第三条就是，我发现柜子下头出现了一个半月牙状的小洞，我怀疑那就是老鼠给咬出来的。待我上前一闻，果然全是鼠味儿。此种情况下，我只要藏在柱子后头，等它们走过去后再从背后给他们来上一巴掌就能解决。

等等，假如耗子们从屋顶上来呢？我抬头一看，我家这厨房顶被油烟熏得黑咕隆咚，灯光的照射下，宛如地狱一般。要我上去我肯定是上不去，就算上去了也下不来。我估计鼠辈们也不会打那儿跳下来。这条线路我就不考虑了。但是三面受敌的危险依然存在。如果单从一路来，我就是只睁一只眼也能制服它们。从两个方向来，也还好说。但要是三面一起来的话，不管我有多大的本领，恐怕也难以取胜了。对呀，我何不向隔壁的黑哥讨教一番呢？算了，问他还挺丢人的。我想来想去，最后也没拿出个主意来。干脆，我就告诉自己，三路齐发的情况绝不会出现，好让自己安下心来。实际上，有些人在走投无路的时候也会这么安慰自己。各位不妨也看看当今社会的现状，昨天嫁到家里的新娘子很可能今天就死掉了。可不知明天会怎样的新郎不还照旧唱着白头偕老呀什么的，全然没有担惊受怕的样子。倒也不是不担心，而是即便担心着事情也不会发生什么转变。虽然我没法断言老鼠们一定不会三路同时进犯，可就现状而言，认定此种情况不会发生反倒会让我的心态放得轻松一些。保持一个良好的心态于万事万物来说都是不可或缺的。我自己也希望有个好的心态，于是乎我就断定他们肯定不会从三面一起来。

可即便我打定了主意，心里还是不踏实，这究竟是为什么呢？思来想去我终于想明白了。原来呀，我是一直在三套方案中选出一个首选方案来。我就是一直没能解决这个问题，心里好好一阵苦恼。不管它们是从柜子那边来，还是从池塘那边来，抑或从水池那边来，我都有办法对付。但要在三者中明确一条方案的话，我还是非常犹豫，拿不定主意。据说当年东乡将军在面对从俄国而来的波罗的海舰队时，在判断他们穿过对马海峡后再走轻津海峡，还是直接绕行纵谷海峡上也是定夺了一番。我现在是理解东乡将军当时的心境了，好一个左右为难呀。

正在我仔细思考的时候，拉门忽然打开了，紧接着女仆阿三的脸露了出来。为什么只说她露了张脸，而没说她的手或脚等别的部位，因为身体的其他部位我都没法用夜眼看得清楚，唯有那张脸光彩夺目，一下子映入了我的眼帘。洗澡回来的阿三，脸蛋看起来比平日更加红艳。她应该是吸取了昨天家里被盗的教训，早早回来就把厨房的门给关起来了。然后我还听见主人说，要把拐杖放在身边等等。我真搞不懂，怎么拐杖也能放到枕边去点缀卧室呢？难不成他想要扮演易水的壮士，来一曲悲歌吗？昨天是山药，今天是拐杖，谁知道明天又是什么幺蛾子。

夜还不深，老鼠那边也没什么动静，趁此时分我还是先休息休息。

我家的厨房里没有窗户，只有在临近客厅的地方开了个一尺见方的小洞，代替窗户，起着通风换气的作用。忽然一阵风吹来，把几片零落的樱花瓣吹了进来，我猛地一下醒了过来。抬眼一看，月色朦胧，灶台的黑影投在带有地窖的地板上。我生怕自己睡过头去，赶紧打起精神，观察了一下屋中的状况。四下静悄悄，只有摆钟在滴答作响。按理说已经到了老鼠出没的时候了，它们会从哪儿来呢？

忽然，我听见壁橱那边传来了细碎的声音，感觉是什么东西踩着碟子边儿，还有些咀嚼东西的声音。我正在想老鼠会不会从碗柜这出来呢，刚才溜碟边儿的声音就不见了，转而成了咚咚咚的声音，应该是上了大碗了。这会儿它们和我就一层拉门的距离，离我的鼻尖咫尺之遥。耳听着敌人们该走到了洞口附近了，可等了半天连个老鼠影都没看见。我也只能任由这群家伙在屏障里面肆意嚣张，我只能屏息等在洞口，真是急死个猫了。眼下，这群老鼠正在碗橱里的碗里开舞会，要是阿三给门稍微留点儿缝隙，我就能进去把它们一网打尽。这个阿三，真是坏了我的事。

忽然，一个黑影出现在了壁橱旁边，我存放蛤蜊壳的地方传来了声响。我想，这边可算是出现敌人了。于是我就轻手轻脚地朝那边靠近，到了水桶附近我向下一瞧，看到了一只老鼠尾巴，然后嗖的一下就消失到水池下面了。就在这功夫里，澡堂里的水杯不知怎么掉了下来，结结实实地砸到了铜盆上。我想，不得了，这次从后边来了呀。我赶忙调转猫头，发现了只半尺长的大老鼠，撞掉了牙粉盒，一下子跑走了。我也紧跟着跑了下去，可那家伙早就没了踪影。看来捕鼠也绝非易事，要不然就是我没有这方面的天分吧！

我刚一跑到澡堂，敌人就从壁橱上跑走。我守着壁橱呢，敌人又从水池后边跑出来。当我站到了厨房正中央呢，敌人就三路一起进发。真不知该说它们是故意捣蛋还是手段卑劣，总之君子敌不过小人。我就这么前后跑了十五六趟，总是无功而返。就算我是威风凛凛的东乡将军，也奈何不了这群鼠辈小人。本来，我心中满是勇气和杀敌气概，甚至还有点儿悲壮之情。可后来我渐渐感到无计可施，举手无措，懊恼疲惫等感觉扑面而来。我就这么一动不动地蹲在厨房中间。我虽然身子一动不动，可眼睛却没闲着。无奈敌人全是些小人，东躲西藏，让我这场仗都失去了光荣感，只剩下厌恶萦绕心头。我越是生气，就越是不想抓，久而久之也就放弃了。反正我也干不出什么大事儿来，干脆睡上一觉得了。而且此番折腾下来，我也昏昏欲睡，实在是困得不行。纵然身处前线，但该睡还是得睡，那就睡吧！

横开的那扇小门里飘进来了片片花瓣，一阵风吹过，把我给惊醒了。说时迟那时快，不知壁橱那边蹿出来了个什么东西，快如闪电。我还没来得及躲闪，那东西就咬住了我的左耳朵。忽然又有一个黑影蹿到了我的身后，垂在了我的尾巴上面。我应急反应似的跳了起来，把浑身的力量都汇集到毛孔上，想赶紧给它甩掉。然后咬着我耳朵的那个东西似乎失去了平衡，也挂在了我的面颊上。它那软管一般的尾巴居然伸到了我的嘴巴前面。这真是天助我也，我使劲咬住，绝不松口，左右甩动着脑袋，但没想到那家伙竟然脱掉了尾巴，而它却被我给甩了出去，重重地摔在报纸糊的墙面上，又掉到了地窖盖子上头。它正要站起身来，我又急忙扑了过去。但那东西滑得跟个皮球一样，居然又从我的鼻尖前面跑过，跳到了架子上，蹲了下来。它在架子上低着头瞧我，我在地板上抬着头看它，我俩之间不过五尺距离。

当时的月光明亮，月儿也高悬空中，斜洒进屋中来。

我使尽全身力气，虽然凑合跳到了架子上面，但是只有前爪上了架子，后半身还在空中悬着呢。我的后腿就在空中这么蹬着，而咬着我尾巴的那个黑家伙仍旧不肯松嘴。我本想交换一下前爪想能抓得更牢固一些，但因为尾巴上的这个不速之客，我的重量也增加了不少。于是每次换爪子的时候，都会往下溜一点儿。这要是再溜个三两厘米，我可就掉下去了。

眼看情况越来越危险，我拼命地用爪子抓住架子，发出了“吱吱”的响声。就在我准备换左脚去抓架子的时候，不料脚下一滑，就只剩下右腿抓在架子上面了。除了我自己的重量，还有尾巴上那黑家伙的重量，两份重量让我的身体不受控制，在空中来回晃悠。

在此之前一直俯视我的那个黑家伙，竟然也突然朝着我的脑袋飞跳过来。我的爪子一下子没了依附，我们仨就这么从月光中掉了下来。随之掉下来的还有放在下面的小桶以及空果酱瓶。最后，那个灭火罐也跟着掉了下来。这么多瓶瓶罐罐加上我们仨，有的掉到了水缸里，有的掉到了地上。一阵巨响，划破了宁静的夜，刚才还死命挣扎的我也被吓得不轻。

“有小偷！”我听见主人一声大喊。我再一看，他已经提着油灯，拿着手杖，他那惺忪的睡眼里却有着他独有的目光。我只能老老实实地趴在那一堆蛤蜊壳边上，而那两个黑家伙也早就不见了踪影。

主人一脸茫然，虽然找不出这一切的凶手，却还在愤怒的叫喊着：“是谁呀！谁弄出这么大声响！”

这时候月光已经稍稍西倾，照进屋中的那条银色光带也拉得很长很长。

六

此般酷暑难耐的日子里，身为一只猫，我也有点儿吃不消了。以前我听说有个英国人，名叫基德尼史密斯，他在炎热天里，恨不得把身上的皮肉全部去掉，只留下些骨头来就凉爽多了。我可并非要跟他一样，只剩下一身骨头，要是能把我身上的浅灰条纹皮给脱下来洗一把，或者先拿去当铺先换点钱回来，我都觉得不错。大概在人类的眼里，我们猫一年到头都是面色不改，春夏秋冬都是一身毛皮，过的日子也是不麻烦还不花钱。实际上呀，我们猫也都明白寒热冷暖。其实，我偶尔也想去洗个澡，但就是我身上的毛在洗过之后太难干了，所以平日里我也就只能忍忍身上的汗味。时至今日，我还不知道大澡堂的门朝哪儿开呢。

有时候我也想过弄把扇子凉快凉快，但我根本没法把扇子拿在手里，只得放弃。现在想想，人类还真娇贵，本来就该生吃的东西，非要拿来煮一煮，或者烤一烤，时不时还要添点儿油，放点儿醋。即便费点儿事情，也不能亏待了自己的嘴巴。衣着打扮亦是如此。虽然人生来就有缺陷，少了我们这一身终年不变的皮毛。话虽有点儿过分，但每天都要给身上穿上五花八门的衣服，既给绵羊们添麻烦，也给蚕添麻烦，还要承棉田的恩赐。毫不夸张地说，人类这种行为就是爱奢侈又无能的表现。

吃穿方面的话题且放一放，但是在有些和生存毫无直接关系的问题上，人们亦是如此，这就让我有些费解了。先说头发，按理说头发都是自然生长的，任凭它长就是了，但人们偏不这样，非要弄出来千奇百怪的发型来，还自鸣得意。

有种人称光头的发型，不管什么时候看，脑袋上都是青幽幽的。天热了就在光头上撑个伞，天冷了就缠上条头巾。早知今日何必剃头呢？简直是胡闹。人们还发明了些工具，有种类似锯子一样，名叫梳子。人们常用它给头发分成左右，沾沾自喜。也有不进行等分的，弄成三七开，硬是在脑袋上给分出两块区域。更有甚者把分好的头一直往后梳，跟个芭蕉叶一样。此外，还有人给头顶剃推平，两边儿直直地剪下来，就好像圆圆的脑袋上安了个方盘子，就和花匠修剪后的杉木篱笆一样。我还听说有五分、三分和一分等发型。说不定到最后，人们还会把头发往脑袋中间剃回去一分或三分呢。总之，人们为此是煞费苦心，可我丝毫不解其中意。再说，人明明也有四个脚，但偏偏只用其中两个走路，这不是浪费吗？全用上的话走路不就更稳当了吗？再看那没用的两只脚，就跟两条多余的鳕鱼干一样，悬在身体的两边。

由此观之，人类确实要比我们猫悠闲不少。不知是不是因为他们太闲了，为了寻开心才想出这些点子来的。可笑的是，纵然都是些闲人，可一见面却都说自己太忙。看脸色他们似乎真是忙得不可开交，看他们那急切的样子我更是担心，生怕他们累坏了。以前还有人见了我，说要是能像我这只猫一样，活得轻快自如该多好。我心想你们要是想要自在也可以跟我一样呀，也没人逼着你们天天忙不是？谁叫你们天天总给自己找点事情来，还叫苦不迭。这就好比自己生了一堆火，然后在旁边喊热一样。假如我们猫也能和人一样，能有那二十多种发型，纵然想逍遥自在也没机会了。依我看，人类要想轻松快活，就得跟我一样，练就一番能在酷暑天还穿着毛衣的功夫。虽说如此，可夏天里身披这件毛衣，还是让我热得苦不堪言。

这么热的天里，我的拿手绝活睡午觉也没法施展了。我也有好一阵子没有观察人类社会了，倒不如今天去看看主人他们那是何等模样。偏偏在睡觉这个问题上，主人和我相似极了。贪睡的本领丝毫不亚于我，特别是暑假里，更是一点儿事情都不愿意做，所以再怎么观察也是毫无收获。如果迷亭这个时候能来的话，有胃病的主人的那身体兴许会有些反应，即脱离猫性。就在我盼着迷亭赶紧来的时候，澡堂里一阵浇水的声音传到了我这儿。不时还有人高声说，“好！”“这下子舒服极了！”“再来一些！”叫喊声响彻我家。能够如此不管不顾在我家放声大叫之人，除了迷亭，就是迷亭了。

他可算来了，看来这个半晌又有的看了。迷亭一边擦汗，一边穿上袖子，照旧大摇大摆地走进屋来。“嫂子，老兄在干什么呢？”他大声说道，然后把帽子扔到了铺席上头。

我家女主人正在隔壁，一脑袋扎在了针线盒上睡得正香。忽然听到一阵吵嚷，惊醒了起来。她强打精神睁开睡眼，来到客厅一看，原来是迷亭呀。只见迷亭穿着萨摩地方产的细布长褂，坐在那不停地扇着扇子。

“哎呀，原来是你呀。”她这语气里似乎有些尴尬，“一点儿都不知道你来了呢。”说罢，她赶忙擦了擦鼻子上的汗滴。

“没事没事，我也是刚刚才到，让阿三在澡堂那给我用凉水冲了冲，才保住小命，这天实在太热了。”迷亭说。

“是呀，这几天一动不动也会冒汗，太热了。你没事儿吧。”她依然不擦鼻尖上的汗。

“没事没事，热一点儿不当紧，还能扛得住，但是这几天可热得出奇，让人一点儿都不想动弹。”迷亭说。

“也是。你看平日我都没有午休的习惯，今天竟然睡着了。”她说。

“睡了？那挺好的，要是白天晚上都能睡着，可是好极了。”迷亭又胡说开来，“像我这样从来都不困的人，就是因为体质原因。每次来家里我都见到老兄酣睡不起，还真叫我羡慕。话说回来，今天天气这么热，就算是身体好的人，也会觉得肩膀上带个脑袋是个沉重事情，但也没法不要这脑袋呀。”看来迷亭正在为脑袋的去向而发愁。“况且嫂子您头上还有盘头发，别说睡觉呢，坐都让人坐不住。”

“你这个嘴，真是一点儿不饶人。”女主人知道，就是自己的发髻，才让迷亭知道了自己在贪睡，于是就用手给头发整理了一番。

可迷亭却对此丝毫不在意，转眼就开始讲起了一件荒唐事，“嫂子，我昨天做了个实验，试着在房顶上煎鸡蛋呢。”

“怎么个做法？”她说。

“当时我看房顶上的瓦片烫得出奇，浪费了可就太可惜了，就倒上了点儿油，打了个鸡蛋。”迷亭说。

“你可真不得了啊。”她说。

“但是太阳光也没想象的那么好，最后连半熟都没到。于是我回到屋里读起了报纸，哪知又来了客人，就把鸡蛋的事儿忘得一干二净。今天早晨我又突然想了起来，约莫肯定是熟了，又上去看了看。”迷亭说。

“怎么样？熟透了吧？”她问。

“还熟透呢？全流走了！”迷亭说。

“哎呀呀，你可真是的。”她皱起了眉头，感叹道。

“但是，三伏天的时候还不热，现在竟这么热，你说怪不怪？”迷亭说。

“谁说不是呢。前几天穿单衣还挺冷的，说热就热起来了。”她说。

“我感觉这就是螃蟹横走，天气倒行呢！说不定是在预言‘倒行逆施亦可之类’的话吧。”迷亭说。

“你说什么？”她问。

“没什么，没什么，就是说天气不正常，就跟赫拉克勒斯的牛一样。”迷亭得意起来，越说越离谱。这下可给女主人给弄糊涂了。刚才那一句“倒行逆施”就已经让她摸不着头脑了，没有接他的话。既然女主人没接话，迷亭再自己说也就显得没什么意思了。

“我说嫂子，你知道赫拉克勒斯的牛吗？”

“我可不知道什么牛不牛的。”她说。

“不知道的话，我给你说说吧。”迷亭说。女主人碍于情面，不忍拒绝，就含糊地应下了。

“从前有个人，名叫赫拉克勒斯[1]，他牵着一头牛。”迷亭说。

“莫非此人是个放牛人？”她说。

“他可不是放牛人，也不是个糊涂丈夫。那时候，整个希腊连一家牛肉店都没有呢。”

“原来是个希腊的故事呀，你也不早告诉我。”恐怕女主人光知道希腊是个国家吧。

“我不说了是赫拉克勒斯吗？”迷亭说。

“赫拉克勒斯就是希腊吗？”她说。

“不是呀，但是赫拉克勒斯是希腊的一位英雄。”迷亭说。

“难怪我不知道呢。这人怎么了？”她说。

“他呀，他和您一样！正在呼呼大睡呢！”迷亭说。

“真是烦人呀你！”她说。

“他正在睡觉的时候，巴尔干的儿子就来了。”

“巴尔干是谁？”

“巴尔干是个铁匠，他的儿子把那个牛偷走了，还是扯着牛尾巴从后面给牛拖走了。等到赫拉克勒斯醒了之后，就到处找牛。结果肯定是找不到，因为偷牛人是拉着牛尾巴倒着走的，所以牛蹄子印儿全是朝前。你看他一个铁匠的儿子，是不是聪明极了？”迷亭越说越起劲，似乎已经给聊天气的事儿忘了。

他又说：“老兄近来如何？还在睡午觉吗？睡午觉在中国诗人里

① 赫拉克勒斯：希腊神话中的英雄。

可是种风流行为呢。像老兄一样给午睡当成练功一样也有点儿太俗套了吧。就好像每天都要死去一会儿似的。嫂子，麻烦你，给他叫起来吧。”

迷亭这一催，女主人也表示赞同，说：“是该给他叫起来了，总这么睡只怕身子吃不消呢。他刚刚才吃过饭，就睡成这样。”

女主人刚起步要去叫他，迷亭又说：“嫂子，一说吃饭，我才想起来我还没吃午饭呢。”迷亭满不在乎，自问自答开了。

“你看我这记性，都到了午饭时间。我家也没什么好吃的，茶泡饭要不先吃点儿？”她说。

“要是茶泡饭就免了吧。”迷亭说。

“我家恐怕没有能合你胃口的东西。”她稍显不悦。

“茶泡饭也好，开水泡饭也好，都免了。我刚才来的路上在饭馆点了些吃的，稍后送来，就在嫂子家吃得了。”迷亭这番话，一般人还真说不出口。

“哎呀！”她这一声“哎呀”里，既有惊讶，也有生气，还有怕麻烦，更有放下心来，共计四种意味。

显然主人忍受不了外面的这般争吵，睡梦也被打破了。不知什么时候，他晃晃悠悠从书房里走了出来。先打了个哈欠，又一脸不高兴地说：“你呀，天天就会大吵大嚷，我正睡得香，也被你给闹醒了。”

“你可算醒了，真是不好意思，搅了您的大梦。不过这也是偶尔之事，别放心上！来，快坐下。”这话一说，颇有点儿喧宾夺主的架势。

主人一声不吭，默默地坐了下来。从他那小木盒里掏出一根朝日牌香烟，大口大口地吸起烟来。忽然，他看见迷亭对面的角落里扔着一顶帽子，说：“你买的新帽子？”

迷亭立刻就把草帽给拿到主人夫妇面前，炫耀说：“还不错吧？”

主人伸手摸了摸帽子，说：“漂亮！好看！做工讲究，还这么软。”

“嫂子，我这顶帽子可是不得了呀。你让它变成什么样，它就能变成什么样。”说着，迷亭紧攥拳头，朝着帽子上狠狠就是一拳。果然，草帽立刻就出现了拳头大小的坑。

“啊呀！”女主人惊叫一声。

紧接着迷亭又把拳头伸到帽子里，用力又是一拳，帽子又鼓了起来。然后他把帽檐压起，平的就像被擀面杖碾过的面块儿一样。然后，他又顺着一侧给帽檐叠了起来，说，“你们瞧，就是这个样儿。”然后就把帽子揣进怀中。

女主人仿佛是看了一场魔术戏法表演，感叹道，“太厉害了！”

迷亭也故弄玄虚，给明明用右边袖子塞进去的帽子从左袖里拿来出来，说：“看，这可一点儿都没坏。”说着，他给草帽整回原样，用指头插进帽子里，让帽子转了起来。这还没完，他又把帽子往背后一扔，一屁股坐了上去。

“哎呀，是不是弄坏了呀。”主人担心地说。

“挺好的一个帽子，别给糟蹋了呀。”女主人也担心地提醒着他。

帽子主人却得意扬扬地说：“这帽子厉害就厉害在弄不坏呢。”

说罢，他给帽子从屁股底下拿出，马上就又放到了脑袋上，奇怪的是，草帽立马复原了。

“这帽子的质量可真好。”她佩服地说。

“没什么，没什么，它本来就是这样。”迷亭戴着帽子，回答说。

“我说，你要不要也去买一顶？”她对主人说。

迷亭立马插嘴道，“老兄不是有一顶不错的草帽吗？”

“对呀，前几天让孩子们给踩坏了。”她说。

“那可真是太可惜了。”迷亭说。

“所以，再买一顶和你那个一样结实的帽子就挺好的。”她对这草帽的价格可是毫不知情，手里拿着帽子，一个劲儿地劝他，“咱们就买个这样的吧？怎么样？”

接着，迷亭又从右边袖子里掏出一个红盒子，里面放着一把剪刀，拿给主人看，还介绍说：“夫人，草帽就说到这儿，咱们再看这把剪刀。此剪刀非常贵重，具备十四种功能。”要不是迷亭掏出剪刀，主人肯定会因为帽子的事情被老婆给说上好一阵子。正是女人常有的好奇心，他才逃过一劫。

一些我都看在眼里。

“一把剪刀怎么会有十四种功能呢？”她问。

“现在我就来逐项介绍，二位听好了。首先，这里有个月牙形状的小孔，只要把烟卷放进去，立马就能剪断。其次，下面的这个小装饰是专门剪铁丝用的。还有，剪刀背面的纹路可以当尺子来用。还有这个小锉刀，能打磨指甲。再把这个地方拧一下，就能当螺丝刀用。把它的一头插进木箱里，不用太大劲，就能撬开箱子。刀尖还能当锥子用，还有个专门扣掉错别字的装置。把剪刀拆开来，就是一把剪纸刀。最后这点儿可就有意思了。嫂子您看，这里面还有一个苍蝇眼睛大小的小球呀，你凑近了瞧一瞧。”

“我可不看，又该拿我开玩笑了。”她说。

“还真不相信我了呀？你就全当上了个当，往里边瞧上一瞧就知道了。看一眼就行。”说着，迷亭把剪刀给女主人递了过去。

女主人将信将疑地接过剪刀，把眼睛凑了过去往里看了看。

“看到了吗？”迷亭问。

“好像一片漆黑！”她说。

“怎么可能呢？你稍微对着窗户点儿，别给它放倒，要这么放，能看见吗？”迷亭说。

“哎呀，是个照片呀！这么小的照片怎么贴上去了呢？”她问。

“好就好在这儿呢。”迷亭说。

迷亭和女主人的对话断断续续，而刚才还在一旁默不作声的主人似乎现在也很想一探究竟，说：“让我也看看。”但女主人似乎也意犹未尽，还把剪刀放在眼前，说：“真是好看极了！好一个没穿衣服的漂亮女孩儿。”

“哎呀，不是说了给我看看嘛。”主人说。

“等会儿。你看这头发多美，直到腰间。脸部还微微上扬，个头儿真是高，绝对是个美人儿。”

“我都说让我看了看，差不多就得了。”主人生气了，催促了起来。

“好好，给你看吧，你就慢慢欣赏吧。”

正当这时，阿三从厨房走来，说订的饭已经送到，端上了两笼荞麦面条。

“嫂子，真不好意思，这是我刚刚点的饭，在这儿吃啦。”说着，还恭恭敬敬地行了个礼。不知道他这动作是出于真心还是开个玩笑。

女主人一时间也没反应过来，说了声“可以”。然后就看他吃了起来。

方才还在看美女照片的主人才刚刚停下，说：“迷亭，这么热的天，你吃荞麦面，伤胃。”

“不要紧，我爱吃的东西，哪能那么轻易就得病呢？”迷亭说着，就把笼屉盖子打开了。然后往面条的调料里放了好多芥末，就搅拌了起来。还说：“面是好面，就是有点儿软了，就跟有些没出息的人一样，真瞧不上。”

“放那么多芥末，小心辣死你。”主人给他提了个醒。

“荞麦面自然要配合芥末啦。看样子你就不爱吃荞麦面吧。”迷亭说。

“我爱吃的是汤面。”主人说。

“汤面是马夫们吃的东西，不懂荞麦面滋味的人呀，真是可怜。”说着，他把杉木筷子往面条里一扎，夹起了一把面条，足有两寸多高，说：“嫂子，你可曾听说过荞麦面也有很多种吃法吗？不会吃的人就总是蘸汁，到了嘴里还不停地嚼，这样反倒吃不出面条的味道来。应该像我这样一把一把地吃才对。”他边说，就给筷子举了起来，一大团面条足足被挑起了一尺高。剩在笼中的面条不过就剩十二三根了，还缠绵在笼屉底下，久久不愿上来。

“这一根可真是长，怎么样，嫂子，你看有这么长呢。”迷亭又跟她说。

“还真长！”她十分佩服地说。

“要把面条的三分之一蘸上汁，然后不能嚼，一口吞下去就是。嚼的话，面条就没味道了，所以得一股脑地吞咽下去。”说话间，迷亭就用筷子把面条高高挑起，面条这才算是离开了笼屉。然后他把面条往左手边的汁碗里轻点了一下，面条的下端就泡到了汁里。根据阿基米德原理，放进多少面条，碗里的汤汁就会增高多少。本来碗里的汤汁就已经八分满了，迷亭筷中的面条还没进去四分之一，碗已经满了。

突然，迷亭把筷子举到了离碗五寸左右高的地方，举了半天一动没动。肯定不能再往里放了，再放的话，汤汁就该洒出来了。这时候迷亭似乎有些犹豫，但很快他就脱兔一般把嘴凑了上去，一口气把面条吞了下去。又见他喉咙上下翻动几次，面条就下了肚。但各位瞧，迷亭眼角竟然流出了一两点泪珠，慢慢地滚向面颊。真不知道是芥末给辣的，还是他一口吃了太多噎住了。

“你居然一口全吃完了，佩服！佩服！”主人称赞道。

“真是厉害！”她也跟着赞扬了迷亭。

而迷亭先是一言不发，慢慢放下筷子，拍着胸脯说：“嫂子，一笼面条大概三口半或四口就能吃完，要是细嚼慢咽的话就不能算是吃面的行家。”说完，他用手绢擦了擦嘴，长舒了口气。

忽然这时候，寒月竟然跑到了家里来。也不知道寒月是怎么想的，这大热天里，竟然戴了顶冬帽，两脚上还都是泥。

迷亭见状赶忙说道，“这不是我们的美男子来了嘛！我正在吃饭呢，先失陪一会儿。”然后迷亭就在大家的目光之下毫不脸红地把另外一笼面条吃完了。这次他没有像刚才一样吃，而且也没有用手绢擦嘴或者中间休息的不雅之态，两笼面条被他吃得干干净净。

“寒月老弟，现在博士论文差不多了吧。”主人说。

“金田小姐都等不及啦，你赶紧给写完吧。”迷亭紧跟着说。

寒月还是老样子，怯怯地说：“都是我不好，我也想早点儿写完，好让她放下心来，但是研究的课题可不简单，要花好多功夫呢。”这本就是违心之话，却让他说得有鼻子有眼。

“还真是，问题毕竟就是问题，‘鼻子’再着急也没用。但是那个大鼻子倒还真有几分值得敬仰的地方呢。”迷亭回答地也是此般油腔滑调。

我家主人就比较认真，问道：“论文的题目是什么？”

“《紫外线对青蛙眼球电动作用的影响》。”

“了不起呀。不愧是寒月，‘青蛙的眼球’，这个题目可不得了。老兄你看，要不咱们先把这个题目给金田家汇报一下？”迷亭朝着主人问道。

但主人却丝毫不搭理迷亭，继续问寒月，“这个研究是不是很费功夫呀？”

“当然啦。这个问题相当复杂。最难的地方就是青蛙眼球里的晶体构造非常复杂。所以就需要进行各种各样的实验。最起码要先做一个玻璃球来，才能继续往下研究。”

“做个玻璃球很难么？上一趟玻璃店不就解决了？”主人说。

“远没有那么简单呀。”寒月挺起胸膛说，“所谓的圆、直线等都是几何学上的概念，而现实生活中根本没有这种完全符合定义的圆和直线。”

“既然不存在，为何还要费劲研究呢？”迷亭插了一句。

“所以我就想先做一个能用于实验的玻璃球，前几天就已经开始筹备了。”寒月说。

“成功了吗？”主人问得倒是轻松。

“怎么能成功呢？”说完这话，寒月觉得自己和刚说的有点儿矛盾，赶紧又说：“过程相当困难，需要反复打磨才可以。有时候刚觉得这边儿半径长了，就稍微打磨一下，哪曾想那边儿的半径又变长了。费了我很大的工夫，总算是磨出来了一个，但仔细一看还是个椭圆形。然后我又开始把椭圆给磨回来，无奈直径又出了问题。一块玻璃开始有苹果大小，磨来磨去就只剩梅子大小了。但我没放弃，继续打磨，最后成了豆粒大小。即便到了最后，也没出来一个满意的圆球来。实不相瞒，从今年年初开始我已经磨废了六个玻璃球了。”我也不知道这话是真是假，反正他一直是这么说的。

“你在什么地方打磨的呀？”主人问。

“还是老样子，在学校里的实验室。早晨起来开始打磨，吃罢午饭继续打磨，一直弄到天黑，特别辛苦。”寒月说。

“怪不得你最近总说忙呀，周末也往学校跑，就是为了打磨玻璃球吧。”主人问。

“正是！这一段我从早到晚都在打磨。”寒月说。

迷亭又在旁边解释开来：“那你可真的就是个‘磨球博士’了。

假如大鼻子听了你这么拼命，肯定会感动的。实不相瞒，前几天我去图书馆回来路上刚巧碰见了老梅。我很纳闷，明明都毕业了，还天天往图书馆钻，就说了句，‘你可真下劲儿呀。’哪知老梅还给我摆个脸，说，‘瞎说，我不是来看书的，只是方才从门口路过，突然想上厕所，才进来方便方便。’他一说完，我俩不约而同地笑了起来。寒月，你看看，老梅和你就是个两个极端。我觉得你俩的事情应该写到《新撰蒙求》[①]里头去呢。”

主人却一脸认真地问：“天天磨球也不是不可以，但什么时候才是个头呀？”

“按现在的情况来看，怎么也要十年吧！”听口气，寒月比主人遇事可沉稳多了。

“十年呀。你再打磨快点儿不就好了。”主人说。

“十年还是快的呢，弄不好二十年也有可能呢。”寒月说。

“那可不得了。照这样下去，还当什么博士呀。”迷亭又插了一句。

“我也希望能一点儿给磨好，好让女方放心，但是玻璃球要是磨不成，我的实验也没法开展下去。”寒月稍微停顿了一下，又骄傲地说：“其实几位大可不必为我担心，金田小姐也知道我正在打磨玻璃球，前几天我去他们家的时候，已经把情况都和他们说清楚了。”

这时候站在一旁听三人聊天的女主人虽一直在听，但听到刚刚寒月那番话突然怀疑了起来，问：“金田小姐他们全家上个月不都去

---

①《新撰蒙求》：《蒙求》为唐朝史书。《新撰蒙求》为后人所著。

了大矶吗？”

寒月似乎有点儿招架不住女主人的这一问，就开始装糊涂了，“那可就怪了，这是怎么回事儿呢？”

每逢这种尴尬的时候，总少不了迷亭，不论是谈话被打断，或者有人不好意思说话，甚至是有人犯困或出现僵局时，他都会从一旁出来打打圆场。他说：“人家一家上个月都去了大矶，你偏说两三天前刚去见过人家，有点儿意思。我猜这就是心灵感应吧。在受困于相思之情的时候，最容易发生这种情况了。听上去像做梦一样，但实际上这比做梦更加真实。就像嫂子你呀，嫁给我老兄这样并不想你念你的人，你对他也并不是十分挂念，不懂恋爱的滋味，所以不理解也是正常的。”

“此话怎讲？太瞧不起我了吧。”女主人立马截住他的话，趁机反问道。

主人也从正面帮了夫人一把，质问迷亭道：“你不也没有过此番经历吗？”

“那可就错啦。我的罗曼史可多了去了，可能早都被淡忘了。实话说，我之所以到现在还是只身一人，也是谈恋爱的结果呢。”迷亭说完，赶紧看了看在座各位的表情。

“有意思。”她说。

“真是胡说八道。”主人把头扭向了窗外。

只有寒月一脸笑意地说：“那就给我们讲讲吧。也好让我学习借鉴一番。”

“我的故事呀，都非常神秘，要是能给已经不在世的小泉八云[1]讲讲，定能获其赞赏。实话说我也没那么兴致去讲，但各位都此般热心，不枉盛情，我就讲讲吧。但是咱们有约在先，诸位可要老老实实听我讲完。”此番约定之后，迷亭开始进入了正题。“回想起来，多少年前的事情我记不清了，权当是十五六年前吧。”

“一派胡言。”主人立马将其打断。

“你这是什么记性呀。”女主人也补上一刀。

只有寒月恪守约定，一言不发地听着，且摆出一副急于知道下文的表情。

迷亭继续说：“某一年的冬天，我在越后国，经过蒲原郡的筍谷，然后登上蛸壶岭，就要到会津时……”

“怎么都是些奇怪地方？”主人又打断了一次。

“你就先往下听吧。还有点儿意思呢。”他朝主人说道。

“那时候天色已黑，我人生地不熟，又渴又饿，眼见半山上有户人家，我就去敲了敲门，说想在家里借宿一晚。然后我听见有人回答我说可以借宿，让我请进。我借着蜡烛一看对面的人，竟然是个姑娘。当时我就哆嗦了起来，瞬间就感觉到恋爱的魔力了。”

“等等，到这儿我不太明白。深山老林里怎么会有漂亮姑娘呢？”女主人说。

“嫂子，你就别管是深山老林还是汪洋大海了，我真是希望你也能亲眼看看那个姑娘，高高梳起的头发都非常别致。”迷亭说。

“啊？”她竟然听得入了神。

---

① 小泉八云（1850-1904）：日本作家、翻译家。

“在这个八叠方家里有一个地炉，炉子旁边共有我们四人，我，姑娘和姑娘的父母。老两口问我是不是特别饿。我就说快给我找点儿吃的来，什么都行。姑娘的老爹就说，难得来了客人，就做一顿蛇饭吧。下面可就是我失恋的过程了，各位认真听。”

“听得是非常认真，可大冬天里，越后一带恐怕没有蛇了吧。”寒月也插了句嘴。

迷亭说：“有道理，不过这种带着诗意的故事就别较真儿了。在泉镜花①的小所里面，雪地里不也有螃蟹吗？”

“正是！”寒月回答后，又专心听讲了起来。

“那时候的我，可是个什么都爱吃的人。像什么蚂蚱、蚰蜒、蛤蟆什么的我都吃烦了，偶尔吃顿蛇也不错。我就赶紧和老人家说，快开饭吧。后来老人就把口锅拿上了地炉，往里加了些大米就煮了起来。但怪就怪在锅盖上有大小十好几个洞，里面的热气顺着洞口往外扑。我心想，虽说人家是乡下人，但智慧过人。忽然老人起身出门而去，不一会儿又回来了，怀揣了个笼子。我往里一看，还真不少，一条条地挤在一起，特别长。”迷亭继续说。

“别讲了，听着真难受人。”她说。

“坚持一下。这就是我失恋的最大原因了。没过多久，老人左手掀开锅盖，右手给蛇一股脑都扔进了锅里，然后马上给锅盖盖上。别看我平时大大咧咧，遇到这情形还是给我吓了一跳。”迷亭说。

“快别讲了，太吓人了。”女主人越听越害怕。

---

① 泉镜花（1873–1939）：日本明治时期小说家。

“马上就到我失恋的部分啦。没一分钟，锅盖上的那些洞口里钻出来好多小细脖子，可给我吓了一跳。这个洞口刚刚钻出一个，紧接着下个洞口就跟着冒了出来，现在整个锅盖上都是蛇头了。”迷亭说。

“为什么都要伸出来呀？”主人问。

“还不是因为锅里太热了。没过多久，老人家说了声，‘可以啦。动手吧。’老太太和那位姑娘答应之后，就一人抓住一个蛇头，朝外用力一拔，蛇肉便都留在了锅里，只有蛇头和骨架被抽了出来。”迷亭说。

“这就是所谓的‘去骨蛇’吧。”寒月笑道。

“正是‘去骨蛇’。然后老人打开锅盖，用勺子把米饭和蛇肉搅拌均匀，跟我说可以品尝了。”

“那你吃了吗？”主人冷冷地问。

女主人却拉着脸说：“别再说了。真恶心。怎么下得去嘴。”

“嫂子你这么说是因为从没品尝过蛇肉饭，回头吃一次，就知道那味道有多难忘了。”迷亭说。

“我可受不了，谁爱吃谁吃。”她说。

“吃饱之后，我也不冷了，就又可以看看姑娘的容颜，觉得心里美滋滋的。然后家里人说让我早点休息。一来客随主便，二来旅途劳累，我刚一躺下就昏睡过去了。”迷亭说。

“后来呢？”女主人又催他说了。

“后来第二天一早醒来，我就失恋了。”迷亭说。

“此话怎讲？”她说。

“其实也没什么。第二天一早醒来，我点了根烟，往窗外这么一看，发现一个秃顶竟然在脸池边洗脸呢。”迷亭说。

“是她爸爸，还是她妈妈？”她说。

“开始我也没看清到底是谁，但没多久那个秃顶转过头来的时候，我可是大吃一惊，那人正是我昨天迷恋上的姑娘。”迷亭说。

“你一开始不是说，姑娘头上有个高高的发髻吗？”她说。

“第一天晚上确实是高高的发髻，还是那种岛田发型。可谁知第二天一早，就成了秃顶。”迷亭说。

“你又在这逗乐呢吧。”主人瞧着天花板说。

“那时候我太意外了，心里还有点害怕，但我依旧趴在窗口观望。之后她洗完脸，慌忙把旁边石头上的一个岛田发型的假发放在了头上，假装没事一样就走了进来。我这才恍然大悟，突然失恋了，更是遗恨万年。”迷亭说。

“失恋过程简直胡说八道。寒月，你看，要吸取教训，即便失恋了，也要高高兴兴的才是。”主人对着寒月评价起迷亭的这次失恋。

寒月却说，“如果那位姑娘不秃顶，而且迷亭若是能给她娶回东京来，迷亭肯定会更高兴才是。但不巧遇见了一位好姑娘，却是秃顶，真叫人遗憾呀。话说回来，风华正茂的年轻女孩怎么就谢顶了呢？”

“这事儿我也想了很久，我估计是蛇肉饭吃多了，毕竟蛇肉的毒性太大，总吃容易上火。”迷亭说。

“但是你吃了不也没什么事吗？万幸万幸。”她说。

“我是没成秃顶，但却近视了。”迷亭边说边取下金丝眼镜，用手绢仔仔细细地擦拭了一番。

又过了好一会，主人忽然想起什么似的，一脸认真地问："说来说去，也没觉得哪有神秘感。"

"当然神秘了。且说这假发，是买来的还是捡来的，我都没闹清楚，光这一点就很神秘啦。"说罢，迷亭又戴上了眼睛。

"简直跟听了段相声一样。"她也说。

胡说八道至此，我本以为他能消停一会。但是迷亭会乖乖闭嘴吗？以他的性格，若是不拿什么东西把嘴给堵上的话，他能一直不停地说下去。接着他又讲了另外一件事情。

"我的失恋经历虽然痛苦，但假如我没发现她是个秃顶就给娶回家，可能这辈子都要难受了。所以凡事还是要慎重考虑。特别是结婚，越是到了紧要的时候，就越容易发现一些以前未曾想过的隐藏着的问题。所以，寒月，我劝你别魂不守舍，朝思暮想了，还是安心磨你的玻璃球吧。"迷亭说。

寒月却一脸为难的表情，说："我也只想专心磨玻璃球，但是对方不让我这么做，我也奈何不了。"

"那是因为对方总要求你罢了。不过世上也真有滑稽之人，你看刚才说的，跑到图书馆去上厕所的老梅，就是个不折不扣的怪人。"迷亭说。

这下主人上了勾，问："他怎么啦？"

"是这么回事儿，当时老梅在静冈县的一个名叫东西旅馆的地方住过一晚。那天晚上，他就朝那家旅馆的一个女服务员提出了结婚的请求。我遇事满不在乎，可跟他比就是小巫见大巫。那家旅馆有个出了名的漂亮姑娘，名叫小夏。而打理老梅房间的人也正是小夏。你们说怪不怪？”迷亭说。

“怪极了。这不和你去什么什么岭上遇到的事情一模一样吗？”主人说。

“倒也是差不多。总之呀，老梅朝小夏求婚的时候吗，人家还没给出答复，老梅突然就想吃西瓜了。”迷亭说。

“什么什么？”主人反问道。不光主人，女主人和寒月也把头一歪，表示难以理解。

但迷亭却一点儿不在乎，继续往下讲：“当时老梅给小夏喊了过来，问她静冈这儿有没有西瓜。小夏回他说静冈再小，可西瓜总归是有的。没多久小夏就端来了满满一盘子西瓜来。老梅没多久就把西瓜一扫而光，又开始等待小夏的答复。他的肚子就开始疼了起来，疼得他直叫唤，一点儿没有好转的迹象。于是老梅又问小夏静冈这一带有没有医生，小夏说静冈虽小，可医生还是有的。不久小夏就把一位名叫德库特路的医生请来了。这位医生的名字就好像是从《千字文》里选出来的一样，非常玄妙。到了第二天，老梅肚子不疼了，临行前十五分钟的时候，他给小夏喊来，问昨天的结婚一事考虑如何？小夏也笑着告诉他说静冈有西瓜，有医生，可就是没有一夜成亲的呀。说完小夏就走了，再也没有回来过。后来我听说，除了上厕所之外，他再也不去图书馆了。仔细想想，真是红颜祸水呀。”

主人这次竟然接上了话，这让我十分意外。他说：“这点我非常赞同，前一段我读了缪塞[①]的剧本，其中有位人物曾引用了一句罗马

① 缪塞（1810-1857）：法国浪漫主义作家。

诗人的话，说，‘比羽毛还轻的是灰尘，比灰尘还轻的是微风，比微风还轻的就是女人，再也没有什么东西比女人还轻了。’这段话说得非常精辟，女人就是最差劲的。”

女主人听了主人的此番言论，肯定不会轻饶他，说：“你说女人轻了就不好，那男人重了就好了吗？”

“重？哪个重？”主人问。

“重就是重，跟你一样。”她说。

“我哪里重了？”主人说。

“难道你不重吗？”她说。

迷亭听着他俩的争论还挺有兴致，然后又说：“哥嫂这样面红耳赤地相互攻击，才是夫妻间的真实写照。”这句话让他讲得非常含糊，不知道是嘲笑主人两口子，还是在赞赏他俩。其实说到这儿也就差不多了，可他还非要继续发挥一段，说：“很久以前，相传没有一个女人敢跟自己的丈夫顶嘴。但我可并不赞同，倘若真如此，那不就相当于娶了个哑巴媳妇吗？所以我挺羡慕嫂子这样的，时不时能够批评上几句。娶了老婆回家，假如不偶尔斗斗嘴、吵吵架，生活该多无聊呀。就像我母亲一样，在我爹面前总是唯唯诺诺。老两口一起过了二十多年，除了去神社参拜外，几乎就没一起出过门。你们说可怜不？不过这样也好，母亲也因此给家里列祖列宗的名字记得一清二楚。在以前，男女之间的交际往往不被允许，所以说在我小的时候，根本不会有像寒月那样的，既能和心上人一起合奏，又能心灵感应，还能在梦境中相会，这些根本不可能。”

寒月低了低头说：“还真是可怜。”

“确实可怜。而且那时候女人的品行也未必强于现在。嫂子，你可知近来盛传的女学生堕胎的事情吧。在过去可比现在严重多了。”迷亭说。

“真的吗？”她一脸认真地问。

“千真万确。我绝对没有胡说，有证据在呀。对了，老兄，你还记得咱们五六岁的时候，是不是有把女孩放在筐子里，跟卖冬瓜一样，用扁担挑着卖的吗？”

“我哪知道。”主人说。

“你老家那边什么情况我不太清楚，但静冈一带确有此事。”迷亭说。

“真是没想到啊。”她小声地说着。

“确有此事，当时我爹还曾经跟人家讨价还价过。那时候我六岁左右，我和爹一起去街上散步，迎面听见有人叫卖说谁要女孩儿。没走多远我们到了街角，和叫卖的人碰了个头，就在伊势源服装店的门口。这个伊势源可不简单，有十个门面，五间仓库，是静冈最大的服装店，就是现在去看，也依然非常气派呢。他家老板叫甚兵卫，总哭丧个脸坐在账房里，就跟死了娘一样。他身旁总有个二十四五岁的年轻学徒，名叫小初。他的脸色总是苍白，就好像是云照[①]大师的徒弟一样，总喝荞麦面汤。小初身边的是小长，小长总是愁眉苦脸，就好像家里刚遭了火灾一样，身子歪歪地倚在算盘上。小长旁边的是……”迷亭说。

---

① 云照（1827-1909）：日本明治时期真言宗僧人。

“你到底是要讲服装店，还是讲卖孩子呢？”主人插了一句。

“没错，今天是要讲卖孩子的事。其实这家服装店里还有好多有意思的事情呢。今天只好忍痛割爱，就讲讲卖小孩的事情吧。”迷亭说。

主人说：“我看呀，你直接把卖孩子那点儿也割掉算了。”

“万万割不得呀。这对20世纪的今天和明治时期的女性人格的对比方面，可是不可多得的参考材料，绝不能给省掉。当时我和我爹走到了伊势源门口，那个人贩子看见了我爹，就说，‘老爷，您家要不要姑娘？我这还有两个，便宜点，都给您得了。’说着，他放下扁担擦了擦汗，前后两个箩筐里各装着一个女孩，都是两岁左右。当时我爸说，‘你要是能便宜些就买了。怎么就剩这俩了？’他说，‘赶巧其他的都买完了，就剩她俩了。’说着就拿出一个女孩来，跟卖瓜一样，捧到我爹面前，‘您要哪个都可以，挑挑吧。’我爹就拍了拍女孩的脑门儿，说，‘听声音还不错。’于是俩人就开始谈价格了。我爹说，‘买下也还可以，可你这质量有保障吗？’‘质量您放心，前头这个我一直盯着，一准儿没问题，但后头这个毕竟我脑袋后面没有眼，可能会有点儿什么小问题，质量不敢打包票，价钱倒是可以让三分。’方才那通对话我是记忆犹新。打那时我就明白了一个道理，‘女人决不可怠慢呀。’现在到了明治三十八年，卖孩子的事情自然也没有了，上面的对话也自然不会再出现了。所以说，依我看，我们还真是托了西方文明的福，女性的品行也有了大幅提高。寒月，你说是不是？”迷亭说。

寒月在应答之前，先煞有介事地清了清嗓子，然后用一种沉稳的声音发表了自己的见解：“现在的女性呀，无论是在放学回家的路上，还是在音乐会、慈善会或者游园会上，无不都在出售着自己，所以过去那些买卖女孩的低级的贩卖形式也自然不会再有了。这是人们独立性提高后必然趋势。一些老人总是杞人忧天，对此现象说三道四，但我认为这是文明进步的表现，是我们应该高兴的事情。现如今再也不会有那种敲敲脑门儿问货好不好的情况了。假如现在的社会里还是跟以前那样烦琐麻烦的话，恐怕女人到了五六十岁也难嫁出去。”

寒月果然是个 20 世纪的新青年，激情澎湃地发表了自己的见解，然后深深吸了一口香烟，又把烟雾朝迷亭吐了吐。

但迷亭岂能被这一团烟雾给吓倒？他说：“没错，现如今的女学生和小姐们，其自尊心已经深入体内，处处都不输给男人们，实在令我钦佩。就拿住在我家附近的女学生来说，厉害得很呢。我常见她们身穿短袖，练习单杠，很是佩服。特别是我每次在楼上看她们做体操，总能想起希腊的女性来。”

“怎么又是希腊呀。”主人冷笑道。

“毕竟审美的艺术就是发端于希腊，我有什么办法呢。美学家和希腊可是不能割裂的。特别每当我看那些皮肤黝黑的女学生认真做体操时，我总能想起阿古诺戴丝的故事来。”迷亭说。

“怎么又是个奇怪名字呀。”寒月笑道。

“她可是位不得了的女性呀。我非常钦佩她。当时，按照雅典的法律，女人是不能当接生婆的。这项规定就非常麻烦，阿古诺戴丝也觉得非常麻烦。”

“什么？你刚才说的什么？”主人问。

迷亭说：“就是那个女性呀。她的名字。她当时思前想后，觉得女人不能去接生一来可惜，二来也不方便。她当时就为有没有机会当上产婆而考虑三天三夜。等第三天早晨，她听见邻家传来了一声婴儿的啼哭声，顿时明白了。她随即剪掉了头发，换上了男装，还去听了听克洛菲拉斯的课。一番学习下来，她觉得差不多可以去给人接生了。嫂子，我跟你说，当时她的生意可相当红火。好多新生儿的出生都是经她之手，赚了不少钱。世上没有不透风的墙，这事最后还是被官府知道了，不久她就受到了严肃的处理。”

“简直就是在讲故事嘛！”她说。

“有意思吧？后来，雅典当地的妇女们联名为她说情，当时的执政官也迫于压力就赦免了她。从那以后，官府甚至发出了告示，说女性可以从事接生工作。这件事才算平息了下来。”迷亭说。

“你懂得可真多，佩服你。”她说。

“一般的事情我多少明白一些，不知道的全都是自己干的荒唐事啦。但我多少还是清楚些。”迷亭说。

“哈哈，你净说笑了。”女主人笑得前仰后合。这时候，家里的门铃响了，清脆的声音就跟刚刚装上的时候一样。

“哎呀，又有客人来了呀。”女主人说着，就走回了卧室。那么来的这位究竟是谁呢？原来是我们都认识的东风先生呀。

随着东风的到来，那些常来主人家里的怪人就又多了一位。虽然这还不是全部阵容，但人也不少了，我也就宽心了。如果这么多人我还不知足的话，那就是有点儿不知天高地厚了。倘若我运气不好，被养在了别人家，说不定连他们其中一个还没见着呢，就一命呜呼了。我真庆幸我能在我主人家每天陪着他，更庆幸只要躺着就能看到如迷亭、寒月、东风等东京少有的大家，在这里高谈阔论。这对于一只猫而言，实在是万幸。这么热的天里，也多亏了他们几位，才让我忘记身穿一身皮毛的烦恼，也得以打发了半天时光，感谢感谢。我想今天群英荟萃，肯定非比寻常，定有大事发生，我就移步到壁橱后头，只等看大戏了。

“好久没来问候啦。”东风行了个礼。他的脑袋还是梳得锃亮，很像个唱戏班里的小演员。再看他身穿了个小仓产的长褂，颇有几番模样，不知道的人还以为他是榊原健吉[①]家的门生呢。说东风人模人样的话，也只有肩膀到腰间的这块儿了。

“快来呀，这大热天的，快进来，真是难得。”迷亭就跟像在自家一样打着招呼。

“许久未见迷亭老兄啦。”东风说。

“是好久没见啦。自打年初的朗诵会后见了一面，往后再也没见过了吧。对了，现在的朗诵会还红火吗？你还演阿宫的角色吗？其实上次我也给你鼓掌了呢。可曾有印象？”迷亭说。

“有印象，多亏您当时鼓励，我才有了信心，一直给演完了。”东风说。

“下一场演出准备安排在何时呢？”主人问。

“暂定七月和八月休息，九月份继续演，敢问先生有什么好点子

① 榊原健吉（1829-1894）：日本知名的剑术家。

吗？”东风说。

“这个嘛。”主人竟不知如何回答。

“东风呀，不妨拿我的作品去演出吧！”寒月说。

“想必十分有意思，是个什么作品呢？”东风说。

“是个剧本呀。”寒月在“剧本”二字上加重了语气，在座无不瞠目结舌，一下把目光都聚集在寒月身上了。

“剧本不得了呀。敢问是喜剧呢？还是悲剧呀？”东风说。

“哎呀，既不是悲剧，也不是喜剧。而且最近新剧和旧剧方面又闹得厉害，我就别开生面，写了一出俳剧。”寒月说。

“这个俳剧究竟是个什么剧呢？”东风问。

“所谓俳剧就是带有俳剧风格的戏剧，就简称俳剧啦。”寒月说。

听了寒月的此番解释，显然主人和迷亭都有点儿摸不着头脑。只有东风又问了一句，“这个剧本的有什么有趣之处呢？”

“实际上就是从俳句出发，如果剧本太长就不好了。所以就写成了个独幕剧。”寒月说。

“原来如此呀。”东风说。

“先说表演用的道具吧。道具方面我也是力求简单。在舞台中间放棵柳树，再从柳树右边伸出一枝来，上面再落上一只乌鸦即可。”寒月说。

“那乌鸦真要能老老实实待着就怪了。”主人自言自语了一句。

“这不要紧，只要用绳子给乌鸦的腿和树绑在一就好啦。然后树下面放一个洗澡盆，再找一个美女到澡盆里用毛巾搓澡。”寒月说。

“这可是有点儿颓废呀。也罢，那位美女找谁来扮演呢？”迷亭问。

“不麻烦，去美术学院找个模特就行。”寒月说。

“这样做警察能答应吗？”主人又担心起来。

“没关系，咱们又不公开卖票。其实这点儿大可不必担心，学校里那些裸体写生不都开展得好好的吗？”寒月说。

“不一样，学校写生是教学需要。拿到台面上就不一样了呀。”迷亭说。

“各位要总有这种想法，日本进步开化就无从谈起啦。总之，无论是会话还是戏剧，都是艺术呀。”寒月说。

“好了好了，不要争了，接着讲讲具体怎么演吧。”东风催问道。看来他还真准备演一场，这么着急想知道剧情。

“俳人高滨虚子[①]拿着手杖，头戴白色灯芯草帽，身穿羽纱外套，腰披条纹布长袍，脚下一双短皮靴。一身装扮后，登台亮相。衣着上看很像陆军的军火供应商。但他终究是个俳人，神态上要尽可能表现得从容不迫，一心推敲。正当他准备登上舞台的时候，忽然抬头一看，在一棵高大柳树的树荫下，有一身段洁白如玉的姑娘正在沐浴。再往上看，长长的柳枝上还蹲着只乌鸦，正在低头看着美女洗澡。见到此番情景，先生忽然俳兴大起。这里，这个画面需要保持十五分钟左右，然后他高声诵俳一首，‘眼下美人浴，俯首窥探竟入神，好只色乌鸦。’诵读完毕后，大案一拍，落幕。东风，你看，我这个剧本如何？你也别演沐浴的姑娘了，演高滨虚子岂不更好？”

---

① 高滨虚子（1874-1959）：日本著名的和歌诗人、小说家。

再看东风的表情，似乎还有点儿不满意，就说："太简单了吧。没什么新意，你再往里添加点人情味就更好了。"

方才，迷亭可是只字未提，但这可不是他的风格。紧接着他开口了，"就这么些内容，可实在太没意思了。以前上田敏[①]说，俳句也好，滑稽戏剧也好，都是消极的亡国之音。你们看上田敏说得多对。总写这些无聊的剧目，肯定要被上田给笑话。别的先不说，首先这个剧本是正经剧目呢？还是就为搏一笑呢？是不是有点儿太消极了呢？一般人能理解吗？我这么说确实过分了，不过我觉得你还是继续去实验室打磨玻璃球为好。毕竟这种俳句，就算写上一二百篇，总归都是亡国之音。"

寒月有点儿坐不住了，说："怎么就消极了呢？怎么就成了亡国之音了呢？我这剧中全是积极因素呀。接下来高滨虚子说完之后，就去抓住了乌鸦，让乌鸦不要贪恋美色，这点多积极呀。"

"是吗？这个设计还不错，自己说说。"迷亭说。

"作为一个理学学士我说两句，乌鸦迷恋上了姑娘，似乎不合情理吧。"寒月说。

"对，不合情理。"迷亭说。

"但我就是要把这种不合情理的事情给讲述出来，就合乎情理了。"寒月说。

"当真是这样吗？"主人也问。

"为什么说后者就合情合理了呢？从心理学方面解释一下就明

① 上田敏（1874-1916）：日本著名的诗人、评论家。

白了。实际上乌鸦是否迷恋这位姑娘是俳人的感受，和乌鸦本身无关。实际上俳人在看到姑娘沐浴的时候，也会从心中产生一种感情，也会被姑娘给吸引。而恰巧他就带着这样的心情看到了枝上的乌鸦，就错认为乌鸦也和我有同样的心境。虽然这是一种错觉，但文学的积极之处就在于此，能将自己的感情顺理成章地转移到乌鸦身上，不正是积极之处吗？各位先生，对我的解释还满意吗？”

“说得好，我想高滨虚子本人也一定会大吃一惊。解释确实非常到位，只怕真正表演的时候，观众就该变得消极起来啦。是不是？东风。”迷亭说。

“这倒也是。”东风认真地回答道。

大概主人想要把话题稍微转一转，就说：“东风，近段时间出什么佳作没有？”

“写的都是些入不了您眼的小东西呀。不过最近我准备出版一部诗集，正好今天我给稿子带来了，还望多给我拿捏拿捏呀。”说着，东风从怀里掏出一个紫色的手绢包，拿出一本装订好的诗稿来，约有五六十页，放在了主人眼前。

“快让我拜读一下。”主人也装腔作势地说。

诗稿的第一页是这么写的：

独绝于世，身影纤丽

献给富子小姐

读罢，主人脸上露出一丝神秘的表情，他对着首页一看就是老半天，一句话也没说。

“写的是什么？新体诗吗？”迷亭说着，也趴上去看了看。“好家伙，你还敢给富子小姐写诗呢。厉害，厉害！”

主人还是一脸迷惑，问：“东风，这个富子小姐，确有其人吗？”

“确有其人。实际上就是前一阵子我和迷亭一起参加朗诵会上，碰见的一位小姐。也就住在咱们这一片儿，本来我想给她看看诗集，但不巧她上个月就去大矶避暑了，一直不在家。”东风说。

“我说老兄，别摆着那奇怪表情啦。都20世纪了已经，快接着往下给我们念念。不过呀，东风，你的诗写得可一般呐。你知道这‘纤丽’二字究竟何意吗？”迷亭说。

“我想用这个词表示身姿曼妙轻盈呢。”东风说。

“这么讲也未尝不可。但是这个词实际上有危险或一碰就掉的意思。要是我，我可是不会这么说的。”迷亭说。

“那怎么写才能更有诗意呢？”东风请教道。

“假如是我的话，我就会写，‘献给世上罕见的，身姿曼妙的，富子小姐的，大鼻子。’虽然就多了几个字，但感觉却大不相同呢。”迷亭说。

主人默不作声地把首页翻了过去，拿起第一章读了起来。

你的芳心被慵懒的烟雾萦绕，

而我却在这凄苦的尘世间飘摇，

终于，

终于，我得到了这枚甘甜的吻。

“我可有点读不明白了。”主人边说边摇头，就把诗稿递给了迷亭。

“怕是写得太过新颖了吧。”迷亭又把诗稿递给了寒月。

“确实，确实。”寒月又把诗稿递还给了东风。

“诸位，读不明白也是正常。毕竟当今的新体诗已经和十年前相比大有不同了。现如今的诗，假如没有环境，不论是在床上读还是在车站读，自然读不懂的。有时候前去质问诗人的话，他本人也未必能说上来个一二三。因为写诗的时候靠的全是灵感。还有，诗人并没有让人明白的义务，像加注释或做讲解，实际上都是其他学者们的事情，和我们这些诗人并没有关系。前一段有个朋友名叫送籍，写了部叫作《一夜》的短篇。谁看谁都会说看不懂。后来我还特地去找了他一下，问究竟写的什么，他自己也说不知道，也就没再搭理我。我想，这一点才是诗人应有的风度。”

“谁知道他是个诗人还是个怪人呢？”主人说。

“我看就是个笨蛋。”迷亭一句话就把东风的朋友否了。

东风又说：“送籍这个人在我的圈儿中也常不被人理解。不过我也希望各位能有跟他一样的心境来读读我的诗。特别是注意其中凄苦的人世和甘甜的吻，这两点彼此对照，让我颇费苦心。”

“看出来了，没少费心思。”寒月说。

“一个甘甜，一个凄苦，可真是五味杂陈呀。写得真好，果然是出自东风之手，真是佩服。”迷亭就喜欢拿老实人打趣。

这时，主人好像想起了什么一样，忽然起身走到书房去，又拿着一张纸走了回来，说：“方才咱们已经看了东风的大作，下来我也读一读我写的东西，各位指导一下。”

“天然居士的墓志铭就免了，听了好几遍了都。”迷亭说。

“别插话，这不是我的得意之作，锦上添花而已，给大家助助兴。”主人说。

“寒月你顺便也好好听听。”迷亭说。

“一定要听，绝不顺便。会不会很长呀？”寒月说。

“就六十来字。”说罢，主人就开始了自己的表演。

“‘大和魂呀’，当一个日本人喊出这句后，发出了一阵肺痨般的咳嗽。”主人念道。

“这个开头未免太突兀了吧。”迷亭说。

“‘大和魂呀’，卖报人喊道。‘大和魂呀’，小偷喊道。大和魂一度远跨重洋。英国有关于大和魂的演讲，德国有关于大和魂的戏剧。”主人接着念道。

“写得比天然居士强太多了。”迷亭说。

“东乡将军有大和魂，鱼肉店老板阿银有大和魂，骗子、罪犯，他们都有大和魂。”主人说。

“先生，也给我添一句。就写，寒月也有大和魂。”寒月说。

“我问大和魂为何物，他只回答大和魂就是大和魂。没走多远，我就听到了一声咳嗽。”主人又说。

“写得真是绝妙。下一句呢？”迷亭说。

“可大和魂是三角形呢？还是四边形呢？正如其名字中的‘魂’字一般，它的形状也并非固定。”主人接着说。

“先生写得确实不错，只是‘大和魂’这几个字眼用得太多了吧。”东风提醒了一句。

“这点儿我同意。”迷亭补充道。

“每个人都说它，但却没人见过它。每个人都听说过它，却从未有人碰上过它。大和魂呀，大和魂就是天狗之类的东西吧。”主人说。

主人念完了。虽然文章写得精妙，但确实太短，以至于各位根本不能领会其中的奥义。三个人还在等着下文呢，却不见主人动嘴。

寒月实在等不下去了，问：“难道就这些了么？”

“对。”主人轻松愉快地回答道。

我本以为寒月会对主人的这篇佳作调侃一番，可没想到他竟然问主人，“难不成你把短篇文章也集结成册，送给某人吗？”

“就送给你吧。”主人随口一说。

“我可受不起。”说着，迷亭拿起刚刚朝女主人显摆的那把剪刀，修剪起了指甲来。

寒月问东风，说：“你认识金田小姐吗？”

东风说：“自打年初参加完朗诵会后，我俩就接触了起来，其后一直往来不断。每次见到她，心里都会有种莫名的冲动。有一段时间里，我不论是写诗还是作歌，都非常开心，顺着性子就写出来了。而我这本诗集中也多是爱情诗，其灵感大多来自于我的这位异性朋友。为了表示对她的感谢之情，我准备把诗集献给她。古往今来，诗人有了异性友人，才能写出绝妙的佳作。”

“这倒是呀。”寒月微笑道。

再怎么热闹的谈话终究也不能总持续下去，我也不愿听他们的老生常谈，就悄悄离开，到院子里面去抓螳螂去了。斜阳从梧桐树的绿叶间洒下，留下了斑驳的影子，只有蝉儿还在枝头鸣叫不止。

看来，今夜可能会有一场风雨来袭。

七

最近我也开始做运动了。我知道肯定有人嘲讽我，说我不过是只猫，为何开始做运动了呢？在这里，我也要表表态了。首先，那些嘲讽我的人，几年前不都是些不懂运动为何物之人吗？仿佛天职一般，过着吃了又睡的生活。以前他们还提倡“无事即贵人”，大手一摊，即便屁股烂到了板凳上，也不愿意离开，甚至认为这才是身为老爷该有的风范。直到最近，做运动呀、喝牛奶呀、洗凉水澡呀，抑或去海里游泳等，夏季中的去山里避暑、风餐露宿等习惯，实际上都是从西方国家传到日本来的，其蔓延程度就像疾病一般。在我看来，这些和鼠疫、肺结核、神经衰弱等病不相上下。我是去年此时来到世界上的，正好一岁，所以我并不知道人类在经历上述疾病时候的表现，而且更不明白人世间的浮沉风波。猫的一岁就等于人活十年。虽然我们的总体寿命比人类要短太多，但我们的头脑在短期内的发育情况却非常可观。所以说，不能把人类的年龄增长和猫的成长画上等号。就拿我说，我刚刚一岁零几个月，但就已经具备了颇多的学识，这点从前文的事情中便可略知一二。再看主人家最小的三女儿，虚岁都三岁了，可智力发育还是非常缓慢，除了会哭鼻子、会尿床、会喝奶外，什么都不懂。她连和愤世嫉俗的我比较的资格都没有呢。现在的我已经知道了运动、海游和转地疗养等相关知识。话说到这儿，假如还有人要质疑我的话，那此人定是个比猫少两条腿的蠢蛋了。

依我看，人类自古以来就非常笨，直到最近人们，就好像找到了项重大发现一样，才开始鼓吹运动的好处，谈论海水浴的诸多优点。这些小事，自打我出生那会儿就全掌握了。首先说海水为什么会对身体有益吧。如果你亲自到过海边看看，就全明白了。虽然我们不知道广阔的大海究竟有多少条鱼，但据我所知并没有哪条鱼因为生病而跑去看医生，全都健健康康地在海里游着。鱼一旦生了病，就不能继续游泳了，死了之后就会浮上来。因此，鱼的死亡被称为“漂上来”，鸟的死亡则被称为“掉下来”，人的死亡则叫作“升天”。

倘若有人对此怀疑，可以去问那些曾经横渡印度洋到西方的人，问他们是否见过死鱼。答案肯定是未曾见过。这样的回答也并不意外，毕竟不管人们在海上往返多少次，都不可能见到哪条鱼没了呼吸。不对，说呼吸不太合适，毕竟是鱼，应该说换气才是。茫茫大海，纵然你能日夜兼程仔细寻找，也绝不会发现哪条鱼漂了上来。由此观之，鱼都有一个结实的好身体。究其原因，道理非常简单，正因为鱼整天泡在海里。既然功效如此明显，想必海水对人也有好处。在 1705 年，一位名叫理查德拉萨尔的博士刊登出了一条奇怪的广告，说只要能跳进布莱顿海里，四百多种疾病马上便可痊愈。实话说，这则广告刊登的时间确实太晚了。我们都是猫，一旦时机到来，我们便可奔赴镰仓的海岸。不过现在还不行，毕竟万事都要等个时机。

就好比明治维新以前，很多日本人因为一辈子都没机会感受海水浴，而抱憾离开世界一样，迄今为止，我们猫也没等到下海一游的机会，但越是着急就越容易出岔子。且说今天，别说下海了，哪怕被扔到荒郊野外，我们也找不到回家的路。所以说，现在谈论让猫下海还为时尚早。按照进化规律来说，早晚有一天，我们猫也能适应惊涛骇浪的生活。换言之，在猫的死亡被称为“飘上来”之前，我们绝不会轻易下水。

海水浴的事情且先放一放，言归正传，还说说运动的事情。现在已经到了20世纪，再不做运动的话就会沦落为平民了，名声也不好。我之前没开展运动并非因为不想，而是出于没有时间等客观原因。就好像在过去，那些从事运动的人反倒被嘲笑，现如今不运动的人更是让人觉得低人一等。世人对某事某物的评价往往因时因地而转变，其变化之快就像我眨眨眼睛一样。我的眼睛能时大时小，但人们的评论却是颠倒黑白。颠倒是非也不要紧，毕竟凡事都有两端，只要紧紧抓住事物的两端，便可将其玩弄股掌之间，这就是人的圆滑之处。就好比，“方寸”二字颠倒成为“寸方”一般。假如从胯下去看“天桥立[①]”，肯定别有一番滋味。再如，千年之间如果始终只有一位莎士比亚，就会非常乏味。所以必须要有人从胯下来品鉴哈姆雷特，文学界才能进步。出于此因，过去那些总说运动不好

① 天桥立：日本三景之一，位于京都府宫津市。

的人们，突然转变了态度，爱上了运动，就连女人也开始拿着球拍上街打球，这些都已经司空见惯了。只要人类别笑话我们猫做运动，就谢天谢地了。

转念一想，猫一般会从事何种运动呢？在这里我就和诸位聊聊猫的运动吧。大家都知道，我们猫的手拿不住任何道具，这实属不幸，所以球类运动一概是没有天分。其次因为没有钱，也就买不成这些道具。出于以上两点，我能开展的运动都是不花钱且无须道具的运动。

有人会说，那种运动无非就是散散步或叼条鱼四处奔跑。实际上，这类运动都是根据力学原理让四条腿跑起来。但要都是顺着地球的引力来跑跑而已，太过简单和乏味。倘若说主人进行的读书看报都算作活动的话，可真是有辱于运动的神圣感。在猫圈儿中，像赛跑抢夺金枪鱼、寻找大马哈鱼等比赛虽然紧张刺激，但就一般运动而言，上述运动都需要一个对手来配合。如果没有对手竞争，运动也就索然无味。去掉奖励性质的刺激物的话，做一些充满技巧性的运动也是个不错的选择。就此方面，我也有自己的看法，比如从厨房的遮阳板跳到屋顶上、在屋顶的梅花瓦片上四腿站立、在晾衣竹竿上保持平衡跑过去等都是不错的运动，但真要落实起来可不容易。就拿最后一项来说，竹竿非常光滑，难以下脚。其实还有从小孩子背后猛扑到他们身上的运动，虽说很有意思，但经常做的话不免会吃苦头，每个月开展上两到三次就可以了。其实还有让人把纸袋子戴在头上的运动，这种运动不但无聊，而且容易受伤，特别是没有玩伴的时候更是没法开展，于是也放弃了。抑或我也可以在书本的封皮上练练爪子，假如让主人发现的话，一顿毒打自然少不了，而且只能锻炼爪子，全身的肌肉并没发力。总而言之，我以为上述的运动都是旧式运动。

相比之下，新式运动就有趣得多，最为有趣的当属抓螳螂了。虽然在运动量上，抓螳螂可远不如抓耗子，但风险也小了许多。每年夏末到初秋，这种运动最为合适。说到具体的捕捉方法，首先要在院子里找到一个螳螂。倘若运气不错，捉上个一只两只都非常容易。一旦发现了螳螂，我就闪电一般跑到螳螂跟前。有的螳螂见我来了，毫不示弱，抬起镰刀一般的前腿，非常勇敢。螳螂也不看看对手的个头，就摆出此番姿态，颇有意思。于是我用右前腿轻轻碰了一下它的前腿，没想到高高扬起的镰刀竟然软绵绵的，一碰就倒了下去。再看螳螂的表情也很有意思，感觉完全被我给吓住了。转瞬之间我就跳到了螳螂身后，又轻轻碰了碰它的翅膀。平日里这翅膀都是整齐叠好的，可叫我一碰，立马就张开了，翅膀里面似乎还有一层薄薄的衣服。可怜的螳螂小弟，盛夏时节还要穿两层衣服。

且说螳螂小弟把头扭了过来，面对着我，想必已经愤怒至极，做好准备等我出手。如果我们只是此番僵持，就算不上什么运动了。所以隔一段时间我就用手拍它一下。按理说，识大体的螳螂受了这一掌肯定要逃跑，可这只却偏不，还冲我厉害呢，真是个没教养的家伙。它要是对我还这么蛮横，就等它靠近后再狠狠给它一掌，怎么也能把它打出二三尺远。我仔细一看，它竟然开始慢慢后退了。忽然我心生了怜悯之心，就上树飞跑了几圈。待我下来一看，它还没跑出五六尺呢。依我看，它是领教了我的厉害，失了勇气，只能拼命逃跑。它一边跑，我一边追，到了最后关头，它抖了抖翅膀，要跟我做最后一搏。后来我发现螳螂的翅膀和脖子都是细长细长的，虽然比例协调，但没什么实际作用，如同装饰一般。这就和人类学习的法语、英语、德语等一般，没有实际价值。我心想你用这些没用之物和我作对，简直是以卵击石。

虽说我们间的是场大战，可终究也没离开地面。其实我觉得螳螂也挺可怜的，不过为了自己的运动事业，也只能说声抱歉了。我跳到了螳螂面前。螳螂因为惯性，没法马上调头，只能继续向前爬。我又打了一下它的鼻子，它就把翅膀打开一动不动的。我用前爪按住它，稍事休息后又把它松开，再抓住，再放开，我用的可是孔明的七擒七纵之计呀。如此反复约有半个小时，它一动不动，就被我直接给叼到嘴里去了。摇晃几下我又给它吐到了地上。最后，螳螂再也不动了，我就用另一个爪子碰碰它，等它蹿起的时候再按住它。玩够了，最后一招就是送它下肚了。顺便我也给没吃过螳螂的人类奉劝一句，螳螂不好吃，也没什么营养。

除抓螳螂外，我还做过捕蝉的运动。实际上蝉也分好多种，就像人的社会里分各种人一样，有糊涂虫、蛮横货、叫花子，蝉中也分为油蝉、蛁蝉、寒蝉。油蝉总叫个没完，特别吵。另外，蛁蝉叫声也好不到哪儿去，只有捉寒蝉还有点儿意思。但是寒蝉只有夏天快过完的时候才有，待到秋风从胳肢窝里吹过，扫过人们肌肤，让人们打起喷嚏来，寒蝉才会抛头露脸开始叫个不停。依我看，寒蝉的两个天职就是鸣叫和被我捉。这就是初秋时节的捕蝉运动。在此我也向各位说明，既然是蝉，可决不会在地上爬来爬去，假如它们在地面活动，最先盯上它们的肯定是蚂蚁。当然，我要捉的蝉可不是已经躺在地上被蚂蚁包围的蝉，而是高高停在枝头，“知了知了”叫个不停的蝉。顺便我也请教一下博学多识的人，蝉的叫声到底是“知了知了”还是“吱吱吱吱”呢？我想也正是因为人们对蝉的见解不同，才会研究蝉的方方面面。这点人类确实比我们猫强，人类的自豪感也正由于此。所以，对我刚才的问题倘若不能立马回答出来的话，那就好好想想清楚再告诉我吧。

实际上我并不关心蝉的叫声如何，只要听到了蝉鸣后，我便爬上树去，在它疯狂叫喊的时候一把抓住它就是了。这项运动看似简单实则非常消耗体力，虽然我有四条腿，在地面上基本能和大部分动物匹敌。从数学的角度来看，四条腿的优势明显大于两条腿，我们四条腿的猫肯定强于人类。但是在爬树这个项目上，比我们厉害的动物还有很多。且不说擅长爬树的猿猴，就是在猿猴后代的人类中，也有一些擅长爬树的高手。爬树本来就是一种对抗地心引力的蛮干行径，即便不会爬树也并非耻辱。好在我们猫有锋利的爪子，爬树虽不难，但也绝不像各位看客想得那么简单。另外，捕蝉和抓螳螂不同，蝉会飞，假如它飞走了，那一切的努力就都泡了汤，爬上树和没爬也没什么两样。最后，捕蝉还有被蝉尿一身尿的危险。蝉尿动不动就会冲着眼睛过来，躲得掉是万幸，躲不掉的话也没办法。不知为何，蝉在临飞走前还要撒上泡尿，究竟是何种心理状态影响了它的生理机能？还是因为过于紧张而不受控制？抑或是为了迷惑敌人好让自己逃跑？若真是这样，这和乌贼喷墨、刺鱼身披毒针、主人卖弄拉丁语等，岂不都是一回事？看来蝉的学问也非常深奥呀！倘若仔细研究，充分考量，我以为就此写一篇博士论文来，应该问题不大。

言归正传，蝉最爱汇集在……等等，“聚集”一词有点儿怪，换成“集合”好了。“集合”一词又颇为陈旧，还是用“聚集”好了！蝉最爱聚集的地方就是青桐，也称梧桐。青桐的叶子很多，而且每片叶子都有团扇大小，枝繁叶茂，树叶稠密到根本看不见枝干，对我而言，这就是捕蝉运动中最大的障碍。我甚至一度怀疑过，所谓“但闻其声，不见其人”难不成就是专为我而设计的吗？没有办法，我也只能先寻着蝉的声音过去。在离地五六尺高的地方，正好有个树枝在此分叉，可以稍事休息，从而进一步侦查蝉的落脚点。在我爬树期间，不免产生了点儿骚动，有些性急的蝉已经飞走了，只要有一只飞走了，那就大事不妙了。蝉的智商和人类的可谓半斤八两，往往一只飞走后，剩下的也会接二连三地飞走。等我爬上了树梢，上面早已经是静悄悄的了。这种情况下，不管我怎么观察张望，再怎么侧耳倾听，都发现不了蝉的踪迹。我又懒得下去重新再爬，索性就在枝头歇息歇息，看看还有没有机会。哪知道稍微休息过后，我竟然打起瞌睡，不知不觉掉进了黑色的甜蜜梦乡。待我惊醒时，我常一下子从枝头的梦境中掉到了院子里的地板砖上了。

总的来说，每次上树我都会有所收获，偶尔能抓到只蝉，但麻烦的是必须把它咬在嘴里才能下树。等下了地以后，口中的蝉早已一命呜呼，再怎么摆弄也无济于事。捕蝉运动的精妙之处在于伏击的那一瞬间，在它拼命甩动尾巴的时候冲上去抓住它。它也会发出哀号，不时地把透明的翅膀来回晃动。那晃动的频率非常优美，难以言表，可谓蝉界奇观。每次抓住它们之后，我都会让它们表演一番，看罢演出后就把它们送进肚中。有时候，它们明明都到了我嘴里，却还死命地继续表演呢。

除了捕蝉运动外，还有个名叫“滑松”的运动。这里我就不展开讲了，只跟各位稍微提上几句。说起“滑松”，有人会以为就是从松树上往下滑，实则不然，这也是一项爬树运动。滑松和捕蝉的目的有所不同，前者是为了捕蝉而爬树，后者则是为了爬树而爬树。松树是种常青树，但自打源右卫门烧了珍藏的梅、松、樱盆栽为北条时赖取暖饱餐之后，松树的表面就变得粗糙不平了。因此，松树就是最合适攀登的树了。开展这项运动的话，只要找一个好搭脚的松树，一气呵成地爬上去，再立刻跑下来即可。

往下跑的方法可分为两种，一种是头朝下往下跑，另一种是保持上爬的姿势不变，尾巴朝下倒退下来。在此我想问问各位，哪一种下树的方法比较难呢？按照人类肤浅的理解来说，一定会认为前者比较容易。这就大错特错了，你们人类肯定会说源义经①也是头朝下，从鹎越的山路上跳悬崖的，所以猫也应该是头朝下下来的。这样认为就大错特错了，可不能小瞧我们猫，我们的猫爪都是朝后面长的，就像鹰嘴钩子一样，只要勾住了别的东西就能拖住身子，但要是方向反过来，就根本使不上劲。举个例子，如果现在让我飞快地爬到树上，因为我本是地上生长的动物，自然没法在松树上停留太久，势必要下来。如果头朝下往下跑的话，速度就太快了，因此

① 源义经（1159—1189）：日本平安末期至镰仓初期的武将。

必须采取一些降速措施。因此，下树的时候也要爬下来。爬下来和跌下来似乎差距很大，但实际上区别并不大，下来的速度慢就是爬下来，速度快了就是跌下来。

虽然只有一字之差，但我可不愿意跌下来，所以就要控制速度慢慢下来。正如刚才所说，猫的爪子都是朝后的，如果是头朝上的姿势下树，自然可以用爪子抓住树干，爪子的力量把下坠的力量抵消一部分，就可以避免跌下来，而是慢慢地爬下来，这点道理非常浅显，不言而喻。如果反过来，我也学着源义经一样，头朝下下树的话，爪子都使不上劲，没有动力来支撑身体的重量，就会一下子滑下来，虽然心里想慢，但肯定会跌落下来。学习源义经那样头朝下更是难上加难。我以为，猫圈儿中能掌握这套本领的唯有我一个了，所以，这项运动才被我独称为“滑松”。

最后，我再讲讲绕墙跑这项运动。我家的院子使用竹篱围成的四方形，和廊子平行的那条竹篱约有五六丈长，左右两边各有两丈四尺长。方才所说的绕墙跑运动就是沿着篱笆跑上一整圈儿，中间还不能失手掉下去。虽说掉下去是常有之事，不过要是能完完整整跑上一圈就会非常开心。特别是每隔不远就有根木桩子，可以让我稍事休息。今天我跑得相当不错，一上午的功夫已经跑了三圈，而且一圈比一圈好，跑得越熟练我越高兴。当跑到第四圈时，隔壁家飞来了三只乌鸦，齐刷刷地站在离我六尺远的地方。真是耽误我运动呀，而且来历不明，也不知道是谁家的，就落在我家的院墙上，岂有此理。我正想冲它们喊，让它们赶紧闪开。只见离我最近的那只乌鸦笑嘻嘻地瞧着我，中间那只正在朝我家院内观望，最后一只则用在篱笆上蹭嘴，肯定是饱餐之后才来的。

我站在篱笆上，给它们几分钟考虑考虑，想等它们自觉离开。乌鸦还有个别名叫“丧门星”，果然名副其实，左等右等就是不理我，也不飞走。无奈之下，我只能慢慢朝它们走了去。看我靠近，头一只乌鸦突然打开翅膀，看样子是害怕我了，准备走呢。谁曾想它不过是调了个头，本来面对我右脸竟换成了左脸。真是混蛋，主要是在地上我早就让你吃苦头了。只因我上午运动后已经筋疲力尽，没有多余的气力和这丧门星较真儿了。虽说如此，我还是不愿干站着等它们自觉离开。且说我的腿脚已经撑不住了，而对方有翅膀，站着也毫不费劲儿，想站多久都可以。但我已经跑了三圈半了，光是保持不动就很累了，更何况这项运动比走钢丝还难。就算一路畅通也有摔下去的危险，现在又来了三个黑衣的不速之客阻住我的去路，难上加难！左等右等，对方还是没有动作，我就只好暂停了运动。毕竟敌方人多势众，还都是生面孔，嘴巴尖尖，长得怪里怪气，还站在高处，简直一副妖怪模样。总归肯定不是什么好东西，我还是走为上策。假如靠得太近又摔了下来，那就更丢人了。

我正在想呢，哪知刚才扭头的那只乌鸦叫了一声“蠢蛋！”，第二只也跟着喊了句“蠢蛋！”，接着第三只也喊了两声“蠢蛋！蠢蛋！”。就算我脾气再好，被这番欺负再不吭气也实在说不过去。我在自己家反倒受到了此般羞辱，肯定有损我的名誉。倘若有人说我连名字都没有，哪谈得上名誉呢？那就权当和我的脸面有关系吧，所以我绝不能退缩。常言道，“乌合之众”，纵然敌人有三个之多，说不定都是软蛋，于是我就壮着胆子往前慢慢走去。谁曾想那些乌鸦竟然目中无猫，相互聊天来，这一下我彻底恼火了。紧赶慢赶终于走到离第一只乌鸦五六寸远的地方，我刚想歇歇脚，可没想到它们三个居然同时打开翅膀，飞起来了一二尺高，扇动的风一下子吹到我脸上，我趔趄了一下，脚下一滑，掉了下去。大事不妙，掉下来的我从篱笆下面向上看，三个乌鸦又回到了原地，伸着尖尖的嘴向下看着我。真是一群不知天高地厚的家伙，我瞪了它们一眼，却没有任何作用。我撑起后背朝它们喊了几声，也无济于事。就好比庸俗之人不懂高雅的诗文一样，这群乌鸦对我的愤怒心情丝毫不予理会。转念一想这也正常，毕竟我一直以猫的标准要求它们，如果对方是猫的话，我此番发火后，对方肯定会害怕。然而对手偏偏是群鬼灵精怪的乌鸦，我也没办法。这就好比实业家想拿下我家主人一样，也好比源赖朝送给西行法师[①]一只银质的猫一样，更好像乌鸦敢在西乡隆盛[②]的铜像上拉屎一般，不可理喻。大丈夫能屈能伸，感觉情况不妙，我就一下子跑回廊檐下面去了。

转眼已是晚餐时间。

运动虽然是好事，但也要讲究个度。到现在，我的身体就好像散架了一样，非常瘫软，使不上劲儿来。再加上眼下正是初秋时节，身上的毛皮大衣已经在运动中吸饱了阳光，让我浑身燥热。我多希望毛孔里的汗水能够直接流下去，可汗水偏偏就像油一样粘在了毛发上，弄得我后背生疼。实际上我能区分出来这种疼痛是来自汗水还是来自跳蚤。如果痒痒的部位在我嘴巴能触及的范围内，我就可

① 西行法师（1118-1190）：日本僧人，擅长和歌。

② 西乡隆盛（1828-1877）：日本江户末期的政治家。

以咬一咬来止痒，爪子能够触及的地方，我也可以挠一挠。但现在发痒的地方在我后背正中间的脊梁骨上，对此我也无能为力了。这种情况下可以在别人身上蹭蹭痒，抑或是用松树皮来充分摩擦一番，可若两者都不做的话，那今晚肯定要痒得睡不着了。

总而言之，人类里没有几个聪明的。每当我发出轻轻的撒娇声音，就是那种人听了之后就会来摸摸我们时发出的声音。实际上这种声音只有我们在被抚摸后才会发出，但只要我们轻轻地哼上几声，再往人们的双腿附近走走，人就会不自觉得听任我们安排，时不时还会摸摸我们的脑袋。但最近因为我身上出现了一种名叫跳蚤的寄生虫，一靠近人，就会被他们给拎起脖子来扔到一边儿去。就因为这么小一点儿的小虫子，我竟受到如此冷落，人类办事简直就是“翻手为云，覆手为雨”。充其量也就一两千只小跳蚤，对我的态度就截然不同。我听说过一条有关人世间爱的法则，说的是，“在对自己有利的情况下，就可以爱别人。”

鉴于人对我态度的骤变，就算身上再怎么痒，也指望不上有人能帮我解决问题了。所以我只能采用第二个办法，就是找个松树皮来蹭蹭痒，毕竟再无他法了。说走就走，找棵松树去吧。我刚刚准备从廊檐上跳下，忽然领悟到了这么做却是得不偿失。松树上的松油特别黏，一旦挂在了皮毛上，就算天打雷劈，哪怕是波罗的海舰队全军覆没，也不会脱落下来。假如五根毛沾上了松油，马上就会蔓延到十根，十根也会蔓延到三十根。毕竟我可是只气质不凡的风雅恬淡之猫，对这种黏黏糊糊、缠住不放的东西非常反感。即便对面是倾国倾城的漂亮猫咪我都不动心，何况是这黏糊糊的松油呢？

在我看，松油就和车夫家黑哥眼里迎风结出的眼屎一样，岂能让它来糟践了我这身灰毛大衣？我倒是也想让松油替我想想，但恐怕也行不通，只要我把后背往树皮上一贴，一准被它给死死粘住。和这不明事理的松油交涉不仅有碍我的颜面，也对我皮毛不益。看来再怎么难受也只能自己忍着了。无奈这两种办法都行不通，但身上又痒又粘，难受极了，说不定还会生病。

就在我抬着后腿一筹莫展之时，我忽然想起了一件事情来。我以前记得主人曾经带着毛巾和肥皂，不知去哪走了一圈儿，半个多小时回来后，脸色一改往日的阴沉，变得红晕有光泽了。不知什么地方能给我家那脏主人收拾得利利索索，想必这个地方对我也奏效。话说回来，我本来就很标致了，也不是个风流公子，去不去都可以。但是万一我因此身患重病，只活了一年零几个月就走了，岂不有负于天下苍生？我听说主人去的地方叫作澡堂，是为打发时间而设计出来的地方。反正是人造出来的地方，肯定差不了，况且我现在的情况，去也就去了。即便对我来说没有功效，下次不去就是了。但是不知道人类能否容忍一只猫去他们设计的场所里去。但我家主人那样的人都能大大方方进去，想必也没有理由不让我进吧。虽然如此，可要是吃了闭门羹，肯定有碍于我的声誉。我决定先去考察一番，若是觉得不错，回来取条毛巾再去便是。打定了这个主意后，我就迈着轻快的步子朝澡堂去了。

顺着门口的胡同走，然后往左边一拐，就能发现眼前立着一根竹筒般的管子，顶上还冒着薄烟，这里就是所谓的澡堂了。于是我就从后门溜了进去。也许有人会说我这是胆小或生疏的表现，我到不以为然，这些无非就是那些从正门进的人对我的嫉妒和牢骚而已。古往今来，所有的聪明人都喜欢从背后搞偷袭。相传《绅士养成法则》中第二卷第一章第五页就是这么写的。在紧接着的下一页上还有，“后门乃是绅士的遗书，更是修身明德之门。”毕竟我也是个生在20世纪的猫，这样的教育还是接受过的，可千万别看不起我。

我就从后门溜了进去。进去一看，眼前出现了两座小山，左边是被锯成八寸长的松木棒山，右边是煤堆。也许有人要问我为什么松木堆就是山，煤就是堆了呢？这其中并无太多含义，只是为了避免重复，换了换说法而已。要说人类除了吃米饭，还吃鱼吃肉，把各种不好的东西都吃了个遍，现在竟然落到了吃煤的地步，真是可怜。

再往里一看，一扇六尺多宽的大门敞开着，屋子里空无一人，安静得很，反倒是对面的屋子里频频传出说话的声音。我判断，澡堂应该就是里面有人说话的地方了。穿过木头和煤炭之间的深沟，再往左一拐，我发现了眼前有很多玻璃窗，窗子那边有很多圆筒，被堆成了三角形，形状像个金字塔。被堆成三角形的圆筒该是多么委屈呀。我竟然暗自同情了起来。小桶南边铺有四五尺宽的地板，好像专门为迎接我一样，高约三尺，高度我刚好能跳得上去。于是我便纵身一跃，发现所谓的澡堂就在我的眼皮子下面了。若问我什么是天底下最有意思的事情，那肯定是品尝从未吃过的东西和观赏从未看过的景色了。假如各位都和我家主人一样每周都来这样的澡堂洗上三四十分钟，那自然不会感兴趣。可如果你也和我一样没见过澡堂的话，我劝各位一定要前来看看。虽说大千世界，无奇不有，可眼下这奇观却是难得一见。

要说眼下的奇观究竟如何，我还真有点不好意思讲出来。在玻璃房子里面的人浑身赤裸，吵吵嚷嚷的，好像是20世纪的亚当。从服装历史的角度来看就讲得比较远了，所以就留给托伊费尔斯德列克先生讲吧。在这里我想说的是，人类的身价全部体现在衣服上面。早在18世纪中，英国有一个名为帕斯的温泉，那里有着严格的规定，即男女在浴室内洗澡时，从肩膀到脚面都需要裹上厚厚的衣服。另外我还听说，也是在英国的某个城市，六十多年前曾建立了一所美术学院。既然是美术学院，临摹一些裸体画，弄一些裸体雕像也在所难免，于是该校购置了很多裸体模型放在学校之中。这是件好事，可当学校举办开学典礼的时候，当时的领导人和学校老师都非常尴尬。因为开学典礼总要邀请市里的一些名媛淑女们出席。按照当时妇人们的观点来看，人应该是有着装的动物，而不是披着皮毛的猴子。所以人只要不穿衣服，就好像大象缺了鼻子、学校少了学生、军人丢了骨气一样，丧失了人的本性，就不能再称之为人了，成了野兽。虽然校内裸体的都是些模特，可在妇人眼中这些全都是野兽，与她们的身份不相称，于是妇人们无一人出席典礼。然而另一方面，学校老师对此却不赞同。在东西方文化中，女人实际上就是装饰品。一来她们不会舂米，二来当不了志愿兵，但确实是开学典礼上不可或缺的点缀。迫于无奈，老师们只好去街上买来些黑布，给那些所谓野兽的模特穿上衣服。而且还害怕冒犯她们，又专门给模特的头上也蒙上了黑布。因此，该典例才得以顺利进行。由此观之，衣服对于人类而言是何等的重要。

最近还有一些老师总在强调要画一些裸体画，但我以为他们都错了，因为我长这么大还从没见过裸体的猫。裸体是古希腊和罗马的遗风，顺着文艺复兴时期中的淫靡之气而四散开来。在古希腊和古罗马，人们早就习惯了裸体，并没有认为这个习惯和风纪有什么利害关系。可是北欧地区非常寒冷，就连日本也没人会光着身子出门，倘若在德国或英国光着身体也只能白白被冻死。所以说，还是穿着衣服为好。因此，大家都穿上了衣服，人也就变成了穿衣服的动物。一旦成了穿衣服的动物之后，再遇上裸体的人，前者就不会承认后者也是人，反倒说他们是野兽。出于此因，欧洲人，特别是北欧地区的人才将裸体画和裸体雕像看作是野兽。就算后者被当成比我们猫还低级的野兽也没关系。有人会说裸体也挺美的。确实也有美的一面，不如就叫其为“美丽野兽”好了。

话说回来，或许会有人问我可曾见过西方妇女的礼服？我就是只猫而已，怎么可能亲眼见过呢？不过据说她们的礼服都是袒露着肩膀和胸部，真是叫人不好意思。14世纪以前，女人们的穿着还很正常，怎么忽然之间穿衣打扮就向马戏演员靠拢了呢？至于这一点，要说起来可太长了，我就不赘述了。知道的人权且知道，不知道的话就算了。

至于她们此番穿衣打扮的历史的来龙去脉且先不提，毕竟人家也只是在晚上才穿成这样，看来她们心里还有点儿自知之明。白天的时候就给肩膀和胸部盖住，胳膊也盖了起来，生怕外人看见自己的身体，哪怕一个脚趾也不行。所以说，礼服不过发挥的就是自欺欺人的作用，甚至可以说这就是某个傻瓜或者笨蛋想出来的点子。

在这儿我想对那些崇尚裸体的人说两句，既然裸体好处那么多，何不也叫自己的儿女不穿衣服呢？何不别穿衣服亲自到上野公园走走呢？我猜你们肯定办不到，毕竟西方人从未有过此番先例，你们才不愿意的吧。

实际上，现在穿着这种奇怪的礼服，大摇大摆地走进帝国饭店的人不在少数。原因很简单，正是因为西方人这么做了，他们才敢效仿。他们打骨子里就认为西方人比自己强，哪怕是一些刻板或愚昧的东西也要拿来模仿一番。俗话说："人在屋檐下，哪能不低头。"但处处对强者卑躬屈膝，我也只能说你们太愚昧了。所以也别再觉得日本人有多么了不起了，做学问上更是如此，但这里和服装关系不大，我就不说了。

毕竟衣服对于人而言事关重大，现在甚至让人产生怀疑，究竟是衣服重要还是人重要呢？我甚至可以说，人类的历史假如不是血肉的历史，那就是衣服的历史。所以说见到了没穿衣服的人，就会感觉对方不是个人，反倒像是个妖怪。但假如所有怪物都愿意当怪物的话，怪物也就不复存在了。但假若果真如此的话，人类也就会徒增许多烦恼。在古时候，上帝自然平等地创造了人类。当人类来到这个世界上的时候，肯定是没穿衣服的。如果人类能够安分于平等的本性的话，照理说就应该赤裸裸地生存下去。但总有个别赤裸全身的人会说："倘若我们都是一丝不挂，不就没有区别了么？我自己做的努力不也就付之东流了吗？所以我要想个办法出来，让大家都能认出我来。我得在身上穿上点儿衣服，好让大家大吃一惊。总会有什么办法的。"这个人足足想了十年之久，终于发明了"短裤"。

发明之后他立马把短裤穿到了身上，心想，“这下可不得了”，还四处炫耀着。发明短裤的人就是当今人力车夫的老祖宗。或许有人会觉得奇怪，为何发明一条短裤竟要花费十年之久。其实这也是我们在当今时代对过去蒙昧的世界做出的推论而已，毕竟短裤的发明在当时可谓轰动一时。笛卡尔曾说：“我思故我在。”这个道理三岁的小孩都能明白，可笛卡尔却用了十来年才想出来。由此观之，所有真理在探索的过程中都要花费很大力气。短裤的发明虽然用了十几年时间，但就人力车夫而言，已经非常不容易了。

再说当短裤被发明出来之后，世界上最高傲的当属人力车夫了。但天下也有对此不服气的怪物，足足用了六年时间，发明了短袖。自那以后，短裤的势力骤减，短袖却迎来了全盛时期。菜店老板、药店老板乃至裁缝匠都是短袖的发明人的后裔。继短裤和短袖的风潮后，和服的时代出现了。有的妖怪觉得穿短袖短裤没什么了不起，于是就发明了和服。过去的武士和今天的官员都是这位发明家的后代。

自此，各种妖怪们争先恐后，标新立异，最后还出现了燕子尾巴模样的燕尾服，净是些奇怪衣服。退一步说，这些发明并非是偶然或者不经意之间完成的，每一项都是争强好胜、相互攀比竞争而来的结果。最后成了穿在身上的不同款式的衣服。渐渐地，之前的服装也会被取代，而穿上新衣的人，往往都有一种自命不凡的态度。

从人们的这种心理表现，我得出了一个重要结论，即正如大自然忌讳真空一样，人类也不喜欢平等。眼下的今天，人们已经放弃了平等，穿在身上的衣服也被他们视为是自己身体的一部分。倘若进入有人还想回到万物平等的原始时代，那这肯定就是狂人的妄举了。即便是真有这样的狂人，时间也无法倒流回原始时期。在现代文明人的眼中，主张回归原始时代的人都是怪物。甚至有人说要是能把世界中几亿的人口赶到怪物的地盘上去，平等也就能实现了。总而言之，既然大家都是妖怪，也就没有必要引以为耻。但这种方法根本行不通，因为当全世界的人都成为妖怪后的第二天，妖怪圈里的竞争就会再度出现，就算不用穿衣服的手段来竞争，他们也会想出点别的办法来搞竞争，想办法弄点差别出来。

一句话，衣服还是不脱为好。可现在眼下的这一群人，不仅外衣和裤子都扔在门外的架子上，短袖短裤更是没人穿，还毫无羞耻心地在公共场合暴露自己的丑态，满不在乎地谈笑风生。刚才我所说的“奇观”，便是这番景色。我身为一只猫，却能在这里向诸位评说这些文明君子的言行，实乃三生有幸。

眼下的澡堂里乱糟糟的，这些“怪物”们的没有半点规律可言，我都不知从何讲起。那就先从这个浴池说起吧，其实我也并不知道何为浴池，但看着有些相似，足足三尺宽，九尺长，中间一分为二，里面灌满了乳白色的洗澡水。其中一半据说洗澡水里还加了药物，好像里面溶解了一些石灰。怪不得颜色是乳白色，而且还很浑浊，感觉油乎乎的。我听说，池里的水一周才换一次，难怪看上去和臭水一样。旁边的另一半据说是普通的洗澡水，但也就不能说晶莹剔透，且看那水的颜色，就好像被消防水缸里的水给搅和过了一样。

下面我就讲讲澡堂里“妖怪”们的事情了，估计要花很多篇幅。且说在消防水缸颜色的浴池里有两个年轻人面对面地站着，相互往对方的肚子上撩水，看样子开心极了。此二人长得黝黑，难分高下。在一旁看着的我心想，“好家伙，这两个怪物长得真结实。”

其中一人再用毛巾搓着身子，朝另一个人说：“小金啊，我这个地方怪疼的，这是哪儿呀？”

“那可是胃呀，是要命的部位，要多加小心。”小金热心地说。

“不对，是靠左边儿一点儿。”他指着左肺的位置。

“那就是胃部，左边胃，右边肺嘛。”小金说。

“是吗？我一直以为自己的胃在这边呢。”说着，他还敲了敲自己的腰。

“那里是小肠疝气呀。”小金说。

就在他俩谈话的时候，一个二十五六岁的，长着小胡子的年轻人一下跳进了池子里。然后他身上的肥皂沫和污垢也跟着漂上水面，水面上就像泛着铁锈一样，闪闪发光。

再旁边还有一个光头老爷子朝着旁边一个板寸青年正在聊天。“人老了就是不行了，可跟你们年轻人没法比，不过好在还能洗洗热水澡，水要是不热的话，我还觉得不尽兴呢。”

“您老人家身体还真是棒，这么有精气神儿，多好呀！”

“哪还有什么精气神儿呀。好在就是没病，但凡人不干坏事，活到一百二十岁都没问题。”

“竟能如此长寿？”

“当然啦。明治维新前在牛込地方有个叫曲渊的武官，他家的一个杂役就活了一百三十岁。”

“这么长寿呀！”

“可不是嘛。活得太久了就忘记了自己的年龄了。据说一百岁还能记得清楚，再往后就不好记了。我认识他的时候，他刚一百三十岁，而且他那时还健在，至于后来再怎样我也不晓得了。”老爷子说完就出了浴池。方才那个留着小胡子的年轻人听完笑了笑，然后给身上撒上了些云母。

紧接着有一个非比寻常的妖怪跳进了浴池，他的背上还有刺青呢。背上刺得应该是重太郎[①]抡起大刀，砍杀巨蟒的场景。但我并没有看见巨蟒，大概是刺青还没有完工吧。这位重太郎进入浴池后，仿佛有点不高兴，说：“不冷不热的！”

这时候池子里又进来一位。“哎呀，真热，要能稍微凉点儿就好了。”这位说话间龇牙咧嘴，然后和重太郎说起话来。“哎呀，老板，是你呀。”

“哎呀，是你呀！”重太郎说，“阿民近来如何呀？”

“老样子，还是爱赌钱。”

“可不单是爱赌钱吧？”

“哎呀，他本来就是个心术不正的人，反正挺不讨人喜欢的。而且，总之大家都不愿相信他。身为一个手艺人，可不该这样子呀。”

“可不是嘛。他总一副趾高气扬的样子，怪不得大家不愿意相信他。”

① 重太郎：岩见重太郎（？ -1615），日本战国时代的武将。

“是呀。总觉得自己有点儿手艺，到头来还不是自己吃亏。”

“白银街的老人都不在了，剩下的只有桶匠铺的元老兄、砖瓦铺的老板和师傅们了。咱们也都是土生土长的，只有阿民，闹不清从哪儿来的。”

“就是，难怪他这副德行呢。”

“也不知道为什么，他就是不讨大家喜欢，不和人交往。”两个人就这样把阿民从上到下数落了一番。

“消防水缸”的这半边儿浴池的情况就先介绍到这里，咱们再看看白色药那边什么状况吧。那半边可不得了，人满为患，与其说人在水中泡，不如说人群中注入了点儿水。但是池中的每个人都优哉游哉的，而且还不断有人往里挤，却没人朝外出。这么多人进来戏水，而且一周才换一次水，难怪脏成这样。在我感叹之时，我惊讶地发现我家主人竟然也在里面！活生生被别人挤到了左上角，蜷缩一团，泡得是面目通红，真可怜！要是能有人给他让条路出来该多好呀，可周围就是没人动，再看主人也没有要出来的意思，就这么继续泡着，面红耳赤，想想就够难受的。我估计主人是不想浪费这两分半的澡票钱，才给自己泡成这样。我可是个忠心于主人的猫，在窗户上的我竟然开始担心起主人来，心想他要是再不出来的话，肯定会被烫坏的。

这时候，主人身旁的一个人皱着眉头说：“这水真是太热了，烫得我后背生疼。”他边说边向身边的妖怪们寻求同情。

“哪里热了？这个温度刚刚好，要是温度不高里面的药也就没效果了。在我们老家泡澡的温度都比这热一倍呢。”旁边有人得意地说。

“池子里的药究竟能治什么病呀？”一个头带毛巾的人问道。

“什么病都能管，可谓是包治百病。”一个面容消瘦的人回答。看他的脸瘦得跟个黄瓜一样，无论是颜色还是形状都像极了。我想既然药浴包治百病，他至少得看起来更健康一些。

“每次换药之后的第三天或者第四天才是药效最好的时候，今天就是洗澡的好日子。”说话的这个人是个胖子。

“喝下去也管用吗？”不知是谁在旁边说了一句。

“放凉之后喝上一杯，然后睡觉去，根本用不着半夜起来上厕所，特别灵验，你不妨试试看？”不知又是谁回答了这么一句。

浴池的情况就介绍到这里，接下来咱们移步去淋浴区里看一看。哎呀，这里的人太多了，密密麻麻的，一大群亚当都在这里，或蹲或坐，随心所欲地冲洗着身子。人群之中，有两位亚当的行为最让我吃惊，其中一个仰面朝天躺在地上，眼睛直直地看着天窗；另一位则是趴着，望着下面的排水渠发呆，这两位亚当看起来非常悠闲。此外还有一个小光头面对着石墙蹲着，另一个小光头正在敲打他的肩膀。我猜他们应该是师徒关系，小的正在替师傅帮人搓澡呢。真正的搓澡师傅好像是得了感冒，在这么热的浴室里还穿了件坎肩，正在用书本大小的小桶给客人身上浇水，在他的右脚拇指里还夹着一块用来搓澡的布呢。

旁边还有一个人贪婪地霸占了三个小桶，还让搓澡的人尽管用他的肥皂。接着他好像讲了很多话，我竖起耳朵一听，原来他说，“枪炮都是从外国进口的。以前上阵杀敌都是用刀砍，但外国人生来胆小，才发明出枪炮来。好像也不是中国造的，反正就是中国以外的外国，毕竟和唐内时代枪炮还没出现呢。和唐内就是清和源氏，相传源义经经过虾夷到满洲去的时候，一同前往的还有个很有学问的虾夷人。源义经的儿子在攻打明朝时候害怕失败，就让使臣朝三代将军求调兵三千，可三代将军却把使臣扣了下来，没让他回去。至于使臣叫什么我也不知，总之他被扣了两年，最后在长崎结婚生子，生下的孩子就是和唐内。后来他回国一看，发现明朝已经被国贼所灭。”我真不知道这个人究竟在胡说些什么，一点儿都听不明白。

这个人身后边还有一个二十五六岁的青年，表情看着十分阴郁和痛苦，不知道是不是大腿根那个地方生了什么疮，在那一个劲儿地用白浆水冲着大腿内侧。在他旁边还有一个十七八岁的小年轻，说话非常粗野，口无遮拦地在那胡说八道，我估计这肯定是寄宿在附近谁家的学生。此人身后还有一个更加奇怪的人，那人的脊椎骨每一节都向上凸起，就像一个尸体背后插了个竹竿一样，而且脊椎两侧还对称分布着四个圆点，整整齐齐，就像棋盘上的圆点一样。这些圆点有的都烂了，有的还往外淌着浓水。如果我还这么继续描述下去，一时半会儿肯定讲不完。就凭借我的本领，连澡堂风景的十分之一都描述不到，我甚至现在有点后悔当初的这番举动。

突然，大门口出现了一个身穿淡黄色衣服，年近七旬的光头，他对眼下这些赤身裸体的妖怪们恭恭敬敬地说：“真是承蒙各位关照了，近来天气转冷，各位慢慢洗，多去药池子里泡一泡，身子就不冷啦！掌柜！注意好水温呀！”

“知道啦！”掌柜回答道。

刚才那个大讲和唐朝内的人对这位老人称赞道：“真明白事情呀！这样做怎么会生意不好呢？”

眼下出现了这么一位怪爷爷，我也感到有些吃惊，所以方才那些人我都不再关注了，现在一心就看这位光头老爷子。这时候一个四岁左右的小孩也走到了浴池里，老爷子说：“乖孩子！快到我这儿来。”

没办法，老爷子的脸就像个被踩扁了的豆包一样，孩子一见，吓得哇哇大哭起来。老爷子赶紧说：“哎呀，怎么哭开啦！爷爷就这么可怕吗？”

但是孩子还是哭闹不止，没办法，他转忙对孩子的爸爸说：“原来是源先生呀。今天可挺冷的呢。你说昨天晚上跑进近江门店的那个小贼是不是太笨了，光给小门挖开了四个口子，什么也没偷到，就碰上警察，还是晚上巡夜的人了。”他在大肆嘲笑了小偷一番后，又对旁边一个人说：“今天可真是冷，好在你还年轻，没觉得太冷吧。”恐怕怕冷的只有他一个人吧，毕竟已经上了岁数了。

我的注意力都被这老爷子吸引了，旁边的怪物都让我给忘了，就连我那位蜷缩在角落里受苦受难的主人我也忘得一干二净。忽然，我听见在搓澡和冲淋之间的地方传来一声大吼，我一瞧，还真是我家主人。他嗓门很大，而且声音有点嘶哑，根本听不清喊了什么。虽然我对他的这种嗓音早就熟悉了，但这一次确在澡堂里大喊一声，还真让我有点吃惊。根据我的判断，主人应该是在热水池里泡得太久，上了火了。如果下面的事情因为上火倒也情有可原，不过就算再怎么上火生气，他头脑还是非常清醒的。关于这一点，只要我向各位说清楚他为什么发出此般吼叫，就容易理解了。

原来，他和一个高傲自大的穷学生吵起来了。

“你往后去点，我的小桶都叫你给淋湿了！”主人吼叫道。事情的发展本就多种多样，主人此番发火我看未必是因为泡澡泡上火所致。说不定有人就会认为，他这一声吼就好像高山彦九郎[①]怒斥山贼一样，而主人恰好就演了一出。只不过和主人演对手戏的并不认为自己是个山贼，当然事情也不会沿着主人期望的方向发展了。

那学生扭过头来，平静地说：“我本来就在这儿呀。”人家这句回复心平气和，也表现出了不会挪窝的态度，这当然和主人的想法相逆了。但是就人家说话的态度而言，主人大可不必像刚才那样张口大骂，我想这一点主人也应该心知肚明。实际上，主人发火并非是针对他占了位子，而是因为他们刚才说了很多大话，讲了许多自作聪明的事来，主人一直看在眼里，这才是他生气的根源。

“真是混蛋！你怎么能把脏水溅到别人的桶里来呢！”主人吼道。

自打刚才开始我就挺不喜欢这个学生，主人一骂他，我心里也跟着痛快起来。但转念一想，主人身为教师，此番举止恐怕有些欠妥吧。但我家主人从来都是硬得要死，就好比煤炭一样，又硬又锐利。以前我听说汉尼拔[②]在翻越阿尔卑斯山时，路上出现了一块巨岩，挡住了军队的去路。于是，汉尼拔就往这块石头上浇醋，再用火烤，等烤到岩石稍微松软一点后，又用锯子切开，把石头切得像

---

① 高山彦九郎（1747-1793）：日本江户时代后期著名的政治学者。

② 汉尼拔（前 247- 前 183）：北非古国著名的军事家。

年糕一样，部队这才顺利通过。再说我家主人，都已经在药水里泡了这么久，还是这么顽固，我估计也只能用醋浇、用火烤才能改变他了，否则，就像对面这样的学生，纵然来上个几百人，花上几十年，也未必能给我家主人掰过来。

且看不管是泡在浴池里的人，还是躺在冲淋间的人，无一不是将文明人所必需的衣服给脱掉之后的妖怪。缺少了文明的制约，自然可以想干什么就干什么。随便他们在澡堂里胡说八道，谈天说地，可一旦出了浴池，换好了衣服，就不再是怪物了。穿上了文明的必需品，也就是衣服之后，走进了人的社会，当然就该变回人样了。

眼下主人正站在位于浴室和更衣室间的那条门槛上，马上就要回到一片祥和、欢声笑语的世界。可就在这重要的时刻，主人依旧一副顽固的面庞，看来顽固这个毛病早已在他的身体里扎了根。既然已经病入膏肓，想要根治肯定困难，但以我所见，有一个办法倒是可以治好他的病，那就是让校长革了他的职。一旦主人丢了工作，以他的性格肯定会沦落街头、受冻挨饿，甚至会死在大马路上。换言之，丢了工作就相当于要了他的命。主人虽然常闹小病小灾，但是非常怕死。所以说闹点小病没关系，只要没有生命危险，也就得过且过。假如有人吓唬他说再闹病就要他的命的话，他肯定会害怕得不行。要是这样吓唬他还不起作用的话，那他就真的是无药可救了。

就算我主人再怎么蠢笨，再怎么不可救药，但主人终究是主人。有诗说，“一饭重君恩[①]。”虽然我只是只猫，可对主人的前途也是非

---

① 一饭重君恩：出自《史记》，“一饭之德必偿，睚眦之怨必报。”

常关心。这一阵子我光顾着同情我家主人了，一时间疏忽了对冲淋间的观察。突然，对面药浴浴池里传来了一阵叫骂声，难不成又吵架啦？我低头一看，出水口那里被妖怪们拥得是水泄不通，长着毛的腿和没毛的腿都混沌一团。

现在正是初秋之际，太阳也正徐徐落下，冲洗间内的热蒸汽一直蒸腾到房顶，我只能依稀看见妖怪们拥挤的样子。“好热呀！太热了！”这样的叫喊声更是不绝于耳，我的脑袋嗡嗡作响。各种声响五花八门，充斥在浴室之中，唯有混乱和嘈杂能够形容眼下的情形。我更是被眼下的情况惊呆了，久久没有回过神来。不一会儿，这混杂的叫喊声达到了顶峰，算是到了无以复加的地步。

这时候，在人挨着人、人挤人的浴室中出现了一个彪形大汉，论块头足足比他人高出三寸多。只见他扬起赤红的脸，我竟然一时分不清究竟是胡子多还是脸盘大，但听他发出破锣般的叫声：“快点儿降火！太热了！太热了！”

此番声音一出，再加上他的尊容，力压整个浴池，瞬间澡堂就变成了他一个人的天下。我心想这不就是尼采[①]说过的“超人”嘛！就是魔鬼的头头，妖怪们的首领。

我正想着，只听后面传来一声，“知道了！”

我赶忙顺着声音回望过去，但因灯光昏暗，我只在朦胧之中看到一个穿短褂的搓澡师傅用力地把煤推进火炉里，炉中的煤炭剧烈地燃烧着，瞬间照亮了他的脸。搓澡师傅后面的砖墙上也被照亮了，

---

① 尼采（1844-1900）：德国著名哲学家、思想家。

就像起火了似的。我顿时觉得有点儿害怕了，赶忙从窗台上跳了出来，就回家去了。回家路上我就在想，人们脱了短袖和短裤，一丝不挂，不就是为了争取平等吗？但在赤条条的人群中偏偏又蹦出来了个一丝不挂的英雄豪杰，制服住了小鬼们。所以说，不管再怎么一丝不挂，终究还是没法获得平等。

到家后我一看，还是一片太平祥和的景象。出浴后的主人面带红光，正在享用晚餐，见我从廊檐上走来，说："好一个慵懒的猫，跑到哪里去闲逛了？"

我没理他，又看了看桌上的饭菜。本来家里就穷，可居然放着两三道菜，其中还有道鱼。虽然不知道那是什么鱼，我估计应该是昨天在东京湾炮台附近抓上来的。我曾说过，单凡鱼都有个好身体，可身体再好也架不住此般煎烤炸煮，倒不如体弱多病、苟延残喘的日子过得轻松。想着想着，我就上了饭桌。虽然表面上装作满不在乎，可心里特别急，真想赶紧尝尝鱼肉的味道。主人夹了一点儿鱼肉，品尝之后却露出并不好吃的表情，又把筷子放下了。女主人坐在他对面，正一丝不苟地看着主人吃饭的样子。

"我说，给我拍一下猫脑袋。"主人突然对她说。

"打它干什么呀？"她说。

"你别管，让你打你就打。"主人说。

"这样对吗？"说着，她用手掌拍了几下我的头，倒也不疼。

"它是不是没出声？"主人说。

"没出声呀。"她说。

"那就再拍几下。"主人说。

“再怎么拍不也是一样吗？”她说完，又用手拍了拍我，但还是不疼，我也就没吭声。但是为什么突然要打我呢？虽然我一向聪明，但这次却摸不着头脑。如果我能知道原因的话，我就知道该采取何种对策，但眼下主人光叫她打我，不仅动手打我的女主人犯难，在一边挨打的我也十分尴尬。

女主人打了我两次都没能合他的意，他又催促道：“再打，打狠一点儿，让它叫唤。”

“为什么呀？”她不耐烦地问着，顺便又打了我一下。现在我终于明白主人想要什么了，问题也就简单多了，只要我一叫，主人就会高兴。我家这主人也是麻烦，实在烦人，想听我叫就说 声呀，还害得我挨了好几遍巴掌。本来一次就够了，偏要重复上两三遍。假如说“打”不是最终目的的话，当初就不应该这么说。打，是你们二位的想法，叫，则是我要做出的行为，但你明明想听我叫，却还一个劲儿地说“打”，你以为“打”里面就包含了“让我叫”的意思吗？简直是无理取闹。且不说有没有侮辱到我的人格，这首先就是个瞧不起我的态度。

此番举措很像视我家主人为蛇蝎的金田的惯用伎俩，但我家主人从来都是清清白白，没想到也能出此阴招。可是，我家主人绝不是小人。朝女主人发号施令也并非出于歪心。我以为，正是因为他智商不够，才会做出这样的举动。他肯定觉得，只要吃饱饭，肚子就会鼓起来；只要手被划破了，准会流出血来；只要人被砍上一刀，定会送上命来，于是，他肯定也觉得，只要给猫打一巴掌，它也定会哭出来。但实在是不好意思，此般歪理我可不认。继续往下说的话，但凡人掉进河里，肯定就会丧命；但凡吃了炸虾肯定就会闹肚子；但凡拿了俸禄就一定要去上班；但凡读书就一定能有出息。如果这些“一定”都成立的话，肯定有人也会为此伤透脑筋。如果“只要给猫打一巴掌，它也定会哭出来”也是真理的话，那遭殃的可就是我了。我又不是护国寺的大钟，怎么一拍就叫呢？

综上，我在心里给主人声讨了一番，然后“喵”的叫唤了一声。

“好了，现在它叫了。那我问问你，这‘喵——’的一声是感叹词呢？还是副词呢？”主人问妻子道。

这个问题来得太突然了，妻子也不知道怎么回答才好。实际上，我以为应该是主人方才洗澡时候生的气还没全消吧。我家主人早就是左邻右舍眼中出了名的怪人了，现在更是有人说他是个神经病。但主人自己却不以为然，固执地声称自己没有精神病，其他人才是精神病呢。有时候邻居们叫他是“疯狗”，他却说为了维护公平正义，反口就喊邻居是“蠢猪”。实际上主人真的是在处处维护公平正义，真拿他没什么办法。正因为主人是这样的人，才会对妻子提出这样的问题，在他眼里，这不过就是家常便饭而已，可要在别人眼里这就是精神病才会问出的问题。

女主人仍不知如何作答，即便是我，也不知该如何是好。

“喂！”主人冲她喊道。

“啊？”女主人慌忙回答。

“这声‘啊’，究竟是感叹词，还是副词？”主人又问。

“我可不知道。随便它是个什么词，和我又没有一点关系。”她说。

“什么叫随便是什么词呢？这可是现在国内语言学家关注的大问题呢。”主人说。

“哎呀，难道猫叫都能成为研究对象吗？但是你想想，猫叫的声音可不是日语呀。”她说。

“所以说，这门学问可深奥着呢。名字叫‘比价研究’。”主人说。

“是呀。”女主人可是个聪明人，为了避免扯上这种烦人的问题，只是简单地说，“到最后弄清楚是什么词了吗？”

“这个问题相当重要，哪是一时半会就能解决的呢？”说着，主人就把烤鱼送进了肚子，接着又吃起了炖肉和芋头。

“这是猪肉吗？”主人问。

“是猪肉呀。”她说。

“哼！”主人一脸不屑地说道，接着又端起酒杯，说：“再来一杯！”

“今晚你都喝了不少了，脸都红了。”她说。

“喝！顺便考考你，你知道世界上最长的单词是哪个吗？”主人说。

“是你以前说过的那个‘关白太政大臣’吧。”她说。

“那是个人名，我现在问的可是单词。”主人说。

“单词？难不成是横着写的外语？”她说。

“正是！”主人说。

“那我可就不知道了。算了，你也别喝了，还是吃点饭吧。”她说。

“不行，我还得喝！要不然我就把这个单词告诉你吧！”主人说。

“那你说完赶紧吃饭。”她说。

“是‘Archaiomelesidonophrunicherata’。”主人说。

“这是你胡编的吧？”她说。

“怎么会是胡说呢？这是个希腊单词。”主人说。

“是什么意思呢？你用日语解释一下。”她说。

“我也不知道其意思是什么，只知道这么写。一口气写下来的话，足足半尺多长呢。”主人说。

一般这些话都是普通人喝醉之后在酒桌上开的玩笑，而我主人却讲得头头是道，实乃又一大奇观。他今天已经喝了不少了，平日只喝两小杯，今天到现在已经喝了四杯了。平时喝两杯脸就通红，现在多喝了一倍，脸红得跟个大萝卜一样，看着他都难受。可是他仍不肯停，又说：“再来一杯！”

女主人真怕他喝多，就拉着他连说：“别喝啦，再喝就该难受了。”

“不行！难受也要喝，往后我要经常喝，大町桂月告诉我尽管让我喝。”

“桂月是什么？”这么有名的桂月，到了女主人这儿也变得一文不值了。

“桂月就是现如今数一数二的评论家呀。他告诉我能喝，我就能喝！”主人说。

“真是瞎说，我不管什么桂月还是梅月，总之叫人喝酒遭罪可不对！”她说。

“他不仅劝我喝酒，还让我多出去风流风流、旅旅行呢。”主人说。

“这岂不是胡闹嘛。哪像个一流评论家说的话？真是瞎说，哪有劝有妇之夫出去风流的？”她说。

“偶尔风流一下也没事嘛！就算他不劝我，我要是手里有钱，说不定我自己就去风流了呢！”主人说。

“多亏你没有钱！你要真敢这么做，我可受不了！”她说。

“你要真受不了，那我不去风流便是。不过我有个条件，你要好好伺候你的老公！特别是今天，多给我做点菜。”主人说。

“今天我已经尽全力了。”她说。

“就这些了吗？那我还是等有钱了再去风流吧！酒就不喝了。”说着，主人把碗递给了她。到现在，主人已经吃了三大碗茶泡饭了。也正是那天晚上，我悄悄品尝了三片猪肉和一个烤鱼头。

八

在之前向各位讲解绕墙跑运动的时候，我就曾和大家讲过家里的院子是用篱笆给围成的，也请大家不要误会，篱笆外可没有挨着别的邻居。别看我家房租便宜，但主人终究是主人，绝不会和别家紧挨在一起。我家的竹篱笆外是片三四丈大小的空地，空地的那一头有五六棵长势颇好的扁柏。站在我家的廊檐朝外看去，满眼尽是郁郁葱葱的森林，这不禁让旁人觉得我家是个隐居山野的家庭，而这家主人更是个以无之名猫为伴、安度终日的江湖隐士。实际上那些扁柏并没有我说的那样稠密，透过树荫隐约能看到对面那家名叫“群鹤馆”的房子的屋顶。那家虽有个气派的名字，实则是个廉价公寓。单凭这一个名字恐怕很难知道里面都住了什么人。不过依我看，对面那家都能叫“群鹤馆”，我们家就能叫“卧龙窟”。毕竟起名字也不用交税，索性取个唬人的名字好了。

再看这宽足四五丈、长十余丈的空地，硬生生地在尽头拐了个弯儿，把“卧龙窟”的北面围住了。北面的这个地方可经常出乱子。原本我家两边都是空地，且不说我家主人，就连我这个“卧龙窟”

里的怪猫也为空地发愁。刚才说过，南面有几棵长势不错的扁柏，北边并排站着七八株梧桐树。梧桐的树干已经一尺来粗，若是把木屐店铺的老板叫来，一准能卖个好价钱。但没办法，我家主人也只是租住在此的房客，纵然对这情况了如指掌，也没法付诸行动。

前不久学校来了一个工人，砍走了一棵树，等他第二次来我家时，脚上就蹬了一双崭新的桐木屐。不用说，他脚上的木屐肯定就是用之前砍下的树制成的，真是个滑头的家伙！虽然门前桐树很多，但对我家而言却一文不值。常言道，“怀玉有罪”，我家主人就是“守着梧桐的穷光蛋”了，简直是手里有宝却不知如何去用。其实犯糊涂的不是我家主人，而是房东传兵卫。我知道梧桐树都在着急让木屐商人来砍自己了，可传兵卫却一点儿不知情，只知道月月收租。我跟传兵卫没什么过节，他的坏话我就不说了。言归正传，我还是跟各位说说刚才我说的这片被称为“祸害之地”的北面的空地吧。但是各位也千万别跟我家主人说，咱们就边走边聊。

首先这块空地最大的弊端就是没有围墙。如此一片空地，刮起风来，可谓是横行肆虐。而且谁都可以走、谁都可以过。其实空地并非最近才有，很早以前就是这样子了。所以说，如果不追根溯源往前讲的话，诸位也不会明白其中的真相。倘若各位不知道真相的话，就好比再高明的医生也没法开药一样，所以，我就从主人刚刚搬来的时候讲起啦。

这片空地也有优点，夏天的风从门前扫过，家里便格外清凉，虽说并不严谨，但我家这样的穷人也不太容易被盗。像什么墙壁、篱笆、栏杆、铁丝网什么的，在我家主人眼里，一概都不需要。但我认为，需要不需要还要看这户人家里究竟住了个什么主人，家中有些什么动物。为了处理好这问题，我首先要把住在对面家里的情况盘查清楚，在我还没搞清楚对面屋子里住的是人还是动物之前，我就先称他们为“君子”吧。现如今的社会，连小偷都被称为“梁上君子”，我这么称呼他们应该也没什么大问题。对面的君子们也不同于小偷，从没和警察产生任何瓜葛，且他们人数非常多，密密麻麻。

实际上那边是一家名叫“落云馆”的私立中学，算一算共有八百多位君子，学费每个月两块钱。校名虽叫“落云馆”，但里面的人物可绝非文雅之士。那所学校可谓名不副实，就好比“群鹤馆”中没有鹤、“卧龙窟”里有只猫一样。既然大家已经知道在学士或者教师圈子中，还有我家主人这样的疯子存在，想必也就能猜得到落云馆里的人也不一定都是文雅之士了。如果各位还是不肯相信的话，不妨把我家主人请家里住几天就全都明白了。

总而言之，在我家搬来之前，这片空地上本没有围墙，落云馆里的各位君子也就跟车夫家的黑哥一样，总在树林里大肆吵嚷、吃饭聊天，抑或在矮竹堆上滚来滚去。玩完之后就把用剩下的垃圾、废报纸、旧鞋子等东西，直接扔到这里。我家主人向来如此，对这种事情不管不问，任由他们胡作非为，也不知他是装不知道，还是懒得管。

君子们在学校里受教育的水平不断提高，但他们的行为却越来越和君子相悖。渐渐地，空地就被他们从南到北地给一口口吃掉了，如蚕食一般。如果说蚕食一词与君子的名号相去甚远，往后我也不再用了。可除此之外，我再也想不到更合适的词语来形容了。那些君子就好像沙漠里追逐水草而迁徙的游牧民一样，渐渐放弃了原来的桐树，转而向扁柏这边进军了。我想要是胆子不大的话，绝不会做出此番行为来，怕是再过些日子，他们就该胆大包天了。教育的作用真是可怕，后来，他们非但来到了我家房子的正面，居然还就地唱起了歌。虽然歌的名字早已模糊，但肯定不是三十一音的和歌，是些更加轻快，更加活泼，更加容易让人接受的歌曲。让人感到惊讶的是，不光主人对此感到吃惊，就连我这一只猫都深深佩服他们的才华，不由竖耳倾听。我觉得诸位读者应该都清楚，所谓的“佩服”和“让人烦”往往都是彼此对立的，但在眼下，两者竟然合二为一，恰到好处。今天回想起来，我还感到有点遗憾呢。大概我家主人也感到有些遗憾，还专门从书房里跑出去两三次，要把他们赶走。

“这儿可不是你们来闹腾的地方！快给我出去！”主人总这么说。

可那些君子也都受过教育，怎会因为被说了几句就乖乖就范？才刚刚被主人赶走没多大工夫，他们欢歌笑语地回来了。君子们的说话风格也是别具一格，常常是“你小子”“他妈的”不离口。这些说法其实都是明治维新前那些武士里的仆人、开店做生意的人的口头禅，到现如今的20世纪，更是成了君子们学习的语言标准。相传，这和人们以前瞧不起运动，现如今又大力追捧运动是一个道理。

谈话间，主人又从书房里冲了出来，一把抓住了最擅长使用这种口头禅的学生。主人就问，“怎么又回来了？”

哪知这个学生就把“你小子”“你他妈的”等“高雅”的语言抛到脑后，换了种极其庸俗的口吻说：“我还以为这儿是学校的植物园呢。”

主人告诉他不能再有下次了，就放他回去了。我用了“放”这个动词，感觉就像放走了一只小龟一样，有点儿滑稽了。实际上，主人在跟他训话的时候，手里还抓着那位君子的袖子呢。主人心想，此番教训过后，肯定该懂点事了。可谁知自打女娲补天之后，天下的事情就从没有让人顺心过。这次主人又以失败告终，没多久那些君子们跨过了我家北边的篱笆，直接进到了我家的大门里。我家大门一下被推开，主人还以为家中来了客人，却听见梧桐树那边传来了一阵笑声。大事不妙，但我知道教育的功效也越发明显。主人实在没辙，只能退回到书房里，提笔准备给落云馆的校长写一封信，好让他管教一下自己学校的君子。校长也郑重地给主人作了答复，说不久就会修堵墙，让主人少安毋躁。再没过几日，三四名工人就来了，用了不到半天时间，便在我家和落云馆之间修起了面三四尺高的墙。打那之后主人非常高兴，但是我家主人也是个蠢蛋，那么低的围墙怎能改变君子们的行为呢？

捉弄他人本就是件有意思的事情，就连我这只猫也时不时地去捉弄一下家里的小主人呢。因此，落云馆里的君子们前来捉弄我家主人也更是情有可原，恐怕要对此不满的也只有被捉弄的一方了。就戏弄一方的人的心理而言，一来被捉弄的一方不能表现出满不在乎的样子；二来捉弄人的一方必须在人数和力量上占据优势地位。

前几天主人去动物园参观一番，回来讲起了件让他印象深刻的事情。我一听，原来是他看见了一只骆驼和一个小狗在打架，小狗一边疯狂地叫喊着，一边围着骆驼转圈跑着，但骆驼对此却毫不在意，依旧挺立着驼峰，稳如泰山。不管小狗怎么疯跑、疯叫，骆驼始终不予理睬。到了最后，小狗自己折腾累了，也就停了下来。反倒主人还嘲笑骆驼是种反应迟钝的动物呢。这件事情就是说明眼下情况的最好例子，一个人不管再怎么擅长捉弄他人，但要遇上骆驼一般的对手的话，自然就没法捉弄了。另外，如果去捉弄像老虎或者狮子那样的强劲的对手，往往也不会成功，甚至还没等开始，就被对方给撕得粉碎。最让捉弄人一方开心的情况就是，捉弄他人后，对方只能龇牙干瞪眼，敢怒不敢言，无可奈何。

为什么说这种情况最为有趣呢？原因很多，首先可以打发闲暇时光。人在真正无聊的情况下，甚至会产生数一数自己究竟多少胡须的想法。据说过去囚犯在坐牢的时候，因烦闷无聊，只能在墙上反复画着三角形来消磨时间。世界上最让人难以忍受的便是寂寞无聊了，倘若人生中缺少了刺激，也是非常痛苦的事情。捉弄别人恰恰就是能够带来刺激的一个娱乐项目。但话说回来，捉弄别人时，倘若对方并不为此感到恼火、生气或者困惑，刺激也就无从谈起。在以前，那些热衷于捉弄别人的人不外乎就两种，一种是从不考虑别人感受的昏官，一种是头脑简单，只顾自己高兴且空有一身精神头的年轻人。为了证明自己的优势，捉弄人是最为简单有效的方法。实际上，杀人、伤人或者谋害别人也都可以显现出自己的优势，但这些行动都是以谋害他人为目的的方式，显现出自己的优势不过是副产品而已。

综上，既要显示出自己的优势，又不去加害别人的话，最合适的方法也只有捉弄了。假如不多少伤害对方一点儿的话，就没法用事实来证明自身的优势，缺少了事实的佐证，收获的快乐也会大减。实际上，人类比较自信，特别是在没有信心的情况下也要装作自信的状态。所以，对待他人时，人们总要便显出自己的实力，凸显自己的自信。越是那些不懂事理或者缺乏自信的人，才越会想尽一切办法，抓住一切机会想要证明自己，就像有些柔道选手总想把对手一下子摔出场地一样。一些脑袋不聪明的柔道选手总想着遇上个比自己弱的对手，哪怕一次也好，哪怕对方是个外行也好，抓住机会就要狠狠摔他。实际上，这些不怀好意的人总是抱着这样的心态在街上晃来晃去。此外还有很多原因，说来话长，我就省略了。如果诸位还有兴趣听下去，就请带上一盒子咸鱼干来找我便是，我随时都能传授。根据我的总结，最适合被捉弄的就是后山的毛猴子和学校的老师了。拿后山的毛猴来对比老师确实有些不合适，实际上并非对老师不合适，而是对猴子们太失敬了。谁叫两者竟然如此相似，又有什么办法呢？

众所周知，后山上的猴子们都被铁链拴着，再桀骜不驯也奈何不了人类。虽说教师并无铁链加身，但却被月薪俸禄给牢牢拴住。任凭学生们折腾，也不会说辞去工作来和学生较劲。要是真有辞职不干的勇气，当初也不会选择这份哄孩子的工作了。我家主人是个教师，虽不供职于落云馆，但终究也是个教师。所以，选择捉弄对象的话，我家主人再合适不过了，欺负他最保险、最简单。落云馆的学生们都是年轻人，捉弄别人可以显示出自己的优势，这点他们心知肚明。作为教育的成果，他们自然而然具备提出这一要求的理由，甚至他们还认为捉弄他人就是自己的一项权利。对年轻人而言，不去捉弄别人，充满活力的头脑和四肢都无处安放，长此以往更是会产生无聊之感。根据上述条件，学生肯定要去捉弄别人，主人注定会被人捉弄，不论对谁来说都是情理之中的事情。再看我家主人还为此生气上火，真是不明事理、愚蠢透了。下面我就向各位讲讲落云馆的学生是如何捉弄我家主人的，我家主人又是何等不明事理的。

我想诸位都应该知道方格篱笆这种东西吧，是一种通风效果良好、修筑简单的篱笆。猫也可以从方格中自由出入，有没有这道篱笆墙，对我们而言并没有什么。实际上，落云馆的校长并非为了不让猫过才安上了这条篱笆的，而是为了防止自己学校培育的君子钻跑出去，才特意请工匠师傅编好安装上去的。就算通风效果再好，人肯定钻不过去。篱笆墙是竹子编的，每个方格约四寸见方，就算是清朝的魔术奇人张世尊来了，也不见得能钻过去。对我家主人来说，这堵墙肯定起到了作用，他也以为万事太平了。但他的想法中却存在着很大的漏洞，漏洞大到足以漏过一条鱼呢。主人肯定认为墙是难以逾越的，按照他的理解，不管是对方学校的学生再怎么不懂事，肯定不会跨过这道墙，这条明显的分界线。没多久主人又推翻了自己的假想，就算有人能闯进来也没关系，毕竟能从那么小的网眼里过来的人个头肯定还不及个孩子呢。他笃定绝不会有人能再闯进来了。诚然，也只有猫能从篱笆的方格里穿过来了。但要是从篱笆上翻过去、跨过来的话，反倒也毫不费劲，就好像某种运动一样。

就在篱笆修好的第二天，君子们一个个地又跳进了北面的空地里，篱笆修和没修根本没有区别。但他们并没有直接来到我家的大门前，毕竟逃跑还需要花点时间，他们也都预估好了逃跑的时间，只在没有危险的地方活动活动。至于他们在空地上干吗，住在东侧房间里的人自然看不见。想要看看他们究竟在干吗就需要打开侧门，从反方向朝着拐角的地方看；抑或是从厕所的窗户透过篱笆远远地看。虽然后者够将敌情尽收眼底，但根本没法前去捉拿，充其量就在窗户上责骂几句。如果从侧门那边突袭出去，君子们只要听见脚步动静，立马就跳过篱笆跑走了，就好像偷偷捕猎的渔船径直往大海深处开去一样。

我家主人自然不会在厕所里侦察敌情，更不会守在门边，一听到动静就冲出去。如果他真要这么做的话，除非辞掉教师的职位来专门对付这些人，否则别想追上他们。话说回来，主人在这个地方有一个不利条件，书房里只能听见学生们吵闹却看不见人，而在厕所的窗户旁虽能看见敌人，却又拿他们没招。对面的君子们似乎也看透了这点，反倒制定了自己的战术，即当主人在书房时，就尽可能提高嗓门，其中不乏一些讽刺主人的难听话。光听声音还很难分辨出他们究竟在什么地方，让人难以判断他们的究竟身处墙内还是墙外。只要主人一出去，他们就赶紧朝外跑，或者本来就站在墙外，装没事儿人一样。每当他们瞧见主人去厕所时候，实际上我总使用“厕所”这个肮脏的字眼，我对此并非感到骄傲，反倒觉得有点儿丢人。这时候他们就从厕所旁边高声叫喊，声音足以震惊四邻。当学生君子们这么做的话，主人的处境就变得尴尬了。他明明知道敌人已经进来了，但当他抄起手杖到了外面，却发现外头安静极了，一个人都没有。没办法，主人就只能回到厕所的窗下去看看，这时学生们肯定又绕回了前面来。主人就不停地在这两点间转来转去，反复不断。所谓的疲于奔命恐怕就是这种情况了。他常常为此事生气上火，甚至搞不清楚自己究竟是个教师，还是一名战士。每当他生气到极点的时候，下面的事情也就跟着出现了。

这件事情的出现也全都因为“生气上火”，就如同字面，火气是朝上去的。关于这一点，不管是格林[①]、帕森斯[②]还是守旧的扁鹊，全都这样认为。只不过现在弄不清楚火气上到了哪儿去，又是为什么会朝上去。

相传，过去的欧洲人认为，人体内共循环着四种液体。其一名曰“怒液”，这种液体上升的话，人就会大发雷霆；其二名曰“钝液”，上升的话，人就会反应迟钝；其三名曰“忧液”，能够让人变得忧郁；其四名曰“血液”，它的循环能使人的四肢灵活。之后随着人类的不断进化，怒液、钝液、忧液就渐渐消失不见了，只剩下血液还在体内循环。如果还有人说自己上火的话，不是别的，肯定是血液在作怪。血液的量因人而异，人的性格不同，虽略有差别，但总量差不多。人的血液量平均为五升半。如果这五升多血液一旦上升的话，只有血液流到的地方才会活跃，其他地方就会因为缺血而

① 格林（1785-1870）：英国气球飞行员。

② 帕森斯（1854-1931）：英国工程师、发明家。

变凉。举个例子，就好比警察局着了火，警察们全回到了局里，马路上则看不见警察的身影了。甚至有人从医学的角度上把这种情况归结为“警察上火”。

其实，降火的方法也是多种多样。据说我家主人的老太爷说，但他现在已经过世了，把冰毛巾放在头上，然后把双脚放在炉火上烤的方法能降火。正如《伤寒论》中所述，上冷下热可延年益寿，冰毛巾作为延长寿命的道具更是不可或缺。要是不用这种方法，倒也可以试一下和尚们的方法，相传那些没有定所、云游四方的和尚往往在树下的石头上歇脚。此法并非为了修行，而是禅宗六祖在舂米的时候想到的方法。各位也可以试试看，找个凉石头坐上去，屁股一凉，身上的火气自然会下来，这些都是毋庸置疑的自然法则。降火的方法已经非常多了，但现在还没有人发明出能够催人上火的方法来。通常人们都会认为上火是百害而无益的，但实际上，个别职业的人也需要上火，倘若心中无火就一事无成。诗人就需要有火，就像轮船要有煤炭一样。一旦诗人体内少了火，也只能沦为吃白饭的凡人。其实上火也是发疯的另一种说法，诗人体内无火便无法维系家业。不发疯就没法生存的说法似乎有些不雅，所以大家就称诗人体内的“火”为灵感了。这不过是为了蒙骗世人而找了个好名字而已，实际上不还是上火吗？柏拉图还吹嘘这是“上帝的疯狂”。可不管再怎么和上帝扯上关系，但凡和“疯狂”有了关系，人们也都不会赞同。倒不如就还称之为灵感，就像给新药命名一样，于诗人而言也更好文雅一些。究其根本，年糕的原料是山芋，观音造像的原料就是个一寸八分朽木，鸭肉汤里用的是乌鸦肉，牛肉火锅里放的是马肉，灵感的本质就是上火。所谓上火实际上就是短时间的疯癫状态，这种人大可不必送进疯人院，毕竟发病短暂，但想要制造这种短暂的疯狂也并不容易。这种只有面对稿纸时才会疯狂的人，不论上帝再怎么巧手，恐怕也难以造出来。既然神造不出来，那就只好自己动手了。也正因如此，天底下才有那么多人研究上火和降火。有人更是为了获得所谓的灵感，一天吃十二个涩柿子。究其原因，吃了涩柿子就会便秘，便秘之后内火就会上升。甚至还有人拿着烫好的酒，跑到浴缸里泡澡，说在热水中喝热酒可以使体内火气上升。而且此人还说，如果此法不灵验，可以跳进烧得滚烫的葡萄酒池中，休内火气肯定会上升。但只可惜他是个穷人，还没付诸行动就一命呼呜了。

以至于到了最后，还有人说只要模仿古人，灵感也就会来。据说只要模仿别人的谈吐举止，就能获得相应的心理状态。就好比模仿一个醉汉，嘴上说个没完，渐渐地心态也会像喝过酒一样。假如能够耐着性子坐禅，坐上一炷香工夫，就会感觉自己跟个和尚一样。因此，假如模仿一下古代那些有灵感的名家的谈吐举止的话，肯定会收获灵感。相传法国作家雨果[1]曾在快艇上仰面朝天地构思，所以只要躺在船上凝视天空，灵感也就会来了。又据说史蒂文森[2]曾趴着写作，所以只要趴着写作，灵感也就会来了。就像这样，很多人都想出了很多不同的方法，但至今尚无一人成功。就现状而言，通过人为方法提升火气已经是不可能了。虽然遗憾，但也已是无可奈何

① 雨果（1802–1885）：法国浪漫主义作家。

② 史蒂文森（1850–1894）：英国小说家、诗人。

之事。我以为，灵感迟早会出现，我也殷切希望人类文化能发展得更好，正翘首以盼这天的到来呢。

到这里，我觉得关于上火的内容已经讲得不少了。下面言归正传，继续说事情的前因后果。实际上，在任何大事件发生之前，都有一些小事情，而只谈大事却忽略小事则是历来史学家们的通病。我家主人每碰上件小事情，火气就会往头上冲一次，如此往复，最后终于酿成了大事。所以说，要解释主人为何生气上火还是要层层剖析。倘若我不彻头彻尾地讲明白，肯定会有人说我家主人是在无事生非。主人难得发火，倘若没被重视岂不是个偌大的遗憾。下面我要讲的事情不论大小，于我家主人而言都不是正面消息，但至少在生气上火方面，我家主人可毫不逊色于其他人。主人在其他方面实在没法和人比，要是不在上火方面夸耀他一番，那就再没什么值得写的东西了。

聚集在落云馆附近的敌军最近发明了一种名叫达姆弹的弹药，每当课间休息或者放学后，他们就冲着北面的空地发射炮弹。达姆弹俗称棒球，玩的时候需要手持一个很大的、类似于研磨棒的东西，借此来向敌军发射炮弹。不管是达姆弹还是什么弹，都是从落云馆的运动场朝我们家发射的，但也不用担心炮弹会击中书房里的主人，恐怕敌人也知道这个炮弹打不了太远。但实际上这却是一种战略。即便滚进空地的全是些球，但每次发射后敌方都会大喝一声，可给我家主人吓得不轻。惶恐的状态下，主人手脚里的血管就会收缩，当他烦闷到极点时，全身的血液自然走投无路，就冲上了头。敌人的这一计策可谓非常巧妙。

相传古希腊时期有位名叫埃斯库罗斯的作家，据说他有着个和学者、作家一样的脑袋。这里我说和学者、作家一样的脑袋，实际上就是指谢顶、秃头。为什么这两种人偏偏没有头发呢？实际上全因他们头部的营养不良，缺乏生长头发的活力。这两种人工作都需要绞尽脑汁，而且通常又比较贫穷，谢顶也是在所难免。总而言之，学者和作家的脑袋往往缺乏营养，基本都是光的。按照这种情况而言，这位作家势必也有一顶秃头，是一个光溜溜如金橘一般闪亮的光头。有天这位作家照例顶着自己的光头，因为他平时不戴帽子，所以人们总能看见他的光头，大摇大摆地走在街上。可问题也偏就出在这里了。从远处望去，他的光头格外的明亮。所谓树大招风，那么显眼的光头肯定也会招来点什么。恰在此时，上空飞来一只老鹰，仔细一看，它的爪里好像还抓了个活物，是个乌龟。对老鹰而言，像乌龟、甲鱼等都是上好美味，但自打希腊时期开始，这些动物身上就出现了个硬壳，即便再好吃，也难以品尝了。虽大虾可以不用去壳就能供人食用，可迄今未曾听说过有人带壳吃乌龟、老鳖。手段丰富的老鹰也拿这硬壳无可奈何。想必那时候，眼下那明晃晃的光头吸引了老鹰的注意，它想只要把乌龟往那亮光的地方一扔，龟壳必定会碎，到时候再下去吃肉。老鹰考虑好了之后，也不打声招呼就把乌龟扔到了光头上。不凑巧，这位作家的脑袋壳还不如乌龟壳硬，脑袋被砸了个粉碎，他也就这样惨死街头了。

上面都是些题外话，令我费解的是老鹰当时的想法，它知道那是个脑袋才扔下乌龟的？还是误把脑袋当成了光溜溜的石头才扔的呢？因为答案存在分歧，我们既可以用老鹰来比喻落云馆的学生们，抑或两者根本无法相提并论。

主人的脑袋虽然不及那位作家亮，但既然他能在方寸大小的书房中打盹读书，还能把脸扎进非常高深的书本中，看样子应该也是个学者或作家，那么变成秃头也是早晚的事。因此落云馆的学生拿主人当成攻击对象，集中使用了达姆弹的方法也可谓非常合适。如果对方的进攻继续，主人肯定会因为害怕和心内烦闷而营养不良，想必不久，主人的脑袋也会变成橘子、茶壶或者铜壶那样。假如再挨上两周炮弹的话，橘子肯定要坏，茶壶也会漏水，就连铜壶也势必会被弄破。然而主人却从未预料到此番结果，还一意孤行要和对方拼下去，真是个傻瓜。

有一天下午，我照旧在廊檐底下睡午觉，竟做了个梦，梦见自己成了只大老虎，还耀武扬威地冲主人喊："快去给我拿点儿鸡肉来。"

主人唯唯诺诺地说："遵命！"便将肉给取了回来。

不一会儿，迷亭也来了，我就冲他说："我现在想吃大雁肉了，快去肉店里给我弄点儿回来。"

迷亭还是老样子，跟我胡说道："雁肉需要和咸菜、咸饼一起吃才好吃呢。"

听罢，我张开大口，冲他"哼"了一声来吓吓他。

迷亭脸色煞白，冲我说："山下他们家的肉店已经打烊了，可怎么办？"

"那我就凑合吃点儿牛肉得了，你快去西川家的肉店给我弄一斤牛里脊，怠慢的话，就吃你！"

然后迷亭拢起衣襟就跑出去了。在梦中，我的身体变得非常大，躺下之后就占满了整个廊檐。就在我等迷亭给我取牛肉的这阵功夫，整个屋子突然发出了阵巨大的声响，牛肉还没吃到，我却被吓醒了。

刚才我面前俯首称臣的主人，眼下竟然从厕所间里跑了出来，不由分说就照我的肚子踢了一脚，还没等我疼得喊上一声，他就已经穿着木屐绕过了栅栏，朝落云馆跑去了。忽然间我也从老虎的体格变回了猫，想来有点遗憾，也有点可笑。眼见主人气势汹汹，看样子要亲自和敌人战斗去了。和主人的举动相比，肚子被踢了一脚、梦中变成老虎的事情也被我给忘得一干二净，主人亲自上战场才更有意思呢。于是我就忍着疼痛跟出了门。

刚到门口，就听主人大喊一声，“小贼！”眼见一个十八九岁的年轻小伙子，头戴学生帽，正跨过篱笆往外跳呢。

我心想这下肯定跑不掉了，但是那个学生跑得飞快，一下子就跑回到自己的地盘上去了。主人眼看自己高喊“小贼”的策略奏效了，就继续边喊边追。但想要撵上对方的话，就得跳过栅栏，跑得太远的话，自己反倒会成了小贼。前面说过，主人在着急上火方面是出了名的，看来他这次是铁了心要抓住这个小贼了，一点没有停步的意思。眼看他已经到了篱笆前面，再往前一步他自己也就变成了小贼了。在这紧要关头，一个留着小胡子的“将领”从敌军中不忙不慌地走了出来，于是两人就隔着篱笆开始了谈判。我上前一听，真是无聊透顶了。

“那个孩子是我们学校的学生。”

“学生怎么了？学生就能闯进别人家去吗？”

“那还不是因为球掉了过去吗？”

“为什么不跟我说一声再进来拿呢？”

“日后我们会注意。”

“那就行。”

我本来以为此番交锋会呈现出龙争虎斗般的精彩，没想到两人竟然以散文式的交谈收尾了。原来主人的冲动劲头就是表面文章，一到关键时刻就一下子软了下来，就像我从梦中的老虎变成了现实中的猫一样。

上述内容就是我之前说的小事情而已，下面我就说一件大事件了。

眼下主人正躺在客厅的纸门前头，若有所思的样子，八成是在想如何应战吧。这时候落云馆正值上课时间，操场上十分安静，能听到的只有某间教室中传来老师讲授伦理学的声音。只听这声音铿锵有力、非常清晰，没错，正是昨天那位冲出阵营、留着一撇小胡子的那个将领。

“公德心非常重要，且看西方各国，不论法国、德国还是英国，都是讲公德的国家。这些国家中，不管人是多么不好，总归都非常重视公德。在这一点我们国家确实比不上人家，实在可悲。或许有人会以为所谓公德是刚产生于国外不久的东西。这可就大错特错。古人曾说，‘夫子道，一以贯之，忠恕而已矣’，所谓‘忠’便是公德的来源。我也生来为人，有时也会想放声高歌，但假如我在念书的时候，隔壁开始唱歌了，我就没法再继续读书了。所以当我们想要高声诵读《唐诗选》以抒发胸中快意的时候，也要考虑一下隔壁是不是也有一个像我一样的人，会不会打搅到别人。这种时候，一定要做到克制。从小事做起，各位也要遵守公德，如果发现自己所为给别人造成困扰的话，就绝对不要做了。”

原来主人正在侧耳倾听这番演讲呢。当他听到最后一句时，竟然笑了出来。在这，我也给主人的“笑”做一番解释吧。如果一个懂得讽刺的人读这段话，肯定会发现里面对别人的冷嘲热讽，但主人不是这种人，他的品性还没有坏到那一步。其实说他心眼儿不坏，倒不如说他太蠢了。他此番笑出来全因为心里太高兴而已。多亏了这位伦理老师对学生的教导，往后再也不会有达姆弹打到家里来了。如此说来，主人的脑袋上的头发暂且保住了，虽然生气上火的问题不能马上痊愈，总归还是存在康复的可能性。一想到不用头戴冰毛巾、脚烤暖炉，不用睡在树下的石头上等，才笑了出来。在 20 世纪的今天，主人甚至还单纯地信奉“欠债还钱”的道理，所以他能顺着老师讲的听进去也就不足为奇了。

没多久，下课时间到了，老师的讲话停了下来，所有教室的课都上完了。刚才还被关在室内的八百多位好汉瞬间吵嚷着冲出教室，这般势头就好像一尺多长的马蜂窝被人捅翻了一样，嗡嗡嗡地，从所有门，所有敞开的地方，一下子疯跑了出去，紧接着大事件就出现了。

首先，我们从这如马蜂群起的势头说起。如果各位读者以为我家门前的战争需要某种阵地的话，那就大错特错了。通常只要一说战争，人们就会觉得，除了沙河、奉天或者旅顺等地外，就不会出现战争了。有点儿文化的人兴许还能想到阿喀琉斯[①]拖着赫克托尔[②]

① 阿喀琉斯：《伊利亚特》中的一位英雄。

② 赫克托尔：《伊利亚特》中的另一英雄。

的尸体在特洛伊城绕城三圈、燕人张飞手持长矛站在长坂坡头喝退百万曹军等。进行何种联想都没关系，但绝不要认为我家门口就不会出现战争。

上述的那些野蛮战争只出现在远古未开化的时期中，而现如今已是太平盛世，更何况我家在日本帝国的中心城市，更不会出现那种野蛮行径，就算学生再怎么折腾，也不用担心事件上升到火烧警察局的程度。卧龙窟的主人和落云馆的八百健儿间的斗争，可谓是京城史上最大的战争。之前左丘明描写鄢陵之战[①]时候，正是从敌方阵营的情况写起的。看来这种描写的方法古来就有，那我也照例先介绍一下敌方阵营的排兵布阵吧。

且先看敌方阵营，最先看见的是篱笆外的纵队。我敢断言，这最外面一圈的人的主要目的就是引诱我家主人开战的。只听他们吵嚷不止，说"不服气吗？""不服！""大事不妙！""还没出来吗？""咱们撤退吗？""别急着走！""咱们喊几声来！""旺、旺、旺！""嗷、嗷！"整个纵队齐声叫道。

在前排纵队的右面，是炮兵团的险要之地。只见一名领队手持大棍子，面朝卧龙窟随时准备进攻。拿棍子的身后还站了人，也面朝我家站得笔直。他们对面有一队人，那些便是炮手，都站成了一条直线。后来我听说他们这般架势实际上是在练习棒球，并非要向我家宣战。但我可不懂什么球不球的，听说是一种来自美国的运动游戏，眼下是中学等高等学校中最流行的运动项目了。要说美国还

① 鄢陵之战：中国春秋战国期间的一场经典战役。

是个盛产鬼点子的国家，还真敢把炮弹用到运动上。这么一说，能把这项打扰街坊四邻不安生的运动传到日本也就能说得通了。

对美国人而言，即便这真的是项运动，却有惊扰四邻般的功效，如果真的换成了炮弹，岂不更可怕？据我观察，我觉得他们是想假借运动之名，来对我家进行炮火攻击。同一件事物，但凡换了说法，就能变一番花样。既然有人可以假借慈善之名进行欺诈，有人能吹嘘灵感来为着急上火解释，也就会有人以打棒球为借口来进行挑衅打仗。有些人认为这无非就是一项普通的棒球运动，可在我看来，这分明就是一场攻城炮战。

下面我再讲讲达姆弹的发射方法。在那一横排的炮手之中，人们一个个地用右手拿着达姆弹朝手持棒子的人扔去。至于达姆弹的构造，外人当然不得而知，论其坚硬程度就像个石头一样，用皮革给缝了个结结实实。这样的炮弹一旦被发射了出来，就会一阵风似的飞出去。这时候站在对面的人也会抡起棒子，用尽全力回击过去。但这时候也不是百发百中，被回击中的炮弹更是力量十足，足以让我那患有神经性胃病的主人脑袋开花。按理说开炮到这种程度也就够了，可偏偏旁边还有很多援军在凑热闹，每当炮弹被击中后，他们就拍手叫好，嘴里还说“真好！打中了！”“真厉害！”“这次打中了！”“你服气不服气”之类的话。

假如要光到这种程度，其实还算说得过去，但问题是反射回来的炮弹中，三发之内肯定会有一发飞进卧龙窟的院子内。按照他们的说法，如果炮弹没有飞进我家就算失败。虽然说近来达姆弹的制造非常兴旺，但价格依旧非常高，特别在眼下战争期间，大量供应更是难上加难，基本上每个炮手都能拿到一到两枚。如此昂贵的炮弹怎能打一下就不要了呢？于是他们还组建了个“捡球分队”，专门负责捡球。如果球掉的地方还可以的话，捡回来倒也不费什么劲，假如球掉进了草地里或是我家院子里，那捡球就麻烦多了。要在平时，他们为了捡球方便，总把球打到好捡的地方，但现如今已经到了战争中，炮手就会故意把达姆弹打进我家院子来。所以捡球就需要捡球队跑到我家院子里面了。进院子的最简单的方法就是直接翻过方格篱笆，但只要他们进来，主人肯定会不高兴，除非他们能向主人赔礼道歉。但我家主为此伤透了脑筋，头发也大有变秃之势。

就在刚才敌人打来的这一炮就非常精准，直接穿过了方格的篱笆，打落了一片梧桐树叶，径直击中了竹篱笆，发出了巨大的响声。按照牛顿第一定律所说，如果外界没有阻力的话，一旦开始运动的物体就会以恒定不变的速度做直线运动。如果那颗炮弹按照这条定理运动的话，主人的脑袋恐怕不免落得和之前那位作家一样的下场了。不过好在还有牛顿第二定律，才使主人免受灭顶之灾。牛顿第二定律说，“运动的变化和受外界力成正比，其作用在直线之上。”这一条我没太看明白，不过达姆弹没能穿过竹篱笆，也没能穿过纸门，更未曾将主人的脑袋打个粉碎，应该都是托了牛顿的福气了。

又过了一会儿，果然有敌人闯进了院子来，一边儿用棍子扫这竹叶，一边儿说，“在哪儿呢？”“是不是再左边儿一点呢？”他们每次进院子找达姆弹的时候都会弄出很大的动静来，反之要是悄悄地来，捡完球就悄悄离开的话，反而达不到自己的目的了。纵然达姆弹非常贵重，但捉弄主人似乎更加重要。寻找达姆弹的时候，首先要在远处看看它落在什么地方，通过听达姆弹击打竹墙的声音，就大约能判断掉在哪儿了。所以说，只要是老老实实地去捡达姆弹，有多少都不在话下。

布莱尼兹[①]曾说，空间是一种可能同时存在的秩序。所以一切的事物都是有一定排列的规律。可谓柳树之下有泥鳅，蝙蝠上头有弯月，那么墙根下面有个球？这么说可能不太合适。但对那些每天都把球扔进别人院子的人而言，这似乎已经不是什么大问题了。他们应该已经习惯了这种空间排列，只要一看就知道球在哪，但现在却如此折腾，说实话，这就是来冲我家主人挑衅的计策罢了。

事已至此，不管主人再怎么消极，也该拿出点应战的架势了。刚才还在屋里笑嘻嘻听伦理课的主人突然纵身一跃，快步跑了过去，一下抓住了个学生。于我家主人而言，这可谓是了不起的战果了。但仔细一看，被主人抓住的竟然是个十四五岁的少年，我家主人一脸胡子，拿这样一个年轻人当敌人似乎有点儿说不过去。但主人却没觉得有半点儿不妥，虽然对方一再认错，可还是被硬生生拽到了走廊前面。

在这儿我得和大家说说敌人现在采用的战术了。敌人昨天已经知道主人正在气头上，想必今天一定会亲自上阵，那时候再逃跑可就来不及了。如果是个稍大点的学生，事情就没那么简单了，所以让个一年级、二年级的小孩子去捡球最为妥当。就算被主人抓住了，毕竟是小孩子，说上几句也不会伤到落云馆的名气。但谁曾想，唯

---

① 布莱尼兹（1646-1716）：德国自然科学家、数学家。

有我家主人不懂事，居然和小孩子较起真儿来，说出去真丢人。这就是敌人当下的计策，这也符合普通人的逻辑。但是敌人恰恰忘记了，我家主人可绝非等闲之辈。但凡他有点普通人的常识，昨天就不会从屋里蹦出来。人一旦被怒气冲昏了头，再普通的人也会变得与众不同，懂得再多的人也会变得无知，不管是妇女、孩子、赶车的还是赶马的，只要有清醒的认识，就还不至于说被怒气冲昏了头。只有我家主人那样办事不经大脑、抓到了个一年级的学生作为俘虏的人，才配称得上是生气方面的行家里手。可怜的人质，不过就是听了班里同学的话，当了捡球小兵，只因运气不好反被敌方那神经不正常的将领、生气方面的专家给逮了个正着，还没来得及翻墙回去，就被拽到了院子前。

敌人更不能眼看自己的战友受欺负了，他们一个个地跨过篱笆，从木门那边闯到我家院子里，足有十几人，在我家主人面前站成了一排。他们之中大多数都没穿上衣，或者只穿了个背心，个别穿白衬衣的还把袖子挽了上去，抱着胳膊。还有的怕是不好意思光膀子，就把衣服直接放到了肩头。其中还有个打扮时尚的年轻人，白色的布面上衣镶着黑边儿，正当中还绣了个黑花纹。看架势都是些勇猛善战之人，皮肤黝黑，身子结实，颇有一副丹波国好汉的架势。这些人身强体壮，去学校念书真是可惜了。如果去当船夫或者水手，恐怕对国家更有利。他们都光着脚、裤管高高的，像是前来救火一般。这样一行人就站在主人对面，一声不吭。我家主人也缄口不言。双方彼此怒视着，眼光之中还暗含了几分杀机。

“你们这群强盗呀！”主人怒气冲冲地说，唇齿间像是藏了炮仗一样，看不见的火焰从鼻孔喷涌而出，两侧的鼻翼也剧烈地抖动着。我感觉越后那一带的狮子的鼻孔就是照着人们生气发怒时候的样子仿造的，特别吓人。

“我们可不是强盗，都是落云馆的学生。”

“瞎说！落云馆的学生怎么会不打招呼就跑到别人的院子里呢？”

“我们头上的帽子不是带着校徽呢吗？”

“那肯定是假货！要真是学生，怎会擅闯进来？”

“因为我们的球飞进来了呀。”

“为什么让球飞进来呀？”

“那球就自己飞进去了。”

“一派胡言！”

“往后再也不敢了，这次就饶了我们吧。”

“你们一个个来路不明，还擅闯他人的院子，不能轻易放你们走。”

“但我们都是落云馆的学生，千真万确啊。”

“既然是学生，那是几年级的？”

“三年级。”

“当真？”

“千真万确。”

这时主人扭头朝屋里喊，“快点儿来个人！”

出身埼玉县的女仆阿三打开纸门，说：“来了！”

“你快去落云馆叫个人来。”主人冲阿三说。

“叫谁？”阿三问。

“谁都行！总之叫个人来。”主人说。

阿三虽然答应了一声，但因为眼下的情况她也没搞明白，也不知道主人何出此言，更不清楚事情的来龙去脉，不知所措的她只能呵呵笑了几声。主人本想借此大战一场来展示一下自己生气的本领，可没曾想自家用人非但不支持自己，还嬉皮笑脸，反倒让主人更加生气了。

“我不是说了吗？叫谁都行，校长呀，或者学校的管事儿的。”

“是要把校长给叫来吗？”阿三似乎只知道校长。

“校长也行，学校的干事也行，我刚才不是说了吗？没听明白吗？”

“要是都不在的话，把杂役叫来行吗？”

“把杂役叫来他能明白什么？”

事情发展到这，阿三也明白不去也不行了，答应了一声就出发去了。直到出发之前她也没明白这是怎么一回事。她生怕没人，最后只得把杂役给叫来，可没曾想刚才讲伦理的那位老师却从大门走了进来。等老师落座后，两人的谈判就开始了。

“就是这些人，刚才擅闯了我家院子。”主人用一口《忠臣藏》里的口吻说道，接着又略带嘲讽地说：“都是贵校的学生吧？”

这位教师却毫不惧怕，镇定地将这排勇士看了一遍，又把目光转到了主人身上，说：“没错，都是我们的学生。我校一直训诫学生不要做此番事情，可他们总听不进去。说！你们为什么要跑到人家院子来？”

学生终究是学生，面对老师的质问，谁也没说话，都老老实实地站在院子的一角，就像是羊群碰上了大雪天一样，特别规矩。

主人接着说："听说是球飞了进来，这实际上也在所难免，毕竟咱们两家离得这么近，球掉进来也正常，但就是他们捡球的时候太吵了。如果能悄悄地翻过来，捡球的时候也不闹出动静，也就罢了。"

"您说得太对了，我们一直是这样教育学生的，毕竟学校太大，学生太多。往后我们会严加管理的。你们几个听好了，以后要是球再掉到人家院子里，记得和主人打招呼，再从正门进去捡球。没办法，学校实在太大了，一点儿办法都没有。话说回来，体育是教育中不可或缺的一环，没法禁止，所以总闹出麻烦来，这一点我还希望您能体谅，往后我们也会从正门来，打好招呼后再捡球。"

"既然话说到这个份儿上也就算了。其实不管掉进来多少球，只要打个招呼，从正门进来，都没关系。方才这个学生你就给带回去吧。添麻烦了！"主人还是老样子道起歉来，虎头蛇尾地说了一番。之后这位老师就领着丹波国的好汉们从正门回学校去了。

以上就是我想给各位讲的"大事件"了。倘若有人觉得这也没什么大不了的话，那我也没办法。虽然在别人眼里这事儿可能不算太大，但于我家主人而言，这却实实在在是件大事情。如果有人想说主人是个虎头蛇尾、是强弩之末的话，那么也别忘了，这正是我家主人的特色。我家主人之所以能成为滑稽小说的素材，也全因这些特点。如果有人说主人竟然和十四五岁的孩子较真，是他愚蠢的话，这点我不否认，毕竟以前大町桂月就曾说过主人是满身的孩子气。

到这我先讲了小事情，又说了大事件，下来我讲讲事后余波，来做一个简单收尾。可能会有人说我下来的话都是胡话，但我毕竟不是个轻率的猫，我说的一字一句中都包含着伟大的道理呢。我所讲的一字一句都井井有条，前后呼应，纵然读第一遍会觉得都是些闲言碎语，可若连起来仔细读，就会觉得这其中有很多道理。读我写的话时，千万不能躺着，也不能跳行看，一定要认真。据说柳宗元每每阅读韩语的文章时，都要先用蔷薇花泡的水来先洗净双手。读我写的东西，不妨花点钱去买上一本，千万别找朋友借借，敷衍了事。下面我要讲的，在我看来就是“余波”。如果您认为既然被称为余波，肯定都是些无聊事情，不读也罢的话，那可就大错特错了，是要后悔的。所以说，这一段更要一字不差，认真读才是。

就在大事件后的第二天，我本想出门散散步，刚走到门外，就看见金田老板和铃木藤十郎站在街角说话呢。金田老板正要坐车回家，和本要去找他的铃木碰见了，两个人聊起了天。最近金田家里也没什么新鲜事情，我去的也少了，但刚才又看见了这两位熟悉的面孔，还真有点怀念。特别是很久没见到铃木先生了，这下又有机会一见他的风采了。于是我就从后面跟了上去，慢慢靠到了二位身边，听起了他们间的谈话。这可绝不能说我是在偷听，谁让他们没把我当回事呢。金田心眼儿那么多，还专门派人来侦查我家主人的情况，那我偶尔也听听他们的谈话，想必应该也没什么吧。他要是懂得公平为何物的话，自然不会发火。总而言之，两位的话我全听见了。其实并不是我故意要听的，只是对话的内容凑巧进了我的耳朵。

“我刚去了您家，没见到您，没想到在这儿碰见了。”铃木点头哈腰地说。

“是吗？那可真是巧了，正好我也准备找你呢。”

“真的呀？有什么事情吗？”

“其实没什么大事情。小事一桩，但除了你，别人恐怕办不了。”

“只要我能做到，我肯定会尽力的。究竟是什么事情呀？”

“嗯……这个。”金田思忖着。

“要是今日不方便讲的话，我过两天再来找您？您选个时间。”

“就是因为事情不大。见都见了，那我就拜托你了。”

“千万别跟我客气。”

“还是那个怪人的事情。对了，你那个朋友，叫什么来着？苦沙弥对吧？”

“对，是，他怎么啦？”

“其实也没什么，就是之前那个事情后，我心里一直不痛快。”

“说的也是。全怪他太傲气了。本来就应该想想自己是什么社会地位，他还真以为自己是天下第一呢？”

“对呀，他还说绝不向金钱低头、瞧不上实业家等，你看这些话多么狂妄自大呀。我就想既然不服气，我就让你知道实业家的厉害，前段时间我收拾了他一下，但他依旧顽固，这真让我始料不及。”

“他就是个硬骨头，什么都不懂还硬逞强。这个毛病他一直就有，就不会算算自己有没有吃亏，简直无话可说。”

“确实不可理喻，所以我又换了个套路，让学生们收拾了他一顿。”

“这一招真厉害，收效如何？”

“看样子他也有点儿吃不消了呢，我看没多久他就会求饶。”

“好极了，让他猖狂，双拳怎能敌四手呢？”

“正是，看他能猖狂到几时。我听说他最近收敛了不少，但不知具体状况如何，这才想托你前去一看究竟。”

“原来这回事情呀。我现在就前去查看一下，至于情况如何我后头和您说。肯定特别有意思，他那么倔强的一个人也会苦恼，肯定有意思。”

“那就回来的时候你再找我一次，我等你。”

“好的，我这就去。”

这又是个大阴谋呀。要说还是实业家的本事大，一通儿下来，主人都被气得着急上火了，脑袋也快秃了，怕是连个苍蝇都难以在他头顶站稳，更是险些落得和埃斯库罗斯一样的下场，通过这些事情不难看出实业家的厉害。虽然我不明白地球转动是什么力量在驱使，但社会的运转确实实在在是金钱在作祟。通晓金钱威力且能够充分发挥其作用的人除了实业家再无他人了。甚至可以说，每天太阳能顺利地从东方升起，又平稳地落在西方全是实业家的功劳。我一直被养在这什么都不懂的穷教师家里，竟然对实业家的丰功伟绩一点儿不知晓，我自己也觉得这是失策。这次我想，纵然我家主人再冥顽不灵，也该多少懂点事情了吧。假如还不醒悟，还一味地蛮干下去，那可就危险了，甚至是生命危险。不知道等会儿主人见到铃木会说点儿什么。至于说主人究竟有没有醒悟，醒悟到了何种程度，都取决于两人接下来的这次会面了。时间宝贵，还是主人的事情要紧，我就抢在铃木之前，赶紧回到了家里。

铃木还是老样子，十分圆滑，眼下他在我们家，对金田跟他说的事情只字不提，反倒说了很多无关紧要的话。

“今日老兄的脸色可不怎么样呀。是不是哪儿不舒服？”

“并没有呀。”主人说。

“那你的脸色可看着有点儿发青呀。一定要注意，近段气候不怎么好。晚上睡得怎么样？”铃木说。

“嗯。”主人说。

“是不是有什么心事，有没有我能帮忙的？尽管跟我说。”铃木说。

“心事？我能有什么心事？”主人说。

“没有的话自然再好不过了。要有的话可要告诉我，心里要总惦记些事情的话，可特别伤身体呢。人呀，还是开开心心地活着最好。我总觉得你情绪不太好。”铃木说。

“太高兴了反倒会伤身体呢。之前还有人活活笑死呢。”主人说。

“可别瞎说呀。俗话说‘笑门福来’嘛。”铃木说。

“你是不是不知道以前有个古希腊的哲学家，名叫库利息帕斯。”主人说。

“真不知道。他怎么啦？”铃木说。

“这个人笑过了头，就死了。”主人说。

“哎呀，这可真是个怪事情。不过怎么说，这都是很早以前的事情了吧。”铃木说。

“过去和如今又有什么区别呢？那个人当时看见了一个毛驴在银

碗里吃无花果呢，觉得十分可笑，就大笑了起来。可没曾想，笑到最后根本停不下来，就笑过去了。”主人说。

“哈哈哈，笑也不能笑个没完吧。稍微开心开心，适可而止才是最佳的状态呀。”铃木说。

就在铃木观察主人的反应时，大门被“咚”地一下推开了，难不成有客人到访?

“球掉到院子里面去了。请让我去拿回来吧！”

“去吧！”阿三从厨房里喊了一声。然后这个学生就进院子来了。

“怎么回事？”铃木问。

“就是后头的学生又把球扔到院子里来了。”主人说。

“后面的学生？怎么还有学生呢？”铃木说。

“有个学校，叫落云馆。”主人说。

“有个学校呀。那平时得多吵闹呀。”铃木说。

“别说吵不吵了，我都没法静心看书了。假如我是文部大臣，立马让它关门大吉。”主人说。

“瞧你说的，看来还真生气了呀。是不是还有什么闹心的事情？”铃木说。

“且说呢。一天到晚都是烦心事。”主人说。

“真要是不顺心，搬个家不就结了？”铃木说。

“让我搬家？怎么可能？”主人说。

“别朝我撒气呀。我看都是些小孩子，不理他们不就行了。”铃木说。

“你能忍，我可忍不了。昨天我都把他们的老师叫来聊了聊。”主人说。

“有点儿意思了。他们都认错了吧。”铃木说。

“嗯。”主人说。

这时大门又被推开了，“不好意思，球又掉到这边来了，让我去拿回来吧。”

“说着说着，又来一个，怎么净是捡球来了。”铃木说。

“我跟他们商量好了，捡球只能从正门进来。”主人说。

“难怪他们一个接一个总来呢。那我就明白了。”铃木说。

“明白？明白什么啦？”主人说。

“我是明白他们前来的原因啦。”铃木说。

“到现在为止，今天已经来了十六次了。”主人说。

“你不觉得烦吗？干脆不让他们进来不就结了？”铃木说。

“还能不让他们来？他们硬是要来我也没办法。”

“既然你都说了没办法，我也不往下说了。其实你别总那么固执就行了，那些棱角分明的人在社会上活着，是又吃苦又遭罪。反倒那些圆滑一点的，走到哪里都不费劲。有棱角的东西一旦转起来，每个棱角都会被撞得生疼，毕竟世界也不是咱们几个说的算，哪有事事都顺心的呀。换句话说，咱们也别和有钱人作对了，毕竟吃亏的也是自己，人家还对此满不在乎。人家坐在那动动嘴就能把事情解决，再说人多势众，你也不是不知道。再这么顽固下去，不但影响学习，长此下去更伤身体呢！”

“真不好意思！球又掉进来了，我能去后面取一下吗？”

“说着呢，又来了。”铃木笑道。

“真是没点礼貌。”主人红着脸说。

大概铃木已经觉得自己完成了任务，就说：“我先告辞了，日后有空了上我那儿坐坐。”说罢就走了。

他前脚走，甘木大夫就进来了。本来容易着急上火的人又自称自己火气大的人就非常罕见。当主人意识到自己有点儿不正常的时候，往往都是被怒气冲昏了头脑的时候。虽然说昨天的大事件中自己的脾气已经达到了顶峰，好在最后的对谈草草收尾。当天晚上主人就在书房想，才发现事情并非那么简单。究竟是落云馆一方的不对呢，还是自己做错了呢？他还发现自己的邻居虽然是个中学，但自己的脾气却还是这么坏，肯定不对。既然发现了不正常，总要想想办法，但是想来想去也没个头绪，只有找医生看看，吃点药来压一压肝火。于是他就想到了平日常给他看病的甘木大夫。且不说我家主人是聪明还是笨，就单单发现了自己容易上火的这点上面，还真是值得表扬。

甘木先生来了之后还是老样子，脸上带着笑容，说：“近来如何？”一般和医生见面吗，头一句肯定会被问到近况如何。所以我对那些见面不问患者情况的医生就非常不放心。

“我那胃病还是老样子。”

“怎么会呢？”

“是不是大夫你给我的药不管用呀？”

甘木虽然有点儿吃惊，但他毕竟是个温厚的长者，也没有什么激动的情绪，说：“不会没有效果的。”

“可是就我这胃病，再吃药不也还是这么个情况？”

“绝不会那样的。”

“不会吗？那我的胃病是不是现在应该好一些了？”他竟然朝着医生问自己的情况。

“当然不会突然就好了，是有一个过程，现在肯定比原来好些才是。”

“是吗？”

“怕不是你最近又着急上火了吧？”

“是呀，做梦我都发火生气呢。”

“稍稍做点儿运动就可以啦。”

“一运动我就更生气了。”

看来甘木大夫也拿我家主人没什么办法，说：“来，让我给看看。”

眼下大夫正在给主人做检查，但还没等检查结束，主人就又着急地问了起来：“大夫呀，我前几天读了一本关于催眠的书，书里说催眠能够治疗手脚不老实等疾病，可信吗？”

“可信，确实存在这种治疗法。”

“现在这种方法还有人用吗？”

“呜，这个嘛。”

“那催眠术很难吗？”

“不难，简单得很，我经常给别人做呢。”

“原来您也做催眠呀。”

“那我就给你做一次试试看？其实给谁做都可以，只要你愿意的话。”

“真有意思了，那我也试试看吧。其实很早我就想体验一番，但就怕催眠之后醒不过来，那就麻烦了。”

“不会的，放心好了。那咱们就开始了。”主人竟然在突然之间就做出了决定来，准备开始接受催眠了，这样的场景我还是头一次见到。

只见甘木大夫先从主人的眼睛开始，具体的方法是从上往下反复轻揉着眼皮，虽然主人已经合上了双眼，但甘木还是一个劲儿不停地揉着眼皮。

没一会儿，甘木问道：“经过这么一揉，有没有觉得眼皮沉了一些？”

“确实沉了。”主人说。

甘木仍旧继续揉着，又说：“是不是觉得越来越沉了？”

看来主人真的是被催眠了，一句话也没说。就这样，催眠按摩又进行了三四分钟。最后大夫又问：“这下你的眼睛可就睁不开啦。”

我可怜的主人呀，眼睛果然是睁不开了。

“难道我眼睛再也睁不开了吗？”主人问。

“对，睁不开了。”甘木说。

主人就这么一直双眼紧闭，我还真以为他就此瞎了呢。没多久大夫又说：“要是能睁开的话，就睁开吧。我估计你肯定睁不开了。”

“真的吗？”主人的话刚说了一般，眼睛就睁开了，和往日一模一样。“看来催眠失败了呀。”

“的确，这次失败了。”催眠的故事就到此告一段落，甘木也就回去了。

没多久，家中又来了一位客人。我家还从来没有接待过这么多客人呢，主人本就是个不善交际的人，没想到还有这么多朋友。眼下这位客人，可是位稀客。下面我就对这位稀客的点点滴滴向各位做个汇报，不光因为他是位稀客，实际上现在我正在描写大事件后的余波，这位客人可是余波中不可或缺的材料。但我可不知道他叫什么，看长相是个长脸，留着山羊胡，约莫有四十岁。此前我称迷亭是美学家，那这位来客可就是个十足的哲学家了。因为迷亭总是一副胡说八道的样子，但这位客人在和主人聊天时，看那举手投足就非常像个哲学家。看样子这位应该是主人的老同学了，两人聊起天来更是无拘无束。

“说道迷亭，那个人就像是金鱼池里面麦麸子一样，轻飘飘的，一点儿不着调。前几天带了个朋友路过一家从不认识的大户人家时，非要进去要杯水喝，还硬生生地把他的朋友也拉进去了，真是一点不稳重。”

“后来呢？”主人说。

“至于后来怎么样我也没有过问。反正他生来就是这么个怪人，没有什么自己的思想，真就和麦麸一样。还有铃木，他之前来过吧？这个人也是不懂事，虽然精明于人情世故，配得上块金表。可说回来，他也不太稳重，朽木不可雕也。他还经常说为人处世要圆滑点，实际上他自己都没明白何谓圆滑。如果说迷亭是麦麸，那迷亭就是个草绳捆扎的魔芋，虽然滑溜，但是不中用。”

主人听了这些精妙的比喻，心中大悦，竟然破天荒似的大笑了起来，接着又说：“那你说说看，你自己是个什么？”

“要说我呀，我这样的人，说破大天也就是个长在荒山野地间的山药，常年埋在土里。”

“我总觉得你天天没什么烦心事，心情特别好，真羡慕你。”

“哪里哪里，我也是个普通人，没什么值得羡慕的。好在一点，我从来不羡慕别人。”

“最近经济上还充裕吗？”

“还是老样子，紧紧张张的。不过好在饿不着，没什么大问题。”

“我最近心情就非常不好，看什么都来气。”

“生气发火也是正常，有气的话就撒出来。毕竟每个人都不一样，我们也不可能要求别人都变得跟自己一样。虽然说大家吃饭都要用筷子，没了筷子就没法吃饭，但假若说想吃面包的话，还不是自己想怎么切就怎么切？一个好的服装店自然能给你做出一身合适的衣服来，差一点的服装店做的衣服也只能凑合穿穿。但有意思的是，穿一段时间，衣服也就会自己变得合身了。如果家里的家长非常有本事，我们一生下来就能适应社会，这再好不过了。但是也有例外，如果生不逢时，也只能自己去适应社会了。”

“但是我这样的人，恐怕永远都没法适应社会了，这可麻烦了。”

“假如衣服不合适，硬穿上去就会给撑破，随之像吵架、自杀等等行为也会出现。不过我看你的情况只不过是自己觉得不开心而已，谈不上自杀，估计连吵架也少有。其实还说得过去。”

“实际上我每天都在吵架呢。纵然看不见吵架的对手，也会生气上火，也就和吵架没什么两样了。”

“你这就是自己跟自己吵架呀。可真有你的。这样吵的话，多少次都没关系。”

“可我最近实在有点儿受不了了。”

“那就别吵了。”

“你说的也对，我自己的想法，就应该由我自己来支配。”

“说来说去，到底什么事情让你大动肝火？”

然后主人就从落云馆的事情开始讲起，说了那些很多此前遭遇的不平，在这位哲学家面前大讲特讲起来。

哲学家先是默默地听着，然后给主人讲了一番道理。“别人怎么说你，你权当不知道不就算了？和那些中学生置气，也根本不值一提。就算是和他们谈判，跟他们吵架斗气，问题不是还是没有被解决吗？就这一点而言，我认为过去的日本人比西方人要强太多了。最近西方人中间流行起来了这么一句话，叫作干事要积极。实际上这个口号里面问题特别多。先说所谓的积极，那要干起来可就没个头了。不管你多积极，能坚持多久，总归是达不到让自己满意的境地。就拿眼下来说，你对面有一棵树，你觉得它碍眼了，便将其砍掉。这一来书是没了，可眼前又出现了个碍眼的房子，那好，咱们就把这个房子也推掉。可推掉之后呢？又会觉得别的房子碍事。如此下来，有多少房子能让你推完？可西方人办事就是这种做法。什么拿破仑、亚历山大，都是些不满于现状的人。看不惯别人就去吵架，对方不理你了，就将其告上法庭，但是就算官司打赢了，你能真的如愿以偿吗？我看到死你都会处在焦虑之中。再看政治，有人说寡头政治不好，就换成了代议制。后来人们又觉得代议制不好，准备再换个什么制度来代替它。想要渡过湍急的河流，人们就修桥。

遇到山峰阻住去路，人们就打隧道。交通不方便了，人们就修铁路。可见，人类永远不会满足。可说来说去，人究竟能在多大程度上积极地实现自己的意图呢？虽然说西方文明是积极进取的，但这些文明都是些闷闷不乐的人创造出来的。再看日本的文明，宗旨并不在于通过改变别人来获得满足。说白了，日本和西方文明最大的区别就是，日本的文明是在不破坏周边环境下逐渐发展起来的。就好比家长和孩子间相处不好，我们也不会按照西方人那样去断绝这种关系，来求得自身的愉悦。亲子关系是不能随意改变的，更是需要去不断维持的。只有在这样的前提下，人们才能求得幸福。夫妻关系、君臣关系以及自然间的种种关系，都要遵循此番道理。如果说非要去别的国家，但是路途上有座大山挡道了，我们不应该想着如何推倒大山，而是应该锻炼出即便不去邻国也能很好生存下去的本领，更要培育出不用跨越大山也能心满意足的境界来。所以以前的禅家、儒家等，从根本来说，研究的就是这个问题。”

哲学家又说：“一个人就算再有本事，也不能让万事万物都如自己所愿。既然我们没办法让夕阳再升起来，也没办法让河流倒流，那么我们能做的就只能是约束自己的心了。只要人能够把自己的内心修炼好，任凭落云馆的学生再怎么胡来，也都没关系。且说那些算计你的人，只要不理他们就没事了。再说那些缺少教养总爱胡说八道的人，骂他们一句‘混账’也就足矣。相传以前有个和尚，别人的刀都架上了脖子，他还满不在乎地说，‘电光影里斩春风。’可见如果其内心丰富的积累，在消极到极致之后，恐怕也能讲出此番妙语。实际上我并不弄那些玄奥的道理，我就是认为不能总一味地追捧西方人的积极进取的劲头。且说眼下，就算你再怎么积极，那些学生不还是不听你话，三番五次来折腾你吗？当然了，你要是能让学校关门，或者学生们做了坏事足以让你去报官的话，就另当别论。既然做不到的话，不管你跑出去多少次，也赢不下这场战争。假如你还是这么积极的话，势必会碰上钱的问题，也就是说你要在有钱人面前点头哈腰，在人多势众的学生面前俯首称臣。你本就是个穷光蛋，还要单枪匹马地去和人争斗，这不就是你总生气上火的根源嘛。你说对不对？明白了吗？”

主人一个劲儿地听着，也没说明白了，也没说没听懂。这位客人走了之后，主人就回到了书房，也不看书，也不知道再想点什么。

先前铃木先生曾经告诫主人要向权贵低头；甘木大夫跟主人说要用催眠法来麻痹神经；最后这位客人告诉主人要以消极的心态来面对生活。至于主人会做出何种选择，那就是他自己的事情了。不过有一点，主人要再这样下去的话，肯定会出问题的。

九

我家主人是个麻子脸，听说在明治维新之前，麻子脸可非常时尚，但从现在这个英日同盟[①]缔结了的时代来看，主人的这张脸反倒有点落后时代了。其实麻子脸的衰退和人口增长成反比，我相信用不了多久，麻子脸就会从世界上消失。当然，这些都不是我胡说的，而是在医学统计的数据基础上，经过缜密计算后得出的结论。对于此番结论，身为一只猫的我也深有同感。现如今在地球上，究竟还有多少麻子脸我虽然不太清楚，但在我的交际范围内，我们猫圈儿里是零个，人类里面只有一位，那就是我家主人。我真替他感到悲哀。

每当我看到主人这张脸的时候，我心里总会想，主人究竟是上辈子做了什么坏事，遭到了此番报应，竟顶着一张奇丑无比的脸，不知廉耻地呼吸着 20 世纪的空气。要是在古代，这张麻子脸兴许还能有点气概，但现如今麻子已经被赶到了胳膊上面。主人的麻子仍

① 英日同盟：英国和日本两国结盟于 1902 年。

旧霸占着鼻子和脸庞，这点肯定不能引以为豪，反倒有损于麻子本身的荣誉。我以为，要是有机会的话，还是给这麻子去掉为好，麻子本身也会觉得总待在脸上不是个长久之计。这些麻子应该也有自己的想法，想要在整个麻子队伍士气下降时候做出点惊天动地的举动，才蛮横地霸占着脸庞。所以说，看待麻子可绝不能马虎，它们就是抵抗天下俗流的、长久存在的坑洞的集合，是值得让人去尊敬的坑坑点点。唯独坑洞里面有些脏东西，显得美中不足了。

在主人小的时候，牛込区的山伏街道上住着位有名的中医，叫浅田宗伯。相传这位老人出门给人看病时，总要坐轿子去，慢慢悠悠的。后来，这位老人就去世了，到了他养子的那一代时，轿子就变成了人力车。我想要是等养子死后，下一任再继承家业的时候，说不定葛根汤就会变成阿司匹林[1]呢。如果在宗老人生存的年代里，坐个轿子在东京招摇过市的话，肯定说不过去。但能够面不改色心不跳地这么做的人，除了一些冥顽不灵的老人和被装在车里拉走的猪之外，就是剩下宗伯老人了。

就拿主人脸上的麻子有碍观瞻这一点来说，实际和宗伯老人坐轿子实际是一回事。外人看来似乎会觉得主人挺可怜，但我家主人的执拗远不低于这位中医，时至今日仍旧孤城落日一般地把麻子脸暴露在天底下，每天还到学校去上基础英语课呢。

就这样，主人就每天带着脸上的那来自20世纪的印记，站在讲台上。就学生而言，老师除了要讲课之外，还要传授给他们很多课

---

① 阿司匹林：一种解热镇痛的药物。

堂之外的训诫。主人往往对英语课本中的“猴子有手”的问题不加解释，反而在“麻子对面容的影响”等问题上大作说明。学生们在悄无声息中就明白了答案。如果没有主人这样的教师，学生要搞明白这个问题，就要亲赴图书馆或博物馆，花费的工夫跟通过木乃伊去揣测埃及人一样多。总而言之，主人脸上的麻子还做了意想不到的好事呢。

可话说回来，主人并非是为了做好事才故意弄得一脸麻子。实际上，这些痘痘都曾是种上去的。本来都是种在手腕上面，可不知什么时候就转移到了脸上去了。当年主人还年轻，不懂什么是好看和漂亮，就觉得痒痒，还拼命地挠脸。之后，主人的脸就像是火山喷发后一样，到处都是岩浆，把之前爹妈给的容颜全糟蹋了。主人以前总和妻子说，他在长麻子之前，也是个洁白如玉的俊男，还说自己小的时候特别好看，就像浅草寺里的观音像一般，总迷得别人回头观望。他说的可能是真的，但遗憾的是并没有人能为他作证。

不管主人脸上的麻子能做多少好事，或能给学生多少训诫，不好看终究是不好看。自从他明事理时候，他就对自己的面容犯愁了，他也想过很多办法来去掉这些斑点。但这可和老中医的轿子不一样，虽然不喜欢但也没法立刻扔掉。时至今日，这些麻点仍旧盘踞在主人脸上，清晰可见。脸上的麻子有点让主人犯难了，每次上街他都会留心看看别人脸上有没有麻子，就好比今天上街碰到了几个长着麻子的人，是男的还是女的，在哪里碰见的，是小川街道的商店还是在上野公园等等，他都会一并写进日记里去。我家主人非常自信，认为自己掌握有关麻子的知识要远胜于其他人。之前一位海归回来的朋友来拜访我家主人。主人就问他："西方人脸上也有麻子吗？"

"这个嘛。"那位朋友被这么突然一问，思考良久后说："其实并不多。"

"不多？那也就是有吧。"

"有倒是有，不过都是些流浪汉或者雇工，教育程度高的人中似乎没有。"

"这就奇怪了！跟日本的情况一点儿不一样。"

由于先前那位哲学家的劝告，主人再也没和落云馆的学生吵架了，整日待在书房里，不知思考着什么。我看，八成是主人接受了哲学家的劝告，开始用消极的态度磨炼自己的精神呢。事实上，他本来就是个小心眼，总这么坐着什么也不干，肯定不会有好下场。我倒觉得不如把家里的书当掉，找个艺妓学学吹喇叭，这样反倒会更好。主人这种性情乖张的人怎么会把一只猫的忠告放进耳朵呢？随他去吧。于是乎，往后的四五天里，我都没搭理主人。

算起来，今天已经是第七天了。佛家说，七天叫作"一七日"，这期间会有很多人虔心打坐，以求大彻大悟。主人也不例外，但到底是想死还是想活，也该拿出个主意来了。我就悄悄地从廊檐下挪到了书房门前，准备看看他在屋里都干了些什么。

书房坐北朝南，大小约为六张席面，阳光充足的地方有张大桌子。此桌长六尺，宽三尺，高八尺，不是现成的产品，而是主人在和附近木匠商量之后，特意打造出来的床书桌，可谓稀奇。至于为何要打造此桌，主人那在桌上睡觉的念头又从何而来，我可不知道，要不各位直接问他本人吧。说不定是他心血来潮，硬要了这么张桌子。或许就跟我们平时看到的精神病一样，硬是把不相干的东西扯到了一起。总之把桌子和床糅合在一起，真是前所未有。东西确实非常稀罕，唯独一点不好，那就是实用性欠佳。我以前亲眼见过，主人在桌子上午睡的时候，曾经直接摔到过地上，打那之后，他再也没敢把它当床用了。

书桌前头放了一块薄纱坐垫，上面已经被烟头烫出了三个窟窿，黑乎乎的棉花清晰可见。垫子上坐着的、背对着我的那个人就是主人了。主人腰间有一个打了个死结的腰带，脏得都成了灰色，带子两端往下耷拉着，直到脚面。我以前还抓过带子玩了玩，但马上就被主人拍了头。看来这条带子只可远观，不可亵玩呀。

主人怎么还坐在那里想事情。之前有人说，“傻瓜再多想也是徒劳。”我从他后面探头一看，原来桌上还有个闪闪发光的东西。我不由得眨了眨眼。真是个怪东西呀，我紧紧盯着那个发光的东西，仔细一看，原来亮光是从桌上一个不断晃动的镜子里传来的。为何主人在书房里玩起了镜子呢？

说到镜子，我就明白了，这肯定是澡堂里的那面。今天早晨我路过澡堂的时候还看到过这面镜子。之所以刻意说是这面镜子，是因为我家除了这面之外，再没有其他的镜子了。每天主人洗漱完后，都要对着这面镜子梳分发。或许有人说，“你家主人就那样，怎么还要分头？”实不相瞒，别看主人在别的事情上都无所谓，可是一到了梳头环节就精神百倍。自打我来到家里，就算天气再怎么炎热，我也没见主人剪过短发，头上的头发总有两寸来长。梳头时不仅要郑重其事地给头发往左边分去，还要把右面的头发给梳上去。我看呀，这就是神经病的表现。我心想，你这种浮夸的造型和书桌一点儿都不般配。但毕竟梳头这件事情对他人没有害处，只要别人不说什么，就由他去吧。

至于说他为何要弄这么时尚的发型，我就不再赘述。可有人要问为何留长发的话，我只能说，那些麻子不光霸占了他的脸，而且早就进军他的头顶了。假如他和平常人一样，剪个半寸或者更短的头发，岂不是就会把脑袋上的坑坑洼洼全部暴露出来？那感觉就像是郊外出现了好多萤火虫，虽然很有风韵，可我家女主人绝对不会答应。既然留长发能够遮住不好的一面，就没有必要非把缺陷暴露出来了。他甚至还想头发能够长到脸上，好把脸上的麻子也给遮蔽起来。所以说，他本没有必要把天然生长的头发剪短，更没有必要去和别人说自己得过痘病一事。这就是主人留长发的原因了。而主人梳分头也是因为头发长的缘故，这也就是他为什么要照镜子的原因。至于说为什么要把澡堂的镜子拿到书房，全因我家只有这一面镜子而已。

本来嘛，澡堂里的镜子是家里唯一的镜子，既然不是镜子自己跑出来的，那肯定就是主人给镜子带到了书房。我看，八成这镜子也是主人用消极心态陶冶情操的必需之物吧。相传从前有位学者去寻访高僧，见到高僧时，发现他竟然在光着膀子打磨瓦罐。学者就问他在做什么。高僧告诉他自己正在花力气给这瓦罐打磨成面镜子。学者大吃一惊，表示不管你的能力多大，瓦罐肯定磨不成镜子。然后高僧告诉他，就像你读万卷书也不明白佛教中的大义一样。我估计主人应该也听过这个故事，才把镜子从澡堂里带了出来。眼下他正得意扬扬地摆弄镜子。我预感到马上会有大事发生，于是就继续悄悄地看着他。

主人完全没有察觉到我，还在专心致志地看着镜子。说起来，镜子这东西还挺吓人的。要是在深更半夜里，在个空空的大房子里点上个蜡烛独自面对着镜子，也是需要相当的胆量。此前我就被小主人用镜子在眼前照了一下，可把我吓坏了，吓得我足足绕着屋子跑了三圈。眼下就算是大白天，可这样目不转睛地盯着镜子看，早晚也会害怕。但凡多看上一眼，就能知道这脸可绝不会让人高兴。

没一会儿，主人自言自语道："好一张丑脸。"亏他还有自知之明。虽然行为举止不太正常，总归说的话还是很在理。如果再进一步的话，他就会对自己的丑感到害怕了。一个人如果意识不到自己是个多么险恶的人的话，那此人就绝算不上是个饱经风霜的人。既然没有丰富的阅历，自然无法从痛苦中解脱。所以说，主人应该再说一句"太可怕了"之类的话，但他却什么都没说。刚才开口之后，现在又把腮帮子鼓得浑圆，不知道在想什么，还用手拍了拍腮帮子，也不知道他这唱的是哪出。突然，我觉得好像有一张脸和眼下主人的脸特别像，思来想去，我知道了，原来是我家女仆阿三的脸呀。

顺便我也给女仆阿三的面容作一下介绍。总的来说，就是胖。前几天有人从东京的神社买回来一盏河豚灯笼，送给了我家主人，阿三的脸胖的呀，和那灯笼相比真是有过之而无不及。因为她脸上的肉实在太多，硬是把眼睛的位置都给挤没了。且说河豚虽然也很胖，但河豚是浑圆，而阿三本来骨头架子就大，棱角分明，再加上一脸的肉，活像个六角挂钟。我这些话要是叫她知道了，不知她该多生气呢。

好了，咱们接着说主人的事情。他就这样尽可能地往嘴里吸气，腮帮子鼓得特别圆。还跟前面说的一样，他依旧用手拍打着脸蛋，边拍还边说："只要给皮肤蹦得紧紧地，麻子就没那么明显啦。"

然后，主人又把脸侧了过去，让阳光能照到的那半个脸映到镜子里。他突然激动地说："这样看的话，还是挺明显的。看来还是冲着阳光的那边更平整，真奇怪呀。"说完他伸出右手把镜子往远推了推，推到了尽量使镜子远而且自己还能看到的位置，就说："远一点倒也还好，就是近看实在太明显了。世间万物不都是这个道理嘛。"说罢，他又给镜子横了过来，然后把鼻子、眉毛、眼睛都往中间这么一凑，瞧了一眼，"哎呀，太难看了。"然后赶紧恢复了正常。"我怎么会有这样一张凶狠的面孔呢？"看来主人也有点不大相信，然后他又给镜子拿到离脸只有三寸近的地方，用右手摸了摸鼻子，又把手往旁边的吸墨纸上用力一漫，把方才的大鼻涕给弄到了纸上。

看来我家主人还真是会玩呀。说着他又用刚刚抹过鼻涕的那只手指的侧面翻了一下右眼皮，做了个俗称的"鬼脸"。此番表演真是精彩极了，让我根本弄不明白他究竟是在研究麻子，还是在和镜子进行瞪眼比赛呢。主人终究是个有意思的人，对着镜子的这会儿工夫里，就弄出如此多的花样来。其实不然，善意地说，主人恰恰彰显出了驴唇不对马嘴的精神，也可以说主人正是为了潜心悟道才拿镜子为对手，进行各种动作表演呢。

实际上，人类目前进行的所有研究实际上都是在研究自己。像天地山川、日月星辰，不过都是自己的另一种叫法而已。如果人们真能做到超脱自身的话，那么从超脱的那一刻开始，人就已经不再是人了。而且，研究自己的这项工作也只能由人类自己来完成，绝不要指望研究别人或者等别人来研究自己。古往今来的英雄豪杰无不是靠自己的力量出人头地，如果总依靠别人来了解自己的话，就好像让别人帮自己吃牛肉，通过别人的嘴巴来判断牛肉是硬是嫩，像“朝知法，夕闻道”“案前灯下，手不释卷”等，实际上都是了解真正自己的权宜之计而已，都是徒劳。

在别人的讲说之中，在汗牛充栋的书卷里，往往难以找寻到真正的自我，就算有，也不过是自己的幽灵。诚然，某些情况下幽灵确实要比没有灵魂好，有时候追逐影子，也不一定能碰上影子的本体。但多数情况下，影子都离不开本体。从这个角度来说，我家主人摆动镜子反倒合情合理。在我看，他此番摆弄反倒比那些装学者、对艾比克泰德的理论生搬硬套的人要强得多的多。

镜子是让人自我陶醉的酿造机器，也是个高傲自大的消毒器具。如果用浮华虚荣的心态面对镜子的话，那么镜子就是最能扇动那些蠢家伙的工具了。古往今来，历史上有很多人都不知天高地厚，做了很多损人不利己的事情。这些事情背后的根源，三分之二都是镜子。就拿法国大革命时期来说，有个多事的医生因发明断头台而犯下大罪。在我看来，发明镜子的人也要受到良心上的谴责才是。

但是，每当人们开始厌恶自己，或者萎靡不振的时候，照照镜子却又大有益处，镜子会告诉你是美是丑。有时候人们会觉得，这么一张脸竟然也能活到今日。但凡能有此番自知之明的人，都是值得庆贺的，毕竟天下最可贵的事情莫过于认清自己了。

眼下我家主人表面上看是在轻蔑地嘲笑自己，但在我看来，这正是他自高自大的表现，说明他内心已经低头服软了。主人可不是个聪明人，岂能照几下镜子就明白自己的愚笨之处呢？但在看清脸上的麻子这点还是非常客观现实的。勇于面对自己丑陋的容颜，兴许也会成为他了解自己内心卑劣的台阶。主人还真是有意思，我估计他这样做，肯定是因为受了那位哲学家的批评吧。

我边想，边看着主人接下来的动作。看来主人还是没发现我就在后面，仍旧自顾自地玩着“扮鬼脸”的游戏，嘴里还说：“好像有点儿充血，果真是慢性结膜炎。”说完，他就用时食指揉了揉眼睛，想必眼睛应该痒得不轻，如不然，怎么叫他揉得都变成红色了呢？本来不揉的时候就已经很红了，现在一揉，更红了。我估计他的眼睛早晚要跟咸鱼一样，会烂掉的。

不一会儿，主人又把眼睛睁开了，对着镜子看了起来。不出所料，他的眼睛就像北国冬天的天空一样，黯淡无光。虽说平时他的眼睛就不清澈，但现在，可以毫不夸张地说，连眼白和眼珠都分不清楚了。就好像他的生活状态一样，朦朦胧胧、不着边际一样，他的眼睛也总在游离，在眼窝处四处飘荡。

此前听人说主人这样是因为胎毒，也有人说麻子落下去后的后遗症。我还听说主人小的时候为了治病，还吃过柳树上的虫子和蛤蟆等。他的妈妈为他竭尽全力，但时至今日，他的双眼还是如以前一样混沌不堪。我心想，主人此番模样肯定不是胎毒或者麻子造成的，他的眼睛之所以彷徨无神，如混沌之地一般，全因为他自己的脑袋不灵光。因为脑袋不灵光到了极点，才在身体上表现了出来，这反倒给他的母亲带去了很多无畏的担心。眼睛里有火，就说明心里有火气。眼睛混沌不堪，就说明这人也不聪明。眼睛就是心灵的窗口，主人的心就和天宝年的铜钱一样，中间是个空洞，所以眼睛也和铜钱一样，虽然很大，且没什么用。

紧接着，他又开始捋胡子了。本来他的胡子就长得不整齐，每一根都按照自己的想法生长，虽然现在是个尊重个人的时代，但胡须这样各自为政，反倒会给主人带来不少麻烦。主人也有鉴于此，近来开始对胡须们严加管教，想给它们安排的规矩一些。功夫不负有心人，进来胡须的长势也算变得一致了点。他甚至已经可以自豪地说："以前是长胡子，现在是留胡子了。"而且，他越是在这上面上心，收效也就越明显。主人似乎也发现自己的胡须大有前途，于是不分早晚，只要有空就要对它们严加训练。我家主人也有野心，想让自己的胡子像德国的皇帝一样，都朝上面生长。所以，他也不管毛孔的朝向，一并给往上抓。可胡须哪能吃得了这份苦，有时候就连他自己也跟着疼呢。但这毕竟是训练，不管你是否愿意，反正都要硬往上拽。旁人看来，这似乎是一种闲暇时候的兴趣爱好，但就主人而言，这确是他理所应当要做的事情。就像教育家硬要扭转学生的本性一般，时不时嘴里还嘟囔说"让你看看我的能耐"一样，我也就没什么好指责他了。

就在主人训练胡须的兴头上时，阿三带着棱角分明的脸从厨房走来，说："有您的信。"然后把通红的手伸进了书房。这时候主人仍在用右手捋胡子，左手拿着镜子，回头朝门口看了一眼。没想到阿三一见主人那被训练成"倒八字"的胡须，赶忙跑回厨房里去，靠着锅盖大笑了起来。

主人到底是见过世面，满不在乎地放下镜子，拿起信来。一共三封，第一封是铅印的，内容非常严肃且郑重，内容如下：

> 敬启者。祝您身体安康。回顾日俄一战，战势如破竹般连连告捷，终获得和平之成果。我忠勇刚烈之将士，多半已经在高歌中凯旋，举国欢庆。自打宣战大诏颁发后，我无数义勇将士开赴万里之外，竭尽全力，拼死战斗，为国捐躯。其至诚之心永世难忘。部队凯旋将于月底结束。据此，本会拟订在下月十五日中，代表全区居民，为本区内出征的千余名将士举办凯旋庆祝大会，以慰军人及家属，特此诚邀各位军属莅临现场。承蒙各位鼎力支持，大会若能顺利召开，亦是本会之光荣。特此恳请各位踊跃捐款赞助。谨启。

寄信的是个华族人。主人默读了全文后，就把信装回到信封离去了，也没再理会。毕竟捐款等事情，他可做不出来。前几天他就为东北地区的农业灾害捐出了三两块钱。打那之后，他逢人就说自己被人被骗了。既然是捐款，肯定是主动为之，哪存在什么骗不骗的事情呢？又不是碰上了小偷强盗，说被骗肯定不合适。但主人仍旧认为自己上了当，如果对方来硬的，可能主人的态度就会改变，但仅凭一张书信，主人肯定不会掏钱。按主人的意思，欢迎军人前首先应受到欢迎的是他才对。自己受到欢迎之后，再去欢迎谁都没关系。人为生活的事情已经操碎了心，欢迎军人的事情也就留给这些华族去办好了。

主人拿起第二封信说："怎么又是一封铅印信！"

至此凉秋时节，特祝附上兴旺昌盛。敬启者。正如阁下所知，我校今年常受到两三名野心家阻挠，曾一时陷入巨大的困境之中。吾以为此番不顺之状况，均是我针作无德之所致，欲引以为戒。经过我校精心筹备、卧薪尝胆，我校欲依靠自身力量为新校舍的建设筹措资金，并拟出版一部《缝纫秘法纲要特刊》。此书为多年研究成果的结晶，实乃心血之作。特希望各位家庭能购买一册，仅为我们收回成本并略有薄利。愿君能为缝纫发展技术事业尽上微薄之力，我校定能集各位的绵薄之力筹备建造校舍之经费，万分感激。还望诸君为家中侍人购置此书，以表赞助。在此我谨代表我校对您为校筹备资金表示感谢。谨启。

日本女子裁缝最高等大学院

校长　缝田针作

九拜

面对如此郑重的信件，没想到主人竟给冷淡地揉成一团扔进了垃圾桶，来信人真是可怜。人家针作先生给他三叩九拜了，都为了学校的事情卧薪尝胆了，看来全是白搭。然后主人又拿起了第三封信。这封信可大有不同，信封有红白两色的花纹点缀，特别华丽。

在这色彩醒目的信封皮上，有几个浓重的隶书字，“珍野苦沙弥先生虎皮下”，从表面上看非常精美，但至于信中会不会出现几个名门大家的名字来，我可就不敢打包票了。内容如下：

如若天地由我掌握，我便能一口饮尽西江之水。但如果我被天地管辖，那我充其量就是个灰尘。至于说天地和我有什么关系，且说第一个吃海参的人，胆量可嘉；第一个吃河豚的人，勇气可敬。食用海参者是亲鸾[①]在世，品尝河豚者是日莲[②]附身。但如苦沙弥一样，只晓得品尝算葫芦干者，岂能成为天下名士?

你的亲友会出卖你，你的父母对你有私心，你的爱人也会抛弃你。富贵与你无缘，功名利禄更是妄想，脑袋中的知识也会发霉。到那时你如何是好？俯仰于天地间将何所依？其神乎?

佛神不外乎是人类在苦痛之余捏造的泥偶，是人类粪便所堆成的皮囊。虽然希望渺茫仍旧奢望，还心安理得。恰如同醉汉说着胡话，跌跌撞撞地走向墓地。就像油灯燃尽，还能留下什么呢？给苦沙弥先生看茶！

不把人当人看的时候，人就无所畏惧，那不把别人当人看的人，将如何面对我们社会中的激愤呢？飞黄腾达之人无不将此种人视为瑰宝，只有在别人眼中没他之后，才

---

① 亲鸾（1173-1263）：日本佛教净土真宗初祖。

② 日莲（1222-1282）：日本佛教日莲宗初祖。

会勃然大怒，且看他脸色是否会变。

当我把别人当人看的时候，而当别人不以我为重时，打抱不平式的活动就会从天而降。此种爆发名曰革命，革命并非那些打抱不平的人而为，实际上是权贵之士一手推动的。朝鲜人参尚多，先生何不品尝？

天道公平

再拜

于巢鸭

上一封信中针作先生给了九拜，而第三封信的作者只给了两拜，莫不是不要募捐就能如此蛮横，少了七拜？虽然这不是封募捐信，但内容实在难懂。就这封信的水平，不管拿到哪家出版社，都得被枪毙。我估计我家这糊涂主人肯定会将其一把撕掉。可谁曾想，他竟然逐字逐句地研读了起来。怕不是这信中有什么深奥的道理？主人硬是要将其发掘出来。纵然天地之间有太多弄不明白的事情，但每样都被人类给加上了某种意义。因此，就算是面对再怎么复杂的文章，只要有愿意解释的想法，总能给解释明白。即便是要证明一个人是聪明还是愚昧，不用太费劲就能解释得一清二楚。实际上，要想证明人是狗或者人是猪等命题，也非难事。

因此，我们大可以说山是低的、宇宙是狭小的、乌鸦是白的、小野小町是个丑女、我家主人是个正人君子，这些全能说得过去。面对这样一封让人摸不着头脑的信，我们只要想点儿招数，给解释一番，总能说得过去。特别是我家主人，明明不怎么懂英语，还总爱胡乱讲解，牵强附会更是家常便饭。

比如有学生问，“有时候明明第二天天气不好，人们为什么还要说‘good morning’呢？”

针对这个问题，主人曾一连想了七天。

后来还有人问：“哥伦布的这个名字用日语怎么说？”

所以对主人说，尝过葫芦干的人就是天下名士，吃过朝鲜人参的就是革命人士，自然怎么解释都可以。没一会儿，就像处理“good morning”的问题一样，主人对信中那些晦涩难懂的东西似乎有了点想法。他连声称赞：“真是内涵深刻呀！想必作者是个对哲理有着颇深研究的人呢。”

主人的愚蠢，就从这句话中显现的淋漓尽致。可转念一想，倒也不是没有对的地方。我家主人有个毛病，不管事情搞懂还是没搞懂，总要崇拜一番。我想有这种毛病的人定不在少数。说不定这其中就存在着很多不可小觑的力量，越是高深莫测的地方，就越容易引起人们的向往。所以，很多俗人总不懂装懂，学者恰恰又把明了的事情给弄复杂了。在大学中，但凡是把人们不知道的事情讲得绘声绘色的，往往很受欢迎，而讲人们已经知道事情的，呼声却不高。

主人之所以敬佩这封信，并不是因为弄明白了其中的内容，而是不明白信究竟要表达何种意思。信中时而海参，时而粪便的，更让主人摸不透了。这就和儒家尊崇《易经》、道家尊崇《道德经》、佛家尊崇《临记录》的道理一样，只因看不懂而已。一窍不通不要紧，随便加上注释，不懂也能装懂。本来不明白的东西，经过注释一番后就能说通，这是中自古以来都能让人开心的事情。主人郑重其事地给这封信收卷了起来放到了桌上，双手一抄，又陷入了沉思。

就在此时，门口传来了一身呼喊，“有人在吗？有人吗？”乍一听声音很像迷亭，但也不太像。主人这时还在书房，虽然已经听到了喊声，但他依然抄着手，一动不动。或许他一早就认定了，出门迎客绝非一家之主该干的活，所以他一声也没答应。但阿三买香皂去了，很早就走了，女主人也应做回避，出门迎客的任务自然就落到了我的头上。老实说，我也懒得前往。

后来这客人从大门换鞋的地方直接跳上了台阶，推开大门，大步流星地就进来了。但毕竟主客有别，可眼下这位进来把家里的纸门打开了又关上，现在正朝书房走来。我一看，还真是迷亭。

“别闹了！你干吗呢？来客人啦。”

“怎么是你呀？”

“什么叫是我呀？明明在家，刚才怎么不答应我呢？我还以为家里没人呢。”

“我这不是在想事情吗？”

“再怎么想事情，也得吱一声呀。”

“那倒也对。”

“你还真沉得下心。”

“这一段我开始修身养性了。”

“真有你的。修身养性就能不理客人？你不理人家，客人该多无聊呀。别总这么沉稳，来看看，今天我不是一个人来的，还有个重要客人呢，你来见见。”

“谁来了？”

“你就别管啦。快跟我去见见。人家点名要见你呢。”

“到底是谁呀？”

“你别管啦。快点儿起来。”

主人依旧抄着手，心想迷亭肯定又再捣鬼。不一会儿，主人朝廊檐走去，当漫不经心地路过客厅时，他发现对面的六尺壁龛下端坐着一位老者，正在等主人来。主人这才赶紧解下抄在背后的手，一屁股坐到了隔扇边上的垫子上。老人和他都面朝西面而坐，也就没法再相互行礼了。要在过去，君子往往在礼节上都非常讲究。

这位老者指着壁龛催主人说：“你坐到那边去吧。”两三年前，主人一直觉得，在自家客厅里，坐在哪都是坐，后来有人一番解释后，他才知道，壁龛是以前都是贵客坐的地方，特别是钦差特使。打那以后，他再也不往壁龛去了。但是现在一位长者气正霸占着壁龛的座位，而且他也不认识这位老者，不仅不敢落座，连日常寒暄都忘了。主人只得低下头，行了个礼。

“您坐到那边去吧。”主人也重复着说了一句。

“你这样的话，咱俩就没法说话了，就坐过去吧。”老人说。

“别，别，还是您坐过去吧。”

“你看你说的那么客气，我怎么好意思呢？你就别推了，坐过去吧。”

“您看您这么客气，我也受不起，还是，有请！”主人的脸憋得通红，话也不囫囵了。依我看，他的精神修炼也没效果。一直站在纸屏风后面的迷亭边笑边看着滑稽的一幕。

我估计迷亭也站累了，看累了，就从身后推了主人屁股一下，说："我说，你就往前去去吧。你坐在门口，我坐哪儿去？"

没办法，主人只好往前挪了挪。

"我说老兄！这位就是我以前说过的，住在静冈的我的伯父。伯父，这位就是苦沙弥先生。"迷亭说。

"初次见面，以前听迷亭说，他总往你们家来。我很早以前开始，就想登门拜访一番，和你当面聊聊。今天有幸路过，特别来向你表示感谢。今天认识了你，往后还得多多关照。"老者一口老腔老调，但讲起来还挺流畅。

我家主人一来交际不广，二来笨嘴笨舌，三来也从未见过这样古板的老人，打一开始他就非常心虚，不知如何作答是好。刚才听老人讲了一番后，朝鲜人参什么的全给抛到了脑后，变得手足无措，只好稀里糊涂地回答了几句。

"其实，我，我本来，本应该登门拜访，多有得罪。"说完，主人稍稍抬起头来看了一眼，可哪知老者仍旧低着头，他又赶紧把头低了下去。

老人见状，就抬头说道："我原本住在官府的公馆里，很长一段时间都在德川将军手下，幕府倒台那年迁到了静冈，打那之后，就基本再没来过这儿了。今天来了一看，什么都不认得了。要不是迷亭带着我，我什么都办不了。常言道，'沧海桑田。'江户以来仅三百来年，竟然没想到将军会落此结局。"

大概迷亭觉得老人有些啰唆，就说："伯父，我知道您特别感谢将军，但现在的明治时代不是更好吗？且说在过去，哪有什么红十字会呀。"

“当然没有啦。怎么会有红十字会呢？特别是今天，能够一睹皇族仪容的事情，也只能发生在明治年间了。我庆幸自己长寿，还能出席大会，听到了殿下的玉音，此生足矣！”

接着迷亭说：“伯父，久别之后您又能重游东京，真是件好事情。对了老兄，我家伯父因为红十字会要开大会，这次专门从静冈来的。方才我陪他去上野公园走了走，刚刚回来。你看你看，老爷子身上的就是我以前给他专门定做的那件礼服呀。”

主人一看，老人身上确实有件大礼服，可一点也不合身。礼服的袖子长，领口大，后背还凹进去了一个褶子，胳膊也往下垂着。就是故意把衣服给做坏，恐怕也不会成这个样了。里面的白衬衫和假领子也都没了联系，从中间的缝隙正好能看见喉咙。再说那个黑色领结，真是不知道是系在了衬衣上还是系在了那个假领子上。总的来说，礼服还算凑合，脑袋上的那个白发做成的发髻才是一大奇景呢。对了，不是还有个有名的铁扇子吗？仔细一瞧，扇子就在老人腿边放着呢。

主人的心绪这才渐渐平复了下来，也逐渐把修身养性的精力转移到了老人的衣服上面去。让他吃惊的是，他本以为老人的礼服并没有迷亭说得那么差劲，可现实一瞧，反倒是更差劲了。如果说自己脸上的麻子能作为研究历史的资料的话，那眼前这位老者头上的发髻和身旁的铁扇，肯定有更大的价值。主人很想问一问铁扇的来龙去脉，但又不好意思直接开口，也没法不接老人的话茬，否则就显得不礼貌了。于是就问了个普通的问题，“今天去公园的人多吗？”

“相当多！而且旁人总盯着我看。现在的人呀，真是越来越怪了，以前可不是这样子呀。”

“对，是的，以前绝不是这个样子。”主人这次说话非常老练，这可不是他在不懂装懂，实际上就是在头脑不清楚时随便说的一句话而已。

“对了，人们都往我的铁扇这儿看呢。”

“想必很沉吧？”

“老兄，你掂量看看。可不轻呢。伯父，给他看看吧。”迷亭说。

“给你试试看。”说着，老人重重地拿起铁扇，交给了主人。

主人接过铁扇的样子，就像在东京黑谷神社参拜的人接过莲生和尚[①]的大刀似的，毕恭毕敬地。在手里掂量了一番说：“真沉！”就还给了老人。

“大家总管这玩意叫‘铁扇’，实际上，这个叫作‘劈盔’，跟扇子没有一点儿关系。”

“是用来做什么的呀？”主人问。

“就是用来劈砍敌人盔甲用的，趁着敌人不清醒的时候劈砍敌人用的。相传楠木正成的时代，人们就开始用了。”老人说。

“伯父，这把铁扇是楠木正成[②]曾经用过的吗？”主人问。

“当然不是。至于说谁用过我也不知道，总之年岁很久了，说不定是建武时代里生产的呢。”

“那还真是有可能呢。对了老兄，今天寒月可是倒了大霉。开会回来的时候我们路过了大学，恰逢是个好机会，就准备去理学部看

---

① 莲生和尚（1141–1208）：日本镰仓初期的武将，法号莲生。

② 楠木正成（1294–1336）：日本镰仓末期著名的武将。

一看。哪知刚刚到实验室，就出了问题。铁扇是铁做的，一下子就让实验室里的磁力失了灵，当时混乱极了。”

“这话说得不对吧。这可是建武时期里上等的铁制成的，没有什么危险。”老人说。

“再好的铁也不行，这事还是寒月告诉我的呢。”迷亭说。

“寒月？就是那个磨玻璃球的？年纪轻轻怎么就干点这事呢？”

“人家那可是在做科学研究呢。只要能打磨出个玻璃球来，就能出人头地。”迷亭说。

“打磨个玻璃球就能出人头地？那谁都能办到，我也不在话下，玻璃店的老板更行！这种营生在汉土被称为磨玉工，没什么身份。”老人边说边看主人，期盼这主人的赞同。

“正是。”主人毕恭毕敬地说。

“现如今的学问都是形而下学，表面看着不错，可一到关键时刻就全不行了。以前不是这样，就拿武士来说，干的都是玩命的买卖，平时训练有素，关键时刻一点儿也不慌张。他们平日里可决不会做点像打磨玻璃球呀、摆弄摆弄铁丝这样的小事呢。”

“正是，正是。”主人依然老实地附和着。

“伯父呀，按您说的，所谓修养身心，就是不要磨球什么的，只要抄手打坐就行了吧？”迷亭说。

“不对，岂能如此简单？孟子曾说要‘求放心’，邵康节说过要‘心要放’，佛家中的中峰和尚说要‘具不退转’等，都是微言大义。”老人说。

“说来说去，我还是不明白呀。”迷亭说。

“你可曾读过泽庵禅师[①]的《不动智神妙录》？”

“何尝读过，闻所未闻。”迷亭说。

“所谓心应该放在何处？若置于敌人之体力活动之上，则会被敌人之体力活动所收；若置于敌人之长剑之上，则为敌人之长剑所收；若置于杀敌之念之上，则为杀敌之念所收。若置于我之长剑之上，则为我之长剑所收；若置于我不会被杀之念之上，则为我不会被杀之念所收；若置于他人之风姿，则为他人之风姿所收。心，则无处可放。”

“竟然一字不差全记住了？您记性真好，这么长还能记下来。我说老兄，你听明白没有。”迷亭说。

“正是。”看来主人这次还想蒙混过关。

“说说什么叫若置于敌人之体力活动之上，则会被敌人之体力活动所收；若置于敌人之长剑之上？”老人问道。

“伯父，苦沙弥对这种事情可谓是了如指掌，最近还在书房闭门养心呢。家里来了客人都不迎接，看来已经给心找好了安放之地，别问他啦。”迷亭说。

“失敬失敬，迷亭，我看你应该和他一起锻炼。”老人说。

“我哪有那闲工夫呀。伯父您平时不忙，所以是不是觉得别人也整天无所事事呀。”

“你平时不就是没什么事情嘛。”老人说。

“闲中带忙呀。”迷亭说。

① 泽庵禅师（1573–1645）：日本江户初期临济宗禅僧。

“你说你平日里什么都办不好，才更应该去修身养性。哪有忙中带闲这样的成语呢？我可从没听说过。你说呢？苦沙弥。”老人说。

“正是，闻所未闻。”主人说。

“哈哈，您这么一说，我可真是接不上话了。对了，伯父，咱们好久没吃东京的鳗鱼了，去尝尝？我请客，坐电车去，很快就到了。”

“吃鳗鱼倒还不错，但我今天约了沙源先生，就不跟你去了。”

“杉源？老人身体还好吧？”迷亭说。

“不是杉源，是沙源。你连发音都弄不明白，往后把别人的名字念错了，多丢人。”老人说。

“不就写作‘杉源’二字吗？”迷亭说。

“不错，写成‘杉源’，但念得要叫‘沙源’。”老人说。

“真是奇怪！”迷亭说。

“怪什么怪？这种读法自古就有。在日本，蚯蚓叫作‘目見ず’，蛤蟆叫作‘かいる’一样。”老人说。

“真是长知识了！”迷亭说。

“因为蛤蟆一被打死后，就立马仰面朝天，也就叫作‘かいる’。另外，要是杉源要念成沙源，可是会被嘲笑成为乡下人的。你稍不留心，别人就会笑话你。”

“现在就去拜访他？”

“你要是不想去的话，我一个人去也可以。”

“您一个人能去成吗？”

“走着去怕是困难，给我雇个车吧，我坐车去。”

主人听完，赶紧照办，立刻让阿三去车夫家叫人。老人走之前又说了很多道别的话，然后把礼帽戴在头上就走了，眼下家里只剩下主人和迷亭了。

“那位老人真是你伯父？”主人说。

“当然是啦。”

“原来如此呀！”主人又坐到了垫子上，抄起手来陷入了沉思。

“是不是没想到呀，我有个豪杰般的伯父，想来还挺荣幸呢。不管我带他去哪，他都是那番风采。怎么样？是不是吓到你了？”

“没有没有，并没有感到意外。”

“这你都不吃惊？真是有胆有识。”

“实际上伯父也有多可尊可敬的地方，就像主张修养身心等，我就非常佩服。”

“佩服？我看你要到了六十多岁的时候，肯定跟他一样，早就落伍了。你可要小心了，可别掉进了落后时代的队伍，那就不好啦。”

“你就害怕落伍，实际上在不同的情况下，落后时代的人反倒会变得相当了不起呢。且说所谓做学问，不管你如何往前赶，前面总会出现很多待解决的问题，遥遥无期。反观东方的学问虽然有点消极，但却有很多值得细细品味的地方，讲究的就是修身养性。”看样子主人是把哲学家的话安到了自己身上。

“你还真是厉害，不过这话我听八木独仙说过呢？”

主人一听到八木独仙这个名字，顿时慌了。因为此前拜访卧龙窟主人、说服主人后又飘然而去的那位哲学家就是八木独仙。实际上，主人刚才正儿八经评述的那番话，正是从人家那儿哪来的。他本以为迷亭不知道这位哲学家，可谁曾想迷亭一语道破天机，让现学现卖的主人碰了一鼻子灰。

“你可曾听过他的讲说？”主人慌乱之间问了一句。

“也听过，也没听过，他说的那番话早在十年前，在学校的时候就有了，到现在还是一点儿变化都没有。”

“真理总是一成不变的呀。正因为真理永恒，人们才会相信吧。”主人说。

“还不是因为总有人吹捧他，他才能走到今天？先说他这个姓就很好，八木，就好像他那山羊胡子一样。自打在学校宿舍时代开始，他就是这番模样了。独仙这个名字起得更是不错。以前他在我那住过一段，总跟我说什么修身养性的东西。每次一说就是长篇大论，说个没完。我就问，‘你是不是也该歇歇了？’人家却说，‘一点儿不困。’依旧讲自己的理论。后来我又劝他赶紧睡觉，我说，‘虽然你不困，但我可困得不行了，赶紧睡吧。’这才睡下。谁知晚上宿舍来了老鼠，给他的鼻子尖儿咬了一口。那天晚上又折腾到了很晚。虽然他满口消极理论，却非常怕死，还跟我说，‘要是得了鼠疫，我就完了，快想个办法救救我。’我实在没办法，就去厨房弄了些饭粒，给粘到了纸上，想把他糊弄过去。”

“怎么糊弄？”

“我跟他说，这是西方传来的膏药，德国人发明的，以前在印度，但凡人被蛇咬了之后，贴上它，准保管用。”

“上学的时候，你就这么会唬人啦？”

“独仙可是个老实人，全信了，贴上膏药就呼呼大睡。第二天早晨一看，膏药上粘着一些白线，再一细看，原来是给他的山羊胡带下来了，多有趣！”

“但近来他可是大有不同呀。”主人说。

“最近碰见他了？”

“一周前他来家里了，跟我聊了好久。”

“难怪你会给我讲他的那一套消极理论呢。”

“老实说，当时全听信了，还准备下一番功夫来修身养性呢。”

“下功夫当然是好事，但也别太相信别人的话，否则会吃亏的。你就是太容易相信别人了。独仙不过就会卖弄嘴皮子，到了紧要关头就和你我一样。对了，你还记得九年前的那场大地震吧。当时从宿舍二楼跳下去的人里，只有他一个人受伤了，记得吗？”

“就那件事情，他自己不还有一套说辞吗？”

“可不是嘛。按他本人的话说，反倒是件幸事呢。他说，‘果然是天地玄机，在万分危急的时候，我能做出最快的反应来。且看别人碰到地震都慌了，唯独我能从二楼窗户上跳下，恰恰说明了我修身养性的成果，可喜可贺。’说完他还瘸着腿在那高兴呢。实际上他也就是逞口舌之快，依我看，那些什么禅、佛等都是不可信的东西。”

“瞧你说的。”主人看起来有点儿失落。

“想必他前几天来的时候，也没少讲和尚道士之类的话吧。”

“他就告诉我了句‘电光影里斩春风’，然后就走了。”

“还是那一套电光的理论呀，都是十几年的把戏了，怎么，他还在用呀。在以前，一提起无觉阐禅师的‘电光’，整个寝室是无人不知不人不晓。那是个急脾气，经常给这句话念成‘春风影里斩电光’，你说可笑不可笑。不如下次他再来的时候，你先让他按照自己的套路讲，等到开始讲这段的时候，你就开始找点理由来反驳他，他一准会着急起来，开始胡说八道呢。”

“他也够倒霉的，偏偏碰上你这样个爱捣蛋的人。”

“也不知道究竟是谁爱捣蛋。我其实特别不喜欢什么和尚呀、禅家呀、顿悟呀等。以前在离我家不远的地方，有个叫南藏院的小庙，里头住着一位八十多岁老和尚。有一天天降大雨，一个雷把院里的一棵松树给劈了。据说老和尚面对此情此景却平静异常。后来我才知道，老和尚是个聋子，难怪跟个没事儿人一样。要是独仙一个人自己去悟道也就罢了，还偏偏喜欢拉上别人。以前有两个人就是受了他的影响，最后变得疯疯癫癫的。”

“是谁？”

“还问是谁？头一个就是里野陶然。因为受到了独仙的鼓动，一门心思地扑倒了禅学上，之后还去了镰仓，结果在那儿疯掉了。你知道丹觉寺门口有个火车道口吧。他当时就跑到铁轨上去坐禅呢，还说要挡住来势凶猛的火车。多亏火车及时刹车，他才捡回了条命。打那之后，他就觉得自己有了个金刚不坏之体，水火不入，结果有回蹦到了寺庙的莲池里，一个劲儿地往外吐泡泡。”

“淹死了啊？”

“万幸的是，当时正好有个道场的和尚路过，被救了上来。之后他就回了东京，患上了腹膜炎，走了。死因虽然是腹膜炎，实际上就是天天在寺里吃大麦饭和咸菜疙瘩造成的，所以说，独仙这是间接地害死了他。”

“看来走火入魔确实没什么好处。”

“谁说不是呢。咱们同学中还有一个人，也深受其害呢。”

“这可不得了，是谁呀？”

“立町老梅呀！他也是受到了独仙的蛊惑，总爱说什么鳗鱼会升天之类的话。最后成真了呢。”

“什么成真呢？”

“鳗鱼上天、肥猪变仙呀。”

“此话怎讲？”

“如果说八木是独仙的话，立町老梅就是个十足的猪仙。他在贪吃方面非常出名，实际上他本来就爱吃，嘴上全是佛家禅家的道理的话，那可就真让人烦透顶了。开始的时候我们并不在意，现在回想起来，都是些怪事情呢。有次他来我们家，说，‘你快看看树上是不是有炸猪排？’‘在我老家里，鱼糕总趴在木板上划水呢。’等，全是胡言乱语。他要光自己说也就罢了，还总跟我说，让我跟他一起去水沟里找馒头，我可真的是无话可说了。没过两三天，他终于变成了猪仙，进了巢鸭疯人院。按理说，只是爱贪嘴的他根本不至于落到发疯的田地，偏偏独仙非要捣捣乱，终究让他进了疯人院。不得不说，独仙还真是有能耐。”

“那，老梅现在还在巢鸭吗？”

“在，而且还很嚣张呢。我听说，最近他总说自己的名字没意思，要改名为天道公平，要替天行道呢。特别吓人，不信你就去看看他。”

“天道公平是什么？”

“天道公平就是名字呀。你别看他已经疯了，可起名字这方面一点儿不含糊。有时候他还给自己名字写成‘孔平’呢。你也别瞧不起他，他可是有志要解救苍生于苦难之中呢。此外，他还常给朋友写信，我也收到过四五封，写得洋洋洒洒，有两次还因为超重，让我补了邮费呢。”

“哎呀，看来我那封信应该也是出自他手吧。”

“也给你寄信啦？有意思，是不是红色的信封？”

“对，中间是个红条，两边是白条，与众不同。”

“据说这种信封是他专门从中国买的，为了体现自己猪仙的人生哲理嘛。所谓，天道白，地道白，人在中间当红海。”

“没想到一个信奉竟有如此奥妙。”

“就是因为神志不清他才会考虑这么多呢。虽然人是疯了，可贪吃的毛病仍在，基本每封里都要写吃的，你说怪不怪。对了，你的信里有没有写道吃的？”

“写到了海参。”

“确实，海参是他爱吃的菜，还有呢？”

“还有就是河豚跟朝鲜人参了。”

“这个搭配真是绝了！大概意思说，如果吃河豚中毒了，就快点儿喝碗人参汤。”

“不是这样吧。”

“一个疯子的胡言乱语咱们就不深究了。别的呢？”

“还有句话说，‘给苦沙弥先生看茶。’”

“哈哈，还看茶呢。真是太过分了。我看他是故意要给你点颜色看看，不错，我真该为天道公平先生叫声好。”迷亭正在兴头上，大笑了起来。我家主人这才意识到，他怀着敬畏之心反复研读的这封信，竟出自一个疯子之手，看来他前面的热情和苦心都化为了泡影，剩下的只有怒气了。而且他当时还对这篇疯子写的文章非常在意，是不是自己也有点儿精神不正常了呢？生气、羞愧和怀疑三种感情冲击着主人，竟让他一时间不知所措。

忽然，家里的门被打开了，伴随着沉重的脚步声，人已经走到了门口，“有人在吗？”

主人可不愿起身，反倒迷亭一点儿坐不住，还没等阿三出门迎接，他就喊道，“来者何人？”小步快跑到了门口。平常，迷亭来我们家从不敲门，只管往里闯，这多少都有点不礼貌。但他这次来却主动出门迎接来客，就好像家里的学生一样，表现倒还不错。迷亭再怎么迎客，他毕竟还是个客人，而我家主人呢，还稳如磐石般地坐在垫子上。这可就有点儿说不过去了。就大多数人而言，家里来了客人就该由主人迎送，但我家主人偏不，没办法，这也是他为人处世的特点。现在他还稳稳当当地坐在客厅，表面看起来非常沉着，可心里情况却大不相同。

前去门口迎接的迷亭好像在和来客吵了起来，不一会儿，那人又喊道：“这家的主人，麻烦你出来一下，你不来事情解决不了！”

这种情况下，主人才不情愿地站了起来，朝着门口走去。眼下迷亭正在门口和来客交涉，迷亭佝偻着背，手里还拿着一张名片，上面写着警视厅刑警吉田虎藏这一行字。这位吉田刑警的旁边是一个二十五六岁的高个子的男子，身穿条纹装饰的衣服，模样还很俊俏。让我感到奇怪的是，这个人竟然和主人有一样的习惯，都是抄着手站着。我总觉得此人在哪儿见过，细细一看，这不就是前几天半夜来我们家把山药偷走的那个梁上君子嘛。不得了，光天化日之下，就敢从正门进来。

“来的是刑警，说抓住了前几天的那个小偷，这不才把你给叫出来的嘛。”迷亭说。

到这儿主人才明白过来，为什么刑警要来自己家里，于是他就把头一低，毕恭毕敬地朝小偷鞠了一躬。主人肯定觉得，他身边的人面容姣好，穿戴整齐，才误以为他是刑警。小偷肯定也大吃一惊，但又没法明说自己是小偷，索性就什么也没说，呆呆地站着。可为什么也抄着手呢？还不是因为戴着手铐嘛，手根本没法伸出来。

按照常人的情况，这种情况应该一眼就能看明白，可我家主倒好，就看不懂。他有个毛病，非常崇拜警察和当官的，特别是害怕当官的威风。实际上他也知道，警察就是所有社会公民花钱请的保安罢了，但现实中，他却对人家非常害怕。过去主人的老爷子是个小村长，已经习惯了对领导点头哈腰的生活，看来主人完完全全把这点给继承了下来，真叫人同情。

刑警也觉得主人特别有意思，笑着说：“明天上午九点前，来我们日本堤警察分局一趟。上次被盗的东西都有哪些？”

“被盗的东西嘛……”主人支支吾吾地说，刚说了个开头，就把丢的东西给全忘了。他只记得有多多良送来的山药，但山药这种东西说出来太丢人。可自己都说出来半句了，要是不往下接着说的话，恐怕不太礼貌。要说丢东西的别人家的话，自己说不清楚也还情有可原，可眼下失窃的是自己家，自己反倒说不出来丢了什么，多尴尬呀。于是他接着说："丢了一箱山药。"

看样子小偷也觉得挺不好意思的，低下头把脸往袖子里藏了藏。

"看来你还真舍不得那箱山药呀。"迷亭笑道。

只有刑警格外认真，说："山药怕是追不回来了，至于别的东西基本上都找到了。明天你来看看，交还物品的时候要做登记，别忘了带上自己的印章。九点以前，日本堤警察分局，浅草警察局下面的那个日本堤警察分局，别忘了，再见。"

刑警讲完之后就走了，小偷也跟着出去了。因为小偷被手铐靠着，没办法关门，两人虽走了，可门还大开着。主人明显被吓得不轻，但也有点儿不满。只见他腮帮子一鼓，一下子给门关上了。

"哎呀，看来你对刑警还满尊重呀。你要平时也这么和和气气的话，肯定是个不错的男人，但谁让你光对警察客气呢？"迷亭说。

"人家也是专程来通知我的呀。"

"通知你怎么啦？那是他的工作。你就按平常待客那样，就足够了。"

"刑警的工作可不一般呀。"

"肯定不一般呀。探子本来就是个让人喜欢不起来的职业，我觉得比平常的工作还差劲呢。"

"这么说小心遭报应。"

"行，那咱们也不说刑警不是啦。但你要真的尊敬刑警倒也可以，可你为什么要对一个小偷毕恭毕敬呢？"

"谁对小偷恭敬了？"

“你！”

“我何时跟小偷联系上了？”

“不是你给小偷点头鞠躬的吗？”

“什么时候？”

“就刚才呀。”

“人家那可是刑警呀。”

“刑警是那副扮相吗？”

“就因为人家是刑警，才那么穿的。”

“我看你真是糊涂了！”

“你才糊涂了呢！”

“那我问问你，刑警到别人家，难道就这么抄着手站着吗？”

“谁说刑警就不能抄手了？”

“你好好说话，你们聊天的过程中，人家可动都没动呀。”

“毕竟人家是刑警，可能习惯这么站了。”

“你可真是自信，看来我怎么说你都听不进去。”

“我为什么要听你的啊？你一个劲儿说小偷、小偷的，你也没看见小偷来我家，一切都是你的猜测罢了。”

说到这儿，显然迷亭已经觉得主人无可救药了，于是一反常态，干脆就不说话了。从迷亭的角度来看，我家主人越是固执，他的价值就越低，而要从主人的角度来看，自己越固执，就越能显得高迷亭一头。说来也奇怪，人世间总有这么风马牛不相及的事情出现。有人认为顽固犟嘴就是胜利，但这种人的价值也会在过程中逐渐下降。但更奇怪的是，这种人往往固执地认为自己保住了面子，但他们做梦也想不到，别人会在事后冷落或者瞧不起他们。像这样只图一时之快的过程，叫作“猪猡的幸福”。

“那明天你去警局吗？”

“当然要去了。九点前到，我八点出门就行。”

“那学校怎么办？”

“课不上了先，学校算个什么玩意。”主人说得毫不客气。

“真是长本事了，不上课行吗？”

“有何不可？学校是按月付薪水，又不扣工资。”主人坦率地说，这显得他既很狡猾，也非常天真。

“去是去，但你认识路吗？”

“不认得。那我找个车不就行了。”主人气呼呼地说。

“你还真是对东京了解呀，一点儿不输给我那静冈的伯父。佩服！”

“那你就尽管佩服我吧。”

“我听说那个警察局可不简单，在吉原呢。”

“什么？”

“在吉原。”

“是娼馆区的那个吉原？”

“可不是嘛。东京就一个吉原。这下你还想去吗？”

主人一听到吉原，就开始犹豫了起来，但他又转头说道：“管它是什么呢，我说去就去。”哎，依我看，只有笨蛋才会在这种事情上虚张声势呢。

“那可就有意思了，去看看吧。”迷亭说。刑警来访的风波也到这儿也差不多了，迷亭在那之后又东拉西扯了一番，傍晚时说：“我得走了，太晚回去伯父该批评我了。”就回家去了。

迷亭回去之后，主人草草吃了晚餐，就回到书房去了，他又把手抄了起来，开始思考了起来。思考内容如下：

我本非常敬佩八木先生，但迷亭却告诉我那人并没什么长处，他推崇的学说似乎也有悖于逻辑，就像迷亭讲的一样，有点儿不正常。而且，以前受他影响的两个人也都成了疯子。这可不得了，我要是跟他走得太近的话，说不定哪天也被他给带偏了。再看天道公平，也就是立町老梅，但从他的信来看，不难推测出写信的人很有远见，但实际上他却是个疯子，就住在巢鸭疯人院里。就算迷亭说得有些夸大之处，但是他人在疯人院里还是高傲自大，天天称自己是在替天行道，也未尝不是不可信。我要是也盲目效仿的话，说不定也会朝那个方向发展呢。常言道，“物以类聚人以群分。”既然我都对他的文章产生了赞许之情，恐怕我离变疯变傻也没多远了吧。如果说我跟这样的人做邻居，尚不能保证自己不被同化，如果我们同处一室，谈笑风生，那可就糟糕了。

细细一想，自己这段时间的想法还真是非常奇怪，可谓奇上加奇，怪上添怪。在这里且先不说脑袋中脑浆的化学变化，单看想法变成了行动，继而变成了言辞，但中间却丢了很多中庸之处。我虽然舌头上没有甘泉，腋下却有清风，倘若有一天我牙根生出恶臭，筋头放出癫气来，我该如何是好呢？难不成我现在已经病入膏肓了？不过好在我没有伤及他人，也未曾危害社会，才得以安居在此，当一个东京的小市民。到这儿我想就不再是什么积极还是消极的问题了，我得先从脉搏检查起，看看身体有没有异常，脑袋有没有发热等。但我感觉也不像着急上火的症状呀。真是叫我担心。

但假如我总拿自己和疯子比较，来看我们之间有无相似之处的话，那我肯定是要和疯子为伍了，怪就怪在我这个判断标准上面，总拿疯子作为评判自己的标准，才会得出那样的结果来。如果说我以心智健全的人作为评判标准的话，弄不好就会得出截然相反的结论来呢。

选谁作为参考对象呢？先从近处说，且看今天来家里的那位身穿礼服的老者怎么样呢？但他也总说人的心无处安放等等，看起来也不太对劲。寒月如何呢？他现在整天磨玻璃球，带着饭盒，家都不回，我看也有点儿不正常。迷亭呢？他就是个天天以取笑别人为乐的人。虽说也是个疯子，但多少还比较乐观。那金田夫人呢？她心狠手辣，诡计多端，一看就不是个好人。最后说金田老板，虽然我还没见过他，但他却对老婆唯命是从，倒也是个与众不同之人，也和疯子多少有点儿关系。对了，还有落云馆的学生呢。他们虽然年龄不大，可脾气倒是一点儿不消，都是些崇尚暴力之人。

由此观之，大部分人都是疯子的近亲，这个结论可让他长舒口气。莫不是整个社会上都是疯子，疯子们在一起争吵、残杀，相互竞争，所谓的社会，不也就是个疯子组成的社会吗？那我们人不也就要跟动物一样浑浑噩噩地过下去吗？如此说来，人世间的那些通晓事理的人反倒成了反面，被关进了疯人院，再也没法出来。看来，疯人院里关的都是正常人，而疯子却还在疯人院外头。恐怕是当疯子被孤立之后，社会才把他们看作疯子。但当他们成了群，有了自己的能力之后，也就成了健全之人。大疯子通过运用权势，来让小疯子听令于自己，到处耀武扬威。这种疯子到最后反倒还被人夸作是出色之人。这样的事情实在是太多了，我们无不都为这种事情蒙蔽了眼睛。

上述内容就是我家主人那天晚上独自在书房的灯火下思考的全部内容了。我们不难看出，我家主人的脑袋确实不怎么灵光。虽然从表面上看，他脸上挂着德国皇帝一样的八字胡，但实际上却是个十足的笨蛋，你看，他连何为正常人，何为疯子都分不开。好不容易，他才给自己提出个问题来，又能自己静下心来沉思一番，但却始终没有什么结果，最后连问题都被搁置了。他实际上就是个遇事不懂思考的人，往往得出的结论也很轻浮，就像从他鼻孔中喷出的烟雾一样，让人摸不透，但诸位也别忘了，这也是我家主人的一大特色。

或许有人会说，你不过一只猫而已，怎能把别人的心思描写得如此详细呢？这样的小事对我来说根本不在话下，毕竟我以前也是学过读心术的。至于我什么时候学会的，诸位就不要打听了，总而言之我就是会。每当我趴在主人的膝盖上时，只要把身上柔软的毛外套轻轻贴在主人的肚子上时，不管他脑袋里在想什么，我一下子就能知道。

就拿前几天来说，主人当时正在亲切地摸我的脑袋，忽然他想到了一个极其残忍的事情来，“要是给这猫皮扒下来做成个坎肩，肯定舒服。”他的这个想法立马就被我察觉到了，我不由得吓了一身冷汗。

身为一只猫，能向各位汇报主人那天夜里的心理活动，我感到十分荣幸。主人在睡前的最后一条想法是，“一切都没弄明白呀。”之后他就回屋倒头大睡了。到了第二天，他肯定会把昨天想过的事情给忘得一干二净，如果他还要对疯子等问题思考的话，想必还会将以前想过的内容再重头来上一遍。但究其结果还能否再得出“一切都没弄明白呀”这条结论来，可就说不定了。不过有一点我可以向各位保证，不管我家主人再想多少遍，再怎么去想，他终究肯定还是没法弄明白这些事情。

十

妻子隔着纸门大喊："都七点啦！"

全然不知主人是醒着还是在睡。他把脸转向一边，一句话也不吭。有问不答，是我家主人的习惯，只在必须回答时，他才会"嗯"地答应一声。有时连"嗯"都不说。如果连回答都不屑得说的话，可就别有一番趣味了。这种人往往不受女生喜欢。现在，就连身边的女主人似乎都开始瞧不上他了，就更不用说别人了。

常言道，"见弃于亲兄弟之人，又怎会获得世上佳人的垂青。"主人在妻子那里都不受欢迎，又怎会得到世上佳人的喜爱呢。其实，我本没有必要暴露主人毫无异性缘的特点，但他的想法往往很奇怪，他总觉得妻子之所以不喜欢自己，是因为他已经上了年纪。实际上这不过他硬扯的理由而已，我只是从同情的角度，表达自己的一些想法罢了。

女主人已经在规定的时间内叫过他了，可他却跟没听见一样，把脸一转，一声不吭。这样一来，就错就在主人身上了。女主人则表现出一副事不关己的样子，拿着笤帚和掸子就往书房去了。

没多久，书房里传来阵阵声响。原来是例行的扫除。我一直不明白，打扫卫生究竟是为了运动，还是为了游戏呢？毕竟打扫之责与我无关，我也就不深究了，装不懂就行。但眼下女主人这种打扫的方法，我只能说她就是在做无用功。为什么呢，她的清扫方式就是在走形式。拿着掸子在纸门上拍一拍，用笤帚在榻榻米上扫一扫，扫除之事就算大功告成了。

至于打扫的原因和结果，她完全不在乎。一句话，干净的地方每天都干净，有污垢灰尘的地方永远都有污垢灰尘。以前有“告朔汽羊[①]”的典故，毕竟打扫一番比从不打扫还是要好一些。但打扫与否，并非是由主人决定的。日复一日不辞辛苦地开展卫生工作，正是女主人的可敬之处。打扫卫生是她多年来的习惯，已经固化在她的脑袋里面了。但至于效果嘛，和女主人尚未出生前没什么两样，和笤帚和掸子没有被发明前一样，毫无效果可言。其实想起来，此二者的关系，就像形式逻辑命题中的名词一样，虽然内容上毫不相干，但却能结合到一块儿去。

我和主人可不一样，我一贯早睡早起。现在我已经饿到了极点，但在家人用餐之前，身为一只猫的我还没法享用早餐，实乃猫的可悲之处。但我一想到蛤蜊壳里腾起香气，心里就焦急万分。明知道希望渺茫，但仍要追求渺茫的希望的话，最好的办法是把想法放在心里，心平气和、稳住阵脚才是上策。可我真的做不到。我必须要尝试一番，看看能不能遂愿。即便尝试了注定失败的事，不到最后

① 告朔汽羊：出自《论语》，意为敷衍了事。

一刻我也不会放弃。我实在饿得不行了，就溜进厨房，先瞧了瞧锅后头的蛤蜊壳。果然如我所料，昨晚舔净的空壳还像往常一样，在天窗射进来的初秋阳光的照射下闪闪发光。

阿三已经把煮好的米饭倒进了饭桶，现在她正在搅拌放在火炉上的锅子。饭锅周围溢出来的米汤已经干掉。就这么黏着的几条，跟纸条一样。眼下饭菜都已做好，可以开吃了吧！此时此刻还客气什么，即使不能如愿以偿，也不吃亏，于是下定决心，赶快吃点早饭。虽说我在家光吃饭不干活，但也照样会饿。于是我便想出了一招，咪咪咪地叫起来，叫得既娇媚又如怨如诉。可阿三完全不理睬。我以前就知道她天生就爱摆架子，对人情世故一点儿不知，但毕竟我的拿手好戏就是用哭声来唤起她的同情。我又尝试着咪哟咪哟地叫，这夹杂着几分悲壮叫声，我自己都觉得，这声音足以让浪迹天涯的游子肝肠寸断了。

难不成阿三是个聋子？怎么对我的叫声充耳不闻呢？世上有一类人被称为色盲，虽然这类人通常认为自己视力很好，但医生则认为他们并非健全。如此说来，阿三应该是个声盲了。声盲也是不健全的一种表现。明明自己有问题，还对我如此蛮横，岂有此理。比如说，有的时候，我夜里想上厕所，她通常都不会开门。实际上偶尔也会开门让我出去，但却又不让我进来。即便是夏天，夜里的露水也会让我非常难受，更何况眼下这下霜时节呢？我想各位根本想象不到在屋檐下整夜颤抖，等待日出，是多么凄惨呀。

有一次我因为吃了闭门羹，被野狗狂追，千钧一发之际，我跳到了一个仓房的屋顶，才保住小命，害得我那天晚上整晚都在发抖。这一切都是因为阿三不通人情而造成的。面对这种女人，不管怎么哭，她都不会有任何反应。实际上，等遇到像“饥寒交迫想拜佛”“穷困潦倒起贼心”“爱到深处写情书”等情况时，向她低低头也无伤大雅。

于是乎，我又“喵喵喵”地叫了第三遍。为了引起阿三的注意，还用了一种比较复杂的叫声，我深知自己的声音堪比贝多芬的交响乐，但阿三依旧无动于衷。

突然她跪了下来，掀起一块木板，取出一根四寸长的生炭，用力在火炉边上敲。木板断成三截，炉子周围也被炭染得乌黑，一些炭都飘进菜汤里去了。阿三仍对我毫不在意，又将三截炭投进了火炉，完全不理睬我的交响乐。没有办法，我只能悄悄地回到客厅。

方才我路过浴室时，只见三个孩子正在一起洗脸呢，热闹非凡！虽说洗脸，可是老大老二才上幼儿园，老三更小，只能像跟屁虫一样在后头转悠。她当然不会好好洗脸和收拾了，充其量就是玩玩水。可没曾想，老三竟从水桶里捞出湿抹布在脸上胡乱地擦来擦去。用抹布擦脸，当然不会舒服了。以前，这孩子在地震时，每当大地颤一次，她便会大喊：“太好玩啦！”所以说，用抹布擦脸也不足为奇，说不定她比八木独仙还要懂事呢。老大不愧是老大，很有姐姐的风范，一把扔掉了自己的漱口杯，说：“妹妹！那是抹布呀！”她急忙夺走抹布。

老三也相当不服气，才不会那么轻易听从姐姐的话。嘴里一边嚷着：“讨厌你！咕噜！”一边抢回抹布。至于“咕噜”究竟是什么意思，又是何种话语，就无人知晓了。我只知道她每次发脾气时，必定会说出这两个字来。由于姊妹二人撕扯着抹布，抹布的中间部分水分增多，水分从中间滴下，嘀嗒嘀嗒地都掉在她的脚上。如果只滴在脚上，其实也没什么关系，但是膝盖周围也被淋得湿漉漉的。最小的这时还穿着元禄服[1]。据说中间带有大花纹的衣服就叫作元禄服，也不知是谁给她的。

“你看你，元禄服湿了吧！”姐姐说得很温柔，但她在前段时间竟把“元禄”和玩骰子的“双六点”给弄反了。看到这元禄服我想起了一件事，顺便多说一句。这个孩子经常说错话，让人摸不着头脑。例如，“着火啦，蘑菇火星满天飞啦”“到御茶味增御茶水女子学校去上学啦！”，有时甚至还把财神爷和厨房给连在一起。

有次她还说：“我可不是在稻草屋出生的。”仔细一询问，原来是把“稻草屋”和“小胡同”弄混了。主人每次听到她说错词时都会发笑，但是他自己到学校去教英语时，可能会把比这更严重的错误也一本正经地讲给学生们听吧。

主人平日里总是叫她小宝贝。小宝贝看见元禄服湿了，哭着说：“元禄服好狼（凉）！”元禄服凉的话，那肯定不得了。阿三从厨房里飞奔出来，用抹布给她擦了擦。

在这场乱子中，比较淡定的是老二。她把从架上滚落下来的装香粉的瓶盖打开，一直在化妆。她先将一根手指伸进瓶里，然后在鼻尖上抹了一下，便立刻出现一条白色的竖道，鼻子变得有些立体了。又把抹过鼻子的手指在脸颊上抹了一下。同样，脸颊也变得白

① 元禄服：元禄年间流行的衣服，元禄是指日本历史上1688–1704年间这段经济繁荣的时代。

花花。快打扮完的时候，女佣走了进来，擦完元禄服，又顺手擦了她脸上的白粉，这让她有点不高兴了。

我在一旁看了这番光景后，便从客室来到主人的卧室，偷偷地去看主人醒来没有。但是，完全看不见主人的脑袋，只看见一只八寸半左右的大脚丫子伸出被角。他大概是害怕一露头就会被叫起床来，所以才把头伸进被窝里，就像乌龟一样。这工夫，妻子已经把书房打扫好，又扛起笤帚和掸子走来，像上次一样，在门口喊道："还不起来吗？"

她站了很长时间，盯着那个没露出脑袋的被窝。但是依旧没有回应。妻子迈了两步走进门来，用笤帚一撮，说道："喂，怎么还不起来？"

主人早就醒了，虽然是醒了，为了保护自己免受妻子的袭击，才把脑袋钻进被窝里的。他可能想只要不把脑袋露出来，就会躲过此劫。妻子知道他有想要躲着的侥幸心理，绝不会饶了他。

第一次，因为妻子只是站在门口呼喊，他心想至少有六尺远呢，不用在意。当妻子撮笤帚时，距离已经接近三尺，他吃了一惊。当他第二次听见"还不起来吗？"时，无论是距离还是音量，都比上次程度大了很多，他这才明白，已经毫无办法，只能小声回答一声"嗯"。

"不是说九点钟以前去吗？再不起来的话会来不及的。"

"不用你说我也会起来的。"

主人从睡衣的袖口里答话的样子，仿佛天下一大奇观。妻子总是被他这样所骗，以为他会立刻起床，就放下心来，谁知稍微一不留神他又睡了起来。因此妻子又继续催他，“喂，快点起床吧。”

明明说过马上起来，还得三番五次地叫他起床，真烦人。遇见像主人这样任性的人，就会觉得更加来气。这时，主人突然将盖在脑袋上的被子掀掉。他把两只眼睛睁得圆圆的，说：“吵什么吵，我说了起床，就肯定会起床的。”

“你光会用嘴说起床，根本没有起来啊。”

“我什么时候说过这样的谎？”

“一直都在说谎！”

“胡说！”

“真不知道是谁在胡说呢。”女主人咚的一声将笤帚一立，站到了主人枕旁，模样好威风。就在此时，住在我家后面的人力车夫家的孩子，阿八突然大声哭起来。这肯定是车夫老婆要求的，我家主人只要一发火，阿八准会号啕大哭。说不定车夫老婆还能从金田家得到一些赏钱呢。但这对于阿八而言，可就没那么简单轻松了。有这样一个妈妈，她不得不从早到晚一直哭，根本停不下来。如果主人知道其中的缘由，估计也要控制一下自己的脾气，好让阿八能活得长一点。虽说其中肯定有金田的委托，但车夫老婆能干出这种蠢事来，可见她比天道公平来得更加险恶。

如果仅在主人发怒时让孩子哭几声，也就算了。但金田还雇了附近的一些流氓，每次有人在喊“今户烧制的狐狸精”时，阿八也必须得哭。有时候在主人还未发怒，如果车夫老婆猜到他会发怒时，也会让阿八先哭起来。于是，也就搞不懂到底主人是阿八，还是阿八才是主人了。想捉弄主人的话，其实并不难，只要臭骂阿八一顿，就相当于打了主人的脸。

传说过去如果西方的犯人在临刑前逃亡海外，没被逮捕的话，人们就会制造一个木偶来代替本人进行火葬。由此看来，估计在他们当中也有精通西方故事的军师来给他们出谋划策。不管是落云馆，还是阿八的妈妈，对于没有什么能耐的主人来说，都是比较棘手的对象。此外街坊邻居中，还有不少他的劲敌。但跟眼下的情况关系不大，往后再由我一一介绍吧。

主人听见阿八哭声，从大早上开始就大发脾气，他突然猛地一下坐在被褥上。这样一来，他就跟所谓的修身养性、八木独仙，全都毫无关系。他一边坐起来，一边哗哗地挠着头，差点儿没把头皮挠下来了。堆积了一个月的头皮屑毫不客气地飞落到脖梗和睡衣领子上，那场面可是相当壮观。主人的胡子又是哪种状态呢？我放眼一看，吓了一跳，胡子也早已乱得不像样了。可能胡子也察觉到了主人在生气，如果自己不表个态的话，就有愧于主人了。于是，所有胡子都根根分明，向四面八方竖起，那场面真是相当值得一看。昨天因为照镜子，胡须便学着德皇的样子，排列得整整齐齐。一夜后，之前的梳理都功亏一篑，胡子又回到了本来的面目，开始各显神通了。这就犹如主人一样，通过一夜速成的修的身、养的性，天亮后就消失得无影无踪，又变回了其本来的面貌。留这样粗野的胡须，性情还如此粗暴的男人，竟然直到现在也没有被免去教师的职务。想到这里，我才终于体会到日本是如何之大了。正因为天下之大，金田和他的走狗才在这世上行得通。主人好像也这样认为，他觉得只要自己在世上行得通，自然也就没有被免职的理由。在此番必要关头，应该给巢鸭精神病院寄封信，询问一下天道公平先生，方能解其中大义。

这时候，主人已经睁开了那双我昨天介绍过的混沌的太古双眼，正盯着对面的壁橱。我家壁橱高六尺，分上下两层，每层各带一个拉门。下边那个壁橱几乎和棉被的底边紧紧相连。主人只要端坐起来，睁开眼睛，他的视线就会自然而然地落在那里。主人一看，那表面上的花纹纸已经破烂不堪，像露出了“肠子”一般。“肠子”中有很多东西，有的是印刷品，有的是手写的，有的翻过面，有的上下颠倒。主人瞅见这些“肠子”时，总会想看看上边到底写了什么。原本恼火的主人，差点要把车夫家的女主人抓来，把她的脸往松树上蹭呢，但是现在主人又想读这些废纸，这行为似乎有点怪异，但对一个性格直爽、性情暴躁的人来说，也不足为奇了。这就好比，当你给一个正在哭的小孩一块蛋糕，他立刻破涕为笑是一个道理。

主人过去在一个寺庙里借宿时，只隔一扇纸屏，那边住了五六个尼姑。尼姑这类人是坏心眼的女人当中心眼最坏的。听说有一位尼姑，在了解了主人的脾气之后，总一边敲自己的饭锅，一边打节拍唱：“刚才啼哭的老乌鸦，现在突然又笑了。”

好像主人就是从那时开始特别讨厌尼姑的。虽说尼姑不讨人喜欢，但她说的却都是事实。主人的哭笑喜悲，都比常人来得快，但去得也快。说好听点，他是不固执，灵活多变。如果说得通俗点，他就是一个是肤浅、固执的神经病罢了。既然是个神经病，那么摆出一副要打架的样子突然起床，但又立刻改变主意，开始读起壁橱拉门上露出的“肠子”，就更在情理之中了。

主人首先看到的是倒立着的伊藤博文[①]，上面写着，“明治十一年九月二十八日”。可见这位韩国总监早从这个时期就开始紧跟着政府政策走了。主人想知道这位总监现在正在干什么。他继续读较为模糊的地方，看见“大藏卿”三个字。虽然他是两脚朝天，没想到竟然是个大藏卿。稍微向左一看，大藏卿在躺着午睡。难怪这样，一般倒立是持续不了多久的。下面还有用木版印刷的大字，但只能看清楚“尔等”二字。 主人想往下继续看，但是根本看不见其他字。下一行只露出“快速”二字。虽然也想念这一句，但只能看见一点，根本读不出来。假如主人是警察厅的侦探，即使是别人的东西，他也许会撕掉。侦探这类人，因为没有受过高等教育，往往为了真相，什么事都干得出来，确实不好对付，所以希望他们能稍微客气点。如果不客气，那我就不让他们来现场取证了。据说他们还会用捏造罪来陷害良民。良民花钱雇来的人，竟然反咬雇主，就是疯子的行为。主人把视线转到中间的区域，中间的“大分县”三个字却在翻跟头。你看，连伊藤博文都倒立着，大分县翻个跟斗当然也说得过去啦。主人读到这儿，握紧拳头，朝天花板高高地举起，应该是要打呵欠了。

主人的呵欠犹如鲸鱼长鸣一样，听起来特别奇怪。他打完了呵欠之后，便磨蹭地换上衣服，然后到洗澡间洗脸去了。这时候，妻子已经耐心全无，立刻把被褥叠好，便又像往常一样开始打扫。主人洗脸也是跟打扫是一个道理，千百年来，一成不变。就像我在前

① 伊藤博文（1841-1909）：日本政治家。

面说的那样，还是一如既往地一直发出“啊”和“咕噜咕噜”的声音。然后分好头发，将毛巾一下子搭在肩上，晃悠到客厅，悠闲地坐在火炉旁。说到火炉，想必大家会联想到一个女人披散着刚洗好的头发，翘着一只腿，用长烟袋磕打由花纹木头和黄铜打造火炉的场景吧。我家的长火炉却没那么华丽，它非常古朴，至于是用什么原料制作的，外行人根本无法判断。我家的火炉之所以那么显眼，全是因为总被擦洗。究竟是什么木头打的，不懂行的人肯定看不出来。一般来说，质地上乘比较显眼全都是因为经常有人打理和擦拭，但主人的这件玩意儿，材质是山毛榉、樱木？还是桐木？完全看不出来，好像也从来没被擦过，所以有点发暗，完全不显眼。就算说这是他从别的地方买的，肯定也不知多少钱。说它是别人给的，但好像人也没送过。莫不成是偷来的？主人对于这个问题，态度一直很暧昧。以前他亲戚中有个老人，去世前曾拜托主人照看房子。据说主人在自己成家之后，从老人家搬走时，便将那个使用很久的长火炉也顺便带走了。这么做似乎不太地道，但其实想想，世界上这样的事情也不少见。据说像银行家这种处理别人的钱的行当，逐渐就会把别人的钱当成自己的东西了。做官的本是人民的公仆、代理人，因为人民需要他们帮忙干事儿，给予他们一定的权力。但是他们后来却认为那权力是自己本身所拥有的，反倒不允许人民过问了。这种人在这世界上遍地都是，也就不能单单因为长火炉事件就判断主人有偷东西的习性。假如主人有偷东西的习性，那天下人岂不都有偷东西的习性了吗？

主人在长火炉旁坐好，他前面就是饭桌，另外三面坐着刚才用抹布擦脸的老三，在御茶水女子学校读书的敦子和把手指插进香粉瓶里的澄子。三个孩子都在吃饭。主人公平地打量这三个孩子，敦子的轮廓特别像南洋铁刀的刀鞘；澄子是妹妹，跟姐姐有点儿像，像是个琉球漆的红盆子。只有最小的与众不同，是一张长脸。但是，如果是竖长形，这世上则有不少这样的例子，她的脸却比较宽。不管流行如何百变，肯定不会流行宽脸吧。虽然是自己的孩子，主人看着她们总是觉得感慨。孩子们还在成长，生长之速就像禅庙里的竹笋一转眼变成嫩竹一样，特别的快。每当主人看到她们长高之后，便会感觉好像背后有人追赶着自己，感到不安。无论主人怎么不靠谱，他对于这三位小姐都是女的这一点还是很清楚的。他清楚，女孩迟早会嫁人。虽然主人清楚，却没有安排她们出嫁的本事，对于这一点他更是心知肚明。虽然是自己的孩子，却也有负担，既然有负担，不生养她们该多好。这就是所谓的人类，如果给人类下定义也非常简单，他们就是自找的麻烦来折磨自己的动物。

孩子们的确了不起，她们做梦也不曾想到，自己的爸爸会不知该如何处置她们，眼下还正自顾自开心地吃饭。但是，难搞定的是老三了。她今年三岁，主人的妻子想出个好主意，给她一套适用三岁孩子的小筷子、小饭碗。但她却不用，非要抢姐姐的碗，要用那个拿起来不方便的碗吃饭。人类社会亦是如此，越是毫无才能的人，越是想要爬上与自己不匹配的官职。这种特性，早在孩童时期就开始萌芽。既然由来已久，我们还是不要幻想单靠教育和熏陶去可以矫正这个习惯了。

她把从旁边抢过来的大饭碗和大筷子据为己有，不断地抖着威风。她硬要使用自己没法控制的东西，所以不得不逞威风。她先把两根筷子并在一起，用力地插到碗底。碗里有八分满的饭，上面还盖满了酱汤。本来碗勉强地保持着平衡，由于遭到筷子压力的突然袭击，立刻倾斜了三十度，与此同时，酱汤也毫不留情地淌向她的胸前。

小小困难岂能难得住她？她可是个暴君，这回她又把插进碗底的筷子用力地向上挑起来，同时把她的小嘴凑到碗边，将挑起来的饭粒拼命送进嘴里。没吃进嘴里的米饭与黄色酱汤一起，高高地飞向她的鼻头、脸颊、下巴。剩下的饭粒都弹到了床铺上，这她肯定没有料想到。这种吃法完全不成体统，于是我在此忠告远近闻名的金田先生以及天下的权贵们，若各位待人接物时，像老三用碗筷的方式一样，进入嘴里的饭粒会少之又少，而且不会以必然之势进到嘴里，都是误入嘴里而已。我希望各位能够三思而后行，这和谙于世故的能人是很不相称的。

姐姐敦子的筷子和饭碗都被抢走了，只能勉强用不好使的小筷子和小碗。但碗太小了，盛满后三两口就能吃光。所以她不断地把手伸向饭桶。眼下她已经吃了四碗，现在是第五碗了。敦子揭开饭桶盖子，拿起大饭勺，看了一会儿，她似乎没想好，到底是吃下这一碗，还是就此结束？最后下了决心，在没糊的地方盛了一勺。盛饭对她而言虽并不难，但翻转饭勺把饭往碗里一抹时，没有盛进碗里的米饭就一团一团地落在床铺上。敦子十分淡定，开始将掉落的米饭小心地捡起来。捡起给扔掉吗？原来她又把掉在外面的米饭扔回到饭桶里了。哎呀，可真是不讲卫生。

当最小的大发威风挑起筷子时，敦子将脏饭装回饭桶之时，当老大的姐姐，不忍心看最小的乱糟糟的脸，她说："哎呀，不好，你看你脸上都是饭粒。"说着便开始给她擦脸。首先要擦掉挂在鼻尖上的饭粒。原本以为她会把擦掉的饭粒扔了，但让我大吃一惊的是，她竟然将饭粒放进了自己的嘴里。接下来她擦脸蛋，脸上饭粒都成堆了，从数量上说，左右面颊上的加在一起得二十粒吧。姐姐耐心地拿下，又一粒一粒地吃掉，没一会儿就把妹妹脸上的饭粒全都吃光了。

这时，原本一直安安静静吃咸菜的澄子，突然从盛好的酱汤中发现几块煮烂的地瓜，一下子塞进了嘴里。各位读者大概也都知道，再也没有比吃从汤里捞出来的煮地瓜更难受的事情了。即使是大人，如果不小心的话，也会被烫伤。更何况像敦子这样对吃地瓜缺乏经验的人，就更加狼狈了。澄子"哇"的大喊一声，将嘴里的地瓜吐在饭桌上。其中两三块，意外地滚到老三面前，正好停在了用手可以碰得到的地方。她原本就很喜欢吃地瓜，眼下面前正好来了两三块，她赶忙扔下筷子直接上手捡地瓜块，吃了个一干二净。

主人从开始就看着这一幕幕场景，他一句话也没说，专心地吃自己的饭，喝自己的汤，现在正在用牙签剔牙。可以看出主人对于女儿们的教育采取了自由放任主义。即使这三位小姐成为"紫式部""褐式部""灰式部"，然后找了个情夫私奔，主人大概也照样吃他的饭，继续喝他的茶，什么也不会说，可谓毫无作为。但是，我可以感觉到在当今世界中，那些大有作为的人，除了会用花言巧语骗人，下狠手坑人，虚张声势吓人，用阴谋诡计陷害人之外，似乎毫无作为。连中学生们也沾染上了这样的风气，错误地以为只有这么做才算有出息，只有大摇大摆地干那种让人羞愧的勾当，才能被称为未来的绅士。这绝不是大有作为，完全就是流氓行径。毕竟我是个日本猫，多少还有点爱国之心。每当看见这类人，我真想揍他们一顿。这种人多出一个，国家就会衰败一分。有这样学生的学校，是学校的耻辱；有这样人民的国家，是国家的耻辱。虽然耻辱，但这类人在社会上仍旧遍地都是，真是让人费解。似乎日本人还不如我这只猫有气概。真是可悲，与这类人相比，主人才是上等的好人。他的犹犹豫豫、无能、不耍心眼，正是他的可贵的地方。

主人吃完了这顿毫无作为且相对平安的早餐之后，就穿好西装，坐上车，到日本堤警察分局报到去了。当主人拉开门时，问车夫日本堤时，车夫就嘿嘿地笑了起来。“就是有妓院的那个吉原周边的日本堤吧？”车夫这样回答也是滑稽。

主人难得乘车出门。之后，妻子照例吃完早餐，催促孩子们说：“快去上学，要来不及啦！”

可孩子们一点不着急，完全没动地方，说：“今天放假呀！”

女主人斥责道：“放什么假？快去上学。”

姐姐毫无起身之意说：“但，但是昨天老师说，今天不上课呀！”

女主人觉得有点奇怪，便从壁橱里拿出一本日历，不断翻看后发现，今天印着红字，果然是节日。主人大概不知道今天是节日，也稀里糊涂地给学校送了假条。妻子也完全不知道，把假条投进了邮筒。至于迷亭，我可不知道他是真的不知道，还是装作不知道了。女主人因为这一大发现，吃惊地说：“那今天都在家好好玩吧。”说罢，她像平时一样，拿出针线筐，做起针线活来。

之后的半个小时，家中很平静，没有发生值得描述的事件。但却来了位奇怪的客人，是个十七八岁的女学生。她穿着一双鞋跟已经歪了的皮鞋，紫色的裙子，头发弯得像算盘珠一样，招呼也不打就直接从后门进来了。

来人是主人的侄女，名叫雪江，据说是学校里的学生，偶尔在星期天来串门，常常和叔父大吵一通后才回去。虽然名字好听，但长相并没有名字那么美。出门走上个几百米，就会碰见好多这样的脸。

“婶婶好。”她便大步流星地走进客厅，一下子坐在了针线筐旁。

“呀，来得这么早。”女主人说。

“因为今天过节，想一大早来看您，八点半就急忙从家里出来了。”她说。

“是吗，有什么事吗？”女主人说。

“没有。只是好久没见，来家里坐坐。”她说。

“多坐一会儿吧，没事常来玩！”女主人说。

“叔叔去哪儿啦？真是少见。”她说。

“嗯，今天去一个不寻常的地方了，警察局，没想到吧？”女主人说。

“为什么啊？”她说。

“好像是春天闯进家的小偷被捉住了。”女主人说。

“对质去了？真是麻烦。”她说。

“那倒不是，是去拿回丢的东西。昨天警察特意来通知说丢的东西找到了，让去认领。”女主人说。

“哦，原来如此。难怪不叔叔今天出门这么早，要在平时，肯定还在睡觉呢。”她说。

“像你叔叔那么爱睡懒觉的人也没几个了。叫他起来的话，他还会生气呢。就拿今天来说，让我七点叫他起来，我去了，谁知他还把头钻进被窝，装聋作哑。我怕他迟到，又叫他一遍，他反倒通过睡衣袖子嘀嘀咕咕回答我，真是拿他没办法。”女主人说。

“他为什么那么困呢？是不是神经衰弱？”她说。

“啊？”女主人说。

“他那么爱发脾气，还能在学校教书？”她说。

“但我听说他在学校表现还不错呢。”女主人说。

“那岂不是总在家里逞威风？”她说。

“为什么这么说呀？”女主人问。

“不为什么，就是在家装威风，欺软怕硬，不是吗？”她说。

“这可不单单是发脾气，逞威风了。你说东，他偏说西，别人说西他又说东，从来不听别人的话，特别犟。”女主人说。

“是牛脾气吧？叔叔就是这样的人。想叫他干什么，只要反着说，准能办成。前几天我让他给我买把雨伞，但我却说不要。叔叔说，‘怎么能不要呢？’立刻就买给我了。”她说。

“哈哈，我以后也这么做。”女主人说。

“就这么做吧，千万别吃亏了。”她说。

“最近保险公司来人劝他参保。对他解释说明了一番，说这个有利，那个有好处之类的，跟他说了将近一小时，可他就是不参保。

你看咱家一没有存款，二又有三个孩子，参保的话，我也放心一点，但他完全不考虑这些东西。”女主人说。

“是啊，万一出事的话，真让人不放心。”这样比较成熟的话真不像是十七八岁的姑娘说的。

“当时他们的对话还挺有意思呢。你叔叔说，‘我不是不承认保险的必要性。正因为有必要，保险公司才能存在的嘛。’但他又说，‘我还没死，也就没有参加保险的必要。’”女主人说。

“叔叔这么说的？”

“是啊。于是保险公司的人说，‘如果不死的话，就不需要保险公司。但是，人的生命表面看起来坚实，但实际上非常脆弱，不知何时会遇上什么危险。’你叔叔却说，‘没事儿，我下定决心了，肯定死不了。’你看他是不是一点都不讲理。”女主人说。

“即使下定了决心，也终难逃一死。拿我来说，我决定考试达到合格，结果却总事与愿违。”她说。

“保险公司的人也是那样说地，说寿命不是由人来决定的。如果只凭人的决定就能长寿的话，天下哪儿还会死人呢？”女主人说。

“我觉得保险公司的人说的在理。”她说。

“可不是嘛。但你叔叔偏就逞威风说道，那可未必，我坚决不死！发誓不死！”女主人说。

“真是奇怪！”她说。

“确实奇怪，奇怪极了。他还固执地说，‘与其有钱买保险，还不如把钱存到银行呢。’”女主人说。

“叔叔有存款吗？”她问。

“哪里有啊？他可是个从不为身后事做打算的人！”女主人说。

“真让人担忧啊。叔叔怎会是那样的人，常来这边走动的人，可没见一个和叔叔一样的啊！”她说。

“谁会像他！他可是独一无二的极品。”女主人说。

“咱们就请铃木先生和叔叔谈谈吧。像他那样沉稳的人，做什么事儿都心中有数。”她说。

“你叔叔还看不上人家呢。”女主人说。

“那可真是众说纷纭了。对了，那位先生怎么样呢？就是那位遇事冷静的。”她说。

“八木先生？”女主人说。

“是的。”她说。

“确实，八木先生原本在你叔叔这儿是个完人。不过昨日迷亭来，说了他好多坏话，现在可能就不那么好了吧。”女主人说。

“可是八木先生不是挺好的吗？沉稳从容，前几天还在我们学校演讲呢。”她说。

“八木先生吗？”

“是的。”她说。

“他是你们学校的老师吗？”

“不是我们老师。前几天召开淑德妇人会议时，请他来做了演讲。”她说。

“讲得有趣吗？”女主人问。

“有趣倒不怎么有趣。不过，那位先生长着一张大长脸，还留着老神仙一样的长胡子，大家无不满脸敬意地在听他的演讲呢。”

她说。

“演讲？都讲了些什么呀？”女主人问。

这时，三个孩子从走廊走来，她们听到了妈妈和雪江在聊天，纷纷跑了过来。之此之前，她们好像一直在竹篱笆外的空地上玩耍。

“哇，雪江姐姐来啦！”两个年长的姐姐高兴地大声说。女主人把针线活收起来放到墙角去，轻声喝道：“别吵，安静坐下，雪江姐姐在讲有趣的故事呢。”

“姐姐在讲什么故事呀？我最爱听故事了。”大女儿说。

“还是《兔子复仇记》吗？”二女儿问。

“我也要讲！”说着老三丫头从两个姐姐中间挤出来。不过，她说的可不是听故事，而是她要讲故事。

“哎哟，你也要讲故事呀？”姐姐笑着说。

“你先别着急，咱们先听姐姐讲。”女主人哄着她说。

可是小姑娘就是不答应，撒娇着说：“不嘛，咕噜……”

“好，好，那就让你先讲，要讲什么呀？”雪江谦让道。

“那个哟，我呀，去哪里呀？”老三支支吾吾地说。

“真有趣呀，然后呢？”雪江说。

“瓦（我）去田里磕（割）稻去！”老三说。

“这样呀，我们都知道啦。”雪江说。

“你奈（来）了就碍事。”老三姑娘又说。

“哎呀，不是‘奈’，是‘来’。”大女儿插嘴说道。

老三又大声吐出一句“咕噜”，把姐姐吓得往后退了退。不过因为姐姐的插话，她竟然忘了后边的内容，讲不下去了。

“故事讲完了吗？”雪江问。

“那个，肚肚要道歉啦。噗……噗噗……”老三说。

“哈哈哈哈，真讨厌，是谁教你这么做的？”女主人说。

“阿三阿姨。”老三说。

“真坏，怎么还教你做这样事情。”女主人苦笑道。然后说：“接下来该雪江姐姐讲了。你可要好好听。”终于，最小的调皮鬼也开始听话了，在讲故事期间一直安安静静的。

“八木先生的演讲是这样……”雪江开始娓娓道来。“从前，在一个十字路口的正中间，有尊石地藏菩萨。不凑巧的是那里偏是个热闹地，车水马龙，石像在那儿很碍事。无奈之下，镇上的人聚集到一起，商量着要把这尊石像挪往别处。”

“这个故事是真的吗？”女主人问。

“谁知道呢，这一点八木先生可没讲。就这样，大家商量了很长时间，其中，镇上最强壮的一个男子说道，‘这有什么，看我将他搬走。’他只身一人来到十字路口，伸出双臂，汗流浃背地搬了起来。不过无论如何他也搬不动。”

“石像当然很重啦！”女主人说。

“是啊，男子累得不成样子，回家睡觉去了，镇上的人又开始商量了。这次，镇上极其聪明的一个男子说，交给我吧，我一定能成功。只见他往盒子里装满牡丹饼，然后来到石像前说，‘请到这里来。’他一边说一边拿着牡丹饼在石像前晃悠，他以为地藏菩萨和他一样爱吃牡丹饼，就打算用这饼来诱惑石像，可是石像却岿然不动。聪明男一计不成，这次又将葫芦中注满酒，他一只手拎着葫芦，一只手拿着酒盅，来到石像前说，‘想不想喝呀，想的话就过来呀。’三个小时过去了，那石像依然纹丝不动。”

“姐姐，地藏菩萨不饿吗？”大女儿问道。

“我也想吃牡丹饼。”二女儿接着说。

“聪明的男人失败了两次后，又拿出一沓钞票，在石像面前晃来晃去说，‘想要吗？想要的话就来拿！’但这招好像也不管用，真是个顽固的菩萨。”雪江说。

“是啊！和你叔叔有点像呢。”女主人说。

“简直一模一样。据说几次失败后，那人也无计可施，只好作罢。之后一个爱吹牛的人站出来，‘让我来，我一定能摆平，都放心吧。’这事好像真如他说的那般轻巧，他就这样做出了保证。”雪江说。

“那个吹牛的人怎么做的？”女主人说。

“甚是有趣。他先穿了一身警服，然后又粘上胡子，走到石像面前说，‘喂，喂，你再不动的话可没你好果子吃，作为警察，我可不会坐视不理。’据说他就这样威胁石像。当今社会，即便你伪装成警察，也没有人听你的。”雪江说。

“确实如此，那地藏菩萨挪地方了吗？”女主人问。

“怎么会，和叔叔一样固执嘛。”雪江说。

“不过，你叔叔却很怕警察。”女主人说。

“是吗？叔叔还怕警察？如果不怕警察的话，可能就没有让他害怕的事了。据说，石像还是一动不动，泰然处之。之后，爱吹牛的人发怒了，他脱下警服，把假胡子扔进垃圾桶。然后又打扮成有钱人的模样走来。用现在的话来说就是 岩崎[1]男爵那样的模样，多滑稽啊！”雪江说。

“岩崎模样？那是什么样？”女主人说。

“只是一张大脸，什么都不做，什么也不说，在石像旁边叼着大烟卷走来走去。”雪江说。

“这是做什么呢？”女主人问。

“他想用烟雾把石像蒙起来啊。”雪江说。

“真像相声里的笑话，蒙混成功了吗？”女主人问。

“没用，对方可是石头。本来这样骗骗也就算了，可谁知他又装扮成了王爷的模样，真是让人费解。”雪江说。

“那个时代有王爷吗”女主人问。

“应该有吧。反正八木先生是这样说的。据说那人真的扮成了王爷，虽然他也害怕，但还是这般做了。一个吹牛的人竟敢这样做，岂不是犯了不敬之罪？”雪江说。

“王爷？哪位王爷？”女主人问。

“哪位？无论哪位都是大不敬啊。”雪江说。

“确实如此。”

“即便扮成王爷也无济于事。吹牛的人没有办法，投降说，‘我的招数已尽，地藏菩萨还是不出来。’”

“活该啊！”

“是啊，给他些惩罚才好呢。但镇上的人仍不放弃，继续商量，

① 岩崎：岩崎弥太郎（1835-1885），日本三菱集团的创始人。

结果再没有人去尝试了，大家的气势变弱了。”雪江说。

“故事到此就结束了？”

“还有呢。最后，他们雇了很多车夫和流氓在地藏菩萨附近咣咣地制造骚乱，昼夜交替，为的是刁难地藏菩萨，让他无法待下去。”雪江说。

“真是辛苦他们了。”女主人说。

“即便如此，地藏菩萨还是不理他们。地藏菩萨可不是一般的顽固啊！”雪江说。

“后来怎么样了？”大女儿热心问道。

“后来啊，因为每日喧嚷也不见成效，大家都厌倦了。但车夫和流氓因为每天都能领到津贴，仍乐此不疲，依旧照做呢。”

“姐姐，津贴是什么？”老二问道。

“津贴就是钱啊！”雪江说。

“他们领了钱干什么呀？”老二又问。

“领了钱啊，哈哈哈哈，二妹妹真讨厌。婶婶她们是不是每日、每晚都这么闹着玩呀？当时，镇上有个人叫傻竹子，是个傻瓜，什么都不知道，也没有人搭理他。那个傻子看到人们在日夜吵闹便问说，‘你们闹什么呢，不管过多久，你们也弄不走这尊地藏菩萨，真是一群傻瓜。’”

“这人虽是个傻子，可真不得了啊。”女主人说。

“大家听了傻竹子的话后，明知不行也想让他去试试。于是他们拜托傻竹子帮忙。没曾想他竟答应了下来。他先让车夫和流氓安静下来，不要再制造干扰，然后他飘然地来到地藏菩萨前。”

“姐姐，飘然是傻竹子的朋友吗？”大女儿在关键时刻问道。女主人和雪江不约而同地笑了出来。

“不，不是朋友。”雪江说。

“那是什么呢？”大女儿接着问。

“飘然啊。嗯，说了你也不明白。”雪江说。

“飘然，不好解释吗？”大女儿说。

“也不是，飘然就是，那个……”雪江说。

“嗯？”老大说。

“那你认识多多良三平先生吧。”雪江说。

“认识，给我们送山药的那个人呀。”大女儿说。

“飘然就是指像他这样的人。”雪江说。

“多多良先生就是飘然吗？”大女儿说。

“嗯，可以这么说吧。然后，傻竹子就来到地藏菩萨前，揣着手说‘地藏菩萨，镇上的人都希望您挪动一下位置，劳烦您挪一下吧。’地藏菩萨答道，‘原来如此，若是这样，早点开口不就好了。’说罢，菩萨就自己便挪动起来。”

“好奇怪的地藏菩萨啊。”女主人说。

“接下来我要说的是演讲的内容啦。”雪江说。

“还有吗？”女主人问。

“有啊，八木先生还说，今天是妇女们的集会，出于某种原因，我特意讲了这样一个故事。可能有些不礼貌，但是妇女们往往有个通病，那就是在处理一些事上，不走正面这条近道，反而采用绕远路的方法。当然，这种毛病不仅存在于妇女身上，明治时代的男子们也受这种文明的影响，多少变得有些女性化了。所以他们中的很多人，常常浪费了不必要的过程和精力。他们误以为这才是正道，是绅士应该遵循的方针，但是这些不过就是在文明开化束缚下产生的畸形儿罢了。我只希望在座的各位妇人能牢记刚才的故事，到了解决问题的时候，希望大家能像傻竹子那样直截了当一些。如果你能成为傻竹子那样的人，那么存于夫妻之间、婆媳之间的摩擦定会减少三分之一。人越是动歪脑筋，歪脑筋就越会作乱，继而变成不幸的源头。很多妇人之所以会比男子感到不幸，皆是因为她们有歪脑筋。请大家都成为傻竹子那样的人吧。以上就是八木先生的演讲内容了。”

“嗯，那雪江姐姐也想成为傻竹子那样的人吗？”大女儿问。

“我才不要呢。我可不想当傻竹子！对了，当时听完演讲后，金田家的富子小姐觉得被羞辱了，还大发雷霆呢。”雪江说。

“金田家的富子小姐？是对面街道那家的吗？”女主人说。

“是啊，就是那位时髦的小姐。”雪江说。

“她也在你们学校读书？”女主人说。

“不，她只是来妇女会上旁听。时髦极了，让人吓一跳。”雪江说。

“不过听说她很漂亮。”女主人说。

“一般吧，也没有美到如她骄傲那般。如果大家像她那样化妆，自然都会很好看。”雪江说。

“雪江要是也像她那样化妆，肯定比她更漂亮呢。”女主人说。

“真讨厌！谁知道呢。不过，那位金田小姐打扮的确实有点过了。有钱也不能这样子呀。”雪江说。

“即使打扮的过火，不还是有钱好吗？”女主人问。

“话虽如此，不过她要是稍微像傻竹子就好了。金田小姐简直太狂妄了。最近说有个诗人送了她一本新体诗集，到处给人吹嘘呢。”

“是东风先生吧？”

“哎呀，原来是他送的啊，真是吃饱撑的！”雪江说。

“不过东风先生可是下了好工夫呢。他认为自己这么做是理所应当。”女主人说。

“就是因为有那样的人才会坏事。最近还有个有趣的事，听说最近好像有人给她送了一封情书。”

“哎呀，是谁啊？谁送的？”女主人问。

“不知道是谁。”雪江说。

“没有名字吗？”女主人问。

“据说名字确实有，但是没有人知晓此人，而且这封信特别长，足有六尺长呢！信上写了很多奇怪的话。什么我爱你，就像信仰宗教的人崇敬神灵一般；为了你，我甘愿成为祭坛上的小羊被人宰割，这是我无上的荣耀；我的心脏是三角形的，中间插上了丘比特之箭，若用吹筒箭，定是箭无虚发等等。”雪江说。

“真的？”女主人问。

“千真万确，我有三个朋友都看过那信。”雪江说。

“这个人也真是的，还给别人那样的东西。她想嫁给寒月先生，若被大家知晓此事岂不麻烦？”女主人说。

“她不仅不觉得麻烦了，还得意扬扬的呢。还说，下次寒月先生若是来的话，就直接告诉他。寒月先生好像对此事一无所知。”雪江说。

“怎么办呢？寒月先生只顾着去学校磨球，大概还不知道吧。”女主人说。

“寒月先生真想娶金田小姐吗？真是可怜啊！”雪江说。

“为什么？金田小姐家有钱，到关键时刻可出钱出力，这不好吗？”女主人说。

“婶婶，您一直提钱，多俗气啊。比起金钱，爱情岂不更重要？没有爱，夫妻关系哪还能成立？”雪江说。

“不错，那你以后想嫁去哪里？”女主人说。

“这种事谁会知道呢？八字还没有一撇。”雪江说。

雪江和她婶婶关于结婚这件事讨论地甚是激烈。刚才没有听明白却一直在认真听的大女儿突然插话说：“我也想嫁人！”对于这种鲁莽的愿望，就连朝气蓬勃，本应被人同情的雪江小姐都大为惊异。

女主人却淡然地笑着说：“你想嫁去哪啊？”

“我啊，我想嫁到招魂社去，但是我讨厌走水道桥，这可如何是好呢？”大女儿说。

女主人和雪江听到这不一般的回答，也没询问下去，只是哈哈大笑。

这时，二女儿和姐姐商量着说：“姐姐也喜欢招魂社吗？我也很喜欢。咱们一起嫁到招魂社吧。嗯？你不想吗？你不想的话，那我就一个人坐着车去啦。”

“我也去！”最后，就连小丫头都吵着要嫁到招魂社。如果姐妹三人都嫁到了招魂社，主人脸上该乐开了花了。

这时门外传来了停车声。

“回来了！”接着就是一声阿三响亮的问候。看样子，是主人从日本堤分局回来了。车夫交给女佣一个大包裹，主人则悠然地向起居室走来。

“哟，来了。”主人一边给雪江打招呼，一边把手中一个像酒壶般的东西扔到有名的火炉旁。说它像酒壶是因为它并不是真正的酒壶，我又觉得它不像花瓶，总归是个奇怪的陶器。姑且就这样称呼它吧。

“好奇怪的酒壶呀，是从警察局带回来的吗？”雪江边扶起那倒在地的东西，边问道。

主人看着雪江骄傲地说：“怎么样？很漂亮吧。”

“漂亮？没有吧？不就是个油壶嘛？”雪江说。

“怎么会是油壶呢？没有一点审美情趣，聊不下去了！”主人说。

“那是什么？”雪江说。

“是个花瓶呀！”主人说。

“若是花瓶的话，瓶口是不是太小，肚子太大了吧。”雪江说。

“这才是有趣之处。你真是没品位，和你婶婶一样，鉴别不了。”说着，他自己拿起油壶，朝着门口方向欣赏起来。

“反正我没有那样的品位，也不会从警察局带回油壶来。对吧，婶婶？”

女主人则无暇顾及她的话，解开包袱，认真地在清点被盗的东西。“哎呀，真是不得了啊，小偷也进步了呢。所有的衣服都被他拆开洗过了呢。老公，你看！”

“谁会从警察局带回这样的宝物。我在那里等地无聊，就出去散散步，这可是在我散步的时候寻来的。你不懂，这可是珍品。”主人继续和雪江过招。

“就算是珍品也该有个度吧！叔叔究竟去哪里散步了？”雪江说。

“就在日本堤附近走了走，还到吉原看了看。那儿真是个热闹的地方。你看过那里的铁门吗？没有吧？”主人说。

“我哪会见过。吉原可是风流女人住的地方，我怎么会有机会去看呢。叔叔作为老师，竟然去那种地方，真是不可思议。对吧，婶婶？”雪江说。

“嗯，是啊。对，失物数量好像不够呀，确定都还回来了吗？”女主人说。

“没还的只有那些山药了。原本让我九点去取，谁曾想却让我等到十一点，要这些警察有何用。”主人说。

“日本警察是没用，但你去吉原散步也不是什么好事。若是被人知道了，叔叔可是会被免职的呀。你说呢，婶婶？”雪江继续说。

“老公！我的腰带怎么少了半截？难怪总觉得少了点什么。”女主人说。

“少半边就少半边吧。让我等了三个小时，浪费了我半天时间。”主人换上和服，平心静气地靠在火盆旁，欣赏着那个油壶。女主人也没办法，只好作罢。把追回的失物原封不动地放到壁橱里，后回到座位上。

“婶婶，叔叔非说这个油壶是珍品，多脏啊！”雪江说。

“在吉原买的？”女主人问。

“看来你什么都不明白啊！”主人说。

“这种壶，不去吉原，满大街都能买到呀。”雪江说。

“哪能买到，这可是罕见珍品！”主人说。

“叔叔可真是如石头地藏菩萨一般。”雪江说。

“小姑娘家家，说话没大没小。最近女学生说话都是这么招人嫌，你们最好读一读《女子大学》。”主人说。

“叔叔讨厌保险吧？女学生和保险的话，更讨厌哪一个呢？”

“我不讨厌保险，那很必要的东西。未雨绸缪的人都会买保险，女学生才是身无长物。”主人说。

“身无长物又怎样，你明明就没买保险。”雪江说。

“我打算下个月就买。”主人说。

“当真？”女主人问。

“当真！”主人说。

“买保险？我看还是算了吧。还不如用那钱买点别的东西好呢。是吧，婶婶？”

主人反倒一本正经地说：“你是不是以为自己能活个一百年、二百年，才会不知天高地厚地这么说。若是理性点从长远来看，保险是必不可少的。下个月我一定要入保险。”

“这样啊，那我就无话可说了。不过，像之前您有钱给我买伞，还不如用那钱买保险呢。我都说了不用买了，还偏要买给我。”雪江说。

“你真的不想要？”主人问。

“是啊，我不想要那伞。”雪江说。

“若是那样的话，就还给我。刚好大姑娘想要，就把伞给她吧。今日可有带来？”主人说。

“您这样不过分吗？明明买给我的，竟还让我还回来。”雪江说。

“是你自己说不想要，我才让你还的。哪里过分了？”主人说。

“不想要归不想要，你要回来就是过分。”雪江说。

“尽让人摸不着头脑。你说不要，我才让你还的，这过分吗？”主人说。

“可是……”雪江说。

“可是什么？”主人说。

“可是你就是过分。”雪江说。

“愚不可及，反复说这一句话。”主人说。

“叔叔不也反复说一句话？”雪江说。

“那是因为你在反复说嘛，所以我才重复。刚刚不是你说的不要吗？”主人说。

“我就是说了，不想要就是不想要，但我也不想还。”雪江说。

“真是奇怪啊！不讲理还顽固，这是拿你没办法。你们学校不教你们逻辑学吗？”主人说。

“教啊，反正我没教养，说什么我都无所谓。让人家还东西，就算是外人也不会做这种不近人情的事，您应该学学傻竹子。”雪江说。

“学什么？”主人说。

“学得淡泊和率真一些。”雪江说。

“明明是个蠢材，却还这么固执，怪不得让你留级。”主人说。

“留级怎么了，又没找叔叔要学费！”雪江说。

雪江说到这里，仿佛难以压抑自身情感，竟然哭了起来，泪水滴落在她紫色的裙子上。

主人也没想到，盯着雪江的裙子和她低垂的脸，仿佛在研究那泪是因什么样的心理活动产生的一样。

这时，阿三从厨房走来，在门前将她通红的双手端放起来，说道：“有客人来了。”

“谁来了？”主人询问道。

阿三斜着眼看了一下雪江挂泪的脸，然后答道：“是您学校的学生。”

主人往客厅走去。我为了取材并研究人类，也尾随主人其后，偷偷来到走廊这边。研究人类，若是不选些发生波澜的时候，是不会取得成果的。平时所见之人皆是平庸之辈，我的所见所闻也都平淡无奇。但是一到关键时刻，这种平凡性就会突然受某种神秘作用驱使，源源不断地涌现出好些事物，神奇的、奇怪的、美妙的、独特的……简单来说，到处都是让我们猫儿开眼界的事物。

雪江的眼泪就是那现象中的一个。她让我有点儿不可思议、猜不透，这一点在她和女主人谈话时并未显示出来，但当主人外出回来并扔下一个油壶后，她就像一条死龙被突然注入了空气一样，毫无保留地绽放了她那深不可测的、巧妙的、奇妙的、神奇的丽质。但是这种丽质是天下所有女性共有的，不过可惜的是，它并不轻易显现。

不，它其实在一天中不间断地释放，只是不似这般绚烂夺目、毫无保留。多亏有了主人这种喜欢逆毛抚摸猫的怪人，我才得以大饱眼福。只要跟在主人身后，无论去哪里，舞台上的表演者们定会不自觉地表演起来。多亏了有趣的主人收养在下，这才使我在猫短暂的一生中经历了各种事情。不胜感激。这次的客人是何人呢？

我一看，原来是个十七八岁的书生，和雪江年龄相近。他顶着大大的脑袋，头发短的几乎可以看到头皮，脸庞中间的鼻子圆圆的。此刻，他正在客厅一隅静静等候。

此人没有特别的特征，头盖骨却大得出奇。他的头发剪得那么短，脑袋看起来还是很大。若是也像主人那样头发留得长一点，肯定惹人注目。长成这样，定做不出学问来，反正主人一贯这么说。事实可能亦是如此，不过细看一眼，他又像拿破仑一样，一表人才。他的衣着和一般的学生并无区别，布料却让人分不清是萨满条纹，还是久留米条纹布，或是伊予条纹，总之他的夹袍是用条纹做成的，袖子很短。他里边好像也没有穿衬衣或套衣。虽说光身穿夹袍和光脚是风流倜傥的打扮，可却给人一种颓废感。席子上，清晰地落下三个大拇脚指印，和上次小偷留下的一模一样，这都拜他的光脚所赐。他在第四处脚印上端坐下来，胆怯拘谨。如果本来就是拘谨之人摆出这副胆怯模样倒也说得过去。可是像他这样留着和尚头，穿着短袄的野蛮者也畏畏缩缩地坐着，着实不协调。这是个在路上遇见老师都不会行礼，反倒还会因此而得意的人，现在他却如正常人一般在这坐了三十分钟，真是难为他了。

表面上看他好像是个天生的谦谦君子或德高望重的长者，虽然很难为他，但是在旁人看来却相当滑稽。在教室或操场，他明明是个爱闹腾的家伙，如今哪儿来的约束力呢？一想到这，我就觉得他既可怜又可笑。若是这样相视而坐，就算是愚钝的主人也会给学生带来几分压力，主人应该也会为此感到得意。

古语有云“积土成山”，微不足道的学生聚集在一起也会形成不容小觑的团体，他们也许会发起抗议运动或罢课运动。这和“酒壮怂人胆”非常相似。他们仗着人多势众，制造骚乱。都是因为沉迷于高涨的人气，而丧失了理智。因此，那穿萨摩条纹的男青年才会悄无声息地坐在那里。无论主人是如何的老朽，他都必须尊敬他，不能戏弄他，谁让主人是名老师呢。

主人把坐垫推给客人说道：“坐吧。”

不过这位光头的青年却很拘谨，只是嘴里“嗯嗯”地接着话，却并未行动。我家的洋纱坐垫早都没了颜色，平常也不会请客人坐上去，而眼下这个大头青年在坐垫后动也不动，这画面真是奇妙！坐垫自然是为给人坐才被女主人从市场上买来的。如果不用这坐垫，岂不是有损坐垫的名誉，也驳了我家主人的面子，毕竟可是主人劝他坐的。这光头青年即使驳了主人面子也要与坐垫怒视，并不是因为他真的讨厌坐垫。老实说，除了他爷爷的葬礼外，他还从未端坐在坐垫上过。所以，即使跪的两腿发麻，痛苦不已，他也不肯用这坐垫。即便坐垫等待着他，他也不肯用。

主人劝话于他，他还是无动于衷，真是个麻烦的家伙。此时这么客气，人多的时候客气一点岂不更好。上课的时候，在寝室的时候客气点岂不更好。不该客气的时候非客气，该客气的时候又偏不客气，闹得不得安宁。真是个品性恶劣的光头！

这时，纸门一下开了，雪江进来了，她礼貌地给客人奉茶。若是平时，这光头青年定会冷淡地说“什么破茶”，但是此刻面对着主人已经让他饱受煎熬，再加上这一妙龄姑娘用在学校习得的小笠原流的方式来奉茶，还用一种特别的姿势递上茶碗，这更让光头青年如坐针毡。雪江奉茶出去后咯咯地笑了起来。如此看来，还是女子在同辈中大方得体些。比起光头青年，雪江更有魄力。在此之前，雪江还梨花落泪呢，现在却又咯咯地笑起来，更惹人注目了。

雪江出去后，两人都沉默不语。忍耐许久，主人意识到自己作为老师应当先说话，于是开口道：

“你叫什么名字？”

“古井。”

“古井？古井什么？全名？”

“古井武右伟门。”

“古井武右伟门。原来如此，好长的名字啊。不像现在的名字，是古代的名字吧。你是四年级的学生？”

“不是。”

“三年级？”

“不不，我是二年级的学生。”

“是甲班的？”

“乙班的。”

“若是乙班的，那就归我管了。对吧？”主人感慨道。其实，自从这大头第一天入学，主人就注意到了他。主人也不会不记得他呀。主人还曾在梦中梦到过大头呢。但粗心大意的主人从未将大头与这古风名字联系在一起过，也从未将他与自己管理的班级联系起来。没想到让他魂牵梦萦的大头竟是自己班里的学生。他不由得在心中拍手叫好，“原来如此”。但是主人却猜不出这个长着大头、有着古风名字、又归自己所管的学生今日为何而来。主人原本在学校就没有声望，学生们逢年过节的也从未来家里拜访过他。这位名叫古井武右伟门的少年还是登门拜访的第一位客人，真是稀客。

主人摸不清他来访的意图，心中七上八下。他肯定不会到如此无趣的老师家中来玩，若是来劝自己辞职的，他也应该表现得稍微强硬些。看样子也不像是商谈私事的。无论怎样，主人都猜不到他的来意。看古井武右伟门的样子，似乎他本人也不清楚自己因何而来。无奈之下，主人直接开口问道：“你是来玩的吗？”

“不是。”

“那有事？”

“嗯，嗯。”

“学校的事？”

“嗯，想和您谈谈。”

“什么事？你说吧。”主人说。

他低着头却一言不发。原来这武右卫门在中学二年级，可是个能言善辩的学生，他虽脑袋大，智力却不高。不过论起口才，他在班里可是佼佼者。前几日，就是他为难主人给同学们用日语翻译

“拿破仑”的。一位能言善道的青年却从进门来就开始磨磨蹭蹭，像个口吃的小公主似的，什么也不说。这里边定有原因，肯定不光是跟我客气呢。

主人也觉得有些不可思议，说：“有什么事的话，尽快说出来吧。”

“有些难以启齿。”

“难以启齿？”主人说着，看着他的脸。他依然垂着头，主人什么都看不出来。不得已，主人换了一种口吻，沉稳说：“没关系，说什么都没关系。除了我又没人知道。我也不会告诉别人。”

“真的可以说吗？”

“可以。”

“那么，我就说了。”他忽地抬起他的光头瞅着主人，眼神飘忽不定。那双眼睛是三角形的。主人鼓起腮帮子吐出一口烟雾，将脸微微转向一旁。

“其实是，是件很糟糕的事。”

“什么事？”

“因为太糟糕，所以我才来的。”

“所以说，什么事糟糕？”

“我本来没有打算那么做，但是滨田一直说让我借，所以我就……”

“你说的滨田是滨田平助吧？”

“是的。”

“是借给他房费吗？”

“怎么可能。”

“那你借给他什么了？”

“名字。”

“借你的名字干什么？”

“给人送情书。”

“送什么？！”

“我还说不要用我的名字，但我可以去送信。”

“我还没听明白呢，究竟人物是谁？做了什么？”

“送情书啊！”

“送情书？给谁送？”

“所以才说难以启齿嘛。”

“那你给哪家的姑娘送了情书？”

“不不，不是我。”

“滨田帮你送的？”

“也不是滨田送的。”

“那是谁送的？”

“我也不知道谁送的。”

“我怎么越听越糊涂，没人送吗？”

“只是信上的名字是我的。”

“只是名字是你的，我还是没听明白，说得有条理些。那封情书原本是给谁的？”

“给金田的，住在你家对面的女子。”

“是叫金田实业家的女儿吗？”

“是的。”

“那借你的名字是怎么一回事？”

“那位金田小姐虽然时髦但很傲慢，这才送情书给她。滨田说情书上须得有名字，我就说用他的。但他说自己的名字没有特色，还是武右卫门这个名字好。所以，就借用了我的名字。”

“那，你喜欢金田家的小姐吗？和她有交往过吗？”

“从未交往过，素未谋面。”

“这不是胡闹嘛。连人家的面都没有见过就去送情书，为什么要这样做呢？”

“不过是大家觉得那个家伙太骄傲嚣张了，所以就捉弄了她。”

“真是太胡闹了！那就公然用你的名字送去的？”

“嗯，内容是滨田写的，我是贡献了名字，远藤连夜把情书投她家信箱里。”

“这么说，是你们三人合伙做的？”

“嗯，但是事后细细想来，如果这事暴露了，要被学校给开除了的话，那就糟了。我非常担心，两三天都没睡好觉了，心事重重的。”

“又做蠢事，你真的在信上写着‘文明中学二年级学生古井武右卫门’吗？”

“没，我没有写学校的名字。”

“那还好，若是写上学校的名字就糟糕了，这可事关文明中学的名誉。”

“怎么办呢？会被学校开除吗？”

“可能吧。”

“老师，我父亲是个特别严厉的人，我还有个继母，若是被学校开除了，我可就没有好日子了。真的会被开除吗？”

“所以说不要干傻事嘛！”

“我本来没打算干的，最后却鬼使神差地做了。可不可以不要开除我啊？”武右卫门用哭腔哀求道。纸门后边，女主人和雪江一直咯咯笑个不停。

主人嘴里则一直重复念道：“可能会呀。”真是有趣极了。

我说有意思，可能会有人反问，“哪里有意思了。”这疑问提得确实理所应当。无论是人还是动物，自知之明是人生之大事。只要有自知之明，作为人就应比猫更受尊敬。那时，我要再这样戏写人类故事就过分了，必然会停下笔来。但是就像看不到自己鼻子有多高一样，人类往往对自己认识不清，因而才会对平时看不上眼的猫发出质问。人类高傲，也很愚蠢。他们自诩为万物之灵，到处吹嘘，却连这样的事都不清楚。他们举着万物之灵的招牌，却不断询问自己的鼻子在何处。他们会因此摘掉“万物之灵”这一称呼吗？不，他们死也不放手。他们对这一矛盾坦然处之，又显得可爱了些。不过可爱的代价就是必须心甘情愿地承认自己是蠢货。

此刻，我觉得武右卫门、主人、女主人和雪江很有趣，不过这并不单是因为外部事件相互碰撞，碰撞出震波传到远方。实际上是因为这些碰撞反应到人心中产生了不同的旋律。首先，主人对这件事持冷漠态度。对于武右卫门描述的父亲多么严厉、继母如何虐待自己，他都不为所动，心中没有起伏。

武右卫门退学和自己被免职毫无关联。假如真有将近千人的学生退学了，他可能就丢掉老师这个饭碗了。但只有武右卫门一人的话，无论他命运如何变化，都与主人的生活毫不相干，自然同情也就少了。为一个陌生人皱眉头、抹眼泪或叹息，这不是一种自然的倾向。

人并不是情深义重、富有同情心的动物。只是活在这世上要交税，所以才会为了与他人交往偶尔流泪、流露同情。实际上，这是一种骗人的表情。老实说，这就是一门辛苦的艺术。有的人伪装得好，被称作是有良心的人，受人尊敬。但越是受人尊敬的人越是靠不住。

我们观察一下就知道了，主人在这方面并不聪明，甚至有些笨。因为笨才不受人尊重。也正因不受尊重，才能毫不隐藏自己内心的冷漠情感。这一点，我们不难从他对武右卫门反复说“可能吧”中看出。诸位千万别因为主人冷漠，就讨厌像他这样的大好人。冷淡乃人之本性，不做掩饰的人才是正直之人。如果这时候诸位还希望人能超出冷漠的话，那我只能说你们太高估人类了。当今社会中，诚实已经无迹可寻，若是还期望更高的要求，恐怕也只有让马琴小说中的人物志乃和小文吾从文学作品变成现实，让《八犬传》中的人物来当你的左邻右舍才能实现。这简直就是无稽之谈。主人的冷漠正如大家所见，隔壁茶水间嬉笑的女人们反倒比主人更冷漠。她们眼看事情越发滑稽，反倒仍一直笑个不停。

这件事对武右卫门来说明明是个糟心的事情，可对两位女士而言，却如菩萨赐予的福音一般，让她们高兴地合不拢嘴。看起来其实没有值得让人高兴的理由。

如果硬要剖析她们的心理的话，恐怕就是因为看到了武右卫门的烦恼，她们才万分高兴。如果你向诸位妇人质问，“自己的快乐要建立在别人的痛苦之上吗？”那么对方肯定会觉得你脑袋有问题。如若是个正常的脑袋的话，又怎么会问出这种问题呢？这不是在侮辱我们妇人家的贤良淑德吗？虽然侮辱是真，可面对别人的困扰而嘲笑也不假呀。若是这样的话，那我们岂不是可以宣扬“接下来我就做些有辱我品德的事情给你们瞧瞧，不过你们什么都不许评论”，这种说法实质上就和说“我是小偷，但我不许你们说我不道德”是一样的。说我不道德就是往我脸上抹黑，是在侮辱我。女人也很是聪明，她们的想法也合乎情理。

既然生而为人的话，那就要做好在被践踏、殴打，甚至是无人理睬时，都要保持一颗平淡之心的思想准备。此外，还要在被人吐口水、泼粪便时，保持良好的心态。假如没有此番觉悟的话，就不要和那些头脑聪明的女人来往了。

武右卫门因小事酿成大错，而惶恐不安，但女主人她们却在背后嘲笑着他。在武右卫门眼里，她俩的嘲笑绝对是不礼貌的。可他的这种想法也恰恰反映出了自己的不成熟的一面。在别人做出不礼貌的举动时，要是自己生气了，肯定会被别人说没有度量。要想不被人说，最好的办法还是别生气、别发火。

最后，我来分析一下武右卫门的心理状况。首先，他非常忧虑，就像拿破仑的脑袋里装满了功名利禄一样，他的大脑袋里装满了担忧。由于忧虑的情绪传到了面部神经，通过反射作用，他的鼻子开始无意识地动起来。他就像吞下了一个大炸弹一样，腹中积滞着一个让他无可奈何的大团块。这几日来，他一直束手无策、忧心忡忡，也没人给他建议，所以才会想到给班主任老师说说情，也许会得到解决。于是，他来到讨厌的老师家中，低声下气请求帮助。那时的他好像全然忘了自己在学校是如何嘲笑主人，又是如何煽动同学们为难主人的了。其次，他相信，不管自己如何捉弄过老师，老师是班主任，就一定会为他考虑。我看他还真是个单纯的家伙！班主任可不是主人想当的，而是因校长之命，他才被迫上任。换句话说，这就像迷亭叔叔的大礼帽一样，只是名字光鲜好听，却没什么实用价值。

若是名字在关键时刻能发挥作用，那雪江单凭名字也就能相亲成功了。武右卫门不仅任性妄为，还要求别人对自己友善，真是高估了人性。他自己可能没有想到会被人嘲笑吧。这次来到主人家中，他定会认识到一个关于人性的真理，而这个真理也会逐渐让他成为真正的人。

往后，他也可能会在别人忧虑时保持冷漠，在别人困扰时大声嘲笑。如此一来，天下间将尽是武右卫门这样的人，将尽是金田两口子那样的人了。我倒是真切希望，武右卫门为了自己能尽快自觉变成真正的人。反之，无论他如何担忧、如何后悔、如何坚定地弃恶从善，都不像金田那样，取得成功。不对，也可能在不久的将来，社会就会把他放逐到人类居住地之外，那可就不只是被文明中学开除这样简单了。

我正这样思考着，觉得真是有趣啊！纸门“哗”地一下被推开了，从门后边探出半张脸来。

“老师。”有人叫道。

正在主人对武右卫门重复着那句“可能吧”时，忽听得有人叫他。主人边想是谁，边向纸门方向望去。从门后探出半张脸，原来是寒月呀。

“进来吧。”主人说。

“有客人吗？”寒月依旧探着那半张脸询问道。

“没关系，快进来吧。”

“其实我想约老师出去呢。”

“想去哪？赤坂？那就算了吧。前几天跟着你一直走，我腿都走僵硬了。”

“今天不会了，咱们也好久没出去了，走走吧。”

“去哪啊？你先进来吧。”

“我想去上野听虎啸。”

“那多无聊，你还是先进来吧。”

寒月可能觉得隔着距离谈判没有胜算，于是就脱鞋进来了。他依然穿着那条灰色的、屁股上打着补丁的裤子。据他说，这不是因为年代久远，也不是因为屁股上肉多磨破的，而是近来学骑自行车，局部摩擦过多造成的。他做梦也没想到，给他未来妻子写情书的敌人竟也在此。寒月给武右卫门点头示意后，走向靠近走廊的座位。

“听虎啸多没意思啊！”

“不错，我们现在不去，先去散散步，到晚上十一点再去。”

“嗯？”

“那时候，公园里古木参天，定让人毛骨悚然。”

“也许吧，比起白天是更加冷清。”

“如此甚好，我们就去那树林茂密、白日里游人都稀少的地方，体验一把远离红尘喧嚣、深入山林静谧的感觉。”

“体验了那种心情之后呢？”

“然后就伫立一会，忽然闻得公园中的虎啸声。”

“老虎真的会如你所说长啸吗？”

“会，肯定会叫的。即便是白天，在理科大学也能听到那虎啸声，待到夜深人静四周无人时、等鬼气逼人魑魅刺鼻时。”

“魑魅刺鼻是什么意思？”

“就是惊悚的意思啊！”

“是吗？我好像没有听过。然后呢？”

“于是乎，老虎就吼了起来，颇有要把上野里老杉树的树叶给震落的气势。”寒月说。

“还真是有点儿凄凉悲壮呢。”主人说。

“谁说不是呢？要不咱们也去探一次险？肯定非常愉快。我以为，只有在深夜里听到的老虎叫，才是真正的老虎叫。”寒月说。

“这可不好说。”主人说话的态度就像对武右门卫一样，非常冷淡，看来他对寒月的探险提案丝毫不感兴趣。

武右门卫一直在认真听寒月讲冒险的事情，但一看到主人的那番模样，又想起了自己的事情来，原本羡慕的神情也没有了。他朝主人问：“老师，我还是非常害怕，到底该如何是好呢？”

听完这话，迷亭也非常诧异地看着这个大脑袋。

不巧，我还有点儿别的事，先失陪了，转身去了隔壁茶水房。

在这里，女主人正笑个不停。她边笑，便往一个京都产的廉价茶杯里倒茶，然后把茶水放到了铝衬盘上。

“雪江，麻烦你替我跑一趟，把茶送去吧。”女主人说。

“我？我可不去。”雪江说。

“为什么呀？”女主人明显有些诧异，脸上的笑容也僵住了。

“不为什么。”说完，她就摆出一副无所谓的样子，然后把目光转向了旁边的《读卖新闻》上。

女主人又开口了：“你真是奇怪，就把茶给寒月就行了，有什么不合适？”

“我不想去就是不想去嘛。”雪江边说边看报纸。但我知道，这种情况下，她肯定一个字也没读进去。如果女主人直接揭穿她的话，大哭一场恐怕又是在所难免了。

“这有什么不好意思？”说着，女主人把茶杯直接放到了报纸上面。

“婶婶可真坏呀。”雪江边说，边想把报纸从下面给抽出来。但没曾想，抽出来的这一瞬间，托盘和报纸竟然沾上了，茶水立马洒了出来，顺着铺面的缝隙就流了下去。

“哎呀呀！你看你！”女主人说。

“坏了！”雪江说完，就冲到了厨房，八成是找抹布去了。

方才两人的这出闹剧让我尽收眼底，真有意思。当然了，在隔壁的寒月对这场意外还一无所知，眼下还在客厅东拉西扯呢。

“先生，我看你家重新做了纸拉门，谁弄的？”寒月问。

“家里的女人呗。怎么样？还可以吧？”主人说。

“一看便出自巧手，是不是经常来这里的那位小姑娘弄的？”寒月说。

“她倒是搭了把手，还说能弄成这样子，相当不错，看来不久就能嫁人了呢。”主人说。

“哈哈！说得好。”寒月边说边瞧着拉门。“这个地方还不错，就是右边多出来了一点，你看看，都皱了。”

“那里刚弄好没多久，应该是还没什么经验的时候弄的。”主人说。

“确实还欠了点儿火候。就像‘绝对曲线’无法用普通的函数表现出来一样。”寒月不愧是个理学士，谈吐之间全是专业术语。

“哈哈，谁说不是呢？”主人勉强敷衍道。

看到这样的局面，武右卫门也知道，再怎么央求我家主人也没什么用了，突然，他把自己硕大的脑袋在席面上深深一磕，行了个礼。一句话也没说，看来是要默默离开了。

“要走了？”主人问。

但他也没吱声，拖拉了木屐就往门外走去了，看样子可怜极了。要是就这样任他离开的话，说不定他会写下一首岩头之吟，然后就去华严瀑布自杀呢。说来说去，全都是因为金田小姐的时尚和傲慢的态度造成的。如果他死了，他的冤魂就可以化作厉鬼去找金田小姐讨命。就算那样的女人会从世界上减少一两个，也不影响男人们找对象、娶老婆，到时候寒月再重新找一个好姑娘就是了。

“这可是学校里的学生？”寒月问。

“是呀。”

“脑袋倒是不小。平日学习怎么样？”寒月说。

“别看脑袋大，学习一塌糊涂，还总冒出来些奇怪的问题。前不久还问我‘哥伦布’用日语怎么说，差点儿让我没下来台。”

“我看就是因为脑袋太大了，才会问出这么无聊的问题。那先生你是怎么翻译的呢？”寒月说。

“翻译？谈不上，我就随便糊弄了一下。”主人说。

“果然翻译出来了？厉害！”寒月说。

“毕竟都是孩子，我要不给他们翻译的话，他们还怎么相信我呢？”主人说。

“哈哈，看样子你也很有当政治家的潜质呀。我刚才看他的样子，也不像古灵精怪的孩子，怎么会给你出难题呢？”寒月说。

“那是他今天遇上麻烦啦！这小子真是笨死了。”主人说。

“怎么回事？他看起来怪可怜的。因为什么呢？”寒月问。

“我都不好意思说，净是些蠢事，他给金田小姐写了一封情书。”主人说。

“什么？就是那个大脑袋的学生？现在的年轻人真是不得了啊！”寒月说。

“你是不是害怕了？”主人问。

“我？我有什么好怕的，非但不害怕，我还觉得挺有意思呢。就算别人给她的情书跟雪花片一样多，我也毫不在意。”

“既然如此，那就没什么啦。”

“本来也就没什么事情。我一点儿都不在意。出乎意料的是，我真没想到，那个大脑袋竟然还会写情书？”

“无非就是开开玩笑嘛。他说那个姑娘太时尚了，还目中无人，于是三个同学就想联手捉弄她一下。”主人说。

“三个人一起给金田小姐写了情书？真是了不得了。就好比三个人共吃一套西餐一样。”

“他们三人分工明确，一人写，一人送，一人落款署名。刚才那个学生就是署名的。你说他是不是笨到家了？听他说他连人家女方的面都没见过，就敢写情书，这不是胡闹嘛！”

“看来最近真出了不少荒唐事情呀。一个人大脑袋，竟然给一个女人写情书。太有趣了！”寒月说。

“只要别闹出什么事端就好。”主人说。

“出了事情也不要紧，谁让对方是金田家呢。”寒月说。

“但那不是就是你将来有可能要娶的姑娘吗？”主人问。

“可我也没说一定要娶呀，所以才说出了问题也不要紧，像她那样的人，根本没必要担心。”

“你是不要紧。”主人说。

“放心好了，就算我娶她也没事儿。别担心了。”寒月说。

“这样最好了。刚才来的学生，因为事后心虚，越心虚越害怕，这不才找我承认错误来了嘛。”主人说。

“难怪看样子跟霜打了的茄子似的，心里也装不住什么事儿。那你刚才是怎么说他的？才让他走了呢。”

“他刚才问我会不会被退学，这才是他最害怕的事情。”

“为什么会扯到退学上去呢？”

“还不是因为他办事不规矩。”

“什么规矩不规矩的。根本不要紧，金田小姐肯定会觉得这是个好事情，说不定还要四处和别人说呢。”

“怎么会？！”主人说。

“这个学生有点儿太可怜了，就算这事情不光彩，也不至于把自己为难成那个样子呀。且说长相，脑袋是大了一点，但鼻子一动一动的，倒也有几分可爱劲儿。”寒月说。

“你怎么和迷亭一样，总说些有的没的呢？”

“这才是当今时代的潮流呀。你活得太陈旧古板了，所以才把事情严重化了。”

“再怎么说，这也是个糊涂事情。给一个从未谋面的女人写情书，简直是缺心眼。”

“现如今，缺心眼都是常态嘛。你快给他想想办法吧，就当积德做好事了。看他的样子，很有可能去严华瀑布寻短见呢。”

“啊！是吗？！”

“可不是嘛。那些大一点儿的孩子，都通晓事理，我看远没有开个玩笑这么简单，一通胡来之后又让最小的当替罪羊。如果大头被退学的话，那些高年级的也得被开除出去，否则就是不公。”

“有道理。”

“说来说去，咱们几时去上野听老虎叫呀？”

“老虎？”

“走吧，有机会去听一听。对了，我还没顾上说，往后三五天我要回老家一样，这期间就不能陪你散步了。所以今天我才来，咱们无论如何也得出去走走。”

“啊？回老家？有事？”

“对，小事而已，回头再说，咱们先出门走走吧。”

“好，走吧。”

“走，正好今天晚上我请你吃饭，咱们现在出发，晚上正好能到上野。”

主人架不住寒月的一番催促，就跟他出门去了。现在好了，家里只剩下女主人和雪江了，这次再也不用有什么顾虑了，二人终于可以开怀大笑了。

十一

在壁龛前面有个围棋盘，棋盘两边相面而坐的，正是迷亭和独仙。

“我说，咱们也别光下棋，输的一方请客吃饭吧。”迷亭说。

“本来一项挺高雅的运动，让你这么一说，就俗不可耐了。但凡赌博就会牵扯到输赢，把心思全放在输赢上面，还有什么意思？依我看，胜败乃身外之物，就像白云出山谷一样，自自在在、无忧无虑地下上一盘，才最有意思。”独仙捏着山羊胡说。

“又来这一套是不是。跟你这样的仙人下棋，真是费劲。依我看，你就跟个仙儿没什么区别。”迷亭说。

“我这不是正在弹奏无弦之琴嘛。”独仙说。

“那你是不是还要拍一封无线电？”迷亭说。

“闲话少说，快下吧。”独仙说。

“你用白棋？”迷亭说。

“什么都可以。”独仙说。

“不愧是仙人，真是不拘小节。你用白的话，那我就用黑的了。

来吧，你先走。”迷亭说。

“按规矩都是黑子先走呀。”独仙说。

“我让你一手，开始下吧。”迷亭说。

“按规矩也没这种走法呀。”独仙说。

“确实没有呀，这可是我发明的新规矩呀。”迷亭说。

我可绝谈不上见多识广，围棋这种东西，我也是最近才看见到。我越想越不明白，本来就是个不大的方木片，要密密麻麻地划上那么多方格，还要乱七八糟地摆上那么多黑色和白色的棋子。下棋中又是一会儿赢了，一会儿输了，一会儿死了，一会儿又活了过来，双方汗流浃背，吵嚷不止。说破大天，这棋盘也就一尺见方，还禁不住我这一爪子呢。常言道，“立则为草房，散则变荒原”，我也别费力气去折腾了，反倒这样隔岸观火更为安全舒心。

刚刚开始的三四十手还算好，越往后，越是到了决胜负的关键时刻，棋盘上就拥挤不堪了，白子和黑子紧紧相依，密密麻麻，多得都快掉下棋盘去了，想必棋子们肯定也拥得苦不堪言。虽然我知道它们挤得难受，可毕竟它们也没办法让别的棋子让开，只能服从天命，无奈地待在原地。

毕竟棋盘是由人类发明的，如果说人类的特点也能反映在棋盘上的话，棋子进退之前反映出来的正是人类踌躇犹豫的本性。如果用棋盘来类比人类的本性的话，可以说人类的本性正是将广阔天地用小刀切碎，各自圈出自己的地盘，然后固守自己的方寸之地。一句话，人类就是种自己爱给自己找麻烦的动物罢了。

一面是沉着冷静的迷亭，一面是颇具禅心的独仙，也不知道他们两个怎么想的，非要在今天给这个破棋盘从壁橱里掏出来。明明天气都这么热了，这种游戏反倒让天气的温度更高了。就是这么两个人，刚开始的时候，棋子走得还算稳当，但毕竟其棋盘空间有限，多一个棋子，留白就少了一点，就算迷亭再怎么沉着冷静，独仙再怎么颇具禅心，早晚都会有下不动的时候。

“迷亭，你的棋子走得太过分了，哪能往那里面下呢？”独仙说。

“你们禅佛家没这样下的，但按我们‘本因坊[①]’的战术，就可以这么走。”迷亭说。

“就算下进去，也是死路一条呀。”独仙说。

“我这一步是‘臣死且不避，何况彘肩乎’，不行吗？”迷亭说。

“原来你是这一招呀！看我的‘熏风自南来，殿角生微凉’，这么一来，看你如何是好。”独仙说。

“厉害厉害，果然不简单，我还以为你看不出破绽呢。‘撞吧，八幡钟’，这下看你怎么走。”迷亭说。

“怎么办？且看我的‘一剑倚天寒’，直接给你切开。”独仙说。

“哎呀，不好，你把那里切断了，我不就输了？好了，不开玩笑了，让我退一步。”迷亭说。

“我不一早就告诉你了，那个地方可不进棋。”独仙说。

“真是对不住，对不住，麻烦你把那个白子给撤了吧。”迷亭说。

“什么？那步棋也要反悔？”独仙说。

① 本因坊：日本围棋中的流派之一。

“顺便也把旁边那颗拿走吧。”迷亭说。

“得寸进尺！”独仙说。

“别说看不见啊，咱们两个又不是外人，说那话可就见外了，快点儿撤兵吧。现在正是关键时刻，你看，这不就有人在路上喊救命啦！”迷亭说。

“我才不吃你那一套呢。”独仙说。

“不管听不听，总之给撤了吧。”迷亭说。

“你都已经悔了六步棋了啊。”独仙说。

“你还真是记性好，过去和别人下棋时，悔掉的棋反而更多呢。你也是固执，撤兵就撤兵嘛。既然都是研究禅佛打坐什么的人了，大度些嘛。”迷亭说。

“但是，我要是不吃了你，我不就输掉了？”独仙说。

“胜负乃身外之物，不是你先说的吗？”迷亭说。

“我输掉没关系，但我也不想让你赢。”独仙说。

“了不起！果然还是那一套‘春风影里斩电光’。”迷亭说。

“不是‘春风影里’，是‘电光影里’。你给弄反了。”独仙说。

“我还以为到了这种关键时刻，你一准儿会念错呢，想不到你还没糊涂。算了，不让悔棋就不让吧。”迷亭说

“事关生死的事情，往往都转瞬即逝，认输吧。”独仙说。

“阿门！”说着，迷亭在一个好像完全无关大局的地方走了一步棋。

就在迷亭和独仙二人在壁龛下面在棋局的输赢上拼个你死我活的时候，寒月和东风二人则坐在客厅的门前，我家主人就坐在他们

身边，脸色有些发黄。在寒月面前的铺面上，整整齐齐地摆放着三条鱼干，真是一番少见的景象。

这些鱼干是寒月从怀里掏出来的，拿出来的时候还是热的，用手一摸还是温温的呢。主人和东风都把好奇的目光集中到了鱼干上面。

没一会儿，寒月张口说："实不相瞒，我前几天去老家一趟，办了很多琐碎的事情，回来后没能立马来府上拜见呢。"

"其实不用急着来看我呀。"主人还是老样子，说话挺不招人待见。

"当然着急了呀，这不是赶紧把礼物带来嘛。"寒月说。

"这不就是干松鱼吗？"主人说。

"是呀，我们老家的特产。"寒月说。

"老家的？我怎么觉得东京也有呢。"主人边说，就把最大的一条捡了起来，用鼻子闻了闻。

"老兄，你光这么闻，可分不出好坏来呀。"寒月说。

"是不是因为个头大，才被称为特产呢？"主人说。

"这个呀，你尝尝就知道啦。"寒月说。

"早晚要吃，不过这鱼怎么没有头呢？"主人说。

"所以说我这不才着急给送来的嘛。"寒月说。

"什么意思？"主人说。

"鱼头叫耗子给吃了呀。"寒月说。

"那可不得了。不注意的话，会得鼠疫的。"主人说。

"大可放心，就耗子就吃了那么一点儿，不会中毒的。"寒月说。

“在哪儿被老鼠给啃了？”主人说。

“船上。”寒月说。

“船上？怎么回事？”主人说。

“当时这几条鱼没地方装，我就直接把它们和小提琴一起放到袋子里了。结果刚上船的那天晚上，就被老鼠给啃了。要光咬鱼干也就算了，连我的小提琴也它们也没放过，都被咬坏了一点儿。”寒月说。

“老鼠也是够笨的，上了船就分不清鱼干和小提琴了。”主人仍旧望着鱼干，嘴上竟是些糊涂话。

“不管哪儿的老鼠，总会有几个脑袋不聪明的。后来我把鱼干带回了住处，结果又被老鼠咬了。最后没办法，我干脆就抱着它们睡觉去了。”寒月说。

“那多脏呀！”主人说。

“所以说吃之前要洗一洗。”寒月说。

“怕是洗洗也洗不干净吧。”主人说。

“实在不行就给泡到碱水里，好好给它洗洗。”寒月说。

“那小提琴呢？也抱着睡吗？”主人说。

“太大了，肯定没法抱着睡。”寒月说。

听到了这番对话的迷亭也有了兴趣，冲这边喊道：“什么？你抱着小提琴睡觉？还真是风流呀。正所谓，‘春色渐远去，独抱琵琶睡意起，有此番心意。’咱们明治年间的知识分子如果不抱着小提琴睡，怎么超过前人呢？要我看，这就是‘夜漫漫，长夜谁与君相伴，唯有小提琴！’对了，东风，新体诗也能写出此番景象来吗？”

“新体诗和俳句不一样，可能还不能这么简短有力地表现出来，但一旦写出来的话，表现出来的东西肯定会更能触动人们的灵魂。”寒月说。

“说的也是，以前我只知道灵魂要烧香才能请得来，没想到，写首新体诗也能唤出灵魂来呀。”迷亭暂时放下了棋局，开始嘲笑了起来。

“再胡说八道，小心输了这盘棋。”主人提醒迷亭说。

可迷亭却满不在乎，说：“我输赢不要紧，反正对方已经是瓮中之鳖了，且让他再折腾一会儿。”

“我说，到你下子了！总让我等。”独仙似乎有点儿恼火了。

“你已经下完一步啦？”迷亭说。

“下完了！早就下完了。”独仙说。

“下到哪儿去啦？”迷亭说。

“就在这儿，我把棋子斜着连上了。”独仙说。

“哎呀，你把棋子连上了，那我岂不完蛋了。反正我也是穷途末路了，干脆就再让你一步棋，下到哪儿都可以。”迷亭说。

“哪有你这样下棋的呀。”独仙说。

“你要这么说我，那我可就继续下了。对，拐过来，我就下到这儿啦。对了，寒月，是不是你的小提琴太便宜了，老鼠都瞧不上它，才给咬坏的？依我看，你不如再买个好一点儿的。要不然我从意大利那边给你订一把三百年前的古董琴如何？”迷亭说。

“哈哈，恭敬不如从命，钱也一并帮我付了吧。”寒月说。

对乐器一无所知的主人大声朝迷亭喝道：“买个旧东西，还能正常使用吗？”

“我看你是把人中的古董和提琴中的古董给搞混了吧。你看金田那样就是人中古董，不还是过得不错嘛。再说小提琴，肯定是越老越好用。哎呀，独仙老弟，别犹豫了，快动手下棋。其实我也不过是演了场庆政的戏吗，毕竟‘秋日尚短’嘛。”

“跟你这样的啰里啰唆的人下棋真是麻烦，一点儿不给别人喘息的机会。好吧，我就在这儿下吧。”独仙说。

“了不起，还真是让你活过来了。我就害怕你把棋走到那，才费尽心机要跟你东拉西扯几句，真是枉费我一番苦心了。”迷亭说。

“我看你心思就没在下棋上，总一心想着要去蒙骗别人呢。”独仙说。

“我本来就是‘本因坊派’‘金田派’‘当代绅士派’等等。对了，苦沙弥老兄，你看咱们独仙就是了不起，果然是去过镰仓，在那儿啃过咸菜，才能如此镇定自若，了不得！虽说下棋不怎么样，胆量确实不一般。”迷亭说。

“所以说像你那样的鼠辈之人就该多向人家学习学习。”主人说。迷亭听完就把舌头给吐了出来。

独仙似乎对此并不感兴趣，还一个劲儿地催促迷亭：“快点儿，该你啦。”

“你是什么时候开始学的小提琴呢？其实我也想学，可总听人说特别难学。”东风朝寒月问。

“是的，不过要是学到一般程度的话，应该谁都可以。”寒月说。

“我以为既然都是艺术方面的东西，我自己爱好诗歌，想必进步一定很快。”东风说。

“我觉得挺好，你要学的话，肯定没问题。”寒月说。

“你是什么时候开始学琴的？”东风说。

“高中时候就开始学习了，具体的学习经过我是不是和你讲过？”寒月说。

“没有呀，从未听你提过。”主人问道。

“高中的时候，是有老师带你后，才开始学习小提琴吗？”东风也说。

“那时候可没老师带我，全凭自学。”寒月说。

“简直就是天才呀。”东风夸道。

“自学的人也不一定都是天才呀。”寒月说。依我看，天底下被人夸成了天才，但反倒还不高兴的，也只有寒月一个人了。

“这倒没关系，那你快讲讲具体经过，好让我们学习学习。”东风说。

“讲也没问题。我能讲吗？”寒月冲主人问。

“没事儿，讲吧。”主人说。

“现在我们总能看见一些年轻人，带着琴包在街上来来往往，对吧。可在我高中的时候，学生中能有几人学习西方音乐？特别是在我们那样的乡下，学生更是简朴，有的学生连双草鞋都没有，更别说拉小提琴了。”寒月说。

“那边好像讲什么趣闻了呢。我说，独仙，今天就下到这里吧。”迷亭说。

“这还有两三个地方空着的嘛。”独仙说。

“那就让它空着好啦！要不你给下满算了。”迷亭说。

“你这话说的，我也不能那么干呀。”独仙说。

“看你一板一眼的，哪像个搞禅学的呢？咱们就一气呵成，赶紧下完得了。对了，寒月，你刚才说挺有意思，怎么还有学生光着脚去上学？”迷亭说。

“还没到那个地步呢。”寒月说。

“但我可听说学生们总光着脚做部队的体操，还总向左向右转，有的脚上都磨出厚厚的茧子了呢。”迷亭说。

“怎么会呢？是谁告诉你的呀？”寒月说。

“这你就别管了。我还听说有的学生总在饭盒里装个大饭团，就跟个柚子一样，总挂在腰间，饿了就吃。说吃其实也不合适，实际上就是在啃。据说，饭团里还裹着一个梅干呢。学生们为了把梅干啃出来，先专门把周边的饭团吃光。这些学生真是劲头十足。对了，独仙，你喜欢这个故事吗？”迷亭说。

“学生们刚健朴实，确实是个不错的风尚。”独仙说。

“还有更好的呢。我还听说那个地方没有装烟灰的烟灰缸，以前我有个朋友在那里上班，本想买一个‘吐月峰’牌的烟灰缸，但店员说没得卖。他也一头雾水，后来有人告诉他，想要烟灰缸的话，只要到后山上的竹林里去砍下一节竹子就行了，完全没必要专门买。我看这个故事就非常刚健质朴，你怎么看呢？独仙？”迷亭说。

“我才不看呢，总之，你得在棋盘上再放个棋子。”独仙说。

“好！那就放，放就行，这下子没问题了吧。对了寒月，刚才听你说从小能在那样的条件下学习小提琴，真是叫人佩服。《楚辞》里不是有句说，‘既茕独而不群兮’，依我看，寒月你就是明治时期的屈原呀。”迷亭说。

“我可不想当屈原。”寒月说。

“那你就是二十世纪的维特！对了独仙，你刚才说什么？要把棋子拿下来数数？真是不见南墙不死心呀。别数了，我肯定是输了。”迷亭说。

“不数数看怎么知道呢？”独仙说。

“那你就去数吧。反正我是不数。我看你倒不如也过来听听我们维特先生，这个新世纪的才子自学小提琴的故事呢。不听可就是你的遗憾了！我过去听故事啦！”说着，迷亭就离开了棋局，只剩下独仙一人在棋局上。只见独仙一个人在桌子上，又数白子又数黑子，还在嘴里计数呢。

寒月过来了就说：“一个地方一个风俗嘛。我们老家的人就非常守旧，但凡你稍微弱一点儿，他们就会说你肯定在别的省份的学生面前丢人，还因此惩罚惩罚你，那就不得了了。”

“说起你老家的学生来，真的是无话可说。也不知道为什么总穿一身青色的衣服。我不知道这么穿是为了好看，还是什么。还有啊，是不是你们那边天天受海风吹，怎么个个都是黝黑的脸，男的黑也就算了，女的也那么黑，真是不可思议。”迷亭刚一加入会谈，早先的主题就被他给带跑了。

“对呀，女的也黑。”寒月说。

“这样的女人还能嫁出去吗？”迷亭说。

“那也没办法呀。谁叫我们那儿的人都那么黑呢。”寒月说。

“真是不幸呀。对吧？苦沙弥兄？”迷亭说。

主人一声长叹，说：“黑脸才好呢。要是个白脸呀，一照起镜子来就照个没完，你说讨厌不。反正依我看，女人是最难缠的了。”

“不过，要是整个地区都是黑脸的话，人们会不会反倒以黑脸为荣呢？”东风的这个问题非常高深。

“反正，女人就全是些不中用的东西。”主人说。

“你这么说，回头让嫂子听见了，该生你气啦。”迷亭笑着叮嘱说。

“没关系！”主人说。

“嫂子不在家吗？”迷亭问。

“刚领着孩子们出门去了。”主人说。

“难怪家里这么安静呢。她们上哪儿去啦？”迷亭问。

“她们爱去哪儿就去哪儿，我也不管。”主人说。

“那也是爱什么时候回来就什么时候回来吧？”迷亭说。

“是呀。我还是羡慕你这个单身汉，多自在啊。”主人说。但这一句好像让东风有点儿不高兴了，反倒寒月乐了起来。

“有老婆的人才会说这样的话吧。你说是不是，独仙？我看你也是在老婆的事情上发愁犯难吧。”迷亭说。

“什么？等一会儿，四六二十四,二十五,二十六,二十七，我还以为空着的地方不多呢，没想到只剩下四十六个。本想着能多赢你一些，可现在一数，咱俩只差了十八个子啊。你刚才说什么？”独仙说。

“我说呀，你是不是也在老婆的事情上发愁犯难呀？”迷亭说。

“哈哈，那里的事情，我老婆向来非常爱我呢。”独仙说。

“不好意思！独仙毕竟是独仙嘛。”迷亭说。

“可不光是独仙呢。这样的例子要多少有多少呢。”寒月似乎在为天下的所有妻子辩护。

东风也一本正经地说：“我对此也非常赞同。在我看来，人的一生中只有两条路能通往绝对领域。一个是艺术，另一个就是恋爱了。夫妻之爱实际上也是恋爱的一种体现，所以人必须要结婚，也只有通过结婚才能找到幸福，否则不就违背天意了吗？”

“所言极妙！但反正我可进不了这绝对领域。”迷亭说。

“娶了媳妇之后怕是更进不去了吧。”主人撇嘴道。

“总而言之，我们这些未婚青年，一定要接触点儿艺术的灵性，才能开拓新道路，如不然怎么能知晓人生的意义呢？我以为确实应当先从小提琴入手，这不才想请寒月来讲讲学琴的经历呢。”东风说。

“是呀！没错！咱们也该听听维特学琴的故事了！接着讲吧，我不再捣乱啦！”迷亭说。

这时候独仙开口了，煞有介事、装模作样地跟东风说：“向上探求的路，可绝对不是自学小提琴就能开拓的。小提琴不过就是游戏，岂能通过儿戏来认清宇宙真理？如果想要认清某个奥秘，没有悬崖勒马、置之死地而后生的气魄是不行的。”独仙讲得非常到位，可对面的东风，他连个“禅”字都不会写，所以一点儿都看不出被打动的样子。

“或许你说的有点道理，但我已经笃定了艺术才是人生的最高境界，我可不会随便放弃。”东风说。

“不放弃最好了。那么我就为你讲讲我当初学琴的经历吧。刚才也说过，刚刚开始学琴的时候非常困难，可谓千辛万苦。别的不说，就说买琴，都不是个容易事情。”寒月说。

“可不是嘛。一个连草鞋都没有的地方，怎会有人出售小提琴呢？”迷亭说。

“那倒不是，而且买琴的钱我也早就存够了，但就偏偏不能买。”寒月说。

“为什么？”迷亭说。

“我们家那片儿地方太小了，如果我买了小提琴，一准儿会被人发现，大家肯定会觉得我无法无天，肯定要挨收拾呢。”寒月说。

“自古以来都是天妒英才呀！”东风说。

“怎么你也叫我天才，千万别叫我天才了啊。之后我每天散步都会从琴行门口过，每次过我都想赶紧买一把，赶紧尝尝把琴抱在怀里是什么滋味，总之特别想买。”寒月说。

“心情倒是可以理解。”迷亭说。

“我看真是着了迷了呀。”主人说。

“毕竟你是天才嘛！”东风敬佩地说。

反倒只有独仙毫不在意，在一边捋着胡子。

“我想各位一定没想明白，为什么那么小的地方，会有卖小提琴的呢？但各位只要稍微想想就不会觉得奇怪了，因为我们那儿有所女子学校，小提琴作为其中的一门课程，当然不可或缺。虽然能买到小提琴，可毕竟没有太好的，商家也不太重视，只不过把三两把放在店头而已。我以前散步路过那家店，有的时候是风吹动了琴，有的时候是小伙计不小心碰了琴，总之发出的声音让人听了魂不守舍！”

“大事不妙！有人怕水而疯，有人怕人而疯，世上的神经病千千万，看来你果然是当代的维特，看见提琴就发疯了。”迷亭打趣道。

“要不是你感觉敏如到此番程度，肯定成为不了艺术家的。我看你就是天才！”东风的话似乎更显钦佩之情。

寒月接着说。“恐怕我是真疯了吧。不过那声音真是动听极了，直到今天，我拉琴这么久了，也从没有拉出过那般动人心弦的声音。美得简直无话可说，好听极了。”

“那声音是不是跟琅琅锵锵一样？”也只有独仙能说出这么难懂的词汇了。他也是个可怜人，竟然无一人搭他的腔。

寒月又说：“我基本每天散步都要从琴行门口过，先后三次听到了那种美妙的声音。当那声音第三次出现的时候，我就下定决心，非要把这把琴买下不可。纵然家乡人说我，纵然同学看不起我，就算是打我骂我，或者开除我，我也要给它买下来！”

“真是天才！这才是真正的天才，否则你也不会这么痴迷呀！真羡慕你，一年多来，我一直在想，我怎么才能也有那般强烈的感情呢？就算我每次参加音乐会，都竖着耳朵听，也达不到你的那种程度呀！”东风又开始溜须拍马了。

“还好你没有产生那种感情呀。别看我今天给大家讲得面不改色心不跳，实际上当时心里非常痛苦，诸位可能想象吗？最后我一咬牙一跺脚，就把琴买了下来。”

“怎么买的？”主人说。

“那是在十一月，正好是天长节①的前一个晚上，乡里乡亲们都上温泉去了，没人会来，所以我们那儿一个人都没有。那天我对外谎称自己生了病，也没上学，就待在屋里，准备等人都走了之后，就去把琴买回来。”寒月说。

“装病？学都不上？”主人说。

“是啊。”寒月说。

“好！果然有天才风范！”迷亭说。

“那天我一直在被窝里，抬头一看，太阳还很高，看样子离天黑还早呢。没办法，我又缩回到被窝去，闭上眼睛等。等了一会儿，我又伸头一眼，秋天的阳光洒满了纸门，我当时气极了。这时候一个细长的黑影出现在了纸门上，随风摆来摆去的。”

“什么的影子？”主人问。

“实际上就是剥了皮的涩柿子，在房檐上挂着呢。”寒月说。

“后来呢？”迷亭说。

“迫于无奈，我只好下床，打开纸门，抓了个柿子吃了。”寒月说。

“柿子好吃吗？”主人跟个小孩儿一样问了一句。

“当然甜啦！在东京可吃不到那样甜的柿子呢。”寒月说。

“柿子就别说了，继续往后讲。”东风说。

---

① 天长节：日本的一个节日，天皇的诞辰。

“我又钻进被窝，闭上眼睛，默默地向神佛祷告，想让天快些黑。三四个小时后，我心想天差不多该黑了。可是我一看，谁料秋日烈焰依然洒在六尺高的纸门上，好不刺眼，而且还有个细长的黑影在摇摇晃晃。”

“和刚才不一样吗？”迷亭问。

“是重复了好几次呢。于是我再一次下床，打开纸门，又吃了一个柿子。然后回到被窝，向神明祈求天快点黑。”

“这不全都一样嘛！”迷亭说。

“别着急嘛，先往下听。打那之后我又在被窝里坚持了三四个钟头，本以为这次时间够长了，可我一露头，还看见秋日烈焰依然洒在六尺高的纸门上，好刺眼，而且还有个细长的黑影在摇摇晃晃。”寒月说。

“这不是还和刚才一样嘛。”主人说。

“于是我下床后，打开了门，又吃了一个柿子。”寒月继续说。

“怎么又吃了个柿子？有完没完了？”迷亭说。

“其实当时我自己也着急呀。”寒月说。

“听的人可比你着急多了！”迷亭说。

“别着急呀，你们一着急，我的故事还怎么讲呢？”寒月说。

“确实，我们都快听不下去了。”东风也略带不满地说了一句。

“没办法，既然诸位这么心急，我就只好讲个大概了。总而言之呢，我就这么一趟进一趟出，前前后后，最后把外面的柿子全吃完了。”寒月说。

“既然都吃完了，太阳也该下去了吧。”迷亭说。

“那倒没有，吃完最后一个柿子，我本以为差不多了，哪知抬头一看，依旧是秋日的阳光洒满了纸门。”寒月说。

“够了！没完没了！”迷亭说。

“其实我自己讲起来也挺烦的。”寒月说。

本来满不在乎的迷亭现在可有点儿坐不住了，说：“既然你有这么大的毅力，想必没有你办不成的事情，我们要不吭气的话，你是不是能把吃柿子、太阳晒在纸门上讲到明天早晨？究竟什么时候去买琴呢？”

眼下最淡定的还是独仙了，纵然你寒月讲到明天早晨，抑或是后天早晨，不管你的太阳有没有落下去，我自岿然不动。

紧接着寒月淡定地说：“至于各位问我什么时候买的琴，我本打算天一黑就立刻去买回来，可无奈我往外看了多少次，太阳就是不下山。我当时内心真的是难受极了，虽然没法和各位现在的焦急相比。当我吃完最后一个柿子后，却发现太阳还没下山，我竟不由得抽泣了起来。东风，我当时越想心里越难受，忍不住才哭了出来。”

“身为艺术家，多愁善感很正常。你哭了我也表示非常同情，但我还是希望你能继续把故事讲完呀。”东风是个实在人，回答的话既实在又好笑。

“我也希望能讲快点儿，但太阳就是不落下去，真是急死我了。”寒月说。

“太阳总不落山，我们听着也怪难受，干脆别讲了我看。”主人说。

“不讲的话诸位岂不更加遗憾？马上就要到关键之处了。”寒月说。

“那你就往下吧！就从太阳落山之后说，不就好了？”主人说。

“虽然这么说有点儿过分，但既然您提出来了，我就直接从天黑开始讲。”寒月说。

“这不就结了嘛？”独仙一本正经地说完之后，大家全都笑了。

“眼下夜渐渐深了，我悬着的心也放了下来，终于长舒了口气。于是我就从宿舍动身，因为我本不喜欢热闹的地方，才住在了交通不便的市郊，眼下在一个人迹罕至的荒村里，在一处蜗牛般的草棚里住着。”

“什么什么？荒村？太夸张了吧。”主人挑刺说。

“对呀，你说在草棚住着，是不是太夸张了？你还不如说个没有客厅的小草房呢。那样兴许还逼真一点，也更有意思。”

“究竟如何咱们别管了，听起来还挺有诗意，感觉还不错。”东风说。

“住那么偏远，上学是不是特别麻烦？每天要走几里路？”独仙板着脸说。

“离学校不过四五百米，以前学校就在我们这个村子上。”寒月说。

“那学生是不是大部分都在附近住？”独仙追问道。

“对，基本每家每户都有一两个学生。”寒月说。

“那怎么能说人迹罕至呢？”独仙给了寒月重重一击。

“实际上，要是没有学校的话，这一带还真就没有多少人呢。且说我那天晚上的着装，我当时穿了一身布面的棉衣，外面穿了一件带铜纽扣的外套，还把领子竖得高高的，生怕别人认出我来。那时正值柿子树落叶子，满大街都是树叶，每走一步都会发出不小的动静。我当时害怕极了，怕有人在后面跟着我。当我回头一瞧，只见东岭寺附近的森林分外阴森，仿佛是昏暗的夜色中的影子。东岭寺原来是松平家的庙，建在庚申山下，离我的住所不过百米，是个十分幽静的古寺。树林上方，明月当空，稀疏散落着几颗星星，一道银河从天际划过，切断了长濑川，最后往夏威夷那边流去了。”寒月说。

“夏威夷？真是匪夷所思呀。”迷亭说。

“后来我沿着南乡街走了二百多米，从鹰台街进了市内，又走过古城街，走过仙石街，走过喰代街，再依次穿过长街的第一段、第二段和第三段，然后又穿过尾张街，名古屋街、鲸鉾街、蒲鉾街等。”寒月说。

“为什么要走这么多街啊。就告诉我们，最后买到小提琴了没有？”主人有点儿坐不住了。

“琴行的老板是金善，大名金子善兵卫。离琴行还远着呢。”寒月说。

“不管远近，赶紧买琴吧！”主人说。

“遵命！我到了金善的琴行一看，里面的油灯明晃晃。”寒月说。

“又是明晃晃的？刚才说太阳刺眼，就给我们绕进去了，这次是不是又准备说个没完没了？”看来迷亭已经产生了戒备之心了。

“当然不是啦。这次的明晃晃一遍就过去啦。请诸位放心。当时我在昏暗的灯光下一看，要买的那把琴正在灯影里闪着微光呢。那把琴的腰身闪着寒光，紧绷的琴弦也反射出丝丝白光，照进了我的眼里。”寒月说。

“描述得真到位！”东风又夸赞道。

“没错！是它！就是这一把琴让我念念不忘。当时我非常激动，以至于双腿也跟着颤抖起来。”寒月说。

独仙紧跟着就“哼”了一声。

“我当时不由自主地就冲了进去，从口袋里拿出钱包，又从钱包里掏出两张五块来。”寒月说。

“总算是买下啦？”主人问。

“就在我要买的关键时刻，我又犹豫了，心想这要真买了的话，说不定还会闹出点儿别的事情来，于是我又决定不买了。”寒月说。

“都到这儿了，还没有买吗？不就是买一把琴而已，把我们几个遛这么大一圈。”主人说。

“倒不是我逗大家，毕竟那时候还没法买，我也没有什么办法。”寒月说。

“为什么？”主人问。

“至于原因嘛，那时天刚刚黑，街上还有很多人在走动呢。”寒月说。

“和你有什么关系呀。就算有二三百人在，也不耽误你买琴呀。你真是怪。”主人气呼呼地说。

“要是平常人自然没有关系，可当时那些都是学生，有的挽着袖子，还有的拿着棍子，在附近转呢。所以我才不能轻易去买。这些都是学生中的‘渣子’，永远是班级的后几名，也不知道努力，但在摔跤上面他们可是一把好手。我要这么草率地去把琴买了，说不定会弄出什么样的乱子来呢。虽然我真的喜欢小提琴，但更害怕挨打呀。与其说因为琴挨了打丢了命，倒不如不拉琴，舒舒服服地活着呢。”寒月说。

“到最后也没有买？”主人追问道。

“不是，最后还是买下来了。”寒月说。

“哎呀，你这个人就是犹豫，要买就早点儿买，不买就算了，早做决定多好。”主人说。

“哈哈，但是世上的事儿哪能都这么痛快呢？”寒月边说边抽了一口烟，朝日牌的烟雾也跟着升了起来。

主人估计是觉得寒月的故事太啰唆了，就进了书房，然后拿出来了一本很旧的外国书，一下子趴在席子上，看起书来。而独仙不知道什么时候也跑回壁龛下面的棋盘前去了，开始和自己对弈。这个故事实在是又臭又长，难怪听众也一名名地减少，眼前只剩下热爱艺术的东风和喜欢听故事的迷亭了。

寒月抽了口烟，然后毫不客气地又吐了出来，接着又找回了刚才说话的感觉，说：“东风呀，我当时是这么想的。既然天色将黑的时候没法买，可要等到夜深了，金善老板也睡了的话，就更买不成了。于是我就要等到学生们不在附近，而且老板还没睡觉前去买下来。如不然的话，辛苦的计划就全泡汤了。但要估计好这个时间，也绝非易事。”

“确实不容易呀。”东风说。

“我预计那时应该在十点左右，也就是说从现在到晚上十点前的这段时间里，我得找个地方给时间打发过去。回家去然后再来的话，比较费事。若要去朋友家坐一坐，又觉得心里有事没办完。最后实在没办法，我就在街上溜达了起来。要在平时，两三个小时的时间一会儿工夫就过完了，可偏偏那天晚上，时间走得非常慢，就好比老话说的'一日三秋'一样，那滋味我是体会到了。"寒月说得头头是道，还专门往迷亭那边看了看。

迷亭说："古人云'暖炉侍其主，不知相思苦'。说来说去，等待是最难熬的事情了。依我看，眼下那把小提琴已经要着急坏了。而你反倒像个漫无边际的侦探，在那转来转去，我一猜你就非常焦急，那感觉就像是小狗从家里走丢了一样！"

"竟然拿狗来打比方，真是太过分了。迄今为止，还没有谁拿狗跟我打比方呢。"寒月说。

东风安慰寒月说："我听你讲的故事，就好像读了过去老艺术家的传记一样，感同身受呀。迷亭先生拿一条狗跟你打比方就是个玩笑话，千万别放心上。"

实际上，不管东风给不给他安慰，他都会接着往下讲："之后我穿过百骑街，又从两替街来到鹰匠街，还在县衙门前数了数枯柳，之后在医院旁算过窗灯，还在染房桥上抽了两根烟，又低头看了看表。"

"已经十点了吗？"迷亭问。

"真是可惜呀，还没到十点钟呢。然后我又渡过染房桥，沿着河向东边走去。河岸上还有三个在按摩的人，我还时不时能听见狗叫呢！"寒月说。

“秋夜何漫漫，于岸边，且听犬吠声。讲的还真是不错呢，但我怎么感觉你好像在扮演个亡命之徒呀？”迷亭说。

“他是不是干什么坏事了？”东风问道。

“往下听，坏事马上就登场啦。”迷亭说。

“要是买个小提琴都能成坏事的话，那音乐学院的所有人岂不都成了有罪之人了吗？”东风又问。

“假如你做了某件事情，但这件事情从未被他人承认的话，就算这是天大的好事，你也是个罪人。所以说，我们一不小心都会成为罪人。就算耶稣能活到今天，想必也是个罪人。再看我们的美男子，寒月先生，在那种情况，那种地方买小提琴的行为，可以说他也是个罪人了。”迷亭解释说。

“算啦，当罪人就当罪人吧。我当个罪人倒无关紧要，可现在关键是还没到十点呢，真让人着急呀。”寒月说。

“依我看，你就再去数一数街道名字，假如还没到时间，就再讲讲秋天艳阳高照的事儿吧。要是这样还有余暇的话，再吃点柿子也行，我看你能讲到几点，肯定奉陪到底。”迷亭说。

寒月听完迷亭的话，笑了出来，说：“我想说的都被您给说完了，没办法，我就再快进一些，咱们直接讲十点以后的事情。现在已经十点了，我到了金善的琴行一看，眼下正值秋日寒夜，原本热闹的大街上也没什么人了，只偶尔能听见一两声木屐的声音，好不凄凉。虽然琴行的大门已经关了，但旁边还有一个小门，于是我就从小门进去了。但我心里并不踏实，总感觉被条狗给跟上了一样。”

这时候，主人把目光从那本破书上挪开了，问：“小提琴买到了吗？”

“就快啦！”东风说。

“还没买上？这都多长时间啦！”主人自言自语了一句，然后又去看书了。再看独仙，仍旧是一声不吭，棋盘上摆满了黑子和白子。

“我一咬牙，一跺脚，头巾都没来得及摘下，就直接进到了店里面，说，‘我要买一把小提琴！’店里的四五个小伙计正围着火炉聊天，见此情形无不惊慌失措，目光一下子都汇聚到了我身上来。我用右手把头巾扯了下来，又说，‘快，卖给我一把小提琴！’坐在最前面的一个伙计有气无力地答应了我一声，然后把店头上挂着的几把琴全拿下来了。然后我问多少钱，他告诉我只要五块二。”寒月说。

“小提琴那么便宜？是不是玩具呀？”迷亭说。

寒月接着说：“然后我问他，‘是不是都一样价钱？’伙计告诉我都是一个价，而且质量都过关。之后我就从兜里把五块的票子掏了出来，我还准备了一个大口袋，准备将小提琴包起来带走。这时候，店里的伙计没一个人说话，都紧紧地盯着我，但我的脸用大衣领子裹着，虽然我知道他们肯定看不清楚，但心里还是非常惊慌，恨不得早点儿离开商店，赶紧回到街上。之后，我把琴放到怀里，慌忙离开了，然后伙计们都齐声喊‘谢谢光临！’我可算回到了街上，打眼一看，还真没有几个人，可没走一百多米呢，迎面走来了三两个人，他们边走还边吟唱，声音特别大。我心想这下大事不妙，就赶紧从商店的路口往西拐，沿着河边走到药王路，又穿过榛木村到了庚申山麓，方才到住处。一看，到家已是凌晨一点五十了。”

“果然是整整走了一个晚上呀。”东风又同情道。

“终于算把琴买到手了，真是万里长征，不负苦心人呀。”迷亭说。

“下面才是故事的重点呢！刚才说的不过是引子罢了！”寒月说。

“怎么还有？真是太厉害了，普通人碰上你肯定就缴械投降不听了呢。”迷亭说。

“缴械不缴械的我也不管啦。既然都讲到这儿了，那我要不往下继续说的话，就像建了大佛却不给佛开光一样，还欠点儿火候呢，我继续说。”寒月说。

“且说且听。”东风说。

“我说苦沙弥老兄，你也来听听吧，琴已经买下来啦！”迷亭说。

“买完了就该卖了吗？不听不听！”主人说。

“我看离卖琴还早着呢。”迷亭说。

“那我就更不想听了！”主人说。

“这下不好办了，眼下认真听的只有东风你一个人呀，真叫我有点儿下不来台了。那我就简单给讲完吧。”寒月说。

“别简单说呀。你慢慢讲，我慢慢听，挺有意思呢。”东风说。

“小提琴买是买到了，但问题也来了，我宿舍常有同学朋友来玩，要是直接给挂起来或者就这么放着，肯定要出事。所以说，存放才是眼下最大的问题，我也想过挖个坑给埋起来，但总归太麻烦了。”寒月说。

“要不给藏到天花板里？”东风说得轻巧。

“哪有天花板？我在农村住呢。”寒月说。

“那可就难办了。话说最后给放到哪儿去了？”东风问。

“你猜猜看。”寒月说。

“我猜是不是放在防雨棚子里了？”东风说。

“那倒没有。”寒月说。

“藏到被子里？放到橱柜里了？”东风说。

“也不是。”寒月说。

就在东风和寒月围绕小提琴的藏匿地点进行一问一答的时候，主人似乎也和迷亭开始讨论起了什么来。

“这个怎么读？”主人问。

“哪个？”迷亭说。

“就这点儿。”主人说。

“这个？是‘Quid aliud est mulier nisi amiticiae inimica’吗？这不是拉丁文吗？”

“我当然知道是拉丁语啊。这不问你该怎么念嘛。”主人说。

迷亭预感到这里面定有埋伏，就说：“你不是会讲拉丁文吗？”

“会是会，可就是不知道这行该怎么念。”主人说。

“你说的这叫什么话吧。”迷亭说。

“就给我念念吧，用英语念念，我听听。”主人说。

“怎么还命令我呢？我又不是你的勤务员。”迷亭说。

“勤务员就勤务员吧。”主人说。

“哎呀，拉丁文什么的咱们且先不说了吧，还是先听听寒月的故事吧。我看眼下他正讲到了关键地方呢。对吧，寒月，后来又怎么样了呢？”迷亭饶有兴致地说，然后回到刚才的聊天团队里，把主人给扔到了一旁。

见迷亭又回来了，寒月一下子来了精神，又接着说了起来：“我最后给藏到了一个旧箱子里面去了。那个箱子还是我当时从家走时，我的外婆送给我的呢，据说那箱子是我外婆当年出嫁时候的陪嫁呢。”

“那可真是有年头了呀。不过是不是和小提琴有点儿不搭呢？你说呢？东风？”迷亭说。

“是呀，是有点儿不搭。”东风说。

“放到天花板里岂不是更不合适？”寒月给迷亭回敬了一句。

“虽然不合适吧，但却可以做出一首俳句呢。你们看，‘寂寞清秋冷，一把提琴收箱中’各位看怎么样？”迷亭说。

“今天的迷亭先生真是很会写俳句啊！”东风说。

“不光是今天呀！我的诗性何时何地都有。提起我作俳句的造诣呀，就连已经不在的正冈子规[①]先生都冲我竖大拇指呢。”迷亭说。

“您和正冈子规先生可曾认识？”东风人老实，问得也直接。

“这个嘛，认识谈不上，不过也一直在无线电上保持着联系呢。”迷亭说。但是这个说法简直就是一派胡言，东风也没有搭腔。

接着，寒月笑了笑，又讲了起来：“眼下藏琴的地方倒是有了，但平时该怎么往外拿呢？如果光拿出来，瞧上几眼，只要不让别人

① 正冈子规（1867-1902）：日本诗人、随文家，原名正冈升。

发现也就没有问题了。但光看又有什么意思呢？琴不发声还要琴何用？可一旦闹出动静来，肯定就会惊动住在一墙之隔的那些‘渣子’的老大来，岂不更加危险？”

“可不是嘛！”东风说。

“确实是个不小的麻烦呀。但是你光嘴上说，没有证据哪能行。以前小督进宫的时候不也是因为这个事情才没成事吗？假如说你真是偷吃了东西，或者悄悄造了假钱，倒也好瞒天过海，可小提琴毕竟会出声，你可怎么瞒？”迷亭说。

“只要不弄出声响不就好了？”东风说。

“不对，你以为只要不闹出声响就万事大吉了？有时候明明没出声音，事情也会暴露。以前我们几个在小石川的破庙里生火做饭的时候，有个名叫铃木藤的人，非常喜欢喝白酒，常用啤酒瓶打些白酒回来，自饮自酌。有天这位铃木出门去了，不曾想他的白酒竟然被苦沙弥老兄给偷喝了。”

主人突然大声说：“我儿时偷喝了人家的白酒！明明是你偷喝的！”

“我还以为你在专心看书呢，想着胡说几句没关系呢。结果还是让你给听见了，防不胜防，你还真是耳听八方呀。对，那酒我确实也喝了，但酒在哪儿放着可是你先发现的呀。二位听好了，咱们老兄本来不会喝酒，但一看到是别人的酒，就想开怀畅饮，喝完之后满脸通红，那样子简直不忍直视。”迷亭说。

“住嘴！你连拉丁文都不会念，还在这儿说什么。”主人说。

“哈哈哈！等后来铃木回来后，摇晃着酒瓶子看了看，酒少了半瓶子，他就知道有人偷喝了他的酒，然后四下一看呀。只有咱们苦沙弥老兄倒在墙角呢！脸红得像是红泥巴捏出来的一样呢！”迷亭说。

讲到这里，三个人不约而同地大笑了起来，本在一边看书的主人也跟着笑了起来，反倒只有独仙与众不同，估计是累了，不知道什么时候，已经趴在棋盘上睡了过去。

紧接着寒月又说道：“其实还有一件事情我不说大家也都明白。从前我去过一次姥子温泉，那时候跟一个老爷子住同房。据说他是一个丝绸店铺的老板，现在已经退休了。究竟是裁缝铺还是丝绸店呢，我也记不太清了，总之就是住在了同屋。但后来出了件事让我很为难。到温泉的第三天，我发现自己的烟抽完了。我想大家也该清楚，那姥子温泉是个什么地方，除了吃饭洗澡方便，别的干什么都不行，在这儿没有了烟抽，对我来说简直就是灾难。实际上我平时烟瘾并不大，但人嘛，越是缺什么就越是想要什么，真是让我难受极了。就在我难受的时候，对面的这个老爷子偏就拿出一包烟，双腿一盘，在我面前吧唧吧唧地抽了起来，就好像在问我想不想来一口一样。要光这样也就算了，到后来他还吐起了烟圈，然后还躺在床上吐烟圈，还趴在枕头上吐，时不时从鼻孔里喷出烟来，这不明摆着就是在和我吸显摆嘛！”

“什么是‘吸显摆’？”东风问。

“你看，如果是炫耀家里的衣服、家具什么的叫臭显摆，那冲我吸烟显摆，不就是吸显摆嘛。”迷亭说。

“你要是真忍不住了，就找人家要点儿抽抽嘛。”东风说。

“男子汉大丈夫，怎么能低头要烟呢？”迷亭说。

“男子汉就不行呀？”东风说。

“倒也不是不可以，总归我就是没去要。”迷亭说。

“那可如何是好。”东风说。

“低头要烟我可干不出，索性就拿了他几根。”迷亭说。

“哎呀，你看看你。”东风说。

“当时我见他带着毛巾出去了，想必洗澡去了。于是我想这不正是抽烟的好机会吗？我赶忙拿了几根，大口大口地抽了起来，心里真舒服。可就那时，屋里的拉门被打开了，香烟的主人就站在门口。”迷亭说。

“他不是去洗澡了吗？”东风问。

“他本来是去洗澡了，可谁知道忘带钱袋了，这才回来拿的。再说了，我还能犯得上偷他的钱吗？真是有点儿瞧不起我了。”

“这可不好说呀。毕竟你还偷拿人家的烟了呢。”东风说。

“但是那位老人也非常有眼光，眼看钱袋没事，但明明我已经两天没烟抽了，反倒现在屋里弥漫的全是香烟的味道。俗话说，好事不出门，坏事传千里。我一下子就败露了。”迷亭说。

“老人说什么了吗？”东风问。

“到底是年高德高，他什么也没有说，然后就拿出了五六十根烟用白纸包好后给了我，还跟我说如果不嫌弃他的烟的话，就让我尽管去抽吧。之后他就去洗澡去了。”迷亭说。

“这就是所谓的‘江户之趣’吧。”东风说。

“我可不知道究竟是江户之趣还是绸缎店之趣，总之打那以后，我俩相处得就非常融洽了，前后住了两周左右，开心极了。”迷亭说。

“看来这两个礼拜，你抽的都是老人的烟吧。”东风说。

“嗯，大概是吧。”迷亭说。

这时候主人把书合上，凑了过来，说：“小提琴的事情终于结束了？”

“没结束呢。现在才刚要讲到故事的最高潮呢。正好您也来了，一起听完吧。对了，桌子上睡着的那位叫什么来着？对了，独仙！你也来听听吧。这么睡对身体可不好呀。要不咱们给他叫起来吧。”寒月说。

“独仙！独仙！别睡了！快来听故事吧，现在正讲到最紧要的部分啦！你这么睡对身体也不好，你老婆都替你担心了！”迷亭说。

“啊？”独仙抬起头来吱呜了一声，睡觉时的口水顺着山羊胡往下淌，就像刚被蜗牛爬过一样，亮闪闪的。“我真是太困了，恰似远山白云悠悠，棋盘偷睡正浓呀！刚才一觉真舒服！”独仙说。

“我们都知道你睡着了。快点儿起来吧！”迷亭说。

“那我就起来吧！说什么好故事呢？”独仙说。

“下面咱们还继续说琴的事儿。那么有了琴之后呢？老兄？”迷亭冲主人问。

“之后？什么之后？”主人完全没听明白。

“之后就该拉琴啦！”东风说。

“对对！要拉琴了，你快来听。”迷亭说。

“怎么还是琴呀。我可不想听。”独仙说。

“你弹的琴没有琴弦，也不会有什么问题，人家寒月一拉起琴来就到处作响，恐怕左邻右舍都该有意见了。”迷亭说。

“是吗？莫不成寒月有既能拉琴又不会吵到别人的方法？”独仙说。

“那我也不知道呀。要真有的话，快跟我们分享一下。”迷亭说。

“何须专门问我呀，我想各位只要瞧一瞧‘露地白牛[①]’自然就会明白其中的奥义。”独仙嘴上说得玄之又玄，八成又被迷亭当作是没睡醒的胡言乱语了，寒月也没搭理他，转头又说：“后来我又想出来了个妙招，那天之后正好是天长节，从早到晚我都在家里，面对眼前装琴的箱子，我是开了又关，关了又开，就这么心神不宁地过了一天。后来天色渐渐黑了下去，箱子下面的蟋蟀也叫了起来，我一咬牙，就给小提琴和琴弓拿了出来。”

“终于给拿出来了呀！”东风说。

“怎能如此鲁莽？万万不可呀。”迷亭说。

“我当时先把琴拿在手里，从头到尾检查了一遍。”寒月说。

“你又不是个手法拙劣的工匠，何必这般摆弄呢？”迷亭笑道。

“实际上，我觉得那才是我真正的灵魂所在。当时我的心情就和一位武士在深夜里，幽灯下磨刀的感觉一样。我把琴攥在手里，不住地哆嗦了起来。”寒月说。

“真乃天才也！”东风说。

“我看就是个疯子！”迷亭说。

“总之，你快点儿拉琴吧！”主人也催促道。唯有独仙一副无可

---

① 露地白牛：佛家用语，指的是毫无烦恼的清净之地。

奈何的样子。

“检查了一遍，真是万幸，琴一点儿毛病也没有。然后我又给琴拿到了油灯旁边，又里里外外地检查了一番，大概用了五分多钟。有一点大家别忘了，箱子下面的蟋蟀还在不停地叫呢。”寒月说。

“我们记着呢，你放心吧，赶快拉琴吧。”迷亭说。

“那个时候还没开始拉琴呢。不过好在小提琴完好无损，我就踏实了。然后我突然站起身来。”寒月说。

“要去哪里？”迷亭问。

“别打岔，听就是了。你总这么一句一句地打断我，我还怎么讲呢？”寒月说。

“好，大家都别说话了啊！嘘——嘘——！”迷亭说。

“明明就是你在多嘴！”主人说。

“哎呀，真是不好意思，那我不说啦。”迷亭说。

“我把小提琴夹在了胳膊下面，穿上草鞋，没三两步就出了我的草屋，哎呀，等一下。”寒月说。

“怎么出门了？是不是那儿停电了吧。”迷亭又说。

“就算你出去，也没有柿子吃了。”主人说。

“您二位总这么插嘴的话，我也没办法了。我看还是专门给东风一个人讲好了。对了东风，当时我刚走出两三步，就又拐了回去，在头上围了一条红毛巾，还是当时我离开家的时候花三块五买的呢，然后给油灯吹灭了。眼下一片漆黑，我连草鞋在哪儿都看不见了。”寒月说。

“你到底去哪儿？”主人问。

“且往下听。光为了找到草鞋我就花了好大的工夫呢。走出去一看，漫天的星斗和满地的柿子叶，我脑袋上还有个红头巾，怀里一把小提琴。出了门后我一直往右边走，顺着小山坡，爬上了庚申山。这时候，东岭寺的钟声传来，那声音冲破了我的头巾，穿透了我的耳膜，在我脑袋里震荡。诸位猜猜看，那时候是几点啦？”寒月说。

“不知道呀。”东风说。

“那时候已经是九点钟啦。在那漫漫长夜里，我一个人走了八百多米的山路，眼看就要爬上了大平山。我生性胆小，要在平时肯定要被吓坏了。但那次我精神异常集中，心里竟然一点不慌也不乱。因为当时心无杂念，害怕什么的都让我抛到了脑后，我心里那时候只有一个想法，就是想赶紧拉一拉小提琴。大平山位于庚申山的南面，天好的时间爬上山去，可以透过红松树间的缝隙纵览整个城市，是个景色相当不错的瞭望之地。这一片面积很大，当中有块大小约为八张席那么大的岩石。再往北是个小池塘，池塘周围绕着些三人才能合抱起来的樟树。眼下我已经进了山，附近有人活动的地方也仅有一个用于采樟脑的小屋子。就算到了白天，这儿的景色也不怎么样。好在工兵们演习时候开了山路，爬起来也不费劲儿。之后我到了大岩石那里，铺下了毯子，就坐了下来。这还是我第一次这么晚爬山。待我坐稳之后，周围的寂静气氛渐渐变浓，恐怖感顿时袭来。实际上，要是没有这恐怖感的话，周围就都是干干净净的空灵之气了。我一坐就是二十分钟，我仿佛像是坐在一座水晶宫内，我的身体，我的内心，甚至我的灵魂都好像是凉粉一样，晶莹剔透。到了最后我都分不清楚究竟是我自己在水晶宫里，还是我里面有了个水晶宫。”寒月说。

“你真是越说越离谱了呀。”迷亭说。

独仙似乎也被带了进去，说：“这还真是个有意思的境界呀。”

“依我看，你要继续这么下去的话，只怕是到了明天早晨，小提琴也拉不成了。”迷亭说。

“附近可有狐狸？”东风问。

“当时呀，我已经失去了意识，连自己的死活我都不清楚了。突然身后的池塘传来了一声叫喊。”寒月说。

“这次是什么？”迷亭问。

“那叫声引起了阵阵回音，还伴着一阵彻骨的秋风，从林子吹过，这一下我才回过神来。”寒月说。

“我看你就是‘大死一番天地新’呀。”独仙朝寒月递了个眼色，但寒月却没能理会。

“打那之后，我也清醒了。四下一看，庚申山鸦雀无声，甚至连滴水的声音都听不见。但刚才那声究竟是什么声音呢？声音那么尖锐，肯定不是人的声音。叫声还那么大，应该也不是鸟叫。要不就是猴子叫的？但这一带有没有猴子。一时间，我竟然产生了这么多疑问。越是心里有问题，我就越想给解释清楚。上一分钟还静静悄悄的山间，为何突然出现了那么一声呢？就好像康诺特[1]爵士得到了全国人民欢迎一般，我的脑袋也陷入了混乱和疯狂中。那一刻，我浑身的毛孔都张开了，感觉就像往满是腿毛的小腿上泼上烧酒一样。

① 康诺特（1850-1942）：英国军官、政治家。

原本在毛孔中的勇气、胆识、镇静等一下子就消失了。我的心脏跳得剧烈，腿也抖得厉害，吓得我赶紧把头巾裹上，带着小提琴赶紧从大石头上跳了下来，顺着一条小路赶紧往住处跑。到家之后我便倒头睡下了。东风，在我的记忆里，这恐怕是我经历过的最害怕的事情了。”寒月说。

“接下来呢？”东风说。

“到这儿就结束了呀。”寒月说。

“到最后也没拉琴吗？”东风说。

“我当然也想拉琴，可山里的那一声真的吓到了我，换作是你，你也会害怕。”寒月说。

“我怎么觉得这个故事是雷声大雨点儿小呢？”迷亭问。

“随你怎么说啦。但事实就是这样。诸位，怎么样？”寒月看了看大家，表现得非常自信。

“哈哈，还真有你的，良苦用心编造了这么个故事出来。我还想着能在我们君子的国度里来一位桑德拉贝罗妮呢，这不才一直竖着耳朵听呢。”迷亭说完后，本会以为能有人来替他解释一下这个新鲜人名呢，可出乎他意料的是，并没有人就此提问，他也不得不自己替自己解释一番。“这个人呀，曾经在月下弹奏过竖琴，还曾在森林里唱过意大利情歌呢。我看她曾和你在庚申山上拉小提琴差不多呀。但令人遗憾的是，人家能引来月宫中的嫦娥，可你只能惊醒水池中个怪物呀。正所谓紧要关头时方能看出两者的高低差距，遗憾遗憾。”迷亭自说自话。

但寒月却异常安静，说：“也没有什么遗憾的。”

主人说：“别听他的，他肯定觉得你能带着琴上山，此举非凡，才说些胡话来骗你呢。”

“看来好人都与魔鬼为伍呀。”独仙说。总之但凡是独仙说过的话，寒月一句都没听明白，我想不光寒月不明白，恐怕在座的各位都是糊里糊涂的吧。

稍后，迷亭又重新开始了一个话题，说：“提琴事件就到此为止吧！对了寒月，近来你还去学校打磨玻璃珠子吗？”

“近来不去打磨了，因为这次回家相亲，那个事情也暂告一段落了。实话说，磨玻璃球实在是太枯燥了，我在想要不要及时放弃。”寒月说。

“但你要不接着打磨的话，当博士一事怎么办呢？”主人皱着眉头问道。

可是寒月却一脸轻松，说：“当博士？实际上当不当也都行。”

“那结婚推迟的话，恐怕两边都不乐意吧。”迷亭问。

“结婚？谁结婚？”寒月问。

“当然是你了！”迷亭说。

“我和谁结婚呀？”寒月说。

“不是和金田小姐吗？”迷亭问？

“什么？”寒月说。

“什么什么？这不是你们已经定好的事情了吗？”迷亭说。

“约定什么啊？根本没有的事情。时至今天，都是对方在四处吹嘘罢了，但那也是人家的自由。”寒月说。

“这不是瞎折腾吗？对了，迷亭，那件事情你应该也知道吧。”

主人说。

“你要是说‘大鼻子’的事情的话，我想知道的就不止我们两个了，看样子这已经是昭告天下的秘密了。眼下这段时间里总有人来问我，问我什么《万朝报》什么时候才能报道新婚男女的事情，刊登他们的照片呀。咱们的东风君，早在三个月前就把一篇长作完成了，叫《鸳鸯调》吧？这不，他还总担心寒月没当上博士，怕自己杰作就这样付之东流呢。你说是不是呀？东风？”迷亭说。

“倒也没有你说得那么严重，不过我还是很希望自己的那篇洋洋洒洒、满腹激情的作品早点和大家见面呢。”东风说。

“那你到底能不能当上博士呀？这件事大家早就知道了，你也别半途而废，再继续打磨玻璃球吧！”迷亭说。

“哈哈，那真是承蒙各位费心了。但眼下我能不能当上博士已经不重要啦。”寒月说。

“为什么呀？”主人问。

“至于原因呢，因为我已经找到了个门当户对的人家啦。”寒月说。

“哎呀，我说寒月，你还真是不含糊，什么时候就悄悄把婚事办啦？终身大事可马虎不得呀。老兄，你听见了吗？咱们寒月说，已经找到媳妇了。”迷亭说。

“老婆有了，但是现在还没有孩子呢。要是婚后不到一个月就有了孩子，那该被人说闲话了。”寒月说。

接着，主人开始审问了起来：“时间，地点，和谁？”

“时间嘛，就是我回乡下老家的时候，人家一直在老家等我呢。

实际上，今天给老兄带的鱼，也是亲朋好友们在婚礼时候送来的呢。”寒月说。

“谁呀？结婚就送三条鱼干？”迷亭说。

“岂止！送了我好多，我不过就带了三条而已。”寒月说。

“你们老家的女孩，是不是皮肤也特别黑？”主人问。

“当然啦！哪有不黑的呢，我俩非常般配。”寒月说。

“那金田家小姐，可怎么办呢？”主人说。

“不怎么办吧。”寒月说。

“这么可不大好吧？你说呢？迷亭？”主人问。

“这些当然都不要紧。金田小姐嫁给谁不都是嫁吗？咱们说的两口子，不过就是在黑灯瞎火里相互碰碰脑袋罢了！或者说碰都没必要碰。既然没必要了，和谁在一起又有什么关系呢？只是可怜了东风的那一篇《鸳鸯调》了。”

“至于说我的《鸳鸯调》嘛，我到时候修改修改，等金田小姐结婚的时候我再重新做一首。”东风说。

“到底是诗人出身，果然是个灵活变通的材料。”迷亭说。

看样子主人还是惦记金田小姐，说：“那你拒绝金田家了没有？”

“尚未拒绝，其实也没有拒绝的必要。毕竟我从没向对方求婚，也没说我要娶她，什么都不说当然不要紧。就现在，金田家还有十几二十几个侦探在盯着我们，我估计刚才的谈话都被汇报出去了。”

主人好像对“侦探”非常敏感，表情突然严肃了起来，说：“快别说了。”然后又接着对侦探这个行当发表了感言，“趁人不备，偷人家钱包的人是小偷；在别人疏忽的时候打探人家想法的就是侦探了；而那些弄掉别人家的挡雨板后，进来拿东西的就是盗贼了；而能在不知不觉之中窥探别人想法的人，实际上才是密探。还有的会带着砍刀，硬是要别人交出钱财，这样的人就是强盗。再看，用语言恐吓别人，让他人感到害怕的人也是密探。依我看侦探、小偷、盗贼、强盗他们都是一伙儿的，都是一路货色。所以说，越是纵容他们，他们就越猖狂，咱们要给他们点儿颜色瞧瞧！”

“这有什么好怕的，纵然是一两千个侦探朝我进攻，我也不害怕，谁让我是打磨玻璃球的、著名的理学学士水岛寒月呢？”寒月自己说。

“哎呀，真是不得了呀！到底是新婚的理学学士，真精神！对了，老兄，既然侦探和小偷、强盗呀什么的都是一丘之貉，那你说，花钱雇佣侦探的金田一家，又和谁是一类人呢？”迷亭说。

“我看，就和熊坂长范差不多吧。”主人说。

“这番比喻真的是太精妙了。以前戏曲里不是这么唱的吗？‘远看一个长范，哪知死后竟成了两个。’咱们胡同对面的那个‘长范’，就是靠放高利贷起家的，是个贪得无厌，心狠手辣的人，看样子能活得长着呢。咱们要是叫他们盯上的话，这辈子都要倒霉了。寒月，你可要小心了！”迷亭说。

“没关系，不要紧。戏曲里不是也唱过么，‘纵然你横行霸道，终有一天会尝到我的厉害，且看你送上门来。’来的话就有你好看。”寒月自大地说。

只有独仙和众人不太一样，接着提出了一个超脱现实的问题：

“听你们说侦探，在我们 20 世纪里，感觉有很多人都有当侦探的潜质。”

“是不是因为物价太高呀？”寒月说。

“是不懂艺术中的趣味吧。”东风说。

“我看这些人脑袋上都有个名叫‘文明’的犄角，就像有个小疙瘩一样，脑袋不平。”迷亭说。

“就这个问题，我也曾想了很多，以我之见，出现这种趋势的原因全因为现在人们的自我意识太强了。当然，我说的自我意识并不是独仙讲得修炼佛性、去和天地同体等悟道方面的东西。”主人用一种奇怪的强调讲。

“不要故弄玄虚了，怎么连你也开始说这种话了呢？那么我迷亭，也就斗胆跟在你后面，对现代文明发几句牢骚吧！”迷亭说。

“但说无妨！量你也讲不出来什么。”主人说。

“可讲的东西很多呢。且看你，前几天那么尊敬警察，今天又把侦探和小偷强盗等混为一谈，这不是自我矛盾吗？你看我，打出生到现在，始终如一，就没改过自己的观点。”迷亭说。

“警察和侦探本就不是一码事，我以前就是这么说的，到现在不也还这么说么？依我看，书里面说下愚不移，就是你这样的人。”主人说。

“这么说太过分了。要是侦探也能像你这样直截了当的话，倒也有几分可爱之处。”迷亭说。

“你说我是侦探？”主人说。

“正因为你不是，我才说你坦率耿直呢。好了，咱们诸位别插嘴，让老兄继续往下讲吧！”迷亭说。

主人说：“当今人们身上的自我意识，可以说就是一条利益的鸿沟，硬生生地横在自己和他人之间。随着文明地不断进步，这种意识也变得越发尖锐，恐怕到最后，人们的一举一动都要和天真自然说拜拜了。以前有个名叫亨利的西方人，他在批评史蒂文森的时候，说自己曾走进一间带镜子的房子，每每路过镜子的时候都要照一照，看一看，他就是一个每时每刻都要看一看自己的人。这不就是当今世人的真实写照吗？不管睡着还是醒着，不管怎么样都忘不掉自己，到处都要考虑自己，结果反倒把言行搞得不自然了。这就像青年男女在相亲时候的心境一样，每天都只能在忐忑中度过。这时候所谓的悠然自得、从容不迫等就成了一句空话，毫无实际意义可言了。就这点而言，现在的人确实都越来越像侦探和盗贼了。但侦探都是在背地里干活，在别人不知道的情况下，给自己找利益，自我意识也就体现于此。盗贼呢，他们总担心自己会被抓或者被人发觉，所以没有很强的自我意识也不行。现如今的人们，不管是梦是醒，都在一刻不停地为自己考虑，自然而然也就会变得像侦探和盗贼一样了。他们无时不刻都担惊受怕，担心这个，害怕那个，除非人生走到了尽头，否则一分钟都安静不下来。这就是眼下的现代人的心理，我看，这就是文明对我们的诅咒，蠢极了！”

这时候独仙说话了：“解释得很有意思。”但凡出现了这种问题，独仙肯定不会落后他人半步。“苦沙弥的说法我都明白。在过去人们讲究的是舍身忘我，但看来，现在正好相反，人们讲究的是重视自我，人的一天中，整整二十四个小时，无时不刻都被自我意识充斥得满满当当。所以说，一天二十四小时里，一刻钟都安静不下来，永远都是地狱般水深火热。再说，当今天下有没有一剂药方能够治疗呢？我想只有‘忘我’了。常言道，‘三更月下入无我’，说的不就是忘我的至高境界吗？当下的人即便是对人热情，大多数情况下也都并非发自内心。就连在英国这样的教养之国，人们也有很强的自我意识呢。相传英国国王去印度出游时，和印度的王族共进午餐时，那些王族没注意到国王，就还跟平时一样，直接用手给马铃薯抓了出来。后来他们发现国王也在场，一个个都害羞得不得了。但国王反倒跟没事儿人一样，装模作样地用两根手指把土豆从盘子里夹了出来。”

“这是所谓的英式教养吗？”寒月问。

主人补道：“以前我听过这样一个故事。恰好也在英国，当时是在一个兵营里面，当时连队的多位士官请一个下士吃饭，饭后旁人给每人都送来了盛满水的玻璃盆，意为让大家洗洗手。可那位下士好像不太明白饭桌上的规矩，一口气就把水喝完了。这时候，大队长说，咱们祝下士身体健康！说罢也把面前的水喝完了。然后在座的别的下士也都跟起风来，纷纷喝完了水。”

“竟还有这样的荒唐事情？”迷亭也插了一句说，“据说卡莱尔在首次见到英国女王的时候，因为自己不知道宫中的相关理解，在坐下之前说了声‘好吗？’就坐了下去。这一幕惹女王身后的侍卫和侍女都哈哈大笑了起来。我猜他们当时肯定忍不住了。然后女王转身让身后的人也赶紧坐下，这才保住了他的面子。看来，还是女王大人的心思缜密呀。”

寒月也简单地说了几句："依我看，就算大家都站着，他也不会不好意思呢。"

"能够体察关怀别人当然是好事了。"独仙接着说，"但不也正是因为人们的自我意识，才让想关怀他人的人吃尽了苦头，真是可怜呀。常言道，文明在不断进步，杀伐之气也会减少，人际交往也会变得和善许多。实际上这根本不对，人的自我意识越来越强，肯定不会相安无事。虽然表面看起来大家都一团和气，但实际上大家的内心都非常痛苦。诸位知道摔跤场上两个扭在一起的力士的样子吧，虽然表面看起来并没有多大动荡，但双方的内心可谓都波动至极了。"

寒月又说："要在以前，打架往往是人们受到了暴力胁迫的行为，不犯法。这反倒增强了人们的个人意识。以前培根说过，只有顺着大自然的力量才能战胜大自然。我们今天的各种斗争，不都印证了培根的话吗？就好比柔道一样，双方都想用自己的力量来消灭对方。"

"实际上就和水力发电一样，只有顺着水的力量，才能产生巨大的能量。"独仙接着寒月往下说，"人在穷的时候，往往会被贫困给牢牢拴住，在富贵的时候，往往会被开心事冲昏头脑。德才之人终究会死在才上，而有智之人也终究逃不过在智慧中丧命。像苦沙弥老兄这样的人，暴躁脾气一旦被利用了，你就会一发不可收拾，反倒中了对方的圈套。"

"对呀！正是！"迷亭拍手叫道。

主人笑呵呵地说："我想对方也不会那么顺利就如愿以偿吧。"

主人说完，大家都笑了。

“那金田老板那样的人，会因为什么而死呢？”迷亭问。

“他的老婆会因为鼻子丧命，他本人也会因为罪孽深重而死，底下的人都当了秘密侦探，结果也好不到哪儿去。”独仙说。

“他家小姐呢？”迷亭说。

“他家小姐我还没见过，不好说。但说来说去，不外乎就是热衷于衣服，贪吃贪喝这几项。反正不会因为谈恋爱而死。说不好，也会落得和小野小町[1]一个下场，惨死在路边呢。”独仙说。

“那可真是太惨了呀！”毕竟东风为她写过诗歌，肯定不乐意接受这样的下场。

众人之中只有独仙像是突然顿悟了一般，开口说：“所以说嘛，应无所住而生其心。这话说得非常在理，人只有达到这种境界，才能忘却烦恼。”

“你先别能，说不定你哪天就死在电光影里面了呢。”迷亭说。

“要是文明还按这种势头走下去，我反正是不愿意活了。”主人说。

“那去寻死不就好了？”迷亭说。

“相比之下，我更不愿意死了！”主人反倒更加固执了。

接着迷亭冷冷地说了一句格言：“人出生时，都是无忧无虑的，但死之前却满身的苦恼。”

“这就像举债借钱的时候没什么感觉，还钱的时候才觉得难受。

---

① 小野小町：日本古典能乐剧目中的人物，绝代佳人，后年老而色衰，沦落街头。

那些不害怕死的人才是真正的快乐之人。”看来，这种话也只有独仙能说出口了。

“这样的话，厚颜无耻的人都是得道之人喽？”迷亭问。

“正是！正如禅语中说，‘铁牛面者铁牛心，牛铁面者牛铁心。’”独仙说。

“难不成你就是这种人的典范？”迷亭说。

“我自然不是。但是人类开始担心生死，往往都是在发现神经衰弱之后了。”独仙说。

“这倒也是，我看你就像个神经衰弱之前的人。”迷亭说。

就在迷亭和独仙两人说些让人摸不着头脑的话时，主人却在跟寒月和东风，对现代文明的种种不好大批特批。

“我在想，怎么做才能借钱不还呢？”主人说。

“当然不行了！欠债还钱，天经地义嘛。”寒月说。

“你别着急呀，咱们这不正在讨论嘛。所谓如何能欠钱不还，就像如何能长生不老一样，都是问题。实际上这种问题很早就有了，炼金术的失败就是个典型案例。人终有一死，这也是定好了的事情。”主人说。

“人终有一死的道理，早在炼金术出现前就已经了然了，不是吗？”

“你怎么还着急呢？我刚说了，咱们不是要讨论嘛？实际上就在人们弄清楚自己终有一死的时候，第二个问题也出现了。”主人说。

“嗯？”寒月说。

“既然人终有一死，要选个什么样的死法呢？这就是第二个问题了。所谓的自杀俱乐部，就是和第二个问题同时出现的。”主人说。

“正是！”寒月说。

主人继续说：“虽然死亡是个痛苦的过程，但如果总也死不了的话，反倒会更加痛苦。那些神经衰弱的人虽然活着，但活着远比直接死掉更加痛苦。因此他们才总会惦记自己的死法。他们并非害怕死亡，只是不知道以何种方式结束生命才好。普通人往往因智力不足，只能在残酷的社会中听天由命，落得惨死。但凡人有点儿想法的人，都不会满足来自社会的切割似的杀戮，非要认真考虑清楚自己的死法。如此这般，经过一番思考，这样的人总能想出新点子来。按照这种趋势，往后自杀的人越来越多，自杀的方法也会层出不穷。”

“看来这个社会是越来越不太平啦。”寒月说。

“肯定是越来越不太平了。以前有一个名叫阿瑟琼斯[1]的人，在这个人的剧本里，曾出现过一个始终主张自杀的哲学家。”主人说。

“此人自杀了吗？”寒月说。

“不巧，他倒没有自杀，不过，假如时间再过一千年的话，大家肯定都会采用各种各样的方法去自杀。到了一万年之后，恐怕人们一提到死亡，就会立马把它和自杀联系起来了。”主人说。

“那可不好了！”寒月说。

“如此一来，人类将会累积很多有关自杀的研究成果，自杀也会变成一门学问。我看，像对面落云馆那样的中学里，也要专门开课

---

① 阿瑟琼斯（1851-1929）：英国戏剧家。

讲解自杀，伦理课就不用上了。”主人说。

“真是妙不可言！我都想去旁听了呢！迷亭老兄，你听见苦沙弥先生的见解了吗？”寒月说。

迷亭说：“当然听见了。想必到时候落云馆的伦理课老师会这样告诉大家，‘各位，我们千万不要在公德这样的野蛮习气面前，变得缩手缩脚。我们身为当今世界的年轻人，要先以自杀为主要任务。大家要己为所欲，施之于人，不断扩大自杀的影响力，我看搞他杀也不是不可能的。咱们对面的那个穷读书人，那个苦沙弥，看样子过得也非常痛苦，咱们的首要任务就是杀掉他。但当今社会和过去可大有不同。现如今是文明的时代，舞刀弄棒等野蛮手法已经不适合我们了，咱们要用一些高超的手法，讥讽也好，嘲笑也罢，争取把他捉弄致死。一来对他本人不坏，二来这也都是各位的荣誉。’”

“此番讲得真是到位！”寒月说。

“还有比这更加到位的事呢！我们都知道当今警察肯定都以保护民众的生命财产为重，但如果有一天，警察打人就像打狗一样，提着棍子四处追打民众的话呢？”迷亭说。

“为什么会这样呢？”寒月问。

“还问为什么？现如今，人们都以生命为重，自然需要警察的保护。可如果社会真发展到全民皆痛的地步的话，警察本以救人为主，当然要把人杀掉，才能让人解脱。聪明的人都选择了自杀，被警察杀掉的都是那些优柔寡断、没有本事自杀的废物而已。那些希望被警察杀死的人，直接在门口上贴个字条，上面写好家里有几个人需要被杀掉，等警察巡逻到这这儿的时候，按字条照办便是。至于尸体，由警车拉走即可。实际上，这后面还有更有意思的事情呢。”迷亭说。

东风喝道：“先生讲故事来，一准没个头。”

独仙继续捋着自己的山羊胡，说：“此番话既可以看作是玩笑，也可以当成一条预言。一些不明真理的人往往会被眼前的种种景象蒙蔽，常误把虚幻的泡沫当成永恒。所以说，一旦有人说了什么离谱的话，当然也就会被认为是无稽之谈了。”

寒月佩服地说：“正可谓，‘燕雀安知鸿鹄之志哉。’”

独仙一副高高在上的表情，说：“过去在西班牙，有个名叫科尔多瓦[①]的地方。”

“现如今还有吗？”寒月问。

“大概还有吧。我们不管它今天是否还在，且说当地有个习惯，只要寺院里的晚钟一响，所有人家的女人都会跑到河里面游泳。”独仙说。

“冬天亦是如此吗？”寒月问。

“这一点我倒不知道，总之不管老幼尊卑，都会跑到河里面去。男人绝不能下河，只能在远处看。眼前的水波之上，好多白花花的身体在朦胧中翻动。”独仙说。

东风听说有很多没穿衣服的女人，特意往前凑了凑，饶有兴致地说：“这多么富有诗意呀！我看能成为我新诗的素材呢。什么地方来着？”

---

① 科多瓦尔：西班牙南部城市。

“科尔多瓦。当地的小伙子们因为没法和女人一起游泳，但远看的话又看不太清，遗憾之余，小伙子们也开了个小玩笑。”独仙说。

迷亭听到了玩笑，也来了兴致，说：“什么鬼把戏？”

“小伙子们悄悄买通了敲钟人，把敲钟的时间提前了一个小时。那时候的女人也没文化，听见钟声就跑了过去。女人们穿着背心、短裤，一个个地跳进了水里，但今天却和往日不同，天还没黑。”独仙说。

“是不是又是秋天的太阳火辣辣？”寒月自嘲道。

“女人们在水中往桥上一看，男人们都在上面盯着自己看呢。纵然害羞至极，可又有什么办法呢？一个个都红着脸。”独仙说。

“接下来呢？”东风问。

“后来我得出来了个结论，人一旦被眼前的东西迷惑，就容易忘掉事物的根本。大家可要当心呀。”独仙说。

迷亭又说：“今天听了你的一番讲说，受益匪浅。就人容易被眼前的事情迷惑，我也讲个故事吧。最近我在看一本杂志的时候，发现了里面有个讲骗子的小说。举个例子，假如说我开了一个古董字画店，店里放着的都是名家书画、名人用过的东西。当然，这里面没有假货，都是货真价实的东西，既然东西正，价高也无妨。后来，店里来了个好奇的客人，问我元信[①]的画开价多少？我说按标价来，就六百块。但顾客却说自己想买，可就是口袋里钱不够，只好算了。”

① 元信：原名狩野元信（1476-1559），日本狩野画派中的集大成者。

主人依旧老样子，开始拆台，说："他真这么说的？"

"当然啦。这是小说。权当有人这么问过我了，行吗？我当时跟顾客说，喜欢您就拿去好了。顾客当然不同意。我见他有点迟疑，就说可以按月付款，每月付一点，反正您以后也是我的客人了。我让他千万别客气，说每个月付十块就行，实在不行，五块也可以。后来经过我俩反复交涉，最后那幅狩野元信的画以六百块的价格成交了，月供十块。"迷亭说。

"我怎么觉得像泰晤士百科全书里的故事呢？"寒月说。

"假如百科全书里有的话，那肯定是真人真事，但我这个故事可是虚构的。接下来我就要讲骗人的这个桥段了。六百块，每个月还十块，多久能还完呢？寒月，你帮我算算看。"迷亭说。

"五年。"寒月说。

"没错，正是五年。独仙，你觉得五年时间算长还是算短？"迷亭问。

"一眼万年，万年一眼，既长也短。"独仙说。

"你说的可是道歌？还是没有常识呀。这五年中，对方每个月都要给我付十块，一共要交六十次呢。但是习惯是个可怕的东西，月月缴款重复上六十次的话，等到第六十一次他还会想来付款，第六十二次、六十三次，如此循环往复，他每个月都会给我十块钱。人类表面看起来很聪明，但实际上却有个很大的弱点，就是拘泥习惯，而忘记了事物的原本。通过利用人类的这个弱点，后来的每个月里，我都能收到额外的十块钱。"

"哈哈，竟真有如此健忘之人？"寒月笑着说。

“千真万确，我以前上大学的时候就没有按月算过账，等到最后学校告诉我我已经还清学费之后，我才恍然大悟。”主人讲自己的丑事时，完全没意识到自己才是这事件的主人公。

“大家看，我们身边不就有这样的人嘛！所以我说，不要嘲笑我刚才说的那些话，真的有这样的人，明明六十次都还清楚了，却还继续觉得自己欠了不少钱。特别是寒月、东风，你们还尚缺乏社会经验，我的话可要牢记在心，千万别上当了。”迷亭说。

“我记住了，往后还款的时候，只能还六十次。”寒月说。

“看起来我们寒月好像在开玩笑，实际上也很有深度呢。就好比，刚才苦沙弥老兄和迷亭觉得你悄悄结婚有点不妥一样，如果他们让你去金田家赔个不是，你愿意去吗？”独仙对寒月说。

“让我去道歉就别想了，如果对方来找我赔不是，倒还可以接受，毕竟我从一开始就没打算道歉。”寒月说。

“要是警察也让你去道歉呢？”独仙又说。

“那我更不会去了！”寒月说。

“王族或者华族命令你去呢？”独仙继续追问。

“恕难从命！”寒月说。

独仙说：“诸位且看，现在的人和过去的人之间，竟有着如此之大的变化呢！在以前，官府的权势就能压倒一切，然后紧接着是皇家掌权的时代。但看今天，不管是殿下大人还是阁下大人，都不能超过自己的能力去管教别人。往大了说，现在的时代里，施压一方的权势越大，被压迫的人就会越觉得烦恼，反抗的心理也会随之而来。这点就和过去有所不同了，因此上面传来的各项命令才难以落实。若是在古时候，一些看起来根本不可能办到的事情都能顺利地通过。看来，人世变化真的是太快了。所以我说迷亭之前说的未来，既是玩笑话，也是内涵丰富，值得品味的大道理。”

“既然有人能够理解我，看来我还要继续把刚才有关未来的描述给讲完。正如独仙所言，当今世界中如果还有一些人单单凭借官府的实力四处炫耀，凭借两三百根竹枪就想欺行霸市，不外乎都是些落后时代的老家伙了，他们的举动无异于坐着轿子追赶火车。这些人就是脑子有问题，跟放阎王账的长范先生没什么区别。对待这种人，咱们也别吭气，且看他们自生自灭就好了。”迷亭说，“但我关于未来的种种表述绝非只有这些小的方面，我关心的是人类未来发展的大局。透过眼前的细节来揣测文明发展的方向，来推敲未来情况的进展，所以我说，结婚这个事情肯定成不了。大家先别忙着惊讶，我这么说也是依据的。现如今的世界是个以个性为中心的世界，在过去家长是家庭的代表，郡主是俊贤的代表，国王是国家的代表，那么除了少数代表之外，其他人并没有自己的人格。就算有人格，也往往不被人承认。可现如今却大不相同，人人都在主张自己的个性，每个人都和别的人不一样。假如两个人在街上彼此碰见了，两个人肯定会在心里赌气，既然你是人，我也是个人。渐渐地，个人也就变得强大了起来。由于个性的不断增强，实质上，个体也在相对变弱。目前，别人想要加害于我们确实不再是易事了，从这点上看，个人确实强大了起来。但是，我们也不能轻而易举地去干预别人，从这点来看，我们个人的力量也比以前小了不少。纵然变得强大的人都很高兴，可谁又愿意自己变小变弱呢？处于强势的人生怕别人动自己一下，而处于弱势的人又很想动一动别人。如此一来，人和人中间的空间就不复存在，生活也没那么自由了。现如今人们总想无节制地扩充自己，膨胀到了几乎快要爆裂的程度，所以人们只能在痛苦中活着。人们为了解决这样的痛苦，首先拿出了一套方案，就是亲子分居制度。诸位不妨到日本的山沟农村去看看，几乎都是一大家子人挤在一个房子里。这些人很少强调自己的个性，因此也就得过且过。但在文明开化的地方，纵然是亲属之间，也不允许对方的实力扩大。因为，为了保证亲子双方彼此的利益，分居制度也就应运而生。”

迷亭继续说：“你们看，像欧洲等较为发达的地方，这种制度的落实就比日本要早。虽然也有个别人家是两代人住在一起的，但晚辈也要给长辈缴纳房租，彼此就像陌生人一样。这种良好风气的出现不外乎因为长辈充分尊重晚辈的个性，我希望这样的好习惯也能早一点传到日本来。正所谓亲戚之间越走越远，亲子之间也正在分开。长期以来一直被压抑的个性也会发展起来，因个性发展带来的尊重感也会不断地扩散下去。甚至到了以后，人们不分居而住反而会觉得有些不适应。但现如今这个父子、亲子都已经分居而住的时代，再也没有什么能够分开的人了，于是乎，夫妻分居的制度也被提了出来。按照当下人们的观念，只要是生活在一起的男女，就是夫妇。这种观点可谓大错特错。男女同居之前需要做到情投意合才可以。若在过去，这些都不是问题，当时有种说法叫‘异体同心’，说的就是夫妇二人表面上看起来是两个人，可实际上好得就一个人一样。有人却说这种偕老同居后，死后会成为一丘之貉，真是个不讲理的说法。但时至今日，这样的做法就说不过去了。因为丈夫永远都是丈夫，妻子永远也都是妻子。现在的妻子们，往往都穿着灯笼裤，在学校里练就了一身牢固的个性，基本都顶着脑袋上的西式发髻才嫁了过来。当然不会对丈夫百依百顺了。现在对丈夫百依百顺的妻子绝不是个合格的妻子，简直就是个玩偶。妻子越是贤惠，其身上的个性就越多越鲜明，和丈夫产生矛盾也是正常。既然称得上贤妻，自然要和丈夫从早闹腾到晚上。娶回家的女人越是贤惠，夫妇间的麻烦事就越多，夫妇之间就如同水和油，互不相容，中间有一条不可逾越的鸿沟。如果两方各据一方，彼此相安无事倒还说得过去，但两者一旦搅动起来，家里就会被弄得乱七八糟，如同经历过地震一样。到了后来，人们才渐渐发现了这种情况，明白了双方同居弊大于利。”

“难道夫妇间也要分居两地吗？这不合适吧。”寒月说。

“必须分居，根本没有商量的余地。以前同床共枕的两个人是夫妻，但在当今世界中，同床共枕的两个人会被社会看作是没有夫妻资格的人。”迷亭说。

寒月爽快地接着说：“按老兄的说法，我这种人只能放在后面的范畴里了。”

“生长在明治年间真是万幸。但再看我，因为对未来的情况了如指掌，想法也比别人快了一些，索性现在开始就过上了单身生活。总有人说这是失恋的恶果，这些人还真是目光短浅。他们爱怎么议论就怎么议论吧，咱们接着聊未来的事。”迷亭说，“在以前，有位哲学家从天而降，破天荒般地提出了一条理论。他说，人本身就是种有个性的动物，消灭了人的个性，就是消灭人类自己。为了能够真正实现人生的意义，我们需要对个性加以保持并不断发展。过去那种受陋习影响、强扭而来的婚姻都违背了自然法则，都是些野蛮风俗。我们个性尚不发达的蒙昧时期先不说，如果在当今这样文明鼎盛的时代中依旧沉迷陋习的话，就真的说不过去了。当今世界中，文明的开化程度已经几乎达到了顶点，两种个性不可能无缘无故地联系在一起。虽然这其中的原因非常常见，一些缺少教育的青年男女往往会在感情的冲动下，独断举办婚礼，这种做法简直就是有悖道德。我们也应该替那些年轻人想想，力求保护他们个性，所以要和野蛮风气做斗争。”

“您说的我可全不赞同！”东风一巴掌拍在膝盖上面，用一种坚定的语气说。“在我看来，爱和美才是世界上最为可贵的东西。多亏这两样东西，我的生活才有了依靠，才能幸福起来。也多亏它们，我们才能变得情操高尚，品格也能高洁，充满同情心。所以说，不论何时何地，我们都不能把它们抛在脑后，它们一旦出现，爱就会转变成为夫妇关系，美则会变成音乐和诗歌。我以为，人只要存于此世一天，夫妇和艺术就会存在一天。”

迷亭接着说：“如果不消亡的话那就再好不过了。但按照那位哲学家所言，这些迟早都是要消亡的，我们能有办法呢？除了认命还能做什么呢？艺术最后也要和夫妻落下一样的下场。我以为发展个性就是个性自由，但艺术这种东西果真存在吗？艺术上的繁盛，不正是因为艺术家和观众之间存在着个性上的共同点吗？就算你觉得你是个不错的新派诗人，就算你再怎么为之努力，如果读者不和你产生共鸣，恐怕除了你本人之外，不会再受到别人的赏识了吧。不管你写多少篇《鸳鸯调》，也都是徒劳。你应该庆幸自己生在了明治年间，天下的人才愿意读你的诗。”

“哪里，哪里，我离那还差得很远呢。”东风说。

“如果现在你还差得很远的话，那等到了文明的未来，也就是那位哲人说的不结婚的时代时，可就真的没人看你的诗了。倒不是说你写得不好，而是到了那个时候，人人都浑身个性，怎么还会对别人写的东西感兴趣呢？现如今这种趋势在英国等国家已经非常明显了。你应该读读梅瑞狄斯[①]或乔伊斯[②]的小说，他们都是当今英国小说家中，最擅长描写人物性格的作家了。但即便这样，他们的读者也是寥寥无几。读者少也是情理之中，毕竟只有那些个性情感丰富的人才能对这种小说感兴趣。而且这种趋势现在越发明显，等到了结婚也成为一种不道德的事情时，艺术也会随之消亡。到那时候，你我互不懂彼此的作品，还谈何艺术呢？”

“或许您说的有几分道理，但直觉告诉我，事情肯定不会发展到那般地步。”东风说。

“你的直觉告诉你不会那样，而我的感觉恰恰告诉我会那样。”迷亭说。

这时候，独仙开口说话了：“不管你们用的是直觉还是感觉，说到底，个性和自由越上升，人和人的关系就越紧迫。这点毋庸置疑。正是因为人际关系日渐紧迫，没法缓解，尼采才宣布了自己的超人理

---

① 梅瑞狄斯（1828-1909）：英国作家。

② 乔伊斯（1882-1941）：爱尔兰小说家、诗人。

论，试图通过哲学来解决问题。乍看起来这好像是他的理想，但实际上并非如此，而是他对世界的不满。尼采当时在个性发展的19世纪里生活着，看到邻居甚至不能安心大胆地睡上一觉之后，他才下定决心写下了这么些东西来。读了他的著作，与其说会觉得痛快，倒不如说是可怜。我觉得他发出的不是奋勇向前的呼喊，而是充满怨恨和绝望的哀叹。这些都不足为奇，在过去，但凡出现了圣人之后，天下名士就都愿意汇集到他的身边，这自然是好事情。如果现在还是这种情况的话，尼采又何必凭借纸张的力量呢？不管是荷马，还是契维柴斯，虽然他们写的都是超人的性格，但给人留下的印象却截然不同。他们两位写得比较乐观爽朗，因为有高兴的事能写到纸上，苦涩的味道自然会减少许多。但是到了尼采的时代可就不一样了。尼采的时代里没有英雄，即便真的出现了英雄，人们也都不承认。在以前只有一位孔子，所以他就是权威。但现在出现了好多孔子，甚至每个人都觉得自己是孔子，人们才开始相互抱怨。这种心中的不满也只能撒到文章之上了。我们总是追求自由，然后得到了自由，但到最后，反而又觉得自己自由，更会为之烦恼。从这方面来看，西方文明似乎好一点，但说到底也还是信不过。与西方相反，我们东方讲究精神上的修为，我觉得这样才对。每个人都去发展自己的个性，到后来大家都成了神经衰弱，那可就全完了。只有这时，我才真正体会到，'王者之民荡荡焉'的真切含义，才明白了'无为而治'这句话的分量。但那时候突然醒悟也一切都完了，就像是喝酒上了头一样，事后难受再去后悔，已经为时已晚。”

寒月说：“听各位讲的好像都很厌世，但说来也奇怪，我虽然听了这么多，却没有半点感动。”

迷亭马上就说：“那还不是因为你娶了媳妇嘛。”

突然，主人开口说：“你以为娶了媳妇，女人就真的好吗？真是个天大的笑话。我来念几段有趣的东西给大家听听，权当参考啦。”说着，主人拿起了那本从书房带出来的古书，说：“这本书相当有年头了，说明很早以前开始，女人的行径就是相当恶劣的了。”

“了不起呀！什么时候的书？”寒月惊呼。

“作者是，托马斯纳西，写于16世纪。”主人说。

“越说越离谱，一本16世纪的书，竟然写了我老婆的不好？”寒月说。

“这书里罗列了各种各样的坏女人，肯定有你媳妇在里面。你就听着吧。”主人说。

“我当然要听了！说不定还要感谢你呢。”寒月说。

“书中写，首先应先给各位先哲们关于女性的观点做一番介绍。我说各位，都在听吗？”主人说。

“听着呢，我这个单身汉也在听呢。”东风说。

主人继续读：“亚里士多德曾说，女人是祸害，娶媳妇的时候要娶小祸害，千万别娶大祸害。”

“咱们寒月的媳妇，是小祸害呢？还是大祸害呢？”迷亭问。

“就是个大祸害！”寒月自嘲起来。

“哈哈，这书确实有意思，继续继续。”迷亭说。

主人继续念：“何为最大的奇迹呢？贤者说是贞妇。”

“这位贤者是谁？”寒月问。

“书里也没具体写是谁。”主人说。

“依我看，这个贤者肯定被女人给甩了。”迷亭说。

“然后，有人问第欧根尼[①]，说何时娶老婆最好。他回答说，年轻尚早，年老方迟。”主人说。

“他回答问题的时候是不是喝多了。”迷亭说。

“毕达哥拉斯[②]说过，天下有三大令人生畏之物，水、火和女人。”主人又念。

“想不到希腊的贤者们的口气还都不小呢。让我说，天下一切都不足惧，我不怕火烧，不怕水淹，不怕……”独仙说到这，竟然词穷了。

迷亭赶紧补充道：“不怕女色！”

主人又接着说：“苏格拉底曾说，制服女人是天底下最难的事情。德莫斯塞尼斯[③]曾说，想要制服敌人，送他一名女子即可，一来能让敌方日夜疲惫，二来让他们饱受家庭困扰，方能制敌。塞内加[④]认为，女人和无知是世界上的两大灾难。玛卡斯[⑤]和厄洛斯[⑥]说过，驾驭女人就像驾驭船只一样困难。普鲁斯托[⑦]曾说，女人常用绫罗绸

---

① 第欧根尼（前 412- 前 323）：古希腊哲学家。

② 毕达哥拉斯（前 580- 前 500）：古希腊哲学家、雕刻家。

③ 德莫斯塞尼斯（前 384- 前 322）：古希腊政治家、雄辩家。

④ 塞内加（前 4-65）：古罗马哲学家、政治家。

⑤ 玛卡斯：希腊神话中的军事领袖。

⑥ 厄洛斯：希腊神话中的爱神。

⑦ 普鲁斯托：希腊神话中的海神。

缎来掩盖身体的丑陋，实乃下下策。瓦勒里乌斯[1]曾在给朋友的信中提到，天下之事，只有女人我忍不了，愿皇天垂怜，勿让诸位堕入女人的圈套。他还说过，女人为何人？爱其则苦，躲其则痛，但其诱惑又如甜蜜，也如毒液，放弃女人不道德，不放弃的话定会吃大苦。”

“够了！我已经听了这么多关于我老婆的坏话了，都不好意思了。”寒月说。

“往后还有四五页，还愿意听吗？”主人说。

“我看也差不多了，一会儿嫂子就该回来了。”迷亭笑道。

这时候，餐厅里传来一阵阿三喊女主人的声音。迷亭一听，忙说：“大事不妙，原来嫂子在家呀！”

“哈哈，不怕她！”主人说。

“嫂子？嫂子！什么时候回来的？”迷亭说。但餐厅那边却无人应答。

“嫂子！刚才我们念的文章，听见了吗？”迷亭继续喊，但依旧没人搭理他。

“嫂子！那不是老兄说你坏话呀！我们是在讨论16世纪的学术呢！别想多了！”迷亭喊了第三遍。

“我才不管你们呢！”女主人远远地回了一句，却给寒月逗笑了。

“你不管我也不管啦！哈哈！”迷亭也笑着说。

---

① 瓦勒里乌斯：罗马历史学家。

突然，大门被人给拉开了，这位来客也不自报家门，且听沉重的脚步声越来越近，紧接着客厅的纸门也被打开了。来客竟然是多多良三平。

多多良今天的打扮可大不同于以往，洁白的衬衫外面是件崭新的西服，真是让人刮目相看。右手里还拎着四瓶绳子捆好的啤酒，看样子不轻。只见他把啤酒放在鱼干旁边，连个招呼也没打，一屁股就坐了下去，双腿一伸，颇有武士风范。

“老师，最近您的胃病好些了吗？这样待在家里，恐怕不好吧。”多多良说。

“马马虎虎吧。”主人说。

“但我看老师您最近的面色可不太好呀。有点儿泛黄。正好我最近开始钓鱼了，在品川上租了条小船，上个周末刚刚去过一次。”

“那都钓上来什么啦？”主人问。

“其实什么也没钓上来。”多多良说。

“什么都没钓上来，那有什么意思呀。”主人说。

“我那是要养一养我的浩然之气呢。诸位曾钓过鱼吗？特别有意思，在广阔的大海里坐一条小船四处转转，感觉不能再好了。”多多良说。

“其实我倒想弄条大船在海里转转。”迷亭说。

“既然是垂钓，还是能钓上来些鲸鱼呀、人鱼呀什么的更有意思。”寒月说。

“这些东西怎么可能钓上来呢？我说大文学家，你真是缺乏常识呀。”多多良说。

“我可不是什么文学家。”寒月说。

“是吗？那你是做什么的呀？对我们这样搞事业的人而言，常识自然是必不可少的东西。对了，老师，近来我的知识是越来越丰富了。多亏是在那个地方上班，耳濡目染就成了现在的样子。”

“成什么样子了？”主人问。

“就拿吸烟来说吧，以前的朝日烟、敷岛烟，我都看不上了。”说着，他从烟盒里拿出一支带着金嘴的埃及烟，美滋滋地抽了起来。

“这么大手大脚，你的钱够吗？”主人问。

多多良说：“当然现在还没钱，不过早晚会有的。别人看我抽这样的烟，自然会对我倍加信任。”

迷亭冲寒月说：“你看看人家，信任来得多简单，比你磨玻璃球是不是要更容易？更省事？简直就是天上掉下来的信任嘛。”

寒月听完，一时间竟无力反驳。多多良又说：“哎呀，您就是寒月先生呀。您最后当上博士了吗？要是没当上的话，就由我来当吧。”

“当博士吗？”寒月问。

“不是博士，是金田家的女婿呀。这么说实在不好意思，但对方一而再再而三地催促我赶紧娶下他家小姐，这我才下定了决心，但总觉得这样做怕对不住寒月先生，心里一直很不踏实。”

“大可不必！”寒月说。

“你要想娶就娶回来呀。”主人也含含糊糊地说。

这时候，迷亭又要起了他的老腔老调来，“这可是个天大的好事情啊。所以我说，不管家里有个什么样的女儿，肯定都不愁嫁。正像我刚才说的一样，这不就有一位不错的绅士愿意做女婿了吗？对了，东风，这可是个写诗的好素材呀，别浪费了！”

多多良说：“您就是东风先生呀！等我结婚的时候一定要给我写点儿东西。然后我拿出去让人印一下，再给大家发放传阅，最好的话，我就给投到《太阳》杂志社去。”

“好呀！那我就动笔写，您什么时候用？”东风说。

“时间无所谓，哪怕是从写好的诗文中抽一首也没事，到时候我给你报酬，婚礼的时候也请你来喝酒。请你喝香槟酒，以前喝过吗？特别甜。对了老师，您看婚礼时候要请乐队吗？咱们把东风先生的诗歌改编成曲子怎么样？”多多良说。

“那都随你的便啦。”主人说。

“老师，您能帮我谱成曲子吗？”多多良问。

“我可没那本事！”主人说。

“在座的同仁，有会谱曲的吗？”多多良又问。

“结婚竞选中落榜的这位寒月可是个小提琴方面的名家，你诚心诚意地拜托拜托他。但是，我看你光请他喝香槟，他是不会答应的。”迷亭说。

“香槟也有好坏之分，四五块钱的当然质量不好，我也不可能请人家喝那样的便宜东西。怎么样？您就给我做个曲子吧。”多多良说。

“没问题。我帮你解决。就算请我喝两毛钱一瓶的酒我也帮你做。或者，我不要你的酬劳也没问题。”寒月说。

“怎么能让您白干活呢？要是香槟不行的话，您看这个喜欢吗？”多多良一边说，一边从外套的内侧口袋里掏出七八张照片来，一把扔到了床席上面。这些照片上全是年轻女孩，有的是半身照，有的是全身照，站着的，坐着的，穿和服的，穿裤子的，还有的梳着高岛田式发髻的，各种各样。“您看，我还有这么多可以选择的对象，为答谢意，我可以给寒月先生和东风先生各自介绍一位，怎么样？”说着就递给了寒月一张照片。

“真漂亮，那还多让你费心了！”寒月说。

“这个也不错。”多多良又递过去一张。

“这个也很好，可以。”寒月说。

“究竟要哪一位呢？”多多良说。

“哪个都可以！”寒月说。

“想不到你还是个多情之人呀。眼下这个照片里的人是一个博士的侄女。”多多良说。

“是吗？”寒月问。

“这个女孩儿性格温柔，年龄还小，刚十六七八。对了，要是娶这位小姐的话，还能得到上千块的陪嫁呢，她是个县长家的千金。”多多良自言自语说。

“那我都给娶回来吧。”寒月说。

“你还真是贪心呀。难不成要一夫多妻吗？”

“一夫多妻谈不上，我就是个肉食主义者。”寒月说。

突然主人生气地说。“我不管你们要干什么，总之赶紧把这堆东西收起来！”

“一位都不要了吗？”多多良一边说一边把照片收了回去。

“你带的啤酒是干吗用的？”主人问。

“我带来的礼物。为了提请庆祝，我特意在街道口的酒家买的。我说，咱们大家干一杯吧！”多多良说。

主人拍了拍手，把阿三叫了过来，让她打开瓶盖。就这样，我家主人、迷亭、独仙、寒月和东风这五个人端起酒杯，恭祝多多良的艳福。

多多良高兴地说：“届时我会诚邀各位来参加我的婚礼，各位都来吧！给我个面子。”

主人马上说：“我就算啦吧！”

多多良问：“为什么呀！毕竟是我的人生大事呀。您不来怎么说得过去？”

“有什么说过去说不过去的？我就是不想去。”主人说。

“难不成是没有出席穿的衣服吗？短衫短裤就可以呀。老师，我觉得您还是要多出门走走，到时我再给您介绍几位知名人物。”多多良说。

“真不去了！免了！”主人说。

“去的话对您的胃病也有好处呀！”多多良说。

“好不好我都不去。”主人说。

“既然老师执意不去，也就算了吧。迷亭先生呢？您能来吗？”多多良说。

“我一定去！要是行的话，就让我当个证婚人吧。正所谓，香槟九巡后，春宵一刻值千金。什么？你说证婚人是铃木藤？早就料到是他了，虽然有点遗憾，但也没办法。证婚人太多的话也不好。不过你放心，我肯定到场。”迷亭说。

“那您也来吗？”多多良问独仙。

“我嘛，正所谓‘一竿风月闲生计，人钓白苹红蓼间’。”独仙说。

“这是唐诗里的吗？”多多良问。

“是不是唐诗我也不知道呀。”独仙说。

“不知道？不知道就算了。对了，寒月先生肯定会来吧，毕竟咱们还有些关系呢。”多多良说。

“我一定去，毕竟婚礼上乐队要演奏我的曲子，不去的话，岂不遗憾？”寒月说。

“有道理！那东风先生呢？”多多良问。

“我当然也去啦。正好在二位新人面前念念我的诗！”东风说。

“那真是太好了！今天真高兴！从来都没这么开心过了！我自己再来一杯！”多多良说罢，就把自己买的啤酒一饮而尽，脸都红了。

秋天白天短，一会儿工夫天就黑了，火炉上已经是烟头成堆，看样子火也灭了。刚才还兴致勃勃的几个人，现在也有点儿兴致索然了。

独仙最先开口：“时候不早了，我先回去了。”剩下几个人也都齐声说准备回去了。客厅就像马戏班子散场后的样子，顿时冷清了下来。主人吃过晚餐后进了书房，女主人正在缝补一件已经褪色了的衣服，大概是觉得冷了，给领子立了起来。家里的孩子们也都睡了，阿三去洗澡了。

从表面上看，这些人似乎都非常闲适，但究其内心，肯定也充满了悲凉的声音。先看独仙，好像一副已经得道的样子，可双脚却始终离不开地面。逍遥自在的迷亭，他眼中的世界也并不完美。寒月也不再磨玻璃球了，之后又把乡下的老婆带了过来，看起来两人和和美美，但我想不用多久他们就会觉得生活非常乏味吧。再看东风，十年之后肯定会对今天乱写诗感到后悔。多多良呢？不知道他之后能变成什么样子。他要是一辈子都能请人喝上酒，那也相当不错了。铃木藤先生还在社会上摸爬滚打，身上自然沾满了泥水，即便这样也比那些不混社会的人要好。

我从出生到现在，身为一只猫，已经走过了两年光景。我以为，在见多识广方面还没有谁能比过我呢。但就在前不久，有一个名叫"摩尔[①]"的猫，还跟我一番吹牛，可让我吓了一跳。后来一问，原来它早在一百多年前就已经死了，但是因为自己还尚存好奇之心，这才专门变成幽灵，从遥远的地府赶来，特意来吓唬我。我还听说，他原本口中叼着条鱼，想作为和母亲见面的礼物，但半路上没敌得过饿意，自己给先吃了。好一个不孝之猫。但话说回来，这只猫又很有才华，丝毫不输给人类，此前还给自己的主人写过诗呢。早在一百多年前，世上就有了这般出色的猫，我看我这样的无用之物，倒不如早点儿请个假，回到我来的地方去享清闲呢。

我家主人迟早要因为胃病而死，金田老板也早已利欲熏心，活着和死了没什么区别。现在，秋叶已经全部凋落，死亡是万事万物都摆脱不掉的定数，如果活着不好的话，到不然洒洒脱脱地死掉呢。按照刚才诸位的说法，自杀才是命运的终点，要是一不留神的话，

---

① 摩尔：德国作家霍夫曼笔下的一只猫。

万一下辈子转世成人了，那就糟了。我越想心里越难受，干脆我也去喝点儿多多良带来的酒吧，好让我振奋一番。

我到了厨房，厨房门还有条缝隙，秋风呼呼地吹着，我就从缝里钻了进去。屋里的油灯不知何时也被吹灭了。好在这天晚上月光明朗，皎洁的月光从窗子洒进来，茶托上有三个杯子，其中两个里面还有水，颜色和茶水差不多。这种情况下，即便杯子里是开水，也让人觉得暖和不起来，再加上寒冷的月光，更让我觉得冷了。三个杯子就放在水缸旁边，我还没喝，就觉得非常冷了。但我转念一想，一不做二不休，多多良喝了那个水之后，满脸通红，感觉喘气都很热，我们猫喝了的话，肯定也差不了！反正早晚都是一死，倒不如及时行乐，开怀畅饮呢！我可不想等死后，躺在冰冷的坟墓里后悔当年。等后悔的时候，什么都晚了，我下定决心，伸出舌头舔了几下。让我意外的是，我感觉舌头尖好像被针扎了一样，刺得我生疼。我真不明白人究竟是因为什么，要喝这么难喝的东西，反正我是喝不下去了，我看猫终究和啤酒就没缘分。不喝了，不喝了，我就把舌头收了回来。但以前我听人说什么，良药苦口利于病。难怪人们在生病的时候才会皱着眉头喝那些奇奇怪怪的苦水。到现在我都没弄清楚，究竟是喝了苦水病才好？还是为了治病才喝的？倒不如我就做个试验吧，如果我喝完了之后，肚子里要全是苦味的话，那就算了。如果真的变得和多多良一样高兴快活，那就是胜利，我还能给街坊四邻的猫们宣传宣传呢。我心一横，又伸出舌头，闭着眼睛，大口大口地喝了起来。

我强忍着把这杯酒喝完了，然后，一个奇妙的现象出现了。刚开始还感觉舌头麻麻的，嘴里也非常难受，感觉像是受到了外部的压力一样，还特别苦。但我越喝越觉得舒服，全喝完的时候已经没什么感觉了。好！那就接着第二杯！我就把旁边的一杯也喝完了，我舔过的杯子就像被刷洗过一样。

没过一会儿，为了看看自己身上的变化，我一动不动地蹲在原地。我发现我的身子越来越热，耳朵也很烫，还很想唱歌，更想跳舞，还特别想骂主人、迷亭和独仙，还想挠金田老板，再咬掉他老婆的大鼻子，总之我什么都想干！后来，我晃晃悠悠地站起身来，又踉跄着往前走了几步，特别有意思。我决定去外面转转，去给月亮打声招呼，心情舒畅到了极点。

我想人们常说的怡然自得，应该就是这种感受吧。我就这么漫无目的地继续往前走，从姿态看起来像在散步，但实则又不是散步，四条腿都软绵绵的，使不上劲。我也不知道究竟是怎么了，特别困，我甚至分不清自己在走路，还是在睡觉，眼皮子都抬不起来了。既然这样那就豁出去了，管它三七二十一呢，我不怕。我颤颤巍巍地迈着脚步，继续往前。突然！我听见扑通一声，心想这下子坏了。我连具体情况还没反应过来，就不记得后面的事情了。

当我再次醒来的时候，我发现我漂在水面上。当时我手足无措，只知道用前爪扑腾几下，但是我一扑腾，就立马沉了下去。然后我又用后爪子蹬了几下，只听见哗哗的水声，我可算把头露了出来。我定睛一看，原来我掉进水缸了。夏天结束之前，这口水缸里一直都长着一种水草，叫“水葵”。但后来乌鸦总来这里吃水草，吃完了还在里面洗澡。它们洗的次数多了，缸里的水也就少了，水一少，它们也就不再来了。前不久我还在想这个事情，万万没想到，今天我替代了乌鸦，在缸里洗起澡来。

水面到缸口足有十几厘米高，纵然我伸出前爪，也抓不到缸口，往上跳也无济于事。但我要保持静止的话，很快又会沉下去。倘若继续挣扎，也不过是用爪子挠挠缸壁罢了。有时候能抓住一点，但手中一滑，就又该一头扎进水里，那滋味可一点儿不好受。一进到水里，我又开始挠缸壁，没多久我的体力就不行了。以至于到了最后，我也弄不清楚究竟是挠缸壁让我淹到水里，还是因为我被淹到水里后才开始挠缸壁了。

那个时候我心里难受极了，我真没想到会遭受如此的痛苦。我是一心想从水缸里逃出去，好保住小命，但我也清楚地知道自己肯定出不去。我的腿还不到十厘米，就算漂在水面上，再尽可能伸出前爪，也够不到那十五厘米高的缸口。任凭我再怎么着急费劲，就是再折腾上一百多年，我还是没法从这儿逃出去。明明知道自己跑不出去，还要幻想拼命往外逃，这简直是件不可能的事情。没办法，我内心的痛苦皆源于此。我真是自找苦吃，自寻死路，真是蠢！

算了，我也不再空费力气了，就任它去吧。于是我的前后脚、头和尾巴都听其自然，也不再挣扎了。这样一来我反倒觉得舒服了一些，我也说不清楚这种感觉是痛苦还是快乐，也弄不清自己是在水里还是在主人的客厅里。反正在哪儿都无所谓了，我只是觉得现在非常舒服。可没一会儿，我连感觉舒服的气力都没有了。仿佛日月陨落，天地化为灰烬一般，我也慢慢步入了太平境界。我要死了，我知道，只有死后，才能走到那太平境界里去。

南无阿弥陀佛！

南无阿弥陀佛！

善哉！善哉！

图书在版编目（CIP）数据

名师导读．我是猫 /（日）夏目漱石著；胡小春，秦上译；熊江平，康国军导读．
—武汉：崇文书局，2019.7
ISBN 978-7-5403-5509-8

Ⅰ．①名…
Ⅱ．①夏… ②胡… ③秦… ④熊… ⑤康…
Ⅲ．①中学语文课—初中—课外读物
Ⅳ．①G634.303

中国版本图书馆 CIP 数据核字（2019）第 142875 号

名师导读：我是猫

责任编辑 高 娟 张 弛
责任校对 董 颖
责任印制 李佳超
出版发行 长江出版传媒｜崇文书局
地 址 武汉市雄楚大街 268 号 C 座 11 层
电 话 (027)87293001 邮政编码 430070
印 刷 深圳市福圣印刷有限公司
开 本 700mm×960mm 1/16
印 张 30.25
字 数 318 千
版 次 2019 年 7 月第 1 版
印 次 2019年11月第2次印刷
定 价 42.80元

（如发现印装质量问题，影响阅读，请与承印厂调换）